21世纪普通高等院校系列规划教材

高级财务管理

Gaoji Caiwu Guanli

主　编　郝以雪
副主编　郑艳秋　李君　苏浩

西南财经大学出版社
中国·成都

图书在版编目(CIP)数据

高级财务管理/郝以雪主编．—成都:西南财经大学出版社，2017.5(2018.7重印)
ISBN 978－7－5504－2914－7

Ⅰ.①高…　Ⅱ.①郝…　Ⅲ.①财务管理—高等学校—教材
Ⅳ.①F275

中国版本图书馆CIP数据核字(2017)第059876号

高级财务管理

主　编:郝以雪
副主编:郑艳秋　李君　苏浩

责任编辑:植苗
责任校对:王琳
封面设计:杨红鹰　张姗姗
责任印制:朱曼丽

出版发行	西南财经大学出版社(四川省成都市光华村街55号)
网　　址	http://www.bookcj.com
电子邮件	bookcj@foxmail.com
邮政编码	610074
电　　话	028－87353785　87352368
照　　排	四川胜翔数码印务设计有限公司
印　　刷	四川新财印务有限公司
成品尺寸	185mm×260mm
印　　张	19.5
字　　数	440千字
版　　次	2017年5月第1版
印　　次	2018年7月第2次印刷
印　　数	2001—4000册
书　　号	ISBN 978－7－5504－2914－7
定　　价	39.80元

序

随着我国市场经济的不断发展、金融市场的不断完善，财务管理越来越重要。为了满足企业现代财务管理人才的需要，许多院校设立了财务管理专业，以此来培养急需的财务管理专门人才。为了实现财务管理人才的培养目标，优秀的教材就显得非常重要。这也是高校教学质量保证体系中至关重要的一环。基于这一基本理念，结合财务管理专业精品课程建设的需要，我们组织编写了这套财务管理专业精品课程系列教材。

这套教材的定位是，符合高校教学质量总体要求。高校教学质量总体要求的内容是一个全面的体系，包括众多的衡量指标。但是，在本科层级上，其核心内容是培养符合我国经济建设所需的、具有某一专业领域的相关知识和技能的高级人才。我们认为，满足这一总体要求要符合高校教学质量总体要求。同时我们还认为，为了体现百花齐放的理念，结合高校的特色办学要求，编写具有相应特色的教材，应该是每一个高校责无旁贷的义务。编写出符合特定环境需要的教材，可以在更大程度上落实因材施教的理念。对同样的专业知识体系，以不同的组织方式进行处理，有利于从不同角度进行探索和研究。这对于推动一个高校的教学科研更快发展是极为有利的一件事。同时，对于突出一个高校的办学特色而言，编写具有独特视角的教材，既是高校办学特色的一个具体体现，也应该是其特色办学的一个逻辑结果。在高校的科研活动中，一个重要内容是围绕教学搞科研。而编写相应的教材，其实也是一个重要方面。通过编写系统化的教材，有利于教师将其教学实践中的感悟、体会等重要的知识运用结晶升华为新的知识体系。

在编写这套教材的过程中，我们力图体现如下特色：一方面，强调落实能力培养。体现在教材中，主要表现为知识体系的组织方式。我们在组织内容时遵循一个重要原则，即提出问题，然后分析这一问题。在实施教学时，应该使学生融进教学，参与讨论和分析。另一方面，我们还尽力贯彻精讲多练的原则，以图最大化地实现对学生应用能力的培养目标。

西华大学工商管理学院院长　章道云

2016 年 12 月

前 言

当前，中国经济进入新常态，经济发展的目标与动力正在转换，增长要实现中高速，产业迈向中高端。党的十八届三中全会确立“十三五”时期的新理念，即创新发展、协调发展、绿色发展、开放发展、共享发展。在“五大发展理念”的指导下，对财务管理教材提出了新的要求，而实践是理论创新的助力器，财务理论的发展更与经济活动密不可分。这就决定了财务管理的教材必须与时俱进、吐故纳新。

基于这一思想且在西华大学精品课程建设的基础上，我们组织编写了本教材。虽然高级财务管理的内容体系至今仍然没有统一的界定标准，但是随着多年的教学尝试与不断研发，我们终于对高级财务管理应包括的基本内容有了较为清晰的认识。我们认为，高级财务管理应从更高的理论层次，对企业内部管理效率的提高和竞争能力的增强进行探索与研究。在内容上涵盖了财务理论专题、企业价值评价、企业并购财务管理、企业集团财务管理、中小企业财务管理、资本运营财务管理等专门性的财务问题。这些问题有些内容是当前经济生活中的热门问题，如并购问题；有些内容是当前财务管理的难点问题，如企业集团财务管理、企业价值评估；有些内容是一般财务管理教材中较少涉及的内容，如公司重组与破产清算的财务管理；有些内容是财务理论的专题问题，如财务管理理论结构、财务管理假设。本教材谋求知识体系上的系统性，第一章介绍了财务管理理论结构，其余章节就高级财务管理所含内容分别进行了详细阐述，将财务理论与实际问题有机结合，充分体现了务实性。

通过本教材的学习，我们希望学生在掌握财务管理基本原理和方法的基础上，进一步学习、了解高级财务管理的内容，以帮助学生构建完整的财务知识体系，使学生对财务管理知识有更准确、合理、科学的理解，从而达到提高学生财务理论水平，提高处理特殊复杂环境中财务管理问题以及企业集团财务管理的能力。

本书的编写凝结着诸多教师多年的心血，其中郝以雪老师统筹设计了本书的框架结构。具体分工如下：

第一章由郝以雪、陈万江编写，第二章、第四章、第六章由郝以雪、郑艳秋编写，第三章由郝以雪编写，第五章、第八章由郝以雪、苏浩编写，第七章、第九章由郝以雪、李君编写，最后由郝以雪老师审定全书。

本书的修订历时将近一年，编写过程中我们得到了西华大学陈万江教授、章道云教授、谢合明教授、周佩教授的大力支持。同时本书在编写过程中，参考了许多专家、学者的专著、论文。在此，谨向这些专家、学者致以衷心感谢。

高级财务管理教材内容的设计、结构安排仍是极具争议性的课题，我们希望本书有一些新的观念、新的启迪，能够为推进财务管理学科的建设尽一份微薄之力。我们也将以此为起点，不断探索，与时俱进，追求卓越。

即便如此，限于编者的学术水平、资料来源有限、时间紧迫，本书的内容难免有不足之处，敬请专家、学者及各位读者提出宝贵意见。

编者　谨识

2016 年 12 月于西华大学

目 录

第一章 财务学基本理论架构

第一节 西方财务管理的发展及理论基础

一、西方财务管理的发展①

财务管理是一种古老的活动，自人类生产劳动出现开始，便有了理财活动。但是，最早的财务管理只是简单的会计意义上的管理。财务管理作为企业的一种独立经济活动，是伴随着公司制这一企业组织形式的产生和发展而逐渐形成的。早在十五六世纪商业比较发达的地中海沿岸城市，特别是意大利的威尼斯，商业比较发达，是欧洲与远东之间的贸易中心，出现了邀请公众入股的城市商业组织（原始的股份制形式），入股的股东包括商人、王公、大臣、市民等。商业经济的初步发展要求商业组织做好资金筹集、股息分派和股本管理等财务管理工作。但由于这时企业对资本的需要量并不是很大，且筹资渠道和筹资方式比较单一，因此企业的筹资活动仅仅附属于商业经营管理，并没有形成独立的财务管理职业，这种情况一直持续到19世纪末20世纪初。尽管当初尚未在企业中正式形成财务管理部门或机构，但上述财务管理活动的重要性已在企业管理中得以凸显。因此，该时期被视为西方财务管理的萌芽时期。

1897年，美国著名财务学者托马斯·格林（Thomas L. Green）出版了《公司理财》（*Corporation Finance*）一书，标志着西方财务理论的独立。自此，西方财务理论以其独特的研究核心和研究方法成为经济学的一门分支，并在20世纪取得了重大发展，大批学者以股份公司为研究对象，着眼于不断发展的资本市场，涌现出了丰富的研究成果。王化成②（1997）、郭复初③（1997）等学者对这一百多年来财务管理的发展进行了归纳，学者们对西方财务管理发展阶段划分观点不一致。在对众多学者文献进行总结的基础上，本书根据西方财务管理的发展变化将其划分为以下七个发展阶段。

（一）筹资财务管理阶段（19世纪末20世纪初）

19世纪末20世纪初，工业革命的成功使制造业迅速崛起，新技术、新机器的不断涌现，西方股份公司得到迅速发展，资本主义经济也得到快速发展。这时，股份公司不断扩大生产经营规模，在财务上要求开辟新的筹资渠道，及时足额筹得资金满足生

① 曾蔚．高级财务管理［M］．北京：清华大学出版社，2013.
② 王化成．20世纪西方财务管理的五次浪潮［N］．中国财务财经报，1997-11-08.
③ 郭复初．中西方近代财务管理的发展与启迪［J］．四川会计，1997（7）.

产经营规模扩大的资金需求，并在财务关系上要处理好公司与投资者、债权人之间的权、责、利关系，分配好盈利。于是，各股份公司纷纷成立专职财务管理部门，以适应加强财务管理的需要。而财务管理职能与机构的独立化，标志着近代西方财务管理的完全形成。

在这个阶段中，市场竞争并不是十分激烈，各国经济得到了迅速发展，只要筹集到足够的资金，一般都能取得较好的效益。然而，当时的资金市场还不是很成熟，金融机构也不是十分发达，因而，如何筹集资金便成为财务管理的最主要问题。财务管理的主要职能是预测公司资金的需要量和筹集公司所需的资金，理论研究的侧重点在于金融市场、金融机构和金融工具的描述与讨论。因此，筹资理论和方法得到了迅速的发展，为现代财务管理理论的产生和完善奠定了良好的基础。

这个阶段具有代表性的理论贡献如下：①1897 年，托马斯·格林出版了《公司理财》一书，详细阐述了公司资本的筹集问题。该书被学界认为是筹资财务理论的最早代表作，标志着西方财务理论的独立。②1910 年，米德（Meade）出版了《公司财务》一书，主要研究企业如何最有效地筹集资本。该书为现代财务理论奠定了基础。③1920 年，亚瑟·斯通（Arthor Stone）出版了《公司财务策略》一书。④德国施曼林巴赫的《财务论》，主要研究资本的筹集，重点研究股票和公司债等资本筹措方式。这个阶段的研究成果主要集中于如何有效地筹集资金。

（二）内部控制财务管理阶段（1931—1950 年）

筹资阶段的财务管理往往只注重研究资本筹集，却忽视了企业日常的资金周转和企业内部控制。1929 年的经济危机发生后，为保护投资者利益，各国政府加强了证券市场的监管，尤其加强了对公司偿债能力的监管。美国在 1933 年、1934 年通过了《联邦证券法》和《证券交易法》，要求公司编制反映企业财务状况和其他情况的说明书，并按规定的要求向证券交易委员会定期报告。政府监管的加强客观上要求企业把财务管理的重心转向内部控制。同时，对企业而言，如何尽快走出经济危机的困境，内部控制也显得十分必要。第二次世界大战以后，全世界被压迫民族和人民迅速觉醒，纷纷争取独立，殖民主义制度土崩瓦解，科学技术迅速发展，市场竞争日益激烈。西方财务管理人员更加清醒地认识到，在残酷的市场竞争中，要维持企业的生存和发展，财务管理的主要功能不仅在于筹集资金，更在于获得有效的内部控制，妥善管理和使用资金。因此，在这一时期，公司内部的财务决策被认为是公司财务管理的最重要问题，而资本市场等和筹资有关的事项已退居次要地位。西方财务学家将这一时期称为“守法财务管理时期”或“法规描述时期”。

在这一时期，财务管理的重点开始从扩张性的外部融资问题向防御性的内部资金控制转移，各种财务目标和预算的确定、债务重组、资产评估、保持偿债能力等问题，开始成为这一时期财务管理研究的重要内容。具体表现在以下几个方面：①财务管理不仅要筹集资本，而且要进行有效的内部控制，妥善管理和使用资本。资产负债表中的资产项目，如现金、应收账款、存货、固定资产等应引起财务管理人员的重视。②人们普遍认为，企业财务活动是与供应、生产和销售相并列的一种必要的管理活动，能够调节和促进企业的供应、生产、销售活动。③对资本的控制需要借助于各种定量方法，因此各种计量模型逐渐应用于存货、应收账款、固定资产管理上，财务计划、财务控制和财务分析的基本理论与方法逐渐形成，并在实践中得到了普遍应用。④如何根据政府的法律法规来制定公司的财务政策成为公司财务管理的重要方面。⑤财务管理内容还涉及企业的破产、清偿和合并等问题。

这个时期具有代表性的理论贡献如下：①洛弗（W. H. Lough）出版的《企业财务》一书，首先提出了企业财务除筹措资本之外，还要对资本周转进行有效的管理；②罗斯（T. G. Rose）出版的《企业内部财务论》一书，强调企业内部财务管理的重要性，认为资本的有效运用是财务管理的中心。这个时期的研究成果为对企业财务状况的系统及资产流动性分析打下了基础。

（三）资产管理理财阶段（1951—1964 年）

20 世纪 50 年代以后，面对激烈的市场竞争和买方市场趋势的出现，财务经理普遍认识到单纯靠扩大融资规模、增加产品产量已无法适应新的形势发展需要，财务经理的主要任务应是解决资金利用效率问题，但公司内部的财务决策上升为首要问题。西方财务学家将这一时期称为“内部决策时期”（Internal Decision-making Period）。在此期间，资金的时间价值引起了财务经理的普遍关注，以固定资产投资决策为研究对象的资本预算方法日益成熟，财务经理的重心由重视外部融资转向注重资金在公司内部的合理配置，使公司财务管理发生了质的飞跃。由于这一时期资产管理成为财务管理的重中之重，因此被称为资产管理时期。

20 世纪 50 年代后期，对公司整体价值的重视和研究，是财务管理理论的另一显著发展。实践中，投资者和债权人往往根据公司的营利能力、资本结构、股利政策、经营风险等一系列因素来决定公司股票和债券的价值。因此，资本结构和股利政策的研究受到了高度重视。

这一时期的财务研究成果主要有如下几个方面：

（1）1951 年，迪安（Joel Dean）出版了最早研究投资理财理论的著作《资本预算》。该书着重研究如何利用货币时间价值确定贴现现金流量，使投资项目的评价和选择建立在可比的基础之上。该著作成为此后在这一领域众多论著共同的思想、理论源泉，起到了极其重要的先导和奠基作用，同时也对财务管理由融资财务管理向资产财务管理的飞跃发展起到了决定性影响。

（2）1952 年，哈里·马科维茨（H. M. Markowitz）发表了论文《资产组合选择》。他认为在若干合理的假设条件下，投资收益率的方差是衡量投资风险的有效方法。从这一基本观点出发，1959 年，马科维茨出版了专著《组合选择》，从收益与风险的计量入手，研究各种资产之间的组合问题。马科维茨也被公认为资产组合理论流派的创始人。

（3）1958 年，弗兰科·莫迪利安尼（Franco Modigliani）和米勒（Merto H. Miller）在《美国经济评论》上发表了《资本成本、公司财务和投资理论》一文，提出了著名的 MM 理论。莫迪利安尼和米勒因为在研究资本结构理论上的突出成就，分别在 1985

年和1990年获得了诺贝尔经济学奖。

（4）1964年，夏普（William Sharpe）、林特纳（John Lintner）等在马科维茨理论的基础上，提出了著名的资本资产定价模型（CAPM）。该理论系统地阐述了资产组合中风险与收益的关系，区分了系统性风险和非系统性风险，并明确提出了非系统性风险可以通过分散投资而减少等观点。资本资产定价模型使资产组合理论发生了革命性变革，夏普因此与马科维茨一起共享第22届诺贝尔经济学奖的荣誉。

总之，在这一时期，以研究财务决策为主要内容的“新财务论”已经形成，其实质是注重财务管理的事先控制，强调将公司与其所处的经济环境密切联系，以资产管理决策为中心，将财务管理理论向前推进了一大步。

（四）投资财务管理阶段（20世纪60年代中期至20世纪70年代）

第二次世界大战结束以来，科学技术迅速发展，产品更新换代速度加快，国际市场迅速扩大，跨国公司增多，金融市场繁荣，市场环境更加复杂，投资风险日益增加。因此，企业必须更加注重投资效益，规避投资风险，这对已有的财务管理提出了更高的要求。20世纪60年代中期以后，财务管理的重心重新从内部向外部转移，理财活动比以往更加关注投资问题，特别是20世纪70年代以后，金融工具的推陈出新使公司与金融市场的联系日益加强。认股权证、金融期货等广泛应用于公司的筹资与对外投资活动中，推动了财务管理理论的日益发展和完善。另外，统计学和运筹学优化理论等数学方法也被引入财务理论研究中。因此，这一时期被称为“投资财务管理阶段”，其核心问题是资本结构和投资组合的优化。

这个阶段的主要研究成果有以下几个方面：

（1）资本结构理论进一步深化和发展。如前所述，投资组合理论和资本资产定价模型揭示了资产的风险与其预期报酬率之间的关系，受到了投资界的欢迎。它不仅将证券定价建立在风险与报酬的相互作用的基础上，而且大大改变了公司的资产选择策略和投资策略，因此被广泛应用于公司的资本预算决策中。其结果导致财务学中原来比较独立的两个领域——投资学和公司财务管理相互结合，使公司财务管理理论跨入了投资财务管理的新时期。前述资产财务管理时期的财务研究成果同时也是投资财务管理初期的主要财务研究成果。

在这一时期，资本结构理论研究的深化，历经了从早期传统资本结构理论到现代资本结构理论的发展过程（1952—1977年），并以MM理论为开端，逐渐发展到破产成本理论、税差学派、市场均衡理论、权衡理论、信息不对称理论等。从1977年开始，以梅耶斯、迈基里夫为代表的新优序融资理论为起点并开始了新资本结构理论的发展阶段，其后出现了以詹森、麦克林、梅耶斯为代表的代理成本说，以史密斯、华纳等人为代表的财务契约论，以罗斯、利兰等人为代表的信号模型，以邓洛夫斯基、史密斯为代表的产业组织理论以及以哈里斯、拉维夫为代表的企业治理结构学派。

（2）资本市场的发展和投资风险的日益加大使人们开始寻求资产组合、避险和控制的工具，金融工具的推陈出新使企业与金融市场的关系更加密切，认股权证、金融期货等广泛应用于企业融资和对外投资活动中，特别是20世纪70年代中期，布莱克

(F. Black) 等人创立了期权定价模型 (Option Pricing Moldel, OPM); 斯蒂芬·罗斯提出了套利定价理论 (Arbitrage Pricing Theory)。这一时期的财务管理呈现出百花开放、百家争鸣、一片繁荣的景象。

(3) 1972年, 法玛 (Fama) 和米勒 (Miller) 出版了《财务管理》一书。这部集西方财务管理理论之大成的著作的问世, 标志着西方财务管理理论已发展成熟。

一般认为, 该时期是西方财务管理理论走向成熟的时期, 主要表现在以下几个方面: ①建立了合理的投资决策程序; ②形成了完善的投资决策指标体系; ③建立了科学的风险投资决策方法。由于吸收了自然科学和社会科学的丰富成果, 财务管理进一步发展成为集财务预测、财务决策、财务计划、财务控制和财务分析于一身, 以筹资管理、投资管理、营运资金管理和利润分配为主要内容的管理活动, 并在企业管理中居于核心地位。

(五) 财务管理深化发展的新时期 (20世纪70年代末以后)

20世纪70年代末以后, 企业财务管理进入深化发展的新阶段。这一阶段, 财务管理的环境发生了以下变化: ①通货膨胀及其对利率的影响; ②政府对金融机构放松控制以及由专业金融机构向多元化金融服务公司转化; ③电子通信技术在信息传输中和电子计算机在财务决策上大量应用; ④资本市场上新的融资工具的出现, 如衍生性金融工具和垃圾债券; ⑤企业集团化与国际化。

以上条件的变化对财务决策产生了重大影响, 加剧了公司面临的不确定性, 使得市场需求、产品价格以及成本的预测变得更加困难。这些不确定性的存在使财务管理的理论和实践都发生了显著变化, 并且产生了更为细分的财务管理领域, 如通货膨胀财务管理、企业集团财务管理、跨国企业财务管理、企业并购财务管理等。

另外, 20世纪80年代以后, 财务学在吸收了心理学、行为科学、决策科学等的相关成果的基础上, 研究心理和行为因素对人类的财务行为的影响, 解释和预测财务主体的财务决策行为的实际决策过程 (而非最优决策模型) 以及金融市场的实际运行状况, 促成了一门新的科学——行为财务学的发展。

根据财务管理内容变化的特点, 可将20世纪70年代末以后的财务管理的发展阶段分为下面三个子阶段。

1. 通货膨胀理财阶段 (20世纪70年代末期至20世纪80年代初)

20世纪70年代末期至20世纪80年代早期, 伴随着石油价格的上涨, 西方国家出现了严重的通货膨胀, 持续的通货膨胀给财务管理带来了一系列前所未有的问题, 因此这一时期财务管理的主要任务是对付通货膨胀。在通货膨胀条件下, 如何有效地进行财务管理一度成为热点问题。大规模的通货膨胀使企业资金需求不断膨胀、货币资金不断贬值、资金成本不断提高、成本虚降、利润虚增、资金周转困难。为此, 西方财务管理根据通货膨胀的状况对企业筹资决策、投资决策、资金日常调度决策、股利分配决策进行了相应的调整。

2. 国际财务管理阶段 (20世纪80年代中后期)

国际企业是指在两个或两个以上国家进行投资、生产或销售的企业。国际企业中的财务管理，就叫国际财务管理。20 世纪 80 年代中后期，由于运输和通信技术的发展，市场竞争加剧，国际企业发展迅速。因此，国际企业财务管理也显得越来越重要。当然，一国财务管理的基本原理也是适合国际财务管理的。但由于国际企业涉及多个国家，要在不同的制度、不同的经济环境下做出决策，因而有一些特殊问题需要解决。如外汇兑换的损益及其风险问题、多国性融资问题、在其他国家投资的资本预算问题、国外投资环境问题、内部转移价格问题、国际投资分析、跨国公司财务业绩评估等都和一国企业财务管理不同。自从 20 世纪 80 年代中期以来，国际财务管理的理论和方法得到了迅速发展，并在财务管理实务中得到了广泛应用，成为财务管理发展过程中的又一个高潮，并由此产生了一门新的财务学分支——国际财务管理。

20 世纪 80 年代中后期，拉丁美洲、非洲和东南亚发展中国家陷入沉重的债务危机，苏联和东欧国家政局动荡、经济濒临崩溃，美国经历了贸易逆差和财政赤字，贸易保护主义一度盛行。这一系列事件导致国际金融市场动荡不安，使企业面临的投融资环境具有高度的不确定性。因此，财务风险问题与财务预测、决策数量化受到高度重视。

3. 网络财务管理阶段（20 世纪 90 年代以来）

20 世纪 90 年代中期以来，随着计算机技术、电子通信技术和网络技术的迅猛发展，财务管理的一场伟大革命——网络财务管理，已经悄然到来。

人类社会自 21 世纪以来已经进入了一个以知识为主导的时代，知识、创新精神和声誉等无形智力资源成为企业赢得竞争优势的关键资源和企业价值创造的主要驱动力。从财务管理学的角度来看，智力资源改变了企业资源配置结构，即从传统的以厂房、机器、资本为主要内容的资源配置结构转变为以知识为基础并以智力资本为主的资源配置结构。例如，美国的微软公司有形资产的数量与小型企业相差无几，而市场价值则超过美国三大汽车公司的总和。面对知识经济趋势的深化，传统财务管理理论以"物"为本的观念受到巨大冲击，以人为本的理念必将贯穿企业筹资、投资、资金运营和利润分配的各财务环节，而对智力资本如何进行确认、计量和管理将成为财务管理的一个重要课题。

同时，知识经济拓宽了经济活动的空间，改变了经济活动的方式。其主要表现在以下两个方面：一是网络化。容量巨大、高速互动、知识共享的信息技术网络构成了知识经济的基础，企业之间的激烈竞争将在网络上进行。二是虚拟化。由于经济活动的数字化和网络化加强，开辟了新的媒体空间，如虚拟市场、虚拟银行。许多传统的商业运作方式也将随之消失，代之以电子支付、电子采购和电子订单，商业活动将在全球互联网上进行，使企业购销活动更便捷、费用更低廉，对存货的量化监控更精确。同时，网上收付使国际资本的流动速度加快，而财务主体面临的货币风险也大大增加，网络财务管理主体、课题、内容、方式都会发生很大的变化。相应地，现代的财务管理理论和实践将随着理财环境的变化而不断革新，并继续朝着国际化、精确化、电算化和网络化方向发展。

从 20 世纪以来财务管理的发展过程可以看出，财务管理目标、财务管理内容、财务管理方法的变化都是理财环境综合作用的结果。可以这样说，有什么样的理财环境，就会产生什么样的理财模式，也就会产生相应的财务管理理论体系。实际上，财务管理总是依赖于其生存发展的环境。在任何时候，财务管理问题的研究，都应以客观环境为立足点和出发点，这才有价值。脱离了环境来研究财务管理理论，就等于是无源之水、无本之木。因此，将财务管理环境确定为财务管理理论结构的起点是一种合理的选择。

二、西方财务管理的理论基础

（一）确定环境下现值分析理论（Present Value Analysis Theory）

现值分析理论是贯穿现代财务管理的一条红线，对企业未来的投资活动、筹资活动产生的现金流量进行贴现分析，以便正确地衡量投资收益、计算筹资成本、评价企业价值。

现值模型或完全确定的费希尔（Fisher）模型，其假定条件如下：

（1）所有现在或未来流向个人和企业的现金流量均能被大家完全充分地加以预测（即完全确定）。

（2）资本市场是完美的。这意味着：①在资本市场上，没有一个债务人或债权人能够富足到足以影响利息率（没有一个人能够影响市场贷款的成本）；②每个人都能按照市场利率借到相当于最高财富界限的贷款；③信息是免费的、无代价的，任何人都可以随时获得；④不存在交易成本或税收；⑤所有资产都具有无限分割性。

（3）投资者是理智的，在任何时候都偏好于多消费，并对筹集消费的现金流量形式不感兴趣。

（4）投资者认为其他人的行为也是合乎理性的。

根据这些假设，一家企业或一个项目的市场价值可以看成这家公司或这个项目未来现金流量的贴现值。现值理论的基本计算公式为：

$$P_0 = \sum_{t=1}^{n} \frac{CF_t}{(1 + R_t)^t}$$

式中：P_0——现在的市场价值；

CF_t——第 t 年的现金流量；

R_t——第 t 年的折现率。

过去几年，这个模式被广泛地应用于经济和金融领域。所谓确定，是指公司未来的现金流量和经济体制中的利率是众所周知的、确定的。这也是我们所指的理想环境（Ideal Conditions）。

利用现值分析进行财务决策的标准是未来现金流入量的现值大于现金流出量的现值，即净现值大于零时值得去投资或筹资。在通常情况下，几乎所有的财务决策都涉及未来现金流量，都需要决定未来现金流量的现时价值。

（二）资本结构理论（the Theory of Capital Structure）

资本结构是财务管理研究领域一个经典而永久的话题，一种资本结构理论的变迁史实际上也就是财务思想的兴衰史。根据威廉·L. 麦金森（1995）的界定，资本结构是指在公司长期财务结构中，负债与权益的相关混合比例。与负债比率、杠杆比率及其他更普遍的公司总体负债计量方法相比，资本结构通常与公司经营所需的永久性或长期性资本相关。可以看出，资本结构通常是指一个企业长期负债资本与权益资本的比例关系。

资本结构研究的核心是一个公司能否通过改变其融资组合以对其整体价值及资本成本产生影响。通常认为，资本结构理论起源于20世纪50年代杜兰德（Durand，1952）对资本结构理论的总结，随后以MM理论（1958）的形成为标志，在此之前的一般被称为传统资本结构理论，之后的一般被称为现代资本结构理论。莫蒂里安尼（Modigliani）和米勒（Miller）也因此分别于1985年和1990年获得了诺贝尔经济学奖。

MM定理是在极其严格的假定条件下得出的，其与现实状况相差甚远，折旧使得众多学者对此颇为不满。从那以后，经济学家从放宽MM定理的假设条件入手，对企业的资本结构与其价值之间的关系展开了深入研究。至20世纪60年代末，围绕着MM定理的假设条件而进行的资本结构理论的研究明显分成了两大分支。一是所谓的“税差学派”，即探讨各类税收差异与资本结构的关系；二是所谓的“破产成本主义”，即探讨企业破产成本对其资本结构的影响。此后，经过众多学者的努力，大约在20世纪70年代中期，税差学派与破产成本主义最后归结到权衡理论。其主要观点是，企业的最优资本结构就是在负债的避税收益与各类破产成本之间的权衡。从MM定理到权衡理论，这期间资本结构理论的研究均是围绕着企业的外部因素（如税收、破产等）对其资本结构的影响。

在继续对MM理论假设条件放宽后，形成了现代资本结构理论发展的两个阶段。通常，把以MM理论及权衡理论为代表的资本结构理论称为旧资本结构理论阶段，把以信息不对称为标志的资本结构理论及以后的依托其他理论而发展的资本结构理论称为新资本结构理论阶段或者资本结构理论的后续阶段。

资本结构理论的后续阶段始于20世纪70年代后期信息不对称、委托代理理论等被引入资本结构的研究，主要以信息不对称理论为依托。至20世纪80年代初，又形成了四大有代表性的学派，即詹森和梅克林（Jensen & Meckling，1976）的代理成本说（债务的代理成本和代理收益也影响企业价值），罗斯（Ross，1977）以及利兰德和派尔（Leland & Pyle，1977）的信号模型（资本结构被用来设计成一种信号来影响企业估值），格罗斯曼和哈特（Grossman & Hart，1980）的财务契约模型（不完全合同理论、证券设计理论等问题），梅叶斯和梅吉拉夫（Myers & Majluf，1984）的新融资优序理论（管理者偏好首选留存收益融资，然后是债务融资，而将股权融资作为最后的选择）。不过，由于这一阶段这些主流学派之间存在非常紧密的横向联系，各学派的研究思想互相渗透，因此，习惯上统称为信息不对称条件下的资本结构理论。

到20世纪80年代中期以后，以信息不对称为中心的现代资本结构理论发展出现了衰退之势，在此情形下，现代资本结构的发展“急于寻找一个新的理论核心”。

一方面，美国企业的并购活动正进入一个新的高峰时期，频繁的并购活动使人们开始关注公司控制权市场理论。而公司控制权市场理论的研究拓展为资本结构理论与公司控制权市场理论的结合提供了契机。以Stulz模型（1988）、Harris和Raviv模型

（1988）等为代表的公司控制权市场学派摒弃了以往资本结构理论研究的框架，并在一定程度上改变了以信息不对称为中心的资本结构理论的研究现状，从而也拓展了资本结构理论研究领域的一个新方向。但是，这一方向目前力求维系、协调资本结构理论与公司控制权市场理论两大理论的研究现状，似乎仍旧无法让我们准确地预测其未来的命运。

另一方面，20 世纪 80 年代后，随着新产业组织理论的兴起，厂商的战略性市场行为受到广泛关注，而这种关注也在资本结构理论研究中掀起了一股产业组织理论的研究风潮。布兰德和路易斯（Brand & Lewis，1986）是这一研究领域的典型代表。他们认为，公司财务与产品市场竞争是相互联系、相互影响的，资本结构决策会影响企业产品竞争市场的战略安排，进而企业可以有意识地采取一些战略行为，利用寡占竞争对手的反应来获利。马克西莫维奇（Maksimovic，1988）研究表明，资本结构的改变（如负债及其导致的利息支付）会影响由于企业偏离它和竞争对手之间的串谋所发生的成本，从而使得企业间的串谋行为难以维持。因此，如果希望在产品市场上获取串谋利益，公司的负债率不能超过某一上限，即公司存在一个合理的“债务容量”（Debt Capacity）。超过该债务容量，串谋利益将过多地转移到债权人手中，股东维持串谋的激励就会不足。博克顿和沙尔夫斯泰因（Bolton & Scharfstein，1990）用掠夺性定价理论分析了公司融资决策与产品市场竞争的关系后认为，考虑到公司与债权人签订能够使代理成本最小化的契约以及对竞争对手采取最大化掠夺性定价策略的激励因素，因而公司的最优负债水平应在降低内部的代理成本以及减轻掠夺性定价的激励两者之间权衡。除此之外，有一些研究对公司资本结构和产品或投入品特征之间的关系进行了探讨，如蒂特曼（Titman，1984）等的研究。总之，基于产业组织理论的战略公司资本结构问题的研究仍旧是一个新的研究课题，尽管它已经“被边缘化，成为一只游走于主流和非主流之边界的小学派”，但不可否认的是，它不仅将公司融资决策看成一种财务选择，还是一种基于产品市场竞争环境、公司战略以及资本市场环境的商业选择。

此外，行为金融理论在 20 世纪 90 年代也开始被用于资本结构的研究。资本结构理论发展的脉络如图 1-1 所示。

（三）投资组合理论①（Portfolio Theory）

分散化的理念有很长的历史了，“不要把鸡蛋放在一个篮子里”这句话早在现代财务管理理论出现之前就已存在。投资组合理论或简称为投资组合理论（也有人将其称为投资分散理论）主要是研究人们在预期收入受到多种不确定因素影响的情况下，如何进行分散化投资来规避投资中的系统性风险和非系统性风险，实现投资收益的最大化。直到 1952 年，哈里·马科维茨②正式发表了包含分散化原理的资产组合选择模型，为他赢得了 1990 年的诺贝尔经济学奖。这篇文章奠定了投资财务理论发展的基础，被公认为现代财务理论的开端。

① 万伦来. 西方证券投资组合理论的发展趋势综述［J］. 安徽大学学报（哲学社会科学版），2005（1）.

② Harry Markowitz. Portfolio Selection［J］. Journal of Finance，1952（3）.

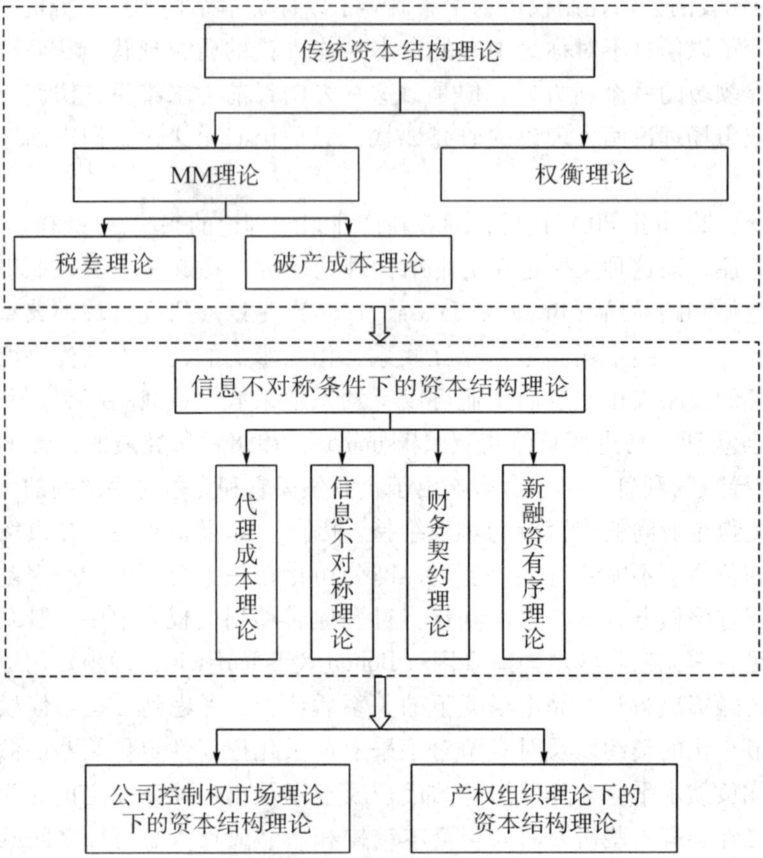

图 1-1　资本结构理论发展的脉络

1. 马科维茨的“均值-方差”投资组合理论

马科维茨模型的主要思想是：只要不同资产之间的收益变化不完全正相关，就可以通过资产组合方式来降低投资风险。投资者可以通过多样化投资降低风险，得出证券投资组合有效边界（Efficient Frontier）。由于在较短的期间内，证券投资回报率接近于正态分布，因此可以用两个指标来表示一个证券投资组合，即证券投资组合回报率的均值（表示投资组合的期望回报率）和回报率的方差或标准差（表示投资组合的风险）；投资者的效用是关于证券投资组合的期望回报率和方差的函数，理性的投资者将选择有效的投资组合，以实现其期望效用最大化。也就是说，投资者追求在一定回报率下风险最小化或在风险一定情形下回报率最大化；一个投资者在有效边界上根据其回避风险的程度选择投资组合，如果用该投资者的风险-回报率无差异曲线来表示投资者的等效用曲线，那么，投资者无差异曲线与有效边界的切点就是该投资者所应选择的投资组合。

马科维茨的“均值-方差”投资组合理论在实际应用时存在以下缺点：一是模型计算繁杂。当遇到解决投资证券数目较大的投资组合问题时，涉及的参数多，且极难估计，计算工作量十分巨大，即使应用计算机，也难以做到。二是该理论的假定前提条件较多，有些假定的可靠性值得怀疑。

2. 夏普的“资本资产定价”投资组合理论

鉴于马科维茨的“均值-方差”理论计算繁杂之不足，斯坦福大学教授夏普（William Sharpe）设想以牺牲评价精度来简化有效投资组合的运算，提出了通过分析股票收益与股市指数收益之间存在的函数关系来确定有效的投资组合。进一步地，夏普又以均衡市场假定下的资本市场线（Capital Market Line，CML）为基准，也就是用投资组合的总风险（即标准差）去除投资组合的风险溢价，来反映该投资组合每单位总风险所带来的收益，从而导出了著名的“资本资产定价”（Capital Asset Pricing Model）投资组合模型（CAPM）。这是 20 世纪 60 年代财务管理理论的最大成就之一。

CAPM 模型表明：①证券投资的回报率与风险之间存在一定的定量关系，即期望风险增溢与系统风险成正比。②所有投资者都在证券市场线上选择证券，所选中的投资组合是投资者的效用函数与证券市场线的切点。夏普评价的关键是求切点，即测度资本市场线中的斜率项。③系统风险是证券或投资组合风险的重要组成部分，是投资组合分析的基础，分析者应集中精力评价证券或投资组合的系统风险。

夏普的 CAPM 模型涉及的参数少，大大地减少了需要统计的数据，避免了繁杂的数学运算，因而大大地简化了证券投资组合分析，使投资组合理论有了革命性的变化，成为证券估价的基础。夏普也因此与马科维茨一起获得 1990 年诺贝尔经济学奖的殊荣。

但我们研究发现，夏普的投资组合理论仍存在以下几点不足：①在 CAPM 模型中隐含存在投资收益呈正态分布且这种分布在各个时期是稳定的假定，显然现实状况难以满足此假定条件；②导出的 CAPM 模型过于简单化。例如，夏普在导出 CAPM 模型过程中认为所有的证券都与可能解释系统风险的一个单一因素——市场因素相关，并试图用这个单一因素来囊括马科维茨的“均值-方差”模型中的所有因素，显然在这些假定下导出的 CAPM 模型太过于简单化。因此，正如理查德·罗尔（Rechard Roll）所指出的那样：选择不适当的投资组合和指数作为市场组合的代表物，会导致对个别证券和投资组合系统风险的估计发生基础性的偏差，即使是使用了更强有力的统计工具，也不能纠正这种偏差。

3. 詹森的“非常规收益率”投资组合理论

在夏普的资本资产定价投资组合理论启发下，1969 年詹森（Jensen Michael）提出以 CAPM 中的证券市场线（Security Market Line，SML）为基准来分析投资组合的绩效（用 J_P 表示）。具体来说，詹森的投资组合理论也是通过测度系统风险来评价投资组合收益率的。詹森的投资组合分析与夏普的投资组合分析不同的是，詹森分析的投资绩效是等于投资组合的期望收益率减去用 CAPM 对该投资组合收益率定价的结果之后的差额。它反映的是在同样系统风险下期望收益率与按 CAPM 定价的理论收益率的差额，将 J_P 的表达式与夏普的 CAPM 式进行比较，容易看出：詹森模型中的 J_P 就是用 CAPM 对该投资组合收益率进行定价的投资组合数值，该数值是投资组合期望收益率与均衡市场条件下 CAPM 对该投资组合的定价之差。由于人们习惯把由 CAPM 定价的收益率称为常规收益率或均衡市场期望收益，因此就把詹森模型中的 J_P 称为非常规收益詹森率或超额收益率，詹森的投资组合理论也因此被称为“非常规收益率”投资组合理论。

尽管詹森理论与夏普理论有很多相似之处，但是它们却具有较大的区别。与夏普理论相比，詹森理论以证券市场线（SML）为基准，而夏普以马科维茨模型中的收益率波动的标准差为依据，并以资本市场线（CML）为基准。因此，一般情况下两者对同一投资组合绩效的评价结果是不同的。如果投资组合的非系统风险不能完全剔除，那么夏普的评价将优于詹森的评价，且夏普理论中所采用的风险更接近人们对风险概念的直观理解。正因为如此，詹森的“非常规收益率”投资组合理论在现实中应用不广。

4. 罗斯的“套利定价”（APT）投资组合理论

1976 年，罗斯（Stephen Ross）在马科维茨、夏普和詹森等理论的基础上，提出了可用另一种评价指标——套利定价指标来评价投资组合的绩效。他认为证券投资的回报率应与一些基本因素有关，投资者可以构造一个零风险组合，使其投资净资产为零，如果此时有收益率出现，则说明套利成功。这种无风险套利活动，必将使同一风险因素的风险报酬趋于相等，形成一个统一的市场价格。基于这个分析思路，罗斯构建了具有广泛应用价值的套利定价投资组合理论模型（Arbitrage Pricing Theory，APT）。

APT 作为分析证券投资组合的一种替代性的均衡模型，其独到之处表现在：一是与马科维茨“均值-方差”投资组合理论相比，像夏普和詹森理论一样，都极大减少了参数估计的工作量，避免了繁杂的数学计算。二是不需要像夏普的 CAPM 模型那样对投资者的偏好做出许多假设，只要求假定投资者对于高水平财富的偏好胜于低水平财富的偏好，并依据收益率选择风险资产组合，即使该收益与风险有关，风险也只是影响资产组合收益率众多因素中的一个因素。因此，APT 的假设条件要比夏普的 CAPM 更为宽松，因而更接近现实。三是夏普的 CAPM 必须要与单指数模型结合才具有使用价值，但大量实证研究表明，影响证券投资回报率并不像单指数模型假设的那样，只有市场一个因素影响证券投资回报率，而是受多重因素影响。因此，当实际分析某个证券投资组合时，APT 的多因素分析一般要比 CAPM 的单指数分析要准确。关于这一点已被詹姆斯·法雷尔（James. L. Farrell）的实证研究所证明。综上可见，APT 模型既具有单指数模型的简单性优点，又具有全协方差模型的潜在的全部分析能力。因此，在证券投资组合决策分析方面有着广阔的应用前景。

尽管罗斯的 APT 具有以上优点，但也存在着不足之处。例如，在 APT 模型中没有说明决定证券投资回报率的数量和类型。其中一个比较重要的因素是市场影响力，但是关于哪些因素还应包括进来以补充综合的市场影响力，或者当模型中没有出现综合市场因素时，应用哪些因素来替代它，这在 APT 模型中没有说明。

此外，伴随着证券投资业的迅猛发展、行为经济学主体地位的日益建立及遗传算法、神经网络等各种现代数学工具和计算机技术的广泛使用，人们对证券投资组合理论的研究视野也日渐开阔，新成果层出不穷，证券投资组合理论呈现出“丛林”式的发展态势。例如，基于流动性的投资组合理论，基于 VaR（Value-at-Risk）的投资组合理论、行为证券投资组合理论，基于非效用最大化的证券投资组合理论。由此可见，西方证券投资组合理论仍然还是个比较年轻的学科，一直是世界各国经济学家倾力关注的焦点，各种新观点、新方法层出不穷，还没有形成统一的理论范式。

（四）代理成本理论（Agency Cost Theory）

早在1932年，伯利和米恩斯（Berle & Means）就提出了现代企业最主要的特点就是所有权和经营权的分离，导致了所有者和经营者的利益不一致，他们之间存在一种委托代理关系。但是，直到1976年，詹森和梅克林（Jensen & Meckling）才在《企业理论：管理行为、代理成本和所有权结构》一文中进一步明确了委托代理关系，提出了代理成本理论，并逐渐成为现代财务研究的主流理论之一。它从公司财务和组织架构视角着手，融合了斯蒂格利兹（Stiglitz，1972）资本结构理论、曼德尔克（Mandelker，1974）公司控制权市场理论、格罗斯曼和哈特（Grossman & Hart，1980）契约理论等相关理论。其主要观点是由于公司所有权和经营权的分离，股东和管理者之间的契约存在缺陷。一方面，管理者处于绝对的信息优势，他们拥有股东所没能掌握的公司信息；另一方面，股东的目标是企业价值最大化，而管理者则追求个人利益最大化，因此管理者就会出现与股东预期不符的行为，如道德风险和逆向选择。而股东为了使管理者的行为与自己预期趋同，需要花费一定成本对其进行监督和激励，并在这种博弈的过程中，不断完善和实施契约，因此也就产生了代理成本。所谓代理成本，是指“主人监督费用、代理人受限制费用和剩余损失之和”。继詹森和梅克林（Jenesn & Mecking）之后，众多的经济学家参与到这一领域的研究之中，具体内容主要是围绕债务融资的好处、债务融资产生的代理成本以及如何减轻两种代理成本而展开论述。

由此可见，代理成本理论是在代理理论、企业理论和财产所有权理论的基础上发展起来的。它和产权理论、企业理论一起，对财务管理理论的发展，包括企业理财目标理论、资本结构理论、股利分配理论、投资理论、筹资理论等，产生了极大的影响，从而使财务理论研究进入一个更高的层次。

（五）股利政策理论①（the Theory of Dividend Policy）

股利政策问题是现代公司理财活动的三大核心内容之一，一直是学术界探讨的热门问题，从米勒和莫迪利安尼（1961）提出MM理论以来，国外众多学者对股利政策理论的相关问题进行了广泛而深入的研究。所谓股利政策理论，是指在探求股利的支付与股票价格（或企业价值）之间的关系中所形成的前后一致的假设性、概念性和适用性的逻辑关系与系统说明。研究股利政策的核心在于，股利政策是否会影响企业的价值以及如何影响，如何制定股利政策以便使企业的资本成本最低且公司价值最大化。对股利理论的研究经常和企业价值、资本结构、投融资政策等联系在一起，成为研究财务管理必须了解的一个重要理论。西方传统和现代股利理论如下：

1. 传统股利理论

（1）MM理论。1961年，米勒和莫迪利安尼在《商业学刊》上发表了股利理论史上著名的《股利政策、增长与股票价值》一文，提出了公司价值与股利政策无关论。该理论被学术界称为MM理论或MM股利无关论。

---

① 杨汉明. 西方企业股利政策文献评述［J］. 中南财经政法大学学报，2007（2）.

米勒和莫迪利安尼认为，在完美的资本市场中，股票价格反映了所有可以利用的信息，获得非正常利润的机会是不存在的，投资者只能得到经过风险调整后的平均市场收益。在给定企业投资决策的情况下，股利支付不影响股东的财富，企业的价值完全取决于企业的投资决策，而盈利在股利与留存收益之间的分割并不影响企业的价值。股利政策只不过是公司的一种融资策略。支付股利实际上就如同一只手付钱，而另一只手又把钱如数收回一样，并不会影响企业的市场价值。

虽然该理论的假设前提与现实情况很不相符，但因为其完备的数学证明，仍成为现代股利政策理论的基石，以后的各种股利政策理论一般都是在逐步放宽其假设前提的情形下形成的。

（2）“一鸟在手”理论。有一句古代谚语：“双鸟在林不如一鸟在手。”“一鸟在手”理论的名称就起源于此。1938 年，威廉姆斯（Williams）采用股利贴现模型研究股利政策，奠定了“一鸟在手”理论的基础。

其后林特纳（Lintner）、沃尔特（Walter）、戈登（Gordon）等进行了更深入的研究，其中对“一鸟在手”理论的形成和完善贡献最大的当属戈登。1963 年，戈登在《财务学刊》上发表了著名文章《最优投资和财务政策》，标志着“一鸟在手”理论的形成。戈登认为所有的投资者都是风险厌恶者，对他们来说股利收入比留存收益带来的资本收益更为可靠，投资者将留存收益进行再投资所获得的收益不确定性极大，并且随着时间的推移，投资风险将进一步增大，因此相比之下投资者更喜欢股利收入，故需要公司定期向股东支付较高的股利。

“一鸟在手”理论是一种定性的股利理论的描述，在实务界得到了普遍的认可，但是这一理论也存在缺点，即无法确切地阐述股利政策是如何影响公司股价的。

（3）税收效益理论。税收效应理论是在放松 MM 理论中的股利和资本利得无税收差异的条件下得出的。最早开展税收效应理论研究的是法拉和塞尔文（Farrar & Selwyn，1967）。他们采用了局部均衡分析方法，假设投资者都是追求税后收益最大化，通过研究得出结论，如果股利和资本利得的征税税率不同，假设股利征税税率高于资本利得的征税税率，则投资者会认为获取股利不是最优收益方式，他们更喜欢资本利得。1970 年，布伦南（Brennan）在法拉和塞尔文的研究成果的基础上，认为低股利支付率政策才能实现公司价值最大化。

在现实生活中，股利和资本利得是存在税收差异的，一些国家政府甚至对股利征税的税率高达 50%，但是资本利得的征税税率最高只有 20%。在这种情况下，实质上发放股利是损害投资者的利益的，公司少发放股利或者不发放股利对投资者更加有利。在一些情况下股利的税赋会低于资本利得的税赋，那么结论会截然相反。即使在股利和资本利得不存在税赋差异或差异较小的情况下，资本利得的税赋可以递延到资本利得真正实现后支付，延迟税赋的缴纳，而股利的税赋必须在收到股利后支付。总而言之，在股利和资本利得存在税赋差异的情况下，公司采用不同的股利支付方式会直接影响公司的股价和市场价值。

2. 现代股利理论

（1）股利政策的顾客效应论。在财务上，顾客效应指的是投资者根据个人情况而对企业财务政策形成某种特殊偏好并自觉选择该证券进行投资的现象。当运用于股利政策时，这一选择对象主要指企业的股利支付水平。顾客效应表明，实施稳定股利政策的股票总能吸引一定比例的投资者，从而使其维持某一水平的市价。

佩蒂特（Pettit，1977）通过对1964—1970年的904个个人账户的证券组合进行实证分析，发现了低税级投资者适度集中于高收益率股票的证据。在其他条件相同时，高收入的投资者倾向低股利收益率的股票，反之则反是。

（2）股利政策的信号传递理论。在非完善的市场中，当公司管理者与投资者存在信息不对称的情况，管理者会利用股利政策来传递有关公司未来前景的信息。这是信号理论解释股利政策的基本思想。当公司管理者当局对企业未来前景看好时，他们可能不仅仅是对外宣布好消息，还会通过提高股利来证实此消息。如果公司以往的股利支付稳定，那么一旦增加股利，投资者就会认为公司管理者当局对企业未来看好。换言之，公司提高股利支付水平意味着公司管理者对公司未来能够保持较高的利润水平充满信心，即股利增加表明公司盈利能力的“永久”增长。

股利信号传递理论的实证分析工作由约翰·林特纳（John lintner，1956）首先研究。米勒（1961）则明确提出，在信息不对称的条件下，股利能传递未来现金流量的信息。罗斯（1977）研究发现：公司股利的增加能向市场传递一种无法模仿的明确信号，说明公司的前景已改善。巴塔查里亚（Bhattacharya，1979）考察了公司管理者按照老股东利益行事的两期模型，认为公司股利政策的选择取决于由承诺高股利引发的交易成本与新股东愿意支付的价格之间的比较。但巴塔里亚与罗斯的研究都没有解释为什么企业仅以股利作为传递企业未来前景的信号？为什么公司会长期采取平稳的股利支付政策？这些问题促进了股利信号传递理论的进一步发展。如对公司采取支付股利传递信息而不是股票回购的解释，对公司采取平稳性（刚性）股利的解释等。

（3）股利政策的代理成本理论。代理成本理论认为，股利的支付可以降低代理成本。首先，支付股利能够减少经营者可以支配的自由现金流量，降低了经营者为谋求自身利益而使用自由现金流量的风险和成本；其次，股利的支付会减少公司留存收益。公司为了满足资金需求，需要进入资本市场进行融资。这将使公司置于更多更严格的监管之下，从而帮助所有者对经营者进行监督，降低监督成本和厌恶风险产生的代理成本。

代理成本理论也存在缺陷：一是该理论的前提为市场监督机制完全有效，即市场可以迅速地识别股利政策所传递的信号，并通过合理定价向股东传递有效信息。但是现实生活中，市场并不能总是对上市公司的代理成本行为进行积极而有效的识别。例如，在“安然事件”中，管理层虚增利润行为的曝光是非市场因素所引发的，而不是市场及时发现并通过价格反映出来的。二是该理论将法律完备和监管严格作为既定条件，却没有考虑在不具备这些条件的情况下，股东权益的法律保护程度的变化将会影响股权结构的变化，从而导致代理问题产生变化。三是该理论无法解决公司经营者支付高现金股利的能力和动力的一致性问题。四是该理论的前提为经营者需要从外部市场融资，认为经营者需要从资本市场上进行融资是发放现金股利的前提条件。

（4）股利政策的自制股利理论。这种观点认为，投资者能够自制任何一种公司可以支付但当期没有支付的股利水平。如果股利水平低于投资者所期望的水平，投资者可以出售部分股票以获取期望的现金收入。如果股利高于投资者所期望的水平，投资者可以用股利收入购买一些该公司的股票，即投资者能够“自制股利”（Home-made Dividends）。他们认为，自制股利是公司股利的最佳替代物，因此，企业的股利政策是无关的。自制股利理论虽有一定的说服力，但在非完美的市场中受到了挑战，因为实证研究学者发现投资者对不同的股利有不同的偏好。

（5）剩余股利政策。该理论认为，资金作为一种稀缺资源，企业股利发放应采取以下步骤：一是确定投资项目；二是确定投资所需资金；三是尽可能使用内源融资解决投资资金；四是在投资资金落实后，剩余收益才能用于支付股利。因此，可以用该理论解释成长性企业为何不发股利。但是，许多学者实证研究并不支持剩余股利政策。事实上，不管企业的赢利和投资机会，企业的股利政策是稳定的，其对股利政策的调整非常谨慎。

（6）股权结构理论。股权结构理论是用信号传递理论和代理成本理论共同解释股权结构对股利政策的影响。梅克林和詹森认为，公司股权结构分散程度越大，经营权和所有权的分离程度越大，监督经营者工作的股东就越少，使得所有者和经营者之间的代理成本就越高，则更需要运用股利政策对外传递股利信号。格瑞汉姆（Graham，1985）认为，那些股权结构集中度较高但信息不对称、程度较低的公司，特别是股权集中度极高的家族式企业以及受银行或者产业集团控股的公司，对通过股利政策传递信号的要求就越低。利用股权结构理论可以解释股权结构比较分散、完全依靠资本市场融资的英国和美国等国的公司为什么更倾向采用高股利支付率政策，而股权结构比较集中、主要依靠银行机构融资的日本和德国等国的公司更倾向采用低股利支付率政策。

（7）股利迎合理论。早在1978年，朗（Long）就将迎合的思想应用于股利政策的研究。迎合理论是2004年由美国哈佛大学的贝克（Baker）和纽约大学的伍格勒（Wurgler）共同在放宽MM理论的有效市场假设基础上提出的，并建立了股利迎合理论静态模型。他们假定该理论应满足三个基本要素：①由于制度因素及心理因素的原因，一些投资者对支付股利的股票的需求是盲目而变化的；②由于有限套利的存在，投资者的需求可以影响股票的价格；③管理者都是理性的，能够在由股票被错误定价所带来的短期利益与长期运行成本之间权衡利弊，从而制定更加迎合投资者需求的股利政策。该理论认为，投资者的需求决定了公司股利政策的决策，公司经营者必须理性地迎合投资者的需求，采用相应的股利政策，以吸引投资者和股东购买或继续持有该公司股票。

股利迎合理论的缺点：①该理论假设管理者能够理性地迎合投资者的偏好，制定相应的股利政策，这一假设不尽合理；②该理论没有考虑风险。霍贝格和普雷波哈拉（Hoberg & Prabhala，2004）认为，如果考虑风险因素，则得出的结论不能支持该理论。

（六）期权定价理论（Option Pricing Fheory）

它是由有关期权的价值或理论价格确定的理论。期权的价格实际上是一种风险价格，影响期权价格的因素众多，包括基础资产的当前价格、执行价格、期权的期限、基础资产价格的波动率和无风险利率等诸多因素。1900 年法国数学家路易斯·巴舍利耶（Louis Bachelier）在《投机理论》中提出了最早的期权定价模型。巴舍利耶模型奠定了现代期权定价理论的基础，但该模型假设股票价格过程是绝对布朗运动——允许股票价格为负。这与有限债务假设相悖。另外，该模型忽略了资金的时间价值为正，期权与股票间的不同风险特征以及投资者的风险厌恶，因而在应用上受到限制。

在巴舍利耶以后的半个多世纪里，期权定价理论进展甚微，直到 20 世纪 60 年代才有了一些新的发展。其中主要有：斯普林科（Sprenkle，1961）在《认股权价格是预期和偏好的指示器》中提出的买权的定价公式、博内斯（Boness，1964）在《股票期权价值理论的要素》中提出的期权定价模型、卡索夫（Kassouf，1969）在《暗含投资者预期与冒险性的期权价格》的计量模型中提出的买权价格、萨缪尔森（Samnelson，1965）在《认股权定价的合理理论》中提出的欧式买权的定价模型。这些期权模型的提出，推动了期权定价理论的发展，为后来的 Black-Scholes 模型的开发奠定了基础。

期权定价理论的最新革命开始于 1973 年。在这一年，布莱克和斯科尔斯（Black & Scholes）提出了期权定价模型，简称为 B-S 模型。同年，美国哈佛大学的默顿（Merton）教授在《贝尔经济与管理科学杂志》（*Bell Journal of Economics and Management Science*）上发表《期权的理性定价理论》（*Theory of Rational Option Pricing*）。这些奠定了期权定价的理论基础，开创了现代金融理论的发展新纪元，且期权定价理论与实践是近 40 年来财务学界最重要的一项创新和发展。自从 1973 年首次在芝加哥期权交易所进行有组织的规范化期权交易以来，交易量和品种飞速发展，期权成为引人注目的金融衍生工具。这不仅因为期权是最活跃的金融资产交易的工具之一，更重要的是因为许多投资和筹资决策都隐含着大量的期权问题，如可转换债券、认股权证、后继投资选择权、放弃投资选择权、投资时机选择权等。在财务管理活动中存在大量的经济现象和期权相类似，用期权思想来解决经济管理中的许多问题，可以使人们避免单纯使用传统决策方法所造成的僵化和封闭现象，从而创造出传统决策方法所无法达到的效果。这就是期权的价值，也是管理所创造的价值。斯克尔斯和默顿教授因此同获 1997 年诺贝尔经济学奖。

（七）市场效率理论（Efficient Markets Hypothesis，EMH）

市场效率理论是研究资本市场上证券价格对信息反映程度的理论。经济学中的市场效率指的是一个市场是否达到了帕累托最优，即是否存在任何改进使得交易双方的福利得以增加。如果说以上若干“定价”理论着重研究和把握企业财务管理量的方面，而市场效率理论则是从质的方面来阐释影响企业价值的若干因素，涉及资本市场在形成证券价格时信息的反映程度。

证券市场外部效率得到普遍认可的概念是由法玛（Fama，1970）和罗伯特（Robert，1967）提出的。他们认为：有效的证券市场信息必须是充分披露的，投资者可以及时获得有用的信息并做出理性的决策。1967 年 5 月芝加哥大学的一次证券价格研讨会上，罗伯特将证券市场的效率分为三个层次：

第一种是弱式有效市场，指的是证券市场价格已经充分反映了历史价格的信息，没有人能够通过对历史数据的分析而获得额外的收益；第二种是半强式有效市场，指的是证券市场价格不但包括历史价格信息，而且也反映了所有对股价有影响的公开信息；第三种是强式有效市场，证券市场上的价格不但反映了历史价格信息，而且充分反映了所有公开信息和内幕信息。罗伯特的这篇研讨会论文据说最后并没有公开发表，但是证券市场外部有效性的三种形式却是普遍为学界接受的概念。这是因为芝加哥大学学者有口述学术观点的传统。

国外证券市场外部有效性研究的最经典论文是法玛于 1970 年发表的 *Efficient Capital Market：A Review of Theory and Empirical Work*，文章利用“鞅”等数学概念对有效市场概念给予精确的定义，使得“信息得到充分反映”这些描述性的结论有了可以被实证的特征。由此可见，罗伯特和法玛是市场效率理论的主要贡献者。

对于证券市场的外部有效性的理论起源应该是有关交易成本的理论，韦斯特（West，1976）认为，在市场外部有效理论中，流动性和市场性有本质的区别，前者没有交易的条件的规定，后者指的是在既定条件下具有可出售性才具备市场性。

综上所述，投资组合理论、资本资产定价模型、MM 理论、期权定价模型等许多重要的财务理论与模型均建立在有效市场理论的基础上，其对公司经理进行财务决策具有非常重要的意义。

第二节　我国财务管理的发展历程

我国企业财务管理的发展与新中国经济建设实践是一脉相承的，大体经历了计划经济的准备阶段（1949—1957 年）、计划经济阶段（1958—1978 年）、建立有计划的商品经济体制阶段（1979—1991 年）、建立社会主义市场经济体制阶段（1992—2000 年）、完善社会主义市场经济体制阶段（2001 年至今）①。本书围绕这几个阶段对我国企业财务管理实践、理论和财务管理教育等活动进行总结，并对其发展趋势进行探讨。

一、计划经济的准备阶段的企业财务管理（1949—1957 年）：初始建立

新中国成立后，国民经济开始恢复，逐步实现了由新民主主义经济向社会主义经济过渡的历史任务，故我们将 1949—1957 年这一阶段称为计划经济的准备阶段。此时，我国借鉴苏联的财务管理理论和方法，初步建立起了一套为社会主义计划经济服务的财务管理体系。

1951 年 2 月，政务院财政经济委员会召开的全国财政会议对加强国营企业的财务管理工作进行了首次部署，要求建立并执行国营企业财务收支计划制度、定期的报表制度、预决算制度，实行财政监督；同年 4 月，该委员会颁发了 1951 年的国营企业财务收支计划、提缴折旧基金和提缴利润三项暂行办法，标志着企业的财务管理工作开

① 孙文刚，张淑贞. 新中国企业财务管理发展 60 年回眸［J］. 齐鲁珠坛，2009（6）.

始纳入计划管理的轨道；同年 11 月，财政部召开了首次全国企业财务管理暨会计会议，交流和总结了前述三项制度的执行情况，并讨论了国营企业统一会计报表和会计科目等问题，为建立适应计划经济要求的企业财务管理体系做了相应准备。1953—1957 年，我国开展了第一个五年计划。在此期间，财政部陆续颁发系列规章，对“四项费用拨款”制度、“超计划利润分成”制度、流动资金的“两口供应，分别管理”制度以及产品成本开支范围等财务制度予以明确。至此，以资产管理为主要内容，以计划、控制和监督为基本职能的国营企业财务管理体系初步建立起来。

此时，各经济类杂志上相继出现了一些关于企业财务管理研究的文章，涉及的问题主要有：①社会主义经济核算制。其主要涉及经济核算的实质、客观依据、指标体系等。②资产核算与管理的问题。其主要涉及流动资产和固定资产的核定与分类，同时涉及若干考核指标，如流动资产周转率、固定资产产值率等。③企业成本费用与利润的核算。成本方面包含成本支出的界定、各项成本与费用的分类与管理；利润方面主要是计算利润总额和利润率等。④关于财务本质问题的研究。一种观点认为财务本质是货币关系体系的总和，另一种观点认为财务本质是资金运动及其所体现的经济关系，还有人认为财务本质是价值分配活动所产生的经济关系。⑤财务管理形式的改革，如月度财务收支计划和资金平衡、决算审查、费用控制和定额发料、班组经济核算等。

这一阶段，整个社会处于经济复苏的大潮中，国民经济出现一片欣欣向荣的景象，企业财务管理发展迅速并受到了社会的极大关注。由于经济体制逐步过渡到计划经济，相应地，国营企业财务管理体制纳入国家计划之中，实行国家统收统支、统负盈亏的体制：①资金由国家支配，企业无筹资和投资权；②成本费用开支均报国家有关部门审核，企业无成本开支权；③收入按国家计划分配，企业无定价权与分配权；④企业财务管理的重点是成本核算，成本计划控制与实行财务监督。在这种高度集中的计划和财政体制下，企业财务管理的体系框架涵盖的内容相对简单和单一。此外，企业会计制度和体系都不完善，会计核算制度都是依据财务管理制度而建立的，此时的会计可以说是包含在财务管理体系中。

二、计划经济阶段的企业财务管理（1958—1978 年）：步履蹒跚

从 1958 年开始，我国经济正式步入了计划经济阶段，建立起“一大二公三纯”[①]的公有制结构和国家计划统一调控经济的计划经济体制，以及几乎完全平均主义的分配体制。正值中国经济迅速恢复的时候，我国发生了大跃进和“文化大革命”两大事件。这期间，许多企业停止了经营，很多必要的规章制度也被废除，社会发展处于停滞阶段。

虽然企业财务管理和经济核算工作的正常秩序被打乱，并遭受了严重的挫折，但这期间仍然出现过可贵的探索和创造。例如，在 1958 年、1959 年和 1960 年财政部等相关部门分别召开了三次全国性财务管理工作经验交流会议，总结了流动资金管理和

① “一大”指基层组织（如人民公社）的规模越大越好；“二公”指公有化的程度越高越好；“三纯”指社会主义的经济成分越纯越好。

成本管理方面的先进经验，肯定了群众参加经济核算的新形式。1963 年，国务院批准《关于国营企业、交通企业设置总会计师的几项规定（草案）》，提升了财务管理在企业管理中的地位。1972 年和 1975 年，周恩来总理和邓小平副总理分别主持两次经济整顿工作，出台了《关于加强国营工交企业成本管理的若干规定》和《国营工业交通企业若干费用开支办法》等规章。这些措施对恢复和发展财务管理工作起到了一定的作用，但由于林彪、“四人帮”的破坏，整个企业财务管理和经济核算工作体系遭到严重摧残。这一期间财务管理的理论和实践发展基本停滞了。

综上所述，这两个阶段都属于我国计划经济时代的产物。在统收统支、统负盈亏的体制下，企业只关注资源，习惯于向政府“要”投资项目，向政府“要资金”，向政府“要”各种经营所需的资源，而并不关心资源运用效率。政府也注意到这种情况的存在，要求企业将财务管理的重心放在内部财务管理与控制上，尤其是流动资金（产）管理、费用与成本控制以及强化经济核算制度上①。该体制对于保证国民经济有计划、按比例发展起到了重要的作用。但随着建设规模的扩大，社会化大生产和专业化的发展，部门、地区、企业之间的联系和协作关系越来越密切，经济体制中集中过多、统得过死、与生产力发展不适应的矛盾就突出起来了②。

三、建立有计划的商品经济体制阶段的财务管理（1979—1991 年）：生机焕发

党的十一届三中全会以后，我国进入以经济建设为中心的社会主义建设新时期。这一时期的经济体制开始是以“计划经济为主，市场调节为辅”，之后进一步过渡到“有计划的商品经济”体制。国家对企业实行“放权让利”的政策，使企业拥有了一定的自主权，企业财务管理的内容、工作环节、方式、方法也随着发生了一系列新的变化，并逐步建立起适应商品经济的财务管理新体系。

在筹资方面，1979—1986 年的银行体制改革改变了一切存贷业务由中国人民银行独家办理的状况，使得银行贷款成为企业筹资的主要方式。1987 年国务院发布《企业债券暂行条例》，债券筹资成为企业筹资的另一种可选方式。在商品市场中，由于赊销成为重要的促销方式，使得企业运用商业信用筹资成为可能。1985 年，中国人民银行颁发的《商业汇票承兑贴现暂行办法》进一步鼓励了企业之间的商业信用筹资。此外，企业横向吸收直接投资、吸收外商直接投资、发行股票、融资租赁等也从无到有、不断拓宽企业的筹资渠道。

在投资方面，1984 年 9~10 月，国务院连续颁发了《关于改革建筑业和基本建设投资管理体制的若干规定》和《关于改进计划体制的若干暂行规定》，缩小了投资方面指令性计划的范围。1987 年 3 月，国务院颁发的《关于放宽固定资产投资审批权限和简化审批手续的通知》规定，限额以下的技术改造项目由企业自主决定。1988 年 4 月，第七届全国人民代表大会通过的《全民所有制工业企业法》规定，“企业有权依照法律和国务院规定与其他企业、事业单位联营，向其他企业、事业单位投资，持有其他企

① 刘志远. 高级财务管理［M］. 上海：复旦大学出版社，2010.

② 曾蔚. 高级财务管理［M］. 北京：清华大学出版社，2013.

业的股份”，使企业的投资主体地位得到正式确认。

在资产管理方面，1979 年，财政部发布《关于国营企业固定资产实行有偿调拨的试行办法》，改变了计划经济下无偿调拨的形式，促使企业对固定资产的合理占用和节约使用。1980 年，财政部发布《关于征收国营工业交通企业固定资金占用费的暂行办法》和《关于国营工交企业清产核资划转定额贷款和国拨流动资金实行有偿占用的通知》，促使企业提高了资产的使用率，节约使用资金，加速资金周转。1985 年，国务院发布《国营企业固定资产折旧试行条例》，允许折旧基金不必集中上交，同时改综合折旧法为分类折旧法，促使企业提高固定资产的使用效益，加强固定资产的更新和技术改造。

在成本管理方面，1984 年 3 月，国务院发布《国营企业成本管理条例》，重新规范了成本费用的开支范围，明确了成本管理责任制的内容，并强化了监督与处罚措施。随之，财政部等部门颁发了系列实施细则，促进企业在生产的各个环节加强成本管理，提高经济效益。这一时期，一些国外的财务管理方法被引入国内，如量本利分析、目标管理、ABC 管理、滚动计划。

在利润分配方面，1979 年开始试行“利润留成”制度。1980 年，又进行“基数利润留成加增长利润留成”的试点。此外，还在一些企业进行“以税代利”，即利改税的试点。此时，国营企业收入分配出现了企业基金、利润留成、以税代利等多种形式并存的局面。1983 年和 1984 年，国家先后推行了两步“利改税”办法，较大地调整了国家与企业的分配关系，充分调动了企业自主经营、自负盈亏的积极性。1987 年，实行了承包经营责任制办法，企业将原先缴纳的所得税、调节税改为上交国家利润并对此实行承包，超收多留、歉收自补。1989 年，试行“税利分流”办法，企业实现的利润分别以所得税和部分利润两种形式上缴国家。

1979 年 1 月，新时期第一本财经杂志《财务与会计》正式创刊，财务管理研究也再次焕发出勃勃生机。这一阶段财务管理研究的热点问题包括以下几个方面：①财务与会计的关系问题研究。“大财务”与“大会计”是我国长期存在的争议问题，经过 20 世纪 80 年代的激烈争论，确立了财务管理相对独立的地位。②财务职能研究。在理论上实现了由服务职能向预测、决策、计划、控制、分析职能的转化。③企业筹资管理的研究。企业自主理财权使得筹资方式、金融工具、资本市场等成为筹资管理研究的主要内容。④企业投资管理的研究。包括对内的固定资产和无形资产投资以及对外的证券投资和股权投资的管理。⑤财务管理方式、方法的创新与发展的研究。如实行分级分权管理、内部结算等。

这一阶段，国民经济在新政策的指导下迅速恢复和发展，国营企业也逐渐建立了适应自身发展的管理方式，财务管理研究出现了新的发展热潮，国家相继颁布了许多关于企业财务管理的相关政策和法规，放宽了诸多政策以促进国营企业的发展，企业财务管理的作用也逐渐大了起来。此时企业财务管理体系的特点如下：以筹资管理、投资管理、资产管理、成本管理和利润管理为主要内容，以决策、计划、控制、分析为基本环节。企业自主支配权的实现使得企业财务管理出现筹资和投资的概念，扩展了企业财务管理体系的内容。

四、建立社会主义市场经济体制阶段的财务管理（1992—2000 年）：锐意进取

1992 年 10 月，党的十四大确定将我国经济体制改革为社会主义市场经济体制。由于改革开放的深入，国内渐渐引入西方的财务管理理论，并在自身经济发展的基础上形成了具有中国特色的企业财务管理体系。

1992 年 11 月，财政部发布《企业财务通则》，这是新中国成立以来财务管理改革和发展的重要里程碑。与以往财务制度相比，该通则在以下几个方面实现了重大突破：①统一了境内不同所有制、不同经营方式企业的财务制度；②建立资本金制度，实行资本保全原则；③取消专用基金专款专用、专户存储制度，改由企业统筹运用；④取消全部成本法，实行制造成本法，并调整了成本费用的开支范围；⑤规范了企业利润分配顺序。与此同时，国家还提出了分行业财务制度，对主要的十个行业分别颁发了详细的财务制度规定。这样，我国就建立起了以《企业财务通则》为基本原则和统帅，以分行业的企业财务制度为主体，以企业内部财务管理规定为补充的新型企业财务制度体系。

1993 年 11 月，党的十四届三中全会提出国有企业改革的方向是建立现代企业制度。1993 年 12 月，《中华人民共和国公司法》对公司筹资、投资、利润分配等重大财务事项做出了规定。1999 年 10 月，再次修订后的《中华人民共和国会计法》提出了企业内部监督制度及财务工作者的道德素质等方面的新要求。这两项法规对企业各项财务工作具有指导作用，在一定程度上推动了企业财务管理的进一步改革。

为了更好地适应投资者的要求和评价企业综合经济效益，财政部于 1995 年 1 月颁发了《财政部企业经济效益评价指标体系（试行）》。这套指标体系包括十项指标，主要是从企业投资者、债权人以及企业对社会的贡献等方面来考虑的。1999 年 6 月，财政部等四部委联合印发了《国有资本金绩效评价规则》及其操作细则，将评价指标增加为 32 项。这些指标体系对加强企业财务管理起着重要的促进作用。

随着市场经济的发展，财务管理在企业中的作用越来越明显，先后涌现出宝山钢铁、邯郸钢铁、燕山石化等典型经验。1995 年 4 月，财政部副部长张佑才在全国工交企业财务工作会议上强调，财务管理是企业一切管理活动的基础，是企业管理的中心环节；同年 9 月，冶金工业部部长刘淇在《财务与会计》上撰文指出，应当把财务管理放到企业管理的中心地位上来。至此，“财务管理中心论”正式提出，引发了人们热烈的讨论并逐步使“企业管理以财务管理为中心”的理念深入人心。

在上一阶段的基础上，企业财务管理体系逐步健全，企业财务管理研究得到了更深入的探索和发展，表现在以下几个方面：①财务管理内容的丰富。企业作为财务主体地位日益强化，形成对企业筹资、投资、成本、分配、激励、风险和财务评价等多层次、全方位的管理。②财务管理的环节逐渐完善。其主要包括财务预测、财务决策、财务计划、财务控制、财务分析、财务检查和财务考核等多环节，特别是增加了过去由上级主管部门掌握的财务预测。③财务管理主体的创新，主要包括政府、出资人、经营者、财务经理和员工等。④财务管理目标的多元化，主要包括利润最大化、股东财富最大化、企业价值最大化、每股收益最大化、相关者利益最大化等十余种观点。

⑤财务管理研究方法的改变。实证分析方法与规范性研究方法形成对峙，案例分析法也日益引起重视。

这一阶段企业财务管理体系仍是以筹资管理、投资管理、资产管理、成本管理和利润管理为主要内容，以决策、计划、控制、分析为基本环节，但在财务管理内容、方式和方法上均有所改进和创新。在内容上，西方财务管理理论大量引入，如资本结构理论、投资组合理论、企业并购理论、企业股利分配政策等；同时，在中国经济发展的基础上进行探索和创新，如对财务管理目标、国家与国有企业的财务关系理论的探索。在方式方法上，由于计算机技术和信息技术的发展，财务管理信息化流程促进了财务规范管理和精确管理。这些都有力地提升了企业财务管理水平，使企业具备了迎接外来挑战的实力和信心。

五、完善社会主义市场经济体制阶段的财务管理（2001 年至今）：欣欣向荣

2001 年 12 月，我国加入世界贸易组织（WTO）。这是我国经济全球化过程中的重要里程碑。随着经济全球化和知识经济时代的来临，企业理财环境出现了重大变迁，我国财务管理的地位、作用、目标和使命都出现了重大变化。

随着社会主义市场经济体制和现代企业制度的建立，纯粹意义上的国有企业越来越少，而公司制等产权多元化的企业越来越多，在此背景下，2001 年 4 月，《企业国有资本与财务管理暂行办法》出台。该办法立足于建立政府出资人财务制度，围绕国有资本的投入、营运、收益、退出等环节进行管理，体现了国家作为国有资本所有者的财务管理职能。

2005 年 10 月，再次修订后的《中华人民共和国公司法》对公司资本限额、出资方式、对外投资、担保利润分配等方面做了重要的修改和调整。2006 年 12 月，财政部颁发修订《企业财务通则》。首先，这次修订体现出重要的财务管理观念转换，将由国家直接管理企业具体财务事项转变为指导与监督相结合、企业自主决定内部的财务管理制度。其次，这次修订还原了财务的本质，不再对税收扣除标准和会计要素的确认、计量做出规定。同时，拓宽了财务管理领域，将企业重组、财务风险、财务信息管理作为财务管理的重要内容。最后，这次修订从政府宏观财务、投资者财务和经营者财务三个层次，构建资本权属清晰、符合企业法人治理结构要求的企业财务管理体制。

2001 年 6 月，财政部颁发了《内部会计控制规范——基本规范（试行）》和《内部会计控制规范——货币资金（试行）》，随后又陆续颁发“采购与付款”等七项会计控制规范，有效地促进了企业财务管理水平的进一步提高。在此基础上，2008 年 6 月，财政部又联合审计署等五部委联合发布《内部控制基本规范》。该规范有机融合世界主要经济体加强内部控制的经验，构建起以内部环境为重要基础、以风险评估为重要环节、以控制活动为重要手段、以信息与沟通为重要条件、以内部监督为重要保证、相互联系、相互促进的内部控制框架。

在绩效评价方面，2002 年 2 月，财政部等五部委将企业绩效评价指标体系由 32 项缩减为 28 项；同年 6 月，财政部又发布了《企业集团内部绩效评价指导意见》和《委托社会中介机构开展企业效绩评价业务暂行办法》。2006 年 5 月，国资委出台了《中央

企业综合效绩评价管理暂行办法》。2009 年 12 月，为了加强对金融类国有及国有控股企业的财务监管，积极稳妥地推进金融类国有及国有控股企业的绩效评价工作，财政部颁布了《金融类国有及国有控股企业绩效评价实施细则》。2010 年 1 月 1 日实施的《中央企业负责人经营业绩考核暂行办法》将 EVA 作为考核指标，占 40%的考核权重①。所有这些措施都使得绩效评价指标体系更为完整并且更加适合当前经济下企业的发展。

在分配制度方面，2005 年 4 月，国资委、财政部联合发布《企业国有产权向管理层转让暂行规定》。2006 年 9 月，国资委、财政部又联合发布《国有控股上市公司（境内）实施股权激励试行办法》。2006 年 10 月，财政部等四部委联合发布《关于企业实行自主创新激励分配制度的若干意见》。这些规定正式确立了管理、技术等智力要素参与企业收益分配的制度。

在知识经济时代，全球化的扩张使我国企业受到西方财务管理的影响更为强烈，企业财务管理研究的内容更加丰富，如财务风险及财务预警、并购重组、智力资本、国有资本、内部控制、激励机制、公司治理等。21 世纪的财务管理体系，是根据时代的发展对已经建立并健全的财务管理体系的补充与完善。展望未来，科学发展观、金融创新、金融危机要求企业在复杂多变的环境中寻求企业可持续发展的财务保障机制。这些都对财务管理者提出了新的要求。

六、资本市场的发展和企业财务管理

我国的资本市场是在改革开放过程中为适应企业融资而诞生的。经过 30 多年的发展，形成了由国债市场、股票市场、企业中长期债券市场、中长期放款市场等组成的资本市场结构②。从 1990 年沪深两市开办至今，已经形成了主板市场、中小板市场、创业板市场、三板（含新三板）市场、产权交易市场、股权交易市场等多种股份交易平台，具备了发展多层次资本市场的雏形。在我国资本市场的发展中，有以下重要的里程碑。

（1）1981 年，为弥补财政赤字，解决建设资金不足的问题，国家首次发行国债，标志着我国资本市场的萌芽。

（2）1983 年，实行“拨改贷”，企业流动资金和预算内投资改为银行信贷，银行信贷市场开始培育。

（3）1983 年，深圳宝安公司首家发行不规范股票，开启了新中国的股票市场；1984 年 11 月，上海飞乐音响首家发行了比较规范的股票，代表着我国股份经济的诞生，资本市场的制度创新功能初露端倪。

（4）1990 年 12 月，上海证券交易所成立；1991 年 7 月，深圳证券交易所成立，标志着我国证券市场的框架正式形成。1992 年，邓小平南方谈话和党的十四大以后，我国资本市场特别是股票市场进入一个崭新的发展阶段。回顾 20 多年来的发展，人们

① 曾蔚. 高级财务管理［M］. 北京：清华大学出版社，2013.

② 曾蔚. 高级财务管理［M］. 北京：清华大学出版社，2013.

看到的不仅是数字上的惊喜，更是规模和质量上的飞跃。1990 年 12 月 19 日，当朱镕基宣布上海证券交易所成立的时候，挂牌股票只有 8 只，市值总规模不足 10 亿元，开市第一天的成交额只有 49.4 万元。2010 年 12 月，沪市的上市公司已经达到 892 家，增长 10 多倍；沪市的总市值超过 18 万亿元，增长 1.8 万倍；日均交易量 1 260 亿元。20 多年来，A 股市场累计融资 3.7 万亿元，加速了社会资源向优质企业集中，为国民经济快速发展提供了重要支撑。沪深股市上市公司总数已经达到 2 048 家，总市值超过 27 万亿元。如今，沪深股市总市值已经位居全球股市第二，仅次于美国。

随着我国逐步放松对金融机构准入范围和区域的限制，越来越多的外资金融机构进入我国，必将对我国企业的融资和投资产生极大的影响。首先，金融市场规模的扩大、资金供给的增加和金融工具的不断创新，为我国企业筹资、投资和规避风险提供了更多可供选择的方式。其次，金融创新一方面丰富了金融工具品种，企业可以将其用作规避风险的工具；另一方面金融工具尤其是衍生金融工具本身是高风险的，又可能使企业的风险加大。最后，由金融全球化和电子商务所产生的“网上银行”和“电子货币”将使国际的资本流动更便捷，资本决策可在瞬间完成。而且，在知识经济下，信息传播、处理、反馈以及更新的速度大大加快。这些新变化既给企业带来了机遇，也加剧了企业的财务风险。如何进行风险管理，实现财务发展与有效监控的同步进行，将成为财务管理面临的重要内容之一。

七、企业财务管理教育

从新中国成立到党的十一届三中全会前，我国实行的是计划经济体制，企业财务管理体制实行的是国家统收统支、统负盈亏的体制，财务管理的职责在于按照国家制度规定搞好成本核算，监督企业合理使用资金，及时上缴税金和利润。与此相适应，财务管理教育并没有形成专门体系，财务管理被普遍认为等同或属于会计学，甚至被视作财政学的一部分。

随着改革开放的开启、推进和深化，我国经济和社会环境都发生了深刻的变化。我国高校财务管理教育的环境、制度、理念、内容、方法等也在与财务管理理论和实践的交互作用中不断演进。根据我国财务管理教育所处环境的变迁轨迹和财务管理教育理念与体制的演进历程，我们将改革开放 30 多年来的中国财务管理教育划分为以下三个阶段①。

（一）有计划的商品经济下的财务管理教育（20 世纪 70 年代末至 20 世纪 90 年代初）

从 1978 年党的十一届三中全会以来，我国进入以经济建设为中心的社会主义建设新时期。改革初期的基本突破口是扩大企业自主权，接踵而至的是进行“利改税”试点，经济体制改革的基本定位为“计划经济为主，市场调节为辅”，之后进一步过渡到“有计划的商品经济”体制。这一阶段，高校财务管理教育主要呈现如下特征：

（1）在教学内容方面，财务管理的教学和研究开始有了自己独立的内容：①由于

① 赵德武，马永强. 中国财务管理教育改革发展 30 年回顾与展望［J］. 财经科学，2008（11）.

这一阶段财务管理体制以分配为突破口，对筹资、投资进行了局部性改革，财务管理的重点也转变为分配管理，上述内容特别是分配管理在财务管理教材和教学中逐步得到了体现；②市场经济的引入，使高校财务管理教育也逐步将企业的成本费用和收入的管理纳入教学内容中；③由于财务管理教育刚刚起步，关于财务管理的目标、环境、假设、本质、职能、内容、出发点、体制等基本问题在理论上还没有解决，这一阶段财务理论研究主要围绕上述基本理论展开，相应的研究成果随后便被纳入各种财务管理教材之中。

（2）在财务管理教育管理体制方面，虽然财务管理学科逐渐有了自己独立的内容，但财务管理学科本身的独立性并没有取得广泛的认同，财务与会计的关系仍然是学界争论的热点。而各高等院校的实际情况是，财务管理教育仍隶属于会计学专业。

（二）社会主义市场经济和资本市场迅猛发展下的财务管理教育（20世纪90年代初期至2000年前后）

1990年年末至1991年年初，上海证券交易所和深圳证券交易所相继成立；1992年，党的十四大明确提出建立社会主义市场经济体制的目标；1993年，党的十四届三中全会又确定了建立现代企业制度的改革方向；1993年《企业会计准则》和《企业财务通则》的颁布和实施成为财务与会计改革和发展的重要里程碑。这些重大举措使我国的经济生活和企业财务管理实践发生了翻天覆地的变化：首先，随着现代企业制度的推进，公司制成为一种兼容现代商品经济特征和要求的企业组织形式。作为一种重要的管理职能，财务管理在企业生产经营活动中的角色越来越重要。其次，随着证券市场的建立，企业理财环境、理财目标和理财方法都发生了深刻变化。在投融资环境上，企业面临着更多的投融资渠道和选择，如何合理利用证券市场优化企业资本结构、投资结构以提高企业价值成为企业理财中的重要方面；在理财目标上，利益相关者的多元化使企业理财的出发点和着眼点从单一化向多元化发展，各相关方的利益取向逐渐成为企业理财中不得不考虑的重要因素；在理财方法上，业绩评价与价值评估成为证券市场环境下财务管理的核心内容之一。

这一阶段，高校财务管理教育的主要特点体现在以下几个方面：

（1）教学内容方面，大部分高校的财务管理教学内容与特点集中在以下几点：①在理财主体上，现代公司制企业的发展促使大部分高校财务管理教材的内容安排都围绕股份制企业展开。②在具体内容上，由于我国财务管理的理论与实务在这一阶段受到了西方发达国家的重要影响，财务管理教育的内容也随之变化。财务管理的关注点由企业内部状况拓展至整个外部市场环境，并逐步涵盖了金融市场、投资学和公司财务三大领域。③公司制企业自身特点和证券市场的建立与发展使现代公司治理成为各经济管理类学科进行学术研究的重要领域，与企业投资、融资相关的公司治理知识也逐渐成为财务管理教学的重要内容。

（2）财务管理教育管理体制方面，财务管理教学的内容与会计学有了明确的划分，经过理论与实务界的多年讨论，财务管理与会计之间的关系也进一步明确，其中虽然曾有“大财务”和“大会计”的争论，但一个基本的共识是，财务管理与会计是区别明显但又密切相关的两类学科。不过，在 1998 年以前，全国各高校的财务管理专业仍然隶属于会计学专业，财务管理专业的独立性还没有被正式认可。

（三）经济全球化背景下与科学发展观指导的财务管理教育（2000 年前后至今）

这一阶段，我国经济社会发生了以下两个方面的变化：①2001 年 12 月 11 日，我国正式加入世界贸易组织（WTO）。这成为我国经济全球化进程中的重要里程碑，意味着我们所面临的金融市场环境、经济结构环境和法规、财税环境都将产生深刻变化。②党的十七大提出了科学发展观。社会主义市场经济的建立和发展无疑为各经济主体注入了强大的发展动力，我国经济实现了在较长时期内的快速发展，但与此同时，市场机制的内在缺陷和相关制度环境的不完善使我国经济在发展中也逐渐暴露出一些缺陷，突出的问题包括环境污染、能源过度开发和自主创新能力不足等。科学发展观的提出也为企业经营和管理提出了可持续性发展的要求，如何在复杂多变的环境中寻求企业进行可持续发展的财务保障机制，无疑是财务管理者面临的重大现实问题。

1998 年，教育部在颁布的《普通高等学校本科专业介绍》中将财务管理作为工商管理学科下的二级学科列入本科专业目录，并确定了财务管理专业的培养目标是培养具备管理、经济、法律和理财、金融等方面的知识和能力，能在工商、金融企事业单位及政府部门从事财务、金融以及教学、科研方面工作的财务管理学科高级专门人才。自此，财务管理无论是在形式上还是在实质上都从会计学里分离出来，成为一门独立的学科，并开始构建独立的教学体系和人才培养模式。成为一门独立的学科后，财务管理教育在培养模式、师资队伍建设、办学规模和层次上都取得了前所未有的发展。很多高校包括综合类大学都纷纷开设财务管理专业，财务管理专业本科、硕士和博士的培养体系和办学层次更加完整，师资队伍建设的目标更加明确，师资队伍规模和素质不断扩大，教学方法更为合理和先进。此外，诸如“高校青年教师奖”的设立、精品课程评选制度的建立、中青年教师交流活动的举行等一系列制度和措施的推出使包括财务管理在内的高校各专业的师资队伍与教学水平都得到了大幅提升。可以说，财务管理在财经类各专业中已成为备受关注的学科，生源数量和质量显著提升。

在具体的教学内容上，财务管理教材逐步由原来较为单一的企业财务管理（属于中级财务管理的范畴）逐渐发展为基础财务学、中级财务管理、高级财务管理等从低到高、由易到难的教材体系；同时也出现了一些关于理财特殊领域的专门教材，如《国际财务管理》《企业集团财务管理》《战略财务管理》等，财务管理教学的范围和内容得到空前的拓展和深化。应该说，这些发展与经济全球化的背景和科学发展观理念是密不可分的。

第三节　财务管理理论框架结构

衡量一门学科成熟与否的标志，是观其理论研究的深度。完整科学的理论体系是指导、评估实务正确与否的指南。财务管理实务已有悠久历史，但财务管理理论的出现却较晚。根据现有资料，社会主义制度下的财务管理学，是20世纪40年代苏联科学院院士费·吉亚琴科教授倡导与创建的。直到20世纪50年代，西方才形成比较规范的财务管理理论。中国的财务管理理论研究，是从20世纪60年代才开始的。

一、财务管理理论结构的界定

从哲学范畴的角度解释“结构”，是指物质及其运动的分布状态，是事物各个组成要素之间的排列顺序、组合方式和互相制约、互相联系、互相作用、互相依赖的关系总和。根据《现代汉语词典》对结构的解释：结构是各个组成部分的搭配和排列。因此，说到结构，一般内容包括两个方面的含义：一是构成物质或系统的基本要素的排列顺序或组合方式，二是各要素间的互相制约、互相联系、互相作用、互相依赖的关系。

根据结构的基本定义，结合财务管理的特点，可以将财务管理理论结构描述为财务管理理论系统内部的各要素之间的相互关系、相互作用的联结关系，或者说是财务管理理论体系中各要素之间的排列与组合的形式。它包含两个方面的含义：①财务管理理论结构中包括哪些构成要素；②这些构成要素之间的逻辑关系。

研究财务管理理论结构的作用在于：

（1）界定财务管理理论结构所覆盖的内容、整体框架结构，能够使财务管理理论体系更科学化、规范化，可以提高其完整性，以使其更有效地用于指导财务管理实践和财务理论研究。

（2）揭示财务管理理论体系中各要素之间的内在逻辑关系和层次结构，指明各要素在财务管理理论框架中的地位和作用，使之成为结构严谨的有机整体，从而为财务管理的理论研究奠定了一个科学的基础。

（3）清晰梳理财务管理理论研究的脉络，有助于发展推演出更新的财务管理的原则（理论）、方法，推进财务学理论的发展与完善，从而使得财务理论对财务管理实务工作的指导更加富有成效，促进财务管理实践的发展。

从现有文献来看，我国关于研究财务管理理论结构的文章较少，但关于研究财务管理理论体系的文章有一些。根据这些理论观点，结合当前和未来一段时间我国财务管理环境的现状和发展，本书试图构建如图1-2所示的财务管理理论框架体系。

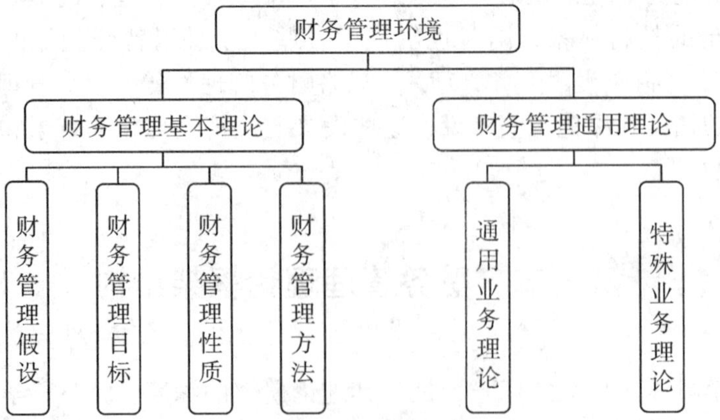

图1-2　财务管理理论框架体系

如图 1-2 所示，笔者认为，财务管理理论可以分为财务管理基本理论和财务管理通用理论。其中财务管理基本理论的构成要素，包括财务管理环境、财务管理假设、财务管理目标。财务管理方法等构成了财务管理理论结构的核心内容，是财务管理理论结构的研究重点。现将各要素简单阐述如下：

（1）财务管理环境，是指财务管理系统以外的对财务管理系统有影响作用的一切系统的总和。针对企业而言，财务管理环境是指对企业财务活动和财务管理产生影响作用的企业内外的各种因素和条件。根据不同的标准，财务管理环境有以下分类：按其包括的范围，分为宏观财务管理环境和微观财务管理环境；按其与企业的关系，分为企业内部财务管理环境和企业外部财务管理环境；按其变化情况，分为静态财务管理环境和动态财务管理环境。

（2）财务管理假设，是指人们利用自己的知识，根据财务活动的内在规律和理财环境的要求所提出的，具有一定事实依据的假定或设想，是进一步研究财务管理理论和实践问题的基本前提。根据财务管理假设的作用不同，可以分为财务管理基本假设和财务管理应用假设。

（3）财务管理目标，是企业理财活动所希望实现的具体结果，是评价企业理财活动是否合理的基本标准。它直接反映理财环境的变化，并根据环境的变化做适当调整，是财务管理理论结构中的基本要素和行为导向。

（4）财务管理的性质，是指财务管理活动的质的特征和规定性。鉴于我国财务性质的研究现状，笔者在此提出了财务活动的管理论和经营论，从财务活动的管理性质和资本经营性质两个方面来讨论财务活动的性质。

（5）财务管理理论研究方法，是人们探索和认识财务管理理论的手段、技巧、工具、方式和途径的总和。它所要解决的是“怎样办才能正确认识财务管理”的问题。它是财务管理理论研究的出发点和条件。

二、财务管理理论结构的逻辑起点

（一）对财务管理理论结构逻辑起点几种观点的评价

财务管理理论结构的逻辑起点，长期以来一直都是一个有争议的问题，主要有以下几种观点：

1. 财务本质起点论

这种观点的形成源于20世纪80年代我国财务管理理论初建时期。长期以来，我国财务管理学术界一直主张以“财务的本质”作为财务管理理论结构的逻辑起点，从这一点出发，逐渐阐述财务管理概念、财务管理对象、财务管理原则、财务管理任务、财务管理方法等一系列理论问题。

2. 假设起点论

这种观点是近年来人们在借鉴会计理论研究方法的基础上形成的。持这种观点的人认为，任何一门独立学科的形成和发展，都是以假设为逻辑起点的，财务管理学科也不例外。假设对任何学科都是非常重要的，但以财务管理假设作为财务管理理论研究的起点还存在一些问题：一是财务管理假设不是凭空捏造的，更不是天生就有的，而是根据财务管理环境和其内在规律概括出来的，显然，环境决定假设。二是即使是过去一直以假设为理论起点的会计学，进入20世纪70年代，也改用其他范畴作为会计理论研究的起点。可见，并不是任何学科、任何时候都以假设作为理论研究的起点。

3. 目标起点论

20世纪90年代后，我国有些学者提出了以财务管理目标为财务管理理论研究起点的观点。这种观点认为任何管理都是有目的的行为，财务管理也不例外。只有确立合理的目标后，企业才能适应市场经济发展要求，才能实现高效的管理。但这种观点存在一些问题：一是从逻辑学的角度看，任何理论的研究起点都应是其原本点，而财务管理目标受财务管理环境的影响，显然财务管理目标并不具备这一特点。二是从财务管理理论体系本身来看，如果以财务管理目标为起点，很难确定财务管理假设在财务管理理论结构中的地位，因为假设是根据环境概括出来的，而不是根据目标概括出来的。

4. 本金起点论

本金起点论是郭复初教授近年来提出的一种观点。他认为，本金是指为进行商品生产和流通而垫支的货币性资金，具有流动性与增值性等特点，并进一步指出经济组织的本金按其构成可以分为实收资本、内部积累和负债等几大组成部分。本金起点理论符合逻辑起点的基本标准，弥补了其他起点理论的种种不足。以本金作为基本细胞并就此展开研究，有利于从小到大、层层展开，从而构成完整的财务管理理论体系。但以本金作为财务管理理论研究的起点，必须对本金与资金、资本之间的关系做出明确的回答。

5. 环境起点论

财务管理环境是指对财务管理有影响的一切因素的总和，包括宏观的理财环境和微观的理财环境。其中：宏观环境主要指企业理财所面临的政治环境、经济环境、法律和社会文化环境；微观环境主要是指企业的组织形式，企业的生产、销售和采购方式等。

财务管理理论结构的逻辑起点，是研究财务管理理论的出发点，是财务管理理论体系中各种理论要素的构成基础。而财务管理环境恰好符合上述要求，其应作为财务管理理论结构的逻辑起点。理由如下：

（1）从辩证唯物论角度看，世界上任何事物的发展都是由时间、空间等环境因素决定的。财务管理性质、假设、目标都是特定经济、政治、文化环境下人们对财务管理活动的一种认识。有什么样的财务管理环境，必然要求有什么样的财务管理理论与之相适应。可见，财务管理性质、假设、目标都是由财务管理环境决定的。

（2）财务管理环境的变化成为财务管理理论发展的主要动力。从20世纪财务管理发展的过程可以看出，理财环境对财务管理假设、财务管理目标、财务管理方法、财务管理内容具有决定性的作用，20世纪财务管理经历的五次飞跃式的变化，被我们称为财务管理的五次发展浪潮，使财务管理不断的向前发展。可见，财务管理依赖于其生存和发展的环境，其环境的变化决定着财务管理的理财模式，也自然会产生与之适应的财务管理理论结构。财务管理环境不仅决定着财务管理的现状，还决定着财务管理的未来。

(3) 世界各国财务管理理论的差异基本表现在财务管理环境这一要素上。由于各国的财务管理环境不同，使其面临的财务管理具体内容存在着差异，自然财务管理理论也各具特色。

(二) 以系统关系构建财务管理理论结构

系统的概念，恩格斯早就有所论述。他说："一个伟大的基本思想，即认为世界不是一成不变的事物集合体，而是过程的集合体。"这里所说的"集合体"就是系统，而"过程"则是指系统中各个组成部分的相互作用和整体的发展变化。系统是相关物体或构成整体的各个部分的有组织的集合。

系统观认为，系统是物质世界存在的基本方式和根本属性，即自然界是成系统的，人类社会是成系统的，人的思维也是成系统的。概括而言，世界上的任何事物都可以看成一个系统整体。从系统自身的角度看系统，一方面它是由物质、能量和信息构成的；另一方面它具有要素、结构和功能等因素，它们是系统存在的基本方式和属性。

系统的要素和系统本身是一对相对存在的范畴，系统的结构决定系统的功能。在系统的各要素中，系统关系是最重要的因素。系统关系是指系统中各要素彼此之间的时空关系，决定着系统各要素之间的结构形式，自然也就决定着系统的功能（强度）等其他要素。

因此，依据系统观理论，我们可以将财务管理理论结构看成一个系统，同样具有系统的基本性质。财务管理理论中的财务管理环境、财务管理假设、财务管理目标、财务管理方法等构成了整个理论结构系统中的基本要素。这些要素之间的系统关系，即彼此间的时空联系形式则是整个财务管理理论结构的核心。

在整个财务管理理论结构系统处于平衡稳定的状态时，系统的整体性作用通过系统关系即基本要素彼此之间的时空联系来控制和决定各要素的地位、排列顺序、作用性质和范围的大小，并统帅各个要素的特性和功能，协调各要素之间的比例关系。也就是说，财务管理理论结构的各要素，包括财务管理环境、假设、目标、性质和方法等基本要素通过彼此间的结构关系相互联系、相互作用，综合地、辩证地决定财务管理理论结构的特性、功能。

三、财务管理理论结构的框架

我国财务管理学家们对财务管理理论结构或理论体系的看法均有其可取与独到之处，为我们构建财务管理理论框架结构提供了可供借鉴的理论和方法。根据现有观点，结合当前我国财务管理理论研究的现状及未来发展的趋势，笔者认为，财务管理理论的框架结构应由财务管理基本理论和财务管理通用理论构成。财务管理基本理论具体包括财务管理假设理论、财务管理性质理论、财务管理目标理论、财务管理环境理论和财务管理方法理论。

（一）财务管理理论研究的起点、前提、导向与研究方法

1. 财务管理理论研究的起点

财务管理环境是财务管理理论研究的起点，财务管理中的一切理论问题都是根据理财环境展开的，并在此基础上逐步深入，形成合理的逻辑层次关系。

2. 财务管理理论研究的前提

财务管理假设是财务管理理论研究的前提。财务管理假设是人们根据财务活动的内在规律和理财环境的要求，综合自身拥有的知识所提出的具有一定事实依据的假设和设想。一般而言，理论体系的构建大多数要经过假设、推理、实证等过程才能实现。因此，要形成理论，就需要先根据环境和特定学科的规律性提出假设。没有这些假设，就无法形成科学的财务管理基本理论。

3. 财务管理理论研究的导向

财务管理目标是财务管理理论和实践的导向。企业在认真研究、分析财务管理环境和已经确立的财务管理假设的基础上，建立一定时期内的财务管理目标。财务管理目标不仅对财务管理的内容、原则、方法等基本理论问题起导向作用，而且对一般通用业务理论和特殊业务理论也起导向作用。企业在不同的政治、经济环境下，有着不同的财务管理目标。不同的财务管理目标，必然产生不同的理论构成要素和理论逻辑层次关系。在财务管理理论结构中，财务管理目标具有承上启下的作用。它是根据财务管理环境确立的，同时又会对财务管理基本理论和应用理论产生影响。

4. 财务管理理论研究方法

财务管理理论研究方法是人们探索和认识财务管理理论的手段、技巧、工具、方式和途径的总和。它所要解决的是“怎样办才能正确认识财务管理”的问题。财务管理理论研究方法既表现为“从实践上或理论上把握现实，为解决具体课题而采用的手段或操作的总和”，也可以表述为“作为过去研究活动的理论结果形成的方法”。财务管理理论研究方法是财务管理理论研究的出发点和条件，财务管理理论的发展依赖于财务管理理论研究方法的创新和创造地运用研究方法，两者相互依存、互为条件。没有不以财务管理理论为依据的研究方法，也没有不借助于研究方法的财务管理理论。

（二）财务管理基本理论的内容

财务管理的基本理论具体包括财务管理假设理论、财务管理性质理论、财务管理目标理论、财务管理环境理论和财务管理方法理论。具体理论内容将在以下章节分别阐述。

第四节　财务管理假设理论

《韦氏国际词典》对“假设”一词的解释是：一是提出一个认为理所当然或不言自明的命题，二是基本的前提或假定。因此，我们可以把假设定义为：假设是人们根据特定环境和已有知识所提出的、具有一定事实依据的假定或设想，是进一步研究问

题的基本前提。

根据假设的定义，结合财务管理的特点，我们可将财务管理假设定义为：财务管理假设是人们利用自己的知识，根据财务活动的内在规律和理财环境的要求所提出的、具有一定事实依据的假定或设想，是进一步研究财务管理理论和实践问题的基本前提。它除了有假设所具有的一般性质，即不可确定性、矛盾性、主观性以外，还具有如下特性：

（1）独立性，即财务管理假设中彼此间具有独立性，任何一项假设都不能推导出另一项假设，否则就应合并为一条假设。

（2）排中性，即财务管理假设不能相互矛盾。同一事物在相同的条件下不能亦此亦彼，财务管理假设应该只考虑正常情况下的财务管理活动。

（3）系统性，即财务管理假设之间不存在矛盾冲突，并且各项假设之间具有内在联系，能够组成一个完整的体系。

（4）推理性，即财务管理假设应包含丰富的命题，能够从中推导出财务管理目标、原则、方法等，否则，财务管理假设就没有存在的必要。

目前，国内许多学者就财务管理假设还没有达成共识，对其具体内容说法不一。笔者认为，财务管理假设可分为基本假设和应用假设。

一、财务管理基本假设

财务管理基本假设是研究整个财务管理理论的假定或设想，是深入研究许多财务管理问题的基础，在财务管理研究中处于根的地位。

（一）经济人假设

该假设是基于财务利益关系主体的经济行为提出的，是在处理各种财务关系时应当遵循的基本前提。经济人假设认为，与企业相关的各财务利益关系主体是理性的，其行为的目的是为了追求经济利益的最大化。在处理风险与收益之间的关系时，总是追求低风险高收益、高风险高收益或风险与收益相当的目标。该假设可以推导出风险与收益均衡原则、成本效益原则、经济效益最大化原则等。

（二）理财主体假设

理财主体假设是指企业的财务管理工作不是盲目的，而应限制在每一个经济独立的组织之内。它明确了财务管理工作的空间范围。这一假设将一个主体的理财活动同另外一个主体的理财活动相区分。在现代公司制企业中，理财主体将公司与包括股东、债权人和企业职工在内的其他主体分开，显然是一种明智的做法。

作为理财主体应具备以下三个条件：①理财主体必须有独立的经济利益；②理财主体具有独立的经营权和财产所有权；③理财主体一定是法律实体，但法律实体不一定是理财主体。一个组织只有具备这三个特点，才能真正成为理财主体。

该假设从空间上限定了财务管理要素的具体范围，使财务主体、财务客体、财务管理目标以及方法具有了空间归属，明确了财务管理工作的服务对象。

（三）理性理财假设

理性理财假设是指从事财务管理工作的人员都是理性的理财人员，因而，他们的理财行为也是理性的，他们会从众多的执行方案中选择最有利的方案。尽管实际工作中存在一部分非理性的财务人员，但他们同样认为自己做出的决策是正确的、理性的。因而从财务管理理论研究来看，我们只能假设所有的理财行为都是理性的，并在此基础上开展研究。

理财主体具有以下几个特点：一是理性理财活动是一种有目的的行为，即企业的理财活动都有一定的目标。二是理财人员会在众多的方案中选择一个最佳方案。财务人员通过比较、判断、分析等手段从若干方案中选择一个有利于财务管理目标实现的最佳方案。三是当理财人员发现正在执行的方案是错误的时候，都会及时采取措施进行纠正，以便将损失降至最低。四是理性财务人员都会从以往的工作中，总结经验教训，不断学习新理论、应用新方法，使理财行为由不理性变为理性，由理性变为更理性。

（四）有效市场假设

有效市场假设是连接财务管理假设与资本市场的基本纽带，是财务投资的基本前提。有效市场假设是指财务管理所依据的资金市场是健全和有效的。只有在有效的市场上，财务管理才能进行，财务管理理论体系才能建立。最初提出有效市场假设的是美国财务管理学者法玛（Fama），他将有效市场划分为弱式有效市场、次强式有效市场、强式有效市场。

有效市场的有效性表现为两个方面：一是资源配置的有效性，二是信息的有效性。因此，有效市场应具备以下特点：①当企业需要资金时，能以合理的价格在资金市场筹集到资金；②当企业有闲置资金时，能在市场上找到有效的投资方式；③企业理财上的任何成功和失败都在资金市场上得到反映。

（五）资金增值假设

资金增值假设是指通过财务管理人员的合理营运，企业资金的价值可以不断增加。这一假设实际上指明了财务管理存在的现实意义。因为财务管理是对企业资金进行规划和营运的一种理财活动，如果在整个资金运动过程中不能实现资金的增值，财务管理也就没有必要存在。

企业财务人员在营运资金的过程中，可能会出现以下三种情况：①资金增值，即有盈余；②资金减值，即出现亏损；③资金价值不变，即不盈不亏。财务管理存在的意义只在于第一种情况，即资金增值。当然，资金只有在不断的运动中，通过合理营运才能产生价值的增值。在商品经济条件下，从整个社会看，资金的增值是一种规律，但从个别企业来考虑，资金的增值也只能是一种假设，而不是一种规律。因而在财务管理中，在做出这种投资时，一定是假设这笔投资是增值的，否则就不会发生这项投资了。

二、财务管理应用假设

财务管理应用假设是指为研究某一具体问题而提出的假定和设想。它是以财务管理基本假设为基础，根据研究某一具体问题的目的而提出的，是构建某一理论或创建某一具体方法的前提。例如，财务管理中著名的 MM 理论、资本资产定价理论、期权定价模型、目标现金余额确定模型、本量利分析方法等都是在某一应用假设的基础上构建的。

思考与练习

1. 从财务管理的发展历程分析高级财务管理普遍存在的基本特征。
2. 什么是财务管理假设？其特点和作用是什么？
3. 你认为高级财务管理应该由哪些内容组成？
4. 高级财务管理与财务管理原理、中级财务管理之间存在什么样的关系？
5. 请谈谈你对我国财务管理教育的看法。
6. 怎样看待我国资本市场的发展和企业财务管理的关系？
7. 请分析设立高级财务管理课程体系的思路。
8. 举例说明财务管理原则。

第二章　价值评价理论

自2003年上市，在不到20年的时间里，从一个名不见经传的小工业作坊发展成为引领中国工程机械行业的主导型企业，三一重工股份有限公司（股票代码600031）不论是资产规模、会计利润，还是股票市值都经历了超常规的高速增长（年均综合增长率近50%）。然而，伴随着工程机械行业黄金10年的结束，从2012年开始，三一重工业绩出现拐点，营业收入增长率从上年的49.50%直接降至-7.73%，净利润的增长率更是从上年的50.65%下降至-35.75%，股票市值跌幅近25%。

2003—2012年，在长达10年的业绩高增长背后，三一重工的企业价值是否也随之提升，短期业绩的变化是否能完全反映企业价值的变化？抑或业绩的增长源自外部市场环境的推动？甚至在行业中低速发展的状态下，公司曾经的业绩神话能否重写，企业的真实内在价值究竟如何？

在以企业价值最大化为财务管理目标的约束下，公司管理层如何判断当前的业绩管理是否能帮助实现股东对未来业绩的要求；而外部投资者又如何根据可获得的有限财务数据分析公司管理状况与企业未来业绩的发展，从而有效地评估企业的真实内在价值……让我们带着这些问题去阅读本章。

第一节　价值评估概述

一、价值评估的概念

价值评估是指通过对资产价值进行估计，提供有关资产公平市场价值的有关信息，以帮助投资人和管理当局做出或改善决策。价值评估是财务管理的重要工具之一，具有广泛的用途，是现代财务的重要组成部分。

正确理解价值评估的含义，需要注意以下几点：

（一）对评估“资产”的界定

这里的“资产”可能是股票、债券等金融资产，也可能是一条生产线等实物资产，甚至可能是一个企业。这里的“价值”是指资产的内在价值，或者称为经济价值，是指用适当的折现率计算的资产预期未来现金流量的现值。它与资产的账面价值、市场价值和清算价值既有区别也有联系。

（二）价值评估的误差

价值评估是一种经济“评估”方法。“评估”一词不同于“计算”。评估是一种定量分析，但它并不是完全客观和科学的。一方面它使用许多定量分析模型，具有一定的科学性和客观性；另一方面它使用许多主观估计的数据，带有一定的主观估计性质。评估的质量与评估人员的经验、责任心、投入的时间和精力等因素有关。评估不是随便找几个数据代入模型的计算工作。模型只是一种工具，并非模型越复杂评估结果越好。

价值评估既然带有主观估计的成分，其结论必然会存在一定误差，不可能绝对正确。在进行评估时，由于认识能力和成本的限制，人们不可能获得完全的信息，总要对未来做出某些假设，从而导致结论的不确定。因此，即使评估时进行了非常充分的考虑，合理的误差也是不可避免的。价值评估是一种“分析”方法，要通过逻辑的分析来完成。好的分析来源于好的理解，好的理解建立在正确的概念框架基础之上。价值评估涉及大量的信息，有了合理的概念框架，可以指导评估人正确选择模型和有效地利用信息。因此，必须正确理解价值的有关概念。如果不能比较全面地理解价值评估原理，在一知半解的情况下随意套用模型很可能出错。

（三）价值评估提供的信息

价值评估特别是企业价值评估，提供的信息不仅仅是企业价值一个数字，还包括评估过程中产生的大量信息。例如，企业价值是由哪些因素驱动的，销售净利率对企业价值的影响有多大，提高投资资本报酬率对企业价值的影响有多大，等等。即使企业价值的最终评估值不是很准确，这些中间信息也是很有意义的。因此，不要过分关注最终结果而忽视评估过程产生的其他信息。

价值评估提供的是有关“公平市场价值”的信息。价值评估不否认市场的有效性，但是不承认市场的完善性。在完善的市场中，企业只能取得投资者要求的风险调整后收益，市场价值与内在价值相等，价值评估没有什么实际意义。在这种情况下，企业无法为股东创造价值。股东价值的增加，只能利用市场的不完善才能实现。价值评估认为市场只在一定程度上有效，即并非完全有效。价值评估正是利用市场的缺陷寻找被低估的资产。当评估价值与市场价格相差悬殊时必须十分慎重，评估人必须令人信服地说明评估值比市场价格更好的原因。

特定资产的价值既受系统风险的影响，也受非系统风险的影响，随时都会变化。由于价值评估依赖的企业信息和市场信息在不断流动，新信息的出现随时可能改变评估的结论，因此价值评估提供的结论有很强的时效性。

二、区别相关价值概念

在价值评估理论中，涉及各种不同的价值概念，如在股票投资行为中，上市公司的账面上记载有股东权益的价值，但实际中的投资者更多关注的是股票的市场价值。

（一）账面价值和市场价值

账面价值又被称为簿记价值，是指公司资产簿记账面上的数据。它是一种历史价值（历史成本），代表了曾经的市场价值。在大多数情况下，价值评估不使用账面价值，只有在获得数据时才将其作为质量不可替代品。其主要原因在于：①时间的流逝和经济条件的变化可能会慢慢扭曲账面价值，长期性资产尤其会受到时间的影响，产生价值扭曲。

例如，经常被引用的普通股账面价值，体现了股东按比例对过去所有涉及资产、负债以及经营活动的交易所带来的综合净收益的索偿权。②制定经营或决策以现实的和未来的信息为依据，而以历史成本为主要计量属性的账面价值提供的信息是面向过去的，与管理人员、投资人和债权人的决策缺乏相关性。③账面价值上反映的资产价值是未分配的历史成本（或剩余部分），并不是可以支配的资产或可以抵偿债务的资产。④现行会计的资产负债表将不同会计期的资产购置价格及不同计价方法的资产混合在一起，没有明确的经济意义。可见，由于账面价值特别容易被扭曲，且易受到所有过去以及现在会计调整和价值变化的影响，其在分析中的作用自然是值得怀疑的。

市场价值是指当任何资产或资产组合在有组织的市场（如各种证券和商品交易所）上进行交易或在私人团体之间协商谈判时，在无胁迫、无负债交易中的价值。在不存在有组织的市场的情况下，市场价值也可以通过个人之间的交易来确定。参与交易的双方都会随时调整他们各自对资产价值的评估，从而达成共识。因此可以说，市场价值受到很多因素的制约，如资产或证券的交易数量、各当事人的偏好，以及重大的产业的调整和发展、政治经济条件的转变等。

账面价值和市场价值之间并不存在必然联系。例如，1997 年，微软公司资产账面价值只有通用汽车公司的 6.28%，而股票市场价值是通用汽车公司的 3.7 倍，在全美 500 家大公司中位居第二；戴尔计算机公司资产账面价值只有通用汽车公司的 1.86%，而股票市场价值却是通用汽车公司的 76%。尽管如前面提到的，市场价值受到很多因素影响，具有潜在的不稳定性，但与账面价值相比，仍被公认为是一种较合理的估算财务报表上所列资产与负债现有价值的标准。在必须预测未来可收回价值的存货评估与资本投资分析中，人们更经常使用的是市场价值。

（二）现时市场价值与公平市场价值

价值评估的目的是确定一项资产的公平市场价值。所谓公平市场价值是指在公平的交易中，熟悉情况的双方，自愿进行资产交换或债务清偿的金额。资产就是未来可以带来的现金流入。由于不同时间的现金不等价，需要通过折现进行处理，因此，资产的公平市场价值就是未来现金流入的现值。请注意现时市场价值与公平市场价值是有区别的，现时市场价值是现行市场价格计量的资产价值。它可能是公平的，也可能是不公平的。

（1）作为交易对象的资产，通常没有完善的市场，也没有现成的市场价格。如在评估企业价值时，非上市企业或者它的一个部门，由于没有在市场上出售，其价格也就不得而知。对于上市企业来说，每天参加交易的只是少数股权，多数股权不参加日常交易，因此市价只是少数股东认可的价格，未必代表公平价值。

（2）以资产为对象的交易双方，存在比较严重的信息不对称。当人们对于资产的预期有很大差距时，成交价格的公平则难以保证，如 2006—2007 年中国股市疯狂交易的现象便是这一理论的很好例证。

（3）资产的市场价格是经常变动的。例如，股票的价格，哪一个代表的是企业的公平市价，投资者往往难以确定。

（4）评估的目的之一是发现被低估的资产，也就是价值低于价格的。如果用现时市价作为企业的估价，则企业价值与价格相等。

（三）持续经营价值和清算价值

持续经营价值假设一个企业是持续经营的，即它现有的资产将被用于产生未来现金流并且不会被出卖，此时的企业价值就是持续经营价值。潜在的投资者将从整体上估计企业的价值，将持续经营价值与生产终止时的资产价值对比。如果持续经营价值超过生产终止时的生产价值，那么进行经营是有意义的。

清算价值是与一个公司需要变现其部分或全部资产和索偿权的情况下，停止经营，分别售出资产得到的价值。清算价值一般说来取决于下列两个因素：一是资产的通用性。专用设备的清算价值一般会大幅度地低于其市场价格。二是清算时间的限制。清算时间越长，在市场上讨价还价的余地越大，清算价值会越高。

一般来说，持续经营价值和清算价值是判断效率价值时常用的两个概念。例如，在韩国公司重整法的修订过程中，韩国于 1998 年 2 月修订公司重整法时确立了经济性概念。1999 年修订公司重整法时，韩国立法者提出，在认定公司是否具有经济上再建价值的问题上，应以公司的持续经营价值与清算价值作为衡量尺度，并将确认公司重整的适用对象的经济性概念改为"公司清算价值明显高于公司持续经营价值"。与此同时，韩国大法院《公司重整案件处理要领》规定了持续经营价值与清算价值的概念及计算方式。一个企业持续经营的基本条件，是其持续经营价值超过清算价值。因为依据理财的"自利原则"，当未来现金流的现值大于清算价值时，投资人会选择持续经营。如果现金流量下降或者资本成本提高，使得未来现金流量现值低于清算价值（即企业持续经营价值已经低于其清算价值），投资人会选择清算。如果此时控制企业的人拒绝清算，而使企业得以持续经营。但这种持续经营摧毁了股东本来可以通过清算得到的价值（见图 2-1）。

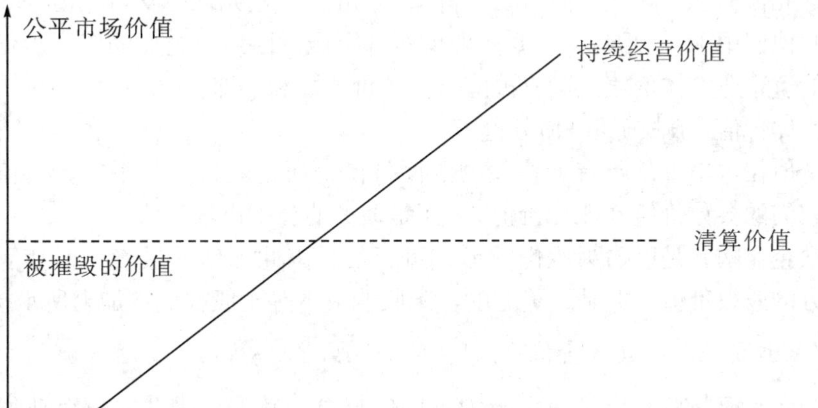

图 2-1 持续经营价值与清算价值

本章价值的范围界定为持续经营条件下资产的价值，由此构成的价值评估理论是将各类资产、各种企业或企业内部的经营单位、分支机构看成一个经营整体，评价其未来预期收益的现值，并以价值最大化为原则进行重大交易和商业战略的抉择。

（四）股权价值和公司价值

股权价值是在既有投资和新追加投资所得始终超过公司的资本费用的情况下形成的。这种价值反映在由股息和资本利得或损失所构成的股东总报酬中，公司利益相关者通常将这一总报酬与市场报酬率、同行业其他公司或集团所取得的报酬率等进行比较。

企业实体价值是指企业全部资产的总体价值，通俗地说就是企业本身值多少钱，是指企业所有投资者拥有的价值。从不同的角度看，企业实体价值的具体含义会有所变化：从市场定价的角度看，假设公司只以普通股票和公司债券两种方式融资，企业实体价值可视为普通股票与债券市场价值之和；从投资定价的角度看，企业实体价值是现有项目投资价值和新项目投资价值之和，这里的投资价值是指项目所带来的增量现金流量；从现金流量角度看，企业实体价值是企业未来现金流量的折现值。未来现金流量越多，企业实体价值越大，未来现金流量越少，企业实体价值越小。

对上市公司来说，股票价值和企业实体价值不同。一方面，影响股票长期走势的是企业实体价值而不是股票价值。例如，近年来我国实施的股权分置改革，主要解决的是股票价值（如大股东送股），但是提升公司价值则需要更多的变量。因此，我们可以说，试点能短期改变上市公司的股票价值，但不能提升公司价值。另一方面，当一家企业收购另一家企业的时候，可以收购卖方的资产，而不承担其债务；或者购买它的股份，同时承担其债务。例如，A 企业以 10 亿元的价格买下了 B 企业的全部股份，并承担了 B 企业原有的 5 亿元债务，收购的经济成本是 15 亿元。通常，人们说 A 企业以 10 亿元收购了 B 企业，其实并不准确。对于 A 企业的股东来说，他们不仅需要支付 10 亿元现金（或者印制价值 10 亿元的股票换取 B 企业的股票），而且要以书面契约形式承担 5 亿元债务。实际上他们需要支付 15 亿元，10 亿元现在支付，另外 5 亿元将来支付，因此他们用 15 亿元购买了 B 企业的全部资产。因此，企业的资产价值与股权价值是不同的。企业实体价值是股权价值与债务价值之和，即：

企业实体价值=股权价值+债务价值

股权价值在这里不是所有者权益的账面价值，而是股权的公平市场价值。债务价值也不是它们的会计价值（账面价值），而是债务的公平市场价值。

大多数企业购并是以购买股份的形式进行的，因此评估的最终目标和双方谈判的焦点是卖方的股权价值。但是，买方的实际收购成本等于股权成本加上所承接的债务。

（五）少数股权价值与控股权价值

企业的所有权与控股权是两个极为不同的概念。首先，少数股权企业发表的意见无足轻重，只有获取控制人才能决定企业的重大事务。我国的多数上市公司“一股独大”，大股东决定了企业的生产经营，少数股权基本上没有决策权。其次，从世界范围看，多数上市公司的股权高度分散化，没有哪一个股东可以控制企业，此时有效控制权被授予董事会和高层管理人员，所有股东只是“搭车的乘客”，不满意的乘客可以“下车”，但是无法控制“方向盘”。

在股票市场上交易的只是少数股权，大多数股票并没有参加交易，掌握控股权的股东，不参加日常交易。我们看到的股价，通常只是少数已经交易的股票价格。它们衡量的只是少数股权的价值。少数股权与控股权的价值差异明显地出现在收购交易中。一旦控股权参加交易，股份会迅速飙升，甚至达到少数股权的数倍。在评估企业价值时，必须明确所评估的对象是少数股权价值还是控股权价值。

买入企业的少数股权和买入企业的控股权是完全不同的。买入企业的少数股权，是承认企业现有的管理和经营战略，买入者只是一个旁观者。买入企业的控股权，投资者获得改变企业发生经营方式的充分自由，或许还能增加企业的价值。

这两者不同，以至于可以认为：同一企业的股票在两个分割开来的市场上交易。一个是少数股权市场，它交易的是少数股权代表的未来现金流量；另一个是控股权市场，它交易的是企业控股权代表的现金流量。获得控股权，不仅意味着取得了未来现金流量的索取权，而且获得了改组企业的特权。在两个不同市场里交易的，实际上是不同的资产。

如图 2-2 所示，从少数股权投资者来看，V（当前）是股票的公平市场价值。它是现有管理和战略条件下企业能够给股票投资人带来的现金流量现值。对于谋求投资者来说，V（新的）是企业股票的公平市场价值。它是企业进行重组、改进管理和经营战略后可以为投资人带来的未来现金流量的现值。新的价值与当前的价值的差额是控股权溢价，是由于转变控股权增加的价值。

控股权溢价 $=V$（新的）$-V$（当前）

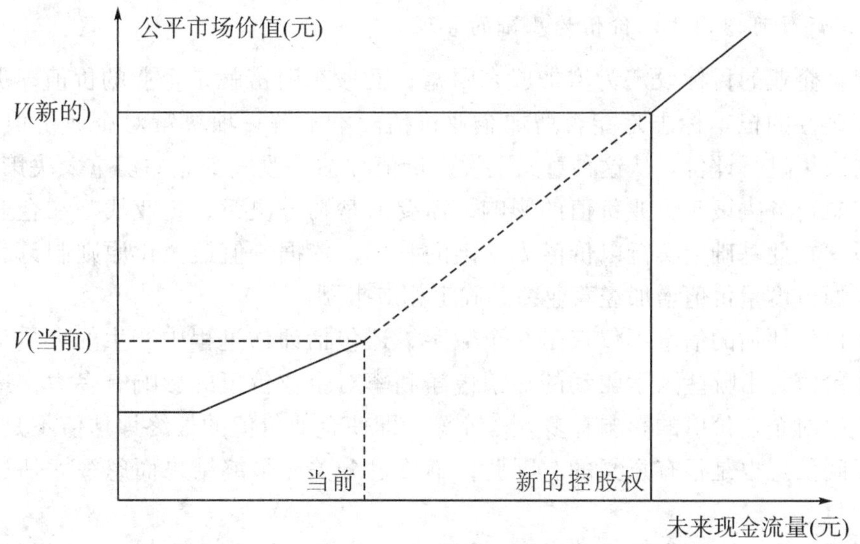

图 2-2 控股权的价值

总之，在进行价值评估时，必须要明确拟评估的对象是什么。不同的评估对象有不同的用途，需要使用不同的方法进行评估。而企业价值评估的首要问题同样是明确要评估的是什么，也就是说价值评估的对象是什么。价值评估的一般对象是企业整体的经济价值。企业整体的经济价值是指企业作为一个整体的公平市场价值。

三、价值评估的目的

（一）价值评估可以用于投资分析

价值评估是基础分析的核心内容。投资人信奉不同的投资理念，有的人相信技术分析，有的人相信基础分析。相信基础分析的人认为，企业价值与财务数据之间存在函数关系。这种关系在一定时间内是稳定的，证券价格与价值的偏离经过一段时间的调整会向价值回归。他们据此原理寻找并且购进被市场低估的证券或企业，以期获得高于市场平均报酬率的收益。

（二）价值评估可以用于战略分析

战略是指一整套的决策和行动方式，包括刻意安排的有计划的战略和非计划的突发应变战略。战略管理是指涉及企业目标和方向、带有长期性、关系企业全局的重大决策和管理。战略管理分为战略分析、战略选择和战略实施。战略分析是指使用定价模型清晰地说明经营设想和发现这些设想可能创造的价值，目的是评价企业目前和今后增加股东财富的关键因素是什么。价值评估在战略分析中起核心作用。例如，收购属于战略决策，收购企业要估计目标企业的合理价格，在决定收购价格时要对企业合并前后的价值变动进行评估，以判断收购能否增加股东财富，以及依靠什么来增加股东财富。

（三）价值评估可以用于以价值为基础的管理

如果把企业的目标设定为增加股东财富，而股东财富就是企业的价值，那么，企业决策正确性的根本标志是能否增加企业价值。不了解一项决策对企业价值的影响，就无法对决策进行评价。从这种意义上说，价值评估是改进企业一切重大决策的手段。为了搞清楚财务决策对企业价值的影响，需要清楚财务决策、企业战略和企业价值之间的关系。在此基础上实行以价值为基础的管理，依据价值最大化原则制订和执行经营计划，通过度量价值增加经营业绩并确定相应报酬。

企业价值评估的信息不仅仅是一个数字，还包括评估过程中产生的大量信息。例如，企业价值是由哪些因素驱动的，销售净利率对企业价值的影响有多大，提高投资资本报酬率对企业价值的影响有多大，等等。即使企业价值的最终评估值不是很准确，但这些中间信息也是很有意义的。因此，不要过分关注最终结果而忽视评估过程产生的其他信息。

价值评估提供的是有关“公平市场价值”的信息。价值评估不否认市场的有效性，但是它不承认市场的完善性。在完善的市场中，企业只能取得投资者要求的风险调整后的收益，市场价值与内在价值相等，价值评估没有多少实际意义。在这种情况下，企业无法为股东创造价值。股东价值的增加，只能利用市场的不完善才能实现。价值评估认为：市场只在一定程度上有效，即非完全有效。价值评估正是利用市场的缺点寻找被低估的资产。当评估价值与市场价格相差悬殊时必须十分慎重，评估人必须令人信服地说明评估价值比市场价格更好的原因。

企业价值受企业状况和市场状况的影响，随时都会变化。价值评估依赖的企业信息和市场信息也在不断变化，新信息的出现随时可能改变评估的结论。因此，企业价值评估的结论有很强的时效性。

四、价值评估理论的基本原理

2005 年我国财政部颁布的《企业价值评估指导意见》提出，收益现值法（通常理论上称为折现现金流量法）、市场法（通常理论上称为相对价值比较法）和成本法作为企业价值评估的三种可选择方法，是传统价值评估理论的基本方法。但从现有的大量相关文献和实际中常被采用的评估方法看，经济增加值法和期权定价法也有较大的影响力和使用范围。以下将对这些基本原理进行介绍。

（一）折现现金流量法（Discounted Cash Flow Method）

折现现金流量估价法（DCF）是财务学中的基本理论之一，还是其他价值评估方法的基础，也是企业价值评估中使用最广泛、理论上最健全的方法。该方法起源于1930 年美国经济学家艾尔文·费雪的资本价值理论。其基本思想是增量现金流量原则和时间价值原则，也就是说任何资产（包括企业或股权）的价值是其产生的未来现金流量的现值，即持有索取权的投资者未来预期现金流通过一个恰当的贴现率进行贴现后的总现值。用一个函数表示即：

$$资产的价值=\sum_{t=1}^{n}\frac{CF_t}{(1+i)^t}$$

式中：n——资产的年限；

CF_t——第 t 年的现金流量；

i——包含了预计现金流量风险的折现率。

该模型强调不同的资产，其现金流量的具体表现形式不同。例如，债券的现金流量是利息和本金，股票的现金流量是股利，投资项目则是增量现金流量。计算现金流量所使用的折现率是预计现金流量风险的函数，风险越大则折现率越大。因此，公式中分子的现金流量与分母的折现率要匹配，不可以张冠李戴。

实际应用中需要解决的主要问题是企业现金流的数量、现金流时间分布和相应的贴现率如何确定的问题。实际应用中折现现金流量法又分为股权现金流量法和实体现金流量法。前者需要计算预测股权（主要是普通股）投资的现金流，用股权资本贴现率进行贴现，得到的是企业股权资本价值；后者需要计算预测企业的自由现金流，并采用加权平均资本成本进行贴现，得到的是企业整体价值。

由于折现现金流量法以预测的现金流量和贴现率为基础，考虑到获取这些信息的难易程度，最适合用这种方法来评估企业价值的情况是：企业目前的现金流量是正的，而将来一段时间内的现金流量和风险能被可靠地估计，并且可以根据风险得出现金流的贴现率。

（二）相对价值比较法（Relative Compare Method）

相对价值比较法是指利用类似企业的市场定价来确定目标企业价值的一种评估方

法。它的假设前提是存在一个支配企业市场价值的主要变量（如盈利等），市场价值与该变量（如盈利等）的比值，各企业是类似的、可以比较的。

相对价值比较的基本做法是：首先，寻找一个影响企业价值的关键变量（如盈利）；其次，确定一组可以比较的类似企业，计算可比企业的市价除以关键变量的平均值（如平均市盈率）；最后，根据目标企业的关键变量（盈利）乘以得到的平均值（平均市盈率），计算目标企业的评估价值。

相对价值比较法，是将目标企业与可比企业进行对比，用可比企业的价值衡量目标企业的价值。如果可比企业的价值被高估了，则目标企业的价值也会被高估。实际上，所得结论是相对于可比企业来说的，以可比企业价值为基准，是一种相对价值而非目标企业的内在价值。例如，你准备购买商品住宅，出售者报价50万元，你如何评估这个价格呢？一个简单的办法是寻找一个类似地段、类似质量的商品住宅，计算每平方米的价格（价格与面积的比率），假设是每平方米0.5万元，你拟购置的住宅是80平方米，利用相对价值比较法评估它的价值是40万元，于是你认为出售者的报价高了。你对报价高低的判断是相对于类似商品住宅说的，它比类似住宅的价格高了。实际上，也可能是类似住宅的价格偏低。

这种做法看起来很简单，真正使用起来却并非如此。因为类似住宅与你拟购置住宅总有“不类似”的地方，类似住宅的价格也不一定是公平市场价格。准确的评估还需要对计算结果进行另外的修正，而这种修正比一般人要复杂。它涉及每平方米价格的决定因素问题。折现现金流量法的假定是明确显示的，而相对价值比较法的假设是隐含在比率内部的。常见的有市盈率估价法、市净率估价法、收入乘数估价法等。

（三）经济增加值法（Economic Value Added Method）

20世纪80年代初，美国的思腾思特（Stern Stewart）咨询公司提出了一种企业经营业绩评价的新方法——EVA方法，并为全球400多家客户实施了EVA管理体系，包括可口可乐、索尼、西门子、新加坡财政部、美国邮政总署等世界著名企业或部门，并获得了极大的成功。摩根士坦利和高盛等著名投资银行，也都将EVA作为一种基本的价值评估分析方法。1995年美国管理协会接受EVA作为评价公司业绩的标准。2001年3月，思腾思特中国公司在上海正式成立，开始在中国大力开展业务，EVA的概念也随着该公司业务的推广而被迅速传播开来。

EVA方法的基本思路是：理性的投资者都期望自己所投入的资产获得的收益超过资产的机会成本；否则，就会将已投入的资本转移到其他方面去。根据思腾思特咨询公司的解释，EVA是指企业资本收益与资本成本之间的差额，即EVA=税后营业利润-资本成本=投资资本×(投资资本回报率-加权平均资本成本)。如果EVA大于0，说明企业创造了价值，创造了财富；反之，则表示企业的价值减少。

EVA法与DCF法在本质上是一致的。但是，EVA法具有可以计量单一年份价值增加的优点，而自由现金流量是做不到的。因为任何一年的自由现金流量都会受到净投资的影响，加大投资会减少企业当年的现金流量，推迟投资就可以增加当年现金流量。因此，某个年度的现金流量并不能成为计量业绩的依据，管理层可以通过投资的增减，使企业的现金流量发生变动，从而人为影响企业的价值。EVA 法克服了这一缺点。

（四）期权定价法（Option Pricing Method）

期权是赋予持有者在未来某一时刻买进或卖出某种资产的权利，相应地被称为买入（看涨）期权或卖出（看跌）期权，该资产被称为标的资产。1973 年，布莱克-斯科尔斯（B1ack-Scholes）的期权定价理论的出现，可视为期权估价法的渊源。同年，罗伯特·默顿（Robert C. Menton）在《经济和管理科学杂志》上发表了《理性期权定价理论》的文章，放宽了布莱克-斯科尔斯公式的假定条件。他在 1974 年发表的《企业债务的定价》一文中，利用期权定价模型解决了公司的定价问题。默顿对公司债务的这种分析，使人们认识到：可以利用期权定价方法对所有具有期权特点的决策问题进行研究，从而使得期权定价理论在投资决策分析中得以广泛应用。

在投资可以延迟的情况下，公司持有了看涨期权，而此时只有当净现值远大于零时，进行投资才是最优决策。这种分析结果与实际中的最优投资情况是相吻合的。许多项目的建设常常需要多期投资才能完成，由于项目建设需要的时间较长，在建设过程中，公司可以根据最终产品价格的上涨或下跌、预期投入成本是否要增加等因素决定是扩大建设规模，还是暂时性或永久性停止项目建设。因此，这类投资决策可以看成对复合期权的选择，每阶段完成后公司就具有了是否继续完成下阶段投资的期权。投资的最优规则就可归结为如何有效地执行期权。这种决策方式较传统方法的优点在于将整个项目各阶段结合起来进行评价，使决策的准确性更强。这可以说是期权理论运用于公司财务管理研究的初始阶段。1977 年迈尔斯（Myers）教授首次提出，把投资机会看成增长期权的思想观念。20 世纪 80 年代末，以期权定价理论为指导的实物期权评估理论的研究进入鼎盛时期。

期权定价法提出了一种企业价值评估的新思路，这种方法主要适用于一些特殊企业价值的评估。例如，对处于困境中的企业权益资本的评估。但在对一些期限较长、以非流通资产为标的的资产进行期权估价时，由于标的资产价值和它的方差不能从市场中获得，必须进行估计，运用该方法就会产生较大的误差。

由于期权在我国企业中的应用并不是太广泛，本章在这里主要讨论企业证券与企业价值评估的方法。

五、企业价值评估的步骤

价值评估通常分为三个步骤：了解评估项目的背景、为企业估值以及根据评估价值进行决策。

（一）了解评估对象的背景

如果你打算投资一个企业，就必须了解这个企业。了解一个企业，首先是对其进行总体的战略分析。战略分析是企业价值评估的基础，通常包括以下几个方面：

（1）一般宏观环境分析，包括企业的政治和法律环境、经济环境、社会文化环境以及技术环境等。

（2）行业环境分析，包括企业所在行业的生命周期、竞争状况等。

（3）经营环境分析，包括企业的产品市场状况、资本市场状况和劳动力市场状况。

（4）企业资源分析，包括企业的有形资源、无形资源和组织资源。

（5）企业能力分析，包括企业的研发能力、生产管理能力、营销能力、财务能力和组织管理能力等。

（6）企业竞争能力分析，包括产品的顾客价值分析、与竞争对手相比的优势分析以及这种优势的可持续性分析等。

（二）为企业估值

为企业估值，包括收集信息、预计损益和把预测转化为估值三个部分。

（1）收集信息。估值需要的信息有多种形式和多种来源。通常可以从财务报表分析开始，从中提取有用的预测信息。此外，还需要收集报表之外的信息，包括消费者的变化、技术的变化和管理的变化等信息。

（2）预测损益，包括定义损益（使用现金流量还是净利润等）和预测未来若干年的损益。

（3）将预测转化为估值，包括估计时间价值和风险价值，以及将损益流转化为企业价值。

上述三个部分需要借助估值模型来完成。估值模型的功能是把预测数据转化为估值。价值评估的技术水平取决于采用的模型，有的模型很复杂，有的模型相对简单。高水平的模型需要高质量的预测数据支持。如果预测十分粗糙，任何模型也得不出可靠的定价。因此，影响估值质量的关键因素是预测。

估值模型的种类繁多，每个咨询公司都有自己的估值模型。有时需要用多种模型进行估值，并对这些结果进行比较和判断。最常用的估值模型是现金流量折现估值模型和相对价值估值模型。

（三）根据评估价值进行决策

外部投资者通过比较估值和市场价格，决定是否需要进行交易，如购买股票；内部投资者通过比较估值和成本，决定是否进行投资，如收购。

决策时要考虑估值的假设前提与现实的区别，合理使用估值结果。此外，决策时还要考虑非计量因素和非财务因素。

第二节　证券价值的评估

一、债券价值评估

（一）债券估价的基本模型

债券是发行者为筹集资金向债权人发行的，在约定时间支付一定比例的利息，并在到期时偿还本金的一种有价证券。债券价值确定的基本模型如下：

$$PV=\sum_{t=1}^{n}\frac{I_t}{(1+i)^t}+\frac{M}{(1+i)^n}$$

（二）影响债券价值确定的因素

从债券价值估价的基本模型可以看出，影响债券价值评价的因素有债券的票面价值、票面利息率、折现率、计息期、到期时间。鉴于债券的面值和票面利率在发行方发行时便已确定，其对价值的影响是显然的。即债券面值及票面利率越高，债券的价值必定越高，故对其进行深入讨论的意义不大。接下来我们主要讨论在分期平均支付利息、到期还本的模式下，折现率、计息期和到期时间的变化对债券价值的影响。

1. 折现率对债券价值的影响

债券价值与折现率有密切关系，对于同样票面价值、票面利率、付息方式和偿还期的债券，折现率的提高会使债券价值逐渐降低。债券定价的基本原则是：当折现率等于债券利率时，债券价值就是其面值。如果折现率高于债券利率，债券价值就会低于其面值。当折现率低于债券利率时，债券价值就会高于其面值。对于所有类型的债券估价，都必须遵循这一原则。

［例 2-1］A 公司的债券于 2004 年 1 月 1 日发行，面值为 1 000 元，票面利率为 8%，每年 12 月 31 日付息，5 年后到期。请计算当市场利率分别为 6%、8%、10%时债券的价值。

分析：该题的折现率即是市场利率，每期的票面利息＝1 000×8%＝80（元）

解：根据 $PV=\sum_{t=1}^{n}\frac{I_t}{(1+i)^t}+\frac{M}{(1+i)^n}$

当市场利率为 6%时：

$PV=80\times(P/A,6\%,5)+1\,000\times(P/F,6\%,5)=1\,084.29$（元）

当市场利率为 8%时：

$PV=80\times(P/A,8\%,5)+1\,000\times(P/F,8\%,5)=1\,000$（元）

当市场利率为 10%时：

$PV=80\times(P/A,10\%,5)+1\,000\times(P/F,10\%,5)=924.16$（元）

由以上示例可见，当市场利率为 6%时，折现率低于票面利率 8%，债券的价值为 1 084.29元，高于债券的面值 1 000 元；当市场利率为 8%等于债券利率时，债券价值等于其面值 1 000 元；当市场利率为 10%高于债券利率 8%时，债券价值为 924.16 元，低于其面值 1 000 元。为何会出现以上现象呢？因为当市场利率低于票面利率时，如果再按面值发行，投资者投资该债券的收益率必定高于市场平均报酬率。根据完全竞争的市场几乎不存在超额利润项目的原理，发行方必然会提高其发行价到一定水平，以提前弥补其票面收益率高于市场平均收益率带来的损失，而这个高于面值的发行价正是使债券的实际收益率等于市场平均报酬率的债券的内在价值。同理可以解释后两种情况，这里不再赘述。

2. 计息期对债券价值的影响

前面的讨论都是在按年付息、到期还本的假定下进行的。如果支付的频率加快，是半年付息一次、每季度付息一次甚至每月付息一次，债券的价值又会发生何种变化呢？

应当注意，凡是利率都可以分为名义的和实际的。当一年内要复利几次时，给出的年利率是名义利率，可以根据名义利率年内复利次数得出实际的周期利率。对于这一规则，票面利率和折现率都要遵守，否则就破坏了估价规则的内在统一性，也就失去了估价的科学性。因此，可以从基本模型推导出一年内复利几次的债券估价模型：

$$PV=\sum_{t=1}^{mn}\frac{\left(\frac{I}{m}\right)}{\left(1+\frac{i}{m}\right)^{t}}+\frac{M}{\left(1+\frac{i}{m}\right)^{mn}}$$

式中：I——债券的票面年利息；

i——每年的折现率；

m——年复利的次数；

n——到期的年数；

M——面值或到期日支付金额。

［例 2-2］A 公司的债券于 2004 年 1 月 1 日发行，面值为 1 000 元，票面利率为 8%，每年 6 月 30 日与 12 月 31 日分别付息一次，5 年后到期。请计算当市场利率分别为 6%、8%与 10%时债券的价值。

解：每年票面利息＝1 000×8%＝80（元/年），则

当市场利率为 6%时：

$PV=(80/2)(P/A,6\%/2,5\times2)+1\ 000\times(P/F,6\%/2,5\times2)=1\ 085.31$(元)

当市场利率为 8%时：

$PV=(80/2)(P/A,8\%/2,5\times2)+1\ 000\times(P/F,8\%/2,5\times2)=1\ 000$(元)

当市场利率为 10%时：

$PV=(80/2)(P/A,10\%/2,5\times2)+1\ 000\times(P/F,10\%/2,5\times2)=922.77$(元)

对比例 2-1 的计算结果可知，当折现率为 8%，等于票面利率时，计息期的缩短对债券价值没有影响。当折现率为 6%，低于票面利率 8%时，计息期的缩短使得债券价值由原来每年付息一次时的 1 084.29 元上升到 1 085.31 元。当折现率为 10%，高于票面利率 8%时，计息期的缩短使得债券价值由原来每年付息一次时的 924.16 元下降到 922.77 元。

于是对于分期平均支付利息、到期还本的债券，我们可以归纳出一个简单的结论：

（1）对于平价发行债券，计息期的缩短对债券价值没有影响，即债券的价值仍然等于其面值；

（2）对于溢价发行债券，计息期的缩短使得债券价值相对上升；

（3）对于折价发行债券，计息期的缩短使得债券价值相对下降。

3. 到期时间对债券价值的影响

债券的到期时间，是指当前日至到期日之间的时间间隔。随着时间的延续，债券的到期时间逐渐缩短，至到期日该时间间隔变为零。对于每期付息、一次还本的债券，

当我们假定折现率一直保持不变时，到期日的临近对债券价值的影响又如何呢？

［例 2-3］沿用例 2-1 的条件，请分别计算市场利率为 6%、8%和 10%三种情况下，2007 年 1 月 1 日的债券价值。

解：在 2007 年 1 月 1 日，离债券的到期日还有两年。

当市场利率为 6%时：

$PV=80\times(P/A,6\%,2)+1\,000\times(P/F,6\%,2)=1\,036.67$(元)

当市场利率为 8%时：

$PV=80\times(P/A,8\%,2)+1\,000\times(P/F,8\%,2)=1\,000$(元)

当市场利率 10%时：

$PV=80\times(P/A,10\%,2)+1\,000\times(P/F,10\%,2)=965.24$(元)

由以上计算结果分析可知，当市场利率为 6%，低于债券票面利率时，到期日的临近使得债券价值由原来的 1 084.29 元下降为 1 036.67 元；当市场利率为 8%，等于债券票面利率时，到期日的临近没有影响债券的价值；当市场利率为 10%，高于债券票面利率时，到期日的临近使得债券价值由原来的 924.16 元上升为 965.24 元。如果继续取值计算到期日为 1 年或半年的债券价值，当折现率一直保持不变至到期日时，对于分期付息、一次还本的债券，我们可以得出以下结论：

（1）当折现率等于债券票面利率时，到期日的临近对债券的价值没有影响；

（2）当折现率低于债券票面利率时，随着到期日的临近，债券的价值逐渐下降，最终降至债券的面值；

（3）当折现率高于债券票面利率时，随着到期日的临近，债券的价值逐渐上升，最终升至债券的面值。

如果考察发行日三种不同市场利率下债券的价值与 2007 年年初三种不同市场利率下债券的价值，我们还可以发现：在发行日，当市场利率由 6%上升为 8%再上升至 10%时，债券的价值由 1 084.29 元降至 1 000 元再下降至 924.16 元，逐年下降的比率分别是 7.78%与 7.58%；而在 2007 年 1 月 1 日，当市场利率由 6%上升为 8%再上升至 10%时，债券的价值由 1 036.67 元降至 1 000 元再下降至 965.24 元，逐年下降的比率分别是 3.54%与 3.47%。

可见，如果市场利率或必要报酬率在债券发行后发生变动，那么随着到期日的临近，折现率的变动对债券价值的影响越来越小，即债券价值对折现率变化的反映越来越不敏感。

（三）纯贴现债券的价值

纯贴现债券是指承诺在未来某一确定的日期做某一单笔支付的债券。这种债券一般以低于其到期偿还金额的价格出售，在到期日前持有人不能得到任何现金的支付，故也称为“零息债券”。既然这种债券投资不向投资者支付任何利息，投资者为何还会购买它呢？主要原因在于该债券的购买者也同样能获得回报：一是自债券发行起其价值逐渐升高而带来的增值额，二是以低于到期偿还金额甚至是面值的价格购买而在到期日以约定偿还额或面值被赎回之间的差额。

因此，纯贴现债券的估价公式仍可从基本模型中截取，去掉其中利息折现之和即可。

纯贴现债券的价值=到期约定偿付的金额的现值，即：

$$PV=\frac{F}{(1+i)^n}$$

［例 2-4］假设 K 公司发行了面值为 1 000 元的 10 年期零息债券，如果投资者的期望回报率为 8%时，该债券最高售价为多少？

解：由 $PV=\frac{F}{(1+i)^n}$ 可知：

$PV=1\ 000\div(1+8\%)^{10}=463.19$（元）

因为 K 公司的发行价不能超过投资者对其债券内在价值的估计，否则无法销售出去，所以债券的最高售价为 463. 19 元。

［例 2-5］有一张 5 年期国库券，其面值为 1 000 元，票面利率为 10%，单利计算，到期一次还本付息。假设市场利率为 8%，则其发行日、发行两年后及四年后的价值分别为多少？

分析：该国债在到期前不向投资者支付任何利息，从性质上讲，这也是一种纯贴现债券。只是其到期约定偿付的金额不只是债券的面值，还包括其五年累积的单利。

解：在发行日：$PV=(1\ 000+1\ 000\times10\%\times5)\div(1+8\%)^5=1\ 020.87$（元）

发行后两年：$PV=(1\ 000+1\ 000\times10\%\times5)\div(1+8\%)^3=1\ 190.75$（元）

发行后四年：$PV=(1\ 000+1\ 000\times10\%\times5)\div(1+8\%)^1=1\ 388.89$（元）

通过本题的计算可以看到，该纯贴现债券的价值随着到期日的临近，其价值逐渐升高，这一现象并不区分该债券是溢价发行或折价发行。这是该债券的特点之一。因为当约定到期偿还金额和折现率不变时，到期日的临近使得其复利现值系数 $1/(1+i)^n$ 有越来越大的趋势，其折现值也必然会随之增大。

（四）流通债券的价值

流通债券是指已经发行并流通在外的债券。由于这类债券已在外流通了一段时间，因而在确定其价值时应考虑其不同于新发行债券的特点：

（1）流通债券的到期时间往往小于债券发行在外的时间；

（2）投资者估价的时点往往不在发行日，而是在发行后至到期前的任一时点，会产生“非整数计息期”的问题。即估价时要考虑现在至下一次付息的时间因素。

对于流通债券的估价方法有两种：一种是以现在为折算时点，历年现金流量按非整数计算期折现，另一种是以最近一次付息时间或最后一次付息时间为折算时点。计算历次现金流量现值，然后将其折算到现在时点。即无论用哪种方法，都要涉及非整数计息期的问题。

［例 2-6］假定有一张面值为 1 000 元的债券，票面利率为 8%，2002 年 3 月 1 日发行，2007 年 3 月 1 日到期，每年 3 月 1 日支付利息一次。某投资者在 2005 年 2 月 1 日准备投资该债券。如果该投资者要求的必要报酬率是 10%，问该投资者的最高出价会

是多少？

分析：求投资者的最高出价即是求债券的投资价值，该债券是流通债券，在 2005 年 2 月 1 日这一时刻已在外流通了 35 个月，该债券离到期的时间只有 25 个月。投资后的现金流量有两笔：一笔是 2005 年、2006 年及 2007 年 3 月 1 日支付的票面利息 80 元（1 000×8%），另一笔是到期偿还的本金 1 000 元。即该债券的价值的计算必然涉及以 2005 年 2 月 1 日为基点的未来现金流量的非整数期计息问题。

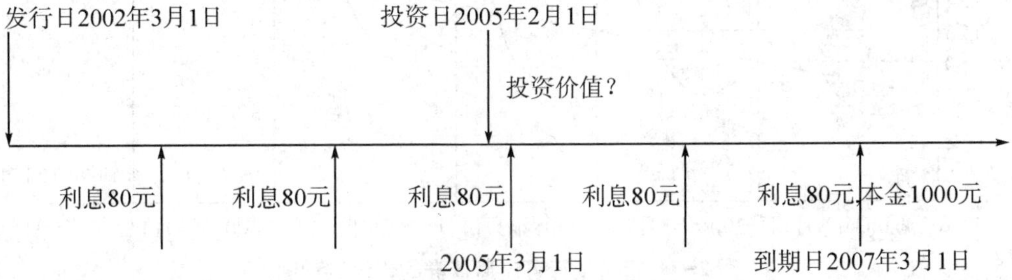

解法 1：以 2005 年 2 月 1 日为当前时点，将 2005 年 3 月 1 日、2006 年 3 月 1 日和 2007 年 3 月 1 日的现金流量都按非整数期折现得：

$$PV=\frac{80}{(1+10\%)^{\frac{1}{12}}}+\frac{80}{(1+10\%)^{\frac{13}{12}}}+\frac{1\ 000+80}{(1+10\%)^{\frac{25}{12}}}$$

$$=80\times0.992\ 1+80\times0.901\ 9+1\ 080\times0.819\ 9$$

$$\approx1\ 037(\text{元})$$

解法 2：先将未来现金流量折算到 2005 年 3 月 1 日这一点，再将 2005 年 3 月 1 日的价值向前折算一个月至 2005 年 2 月 1 日，即：

2005 年 3 月 1 日债券的价值 $PV=80[1+(P/A,10\%,2)]$

$+1\ 000(P/F,10\%,2)$

$\approx1\ 045.29$ 元

2005 年 2 月 1 日债券的价值 $PV=\frac{1\ 045.29}{(1+10\%)^{\frac{1}{12}}}\approx1\ 037$（元）

可见，投资者的最高出价不会超过 1 037 元。

对于该习题，如果大家再计算一下 2005 年 3 月 2 日、2006 年 3 月 1 日及 2006 年 3 月 2 日的债券价值就会发现一个现象：随着到期日的临近，该债券的总体趋势是价值逐渐上升，最终回到债券面值。但在债券每个付息日前，债券价值都会逐渐上升，在付息日达到一个峰值，在割息之后，债券价值立即下降，然后又逐渐上升，并到达下一个付息日的峰值。若绘制成图，其趋势应如图 2-3 所示。

图 2-3 展示了流通债券的一个特性：债券的价值在两个付息日之间呈现周期性变动。对于折价发行债券，其价值总体波动趋势是逐渐上升，最终回到债券面值。但在流通的过程中，其价值的逐渐上升不是一个直线上升的过程，而是一个波浪式上升的过程。在临近付息日，其债券价值甚至超过了债券面值。这一特点对于溢价发行或平价发行的债券仍然是存在的。所不同的是，溢价发行的债券，其债券价值总体变动趋

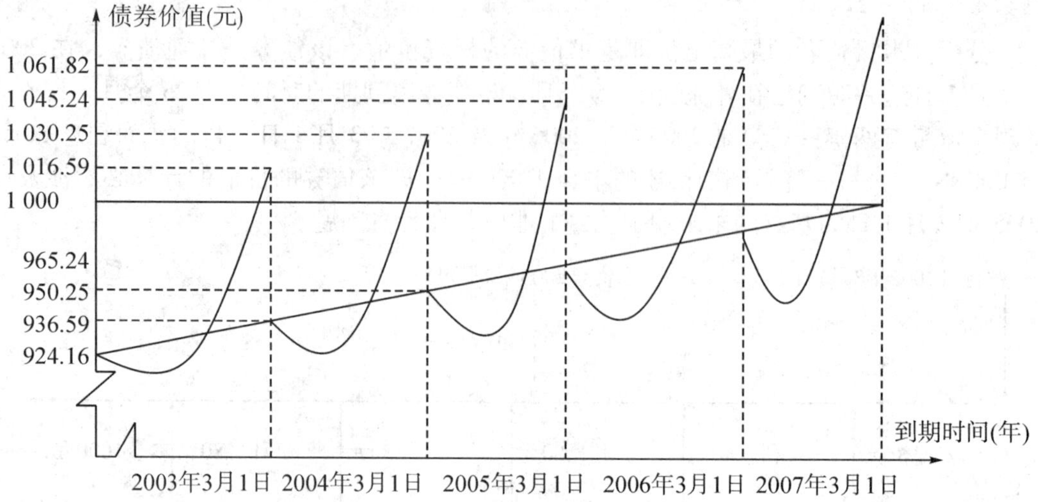

图 2-3 折价发行可流通债券的价值波动图

势是逐渐下降，最终回到债券面值，但在每个付息日之间仍呈现出波浪式变化的特点。平价发行的债券也一样，只是在每个付息日之间，其价值都围绕着一条水平直线（债券的面值）上下波动。若绘制成图，其形状应如图 2-4 所示。

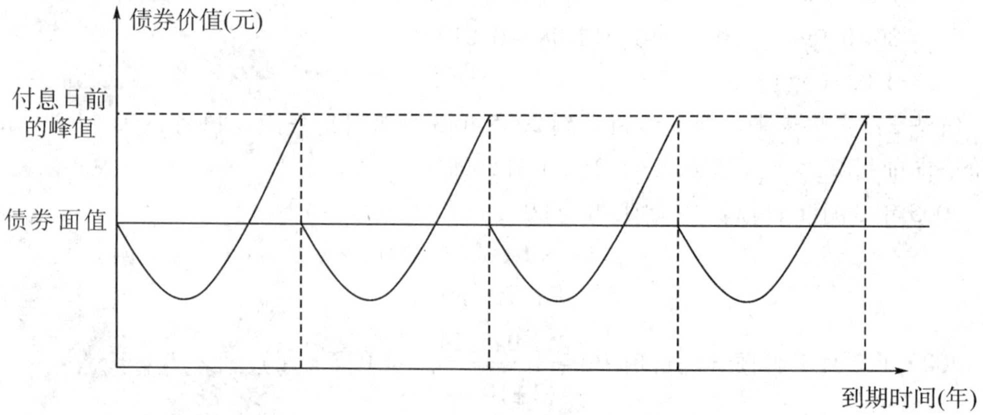

图 2-4 平价发行可流通债券的价值波动图

如果利息支付的间隔期无限小，从理论上趋近于连续支付利息的情形，则流通的付息债券在到期前的价值波动图将会是一条直线，如图 2-5 所示。

（五）债券的到期收益率

债券的收益水平通常用到期收益率来衡量。债券的到期收益率是指以特定价格购买债券并持有至到期日所能获得的收益率。它是使未来现金流量等于债券价格的折现率。

按期平均支付利息、到期还本的债券计算到期收益率的方法是求解含有贴现率的方程：

购入价格=年利息收益×年金现值系数+债券面值×复利现值系数

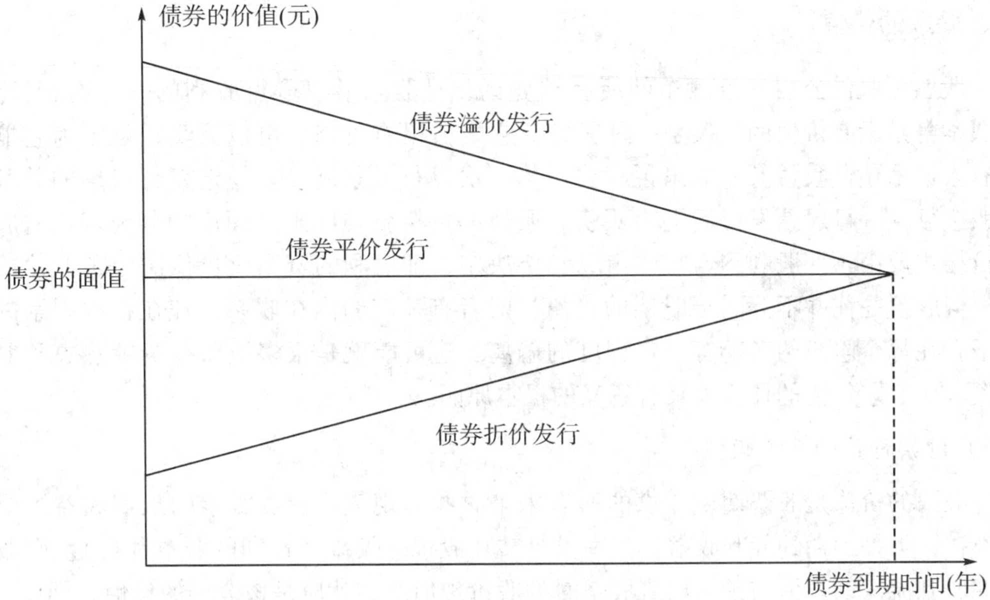

图 2-5　连续支付利息的债券价值波动图

［例 2-7］A 投资者于 2005 年 1 月 1 日投资购买了一张面值为 1 000 元、票面利率为 10%、每年年末付息一次、5 年后到期的债券。如果投资者的买价是 1 100 元，则他投资债券的到期收益率是多少？

解：由题义得方程：$1\ 100=1\ 000\times10\%(P/A,i,5)+1\ 000(P/F,i,5)$

以试误法求解方程得：$i=7.63\%$，

从题中可以看出，当到期收益率为 7.63%，低于债券的票面利率 10%时，债券的发行价为 1 100 元，高于面值 1 000 元。这再次验证了折现率对债券定价的基本原则，也为今后应用试误法求解方程提供了思路：如果购买价高于面值，则求解出的到期收益率一定低于票面利率，选择试误的折现率应以低于票面利率的折现率为试误的起点；反之亦然。

显然，试误法尽管从理论上讲是相对精确的，但其计算比较复杂，因而在实际应用中也常使用下面近似公式求解到期收益率。

$$R=\frac{\left[p_0\times i+\dfrac{(P_0-P_n)}{n}\right]}{\dfrac{(P_0+P_n)}{2}}$$

式中，R 表示到期收益率，p_0 表示债券的面值，i 表示债券的票面利息率，p_n 表示债券的实际购买价格，n 表示债券的还本期限。该公式的分子代表的是在直线摊销法下每期实际的利息费用，分母表示的是以债券的发行期初期末为端点计算的债券的实际平均投资成本。

仍以上例，用近似求解法可得：

$R=[1\ 000\times10\%+(1\ 000-1\ 100)\div5]\div[(1\ 000+1\ 100)\div2]=7.62\%$

二、股票的价值

股票是股份公司发给股东的所有权凭证，是股东借以取得股利的一种有价证券。股票本身是没有价值的，仅是一种凭证。它之所以有价格、可以买卖，是因为它能给持有人带来预期收益。一般来说，公司第一次发行股票时，要规定发行股票的总额和每股金额，一旦股票发行后上市买卖，股票的价格就与原来的面值相分离。这时股票的价格主要由预期股利和当时的市场利率决定，即股利的资本化价值决定了股价的高低。但股价往往并不等同于股票的价值，两者有一定的内在联系，却在各种因素的影响下，在每个阶段两者都有一定程度的偏离。这可能就是很多股票投资者热衷于股票投资，而股票价值的评价才具有意义的根本原因。

（一）股票评价的基本模型

股票的价值是股票期望提供的所有未来收益的现值。投资股票的预期收益主要有两类：一类是预期的股利收益，另一类是转让股票的收益（预期的资本利得）。则股票预期股利流入的现值与预期出售股票时的股价现值之和就应是该股票的价值，即：

$$P_0=\sum_{t=1}^{m1}\frac{D_t}{(1+R_s)^t}+\frac{P_{m1}}{(1+R_s)^{m1}} \quad ①$$

式中，P_0表示股票当前的价值，D_t表示第 t 期所支付的股利，t 表示持有股票的期数，R_s表示股东要求的收益率，P_{m1}表示第 $m1$ 期股票的售价。

假定在第 $m1$ 期购入该股票的股东将股票持有到第 $m2$ 期，则：

$$P_{m1}=\sum_{t=m1+1}^{m2}\frac{D_t}{(1+R_s)^{t-m1}}+\frac{P_{m2}}{(1+R_s)^{m2-m1}} \quad ②$$

假定在第 $m2$ 期购入该股票的股东将股票持有到第 $m3$ 期，则：

$$P_{m2}==\sum_{t=m2+1}^{m3}\frac{D_t}{(1+R_s)^{t-m2}}+\frac{P_{m3}}{(1+R_s)^{m3-m2}} \quad ③$$

在该公司持续经营过程中，股票会被转让或出售无数次，我们就会得到无数个如②式、③式的方程。如果公司会永远地经营下去，将无数个这样方程按转让期数的先后，从后依次向前代入前期的估价方程，最后代入①式可得股票估价的基本模型：

$$P_0=\sum_{t=1}^{\infty}\frac{D_t}{(1+R_s)^t}$$

（二）模型的扩展

虽然基本模型提供了一个股票估价的有效方式，但事实上无限期地预测每期股利是做不到的。于是，在应用当中又总结出一些简化的模型和方法。这些简化的模型又分为以下几类：

1. 零成长股票估价模型

这一模型的假设是，未来的股利保持当前的水平不变。则估计这只股票的价值问题就是求一个永续年金的现值问题，其中年金是指固定不变的股利，年金的折现系数就是投资者要求的必要报酬率。即：

$$P_0 = \frac{D}{R_s}$$

由于优先股大多在固定的时点支付固定的股利，且无到期日，所以优先股的定价常常采用该模型。

［例 2-8］S 公司发行在外的优先股年股利率为 10%，面值为 100 元，投资者要求的必要报酬率为 8%，则该优先股的价值为：

$$P_0 = \frac{D}{R_s} = 100 \times 10\% \div 8\% = 125 \text{（元）}$$

2. 固定成长股票的估价模型（Gondon 模型）

企业的股利一般不应当是固定不变的，而应当是不断增长的。各公司的增长率不同，但总的来说应等于国民生产总值的增长率，或是真实的国民生产总值增长率加通货膨胀率。

假设当年的股利为 D_0，股利的固定增长率为 g，则基本模型可演变为：

$$P_0 = \sum_{t=1}^{\infty} \frac{D_0(1+g)^t}{(1+R_s)^t}$$

当 g 为常数，且 $g<R_s$ 时，上式的极限存在，所以化简得：

$$P_0 = \frac{D_0(1+g)}{(R_s-g)} = \frac{D_1}{(R_s-g)}$$

［例 2-9］假定 K 公司普通股股票今年的股利为每股 3 元，预期以后公司能够永远维持成长率 12%，投资者要求的最低回报率是 15%，试对该公司股票的内在价值进行评价。

K 公司股票的内在价值为：

$$P_0 = \frac{D_0(1+g)}{(R_s-g)} = \frac{3 \times (1+12\%)}{(15\%-12\%)} = 112 \text{（元/股）}$$

3. 非固定成长股票的估价模型

实际上，大部分股票的股利支付既不属于零增长股票类型，又不属于稳定增长类型。更可能的情形是，股利的增长在一个阶段表现出其中的某一个或两个特征，另一个阶段则是不规则增长。如何来对这类非固定成长的股票价值进行评估，我们一般借助分阶段股息折现模型进行分析。根据股息在不同的阶段具有的不同增长特征，分阶段股息折现模型主要有两阶段股息折现模型和三阶段股息折现模型。以下分别对其进行介绍。

（1）两阶段股息折现模型。该模型允许股息在初始阶段的增长率是不稳定的，后续的增长率是稳定的且预期长期保持不变。尽管在大多数情形中，初始阶段的增长率要高于稳定的增长率，但可以调整该模型以便估计这样一种公司，即：它被预期在一些年份中会出现较低的甚至为负的增长率，然后又会回到稳定的增长率。

该模型以两个阶段的增长为基础，持续 m 年的异常增长阶段以及随后永远持续的稳定增长阶段。根据“股票价值=异常增长阶段的股息现值+终端价值的现值”可得其估价模型为：

$$P_0 = \sum_{t=1}^{m} \frac{D_t}{(1+R_s)^t} + \frac{P_m}{(1+R_k)^m}$$

式中：$P_m = D_{m+1} /（R_k - g）$，表示第 m 年末时股票的价格；

D_t——第 t 期支付的股利；

R_s——异常增长阶段的必要报酬率（或股权资本成本）；

R_k——稳定增长阶段的必要报酬率（或股权资本成本）；

g——稳定增长阶段的永续增长率。

[例 2-10] 一个投资人持有 ABC 公司的股票，他的投资最低报酬率为 15%。预期 ABC 公司未来 3 年股利将高速增长，增长率为 20%。在此以后转为正常的增长，增长率为 12%。公司最近支付的股利是 2 元。试计算该公司股票的内在价值。

解：异常增长期为第一年至第三年，其股利分别为 2.4 元/股、2.88 元/股与 3.456 元/股，则该阶段的股利现值和为：

$$\begin{aligned}\sum_{t=1}^{3} D_t/(1+15\%)^t &= 2.4\times(P/S,15\%,1)+2.88\times(P/S,15\%,2)\\ &\quad +3.456\times(P/S,15\%,3)\\ &=6.539(\text{元})\end{aligned}$$

稳定增长期为第四年之后至无限期，根据 $P_m = D_{m+1} /（R_k - g）$，可得：

$$\begin{aligned}P_3 &= D_4/(R_k-g) = 3.456\times(1+12\%)\div(15\%-12\%)\\ &= 129.02(\text{元})\end{aligned}$$

所以，稳定期股利收入现值为 $P_m /（1+R_k）^m = P_3 /（1+15）^3 = 84.9$（元）

由 $P_0 = \sum_{t=1}^{m} \frac{D_t}{(1+R_s)^t} + \frac{P_m}{(1+R_k)^m}$ 可得该股票的内在价值为：

$P_0 = 6.539 + 84.9 = 91.439$（元）

（2）三阶段股息折现模型。从广义上讲，三阶段股息折现模型只是特殊的两阶段股息折现模型。它将股利的增长划分为三个阶段，即初始的高增长阶段、增长减缓的转换阶段和最终的稳定增长阶段。由于该模型没有对股利支付率施加任何限制，故它是一种最为普遍适用的模型。其基本增长图形如图 2-6 所示。

分阶段估价并求和得其估价模型为：

$$\mathrm{P}_0 = \sum_{t=1}^{m} \frac{D_0(1+g_1)^t}{(1+R_s)^t} + \sum_{t=m+1}^{n} \frac{D_t}{(1+R_j)^{t-m}(1+R_s)^m} + \frac{P_n}{(1+R_j)^{n-m}(1+R_s)^m}$$

式中：$P_n = D_n（1+g_2）/（R_k - g_2）$，表示第 n 年年末时股票的价格；

D_t——第 t 期支付的股利，D_0 为当期支付的股利；

R_s——高速稳定增长阶段的必要报酬率（或股权资本成本）；

R_j——逐渐增长转换期的必要报酬率（或股权资本成本）

R_k——无限稳定增长阶段的必要报酬率（或股权资本成本）；

g_1——高速稳定增长阶段的增长率；

g_2——无限稳定增长阶段的永续增长率；

m——高速稳定增长阶段的年限；

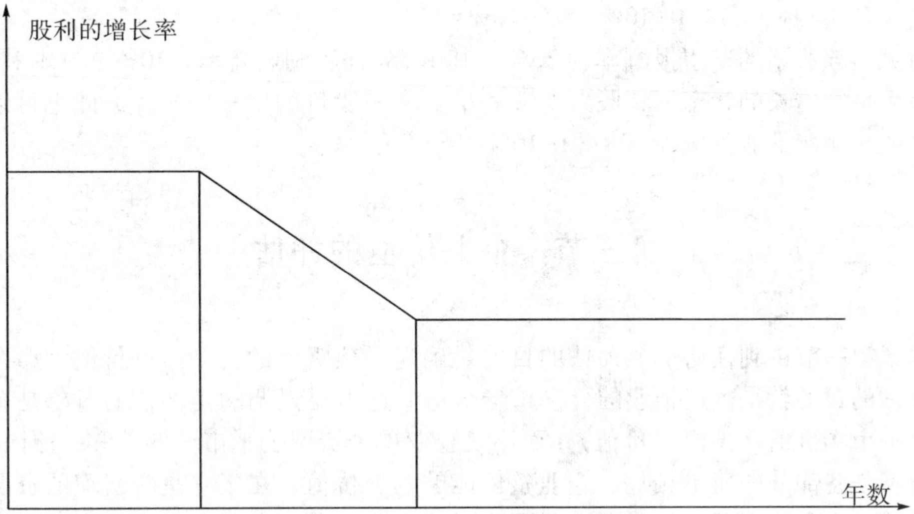

图 2-6　三阶段股利增长模型

n——逐渐增长阶段的年限。

注意在应用该公式时，R_s、R_j与 R_m一般是不同的，正常的情况下应有 $R_s>R_j>R_m$且 $g_1>g_2$成立。如果在实际应用中，高速稳定增长阶段与逐渐增长转换期每期的必要报酬率均不同时，应逐期估计其折现系数并逐期折现。不能简单地用一个折现率完成全部折现工作。

（三）股票的收益率

股票价值的评估主要有助于判断某种股票被市场高估或低估。如果我们假设股票价格是公平的市场价格，证券市场处于均衡状态，在任一时点都能反映有关该公司的任何可获得的公开信息，而且股票价格能迅速对新信息做出反应。在这种假设条件下，股票的期望收益率就是其必要报酬率。

由于股票带给投资者的未来现金流入包括两部分：一部分是股利，另一部分是股票出售时的资本利得。因此可得：

股票的收益率=股利收益率+资本利得收益率

这里以典型的固定成长型股票为例，讨论其收益率的评估模型。对于固定成长型股票，前面已证明其当前的价值 $P_0=D_1/(R_s-g)$。将该公式移项整理，得到固定成长型股票收益率的估价模型：

$R_s=D_1/P_0+g$

其中：D_1/P_0是预期股利与当前股价的比率，代表固定成长型股票的股利收益率；g 是股利增长率。对于固定成长的公司，该比率应等于公司预计的可持续增长率，也等于其资本利得增长率。

［例 2-11］A 公司是一家处于成熟期的公司，预计其可持续增长率为 10%，其股利增长的模式是固定成长型。股票当前市价为每股 40 元，预计下一期的现金股利为 2 元。求该股票的期望报酬率。

$R_s = D_1 / P_0 + g = 2 \div 40 + 10\% = 5\% + 10\% = 15\%$

可见，该股票的期望报酬率为 15%，其中 5%是股利收益率、10%是资本利得率。因为在可持续增长的状态下，股票的股利增长率与股价的增长同步，据此也可以预测该公司股票明年的股价应为 40×（1+10%）= 44 元/股。

第三节　企业价值的评估

本章第一节讲到任何价值评估的目的是确定一项资产的公平市场价值，那么企业价值评估的目的就是确定企业的公平市场价值。这里要强调的是评估的对象是企业整体的公平市场价值（或经济价值），而不是企业单个资产公平市值的总和。原因如下：①整体不是各部分的简单相加。企业整体能够具有价值，在于它是有组织的资源，各种资源的结合方式不同就可以产生不同效率的企业。企业之所以为投资人带来现金流量，是所有资产联合起来运用的结果，而不是资产分别出售获得的现金流量。②整体价值来源于要素的结合方式。企业资源的重组既可以改变各要素之间的结合方式，也可以改变企业的功能和效率。③部分只有在整体中才能体现出其价值。企业是整体与部分的统一。部分依赖于整体，整体支配部分。部分只有在整体中才能体现出它的价值。一个部门一旦被剥离出来，其功能会有别于它原来作为企业一部分时的功能和价值，剥离后的企业也会不同于原来的企业。④整体价值只有在运行中才能体现出来。如果企业停止运营，整体功能随之丧失，不再具有整体价值，就只剩下一堆机器、存货和厂房，此时企业的价值是这些财产的变现价值，即清算价值。故在进行评估时始终应把握我们所评估的对象是在持续经营条件下企业整体的公平市场价值，是控股价值，而不是少数股权的价值。

一、现金流量折现估值法

任何资产都可以使用现金流量折现模型来估价：

$$价值 = \sum_{t=1}^{n} \frac{现金流量_t}{(1 + 资本成本)^t}$$

该模型有三个参数：现金流量、资本成本和时间序列（n）。

模型中的“现金流量$_t$”，是指各期的预期现金流量。对于投资者来说，企业现金流量有三种：股利现金流量、股权现金流量和实体现金流量。依据现金流量的不同种类，企业估价模型分为股利现金流量模型、股权现金流量模型和实体现金流量模型三种。

（一）基本模型

1. 股利现金流量模型

股利现金流量模型的基本形式是：

$$股权价值 = \sum_{t=1}^{\infty} \frac{股利现金流量_t}{(1 + 股权资本成本)^t}$$

股利现金流量是企业分配给股权投资人的现金流量。

2. 股权现金流量折现模型

$$股权价值 = \sum_{t=1}^{\infty} \frac{股权现金流量_t}{(1 + 权益资本成本)^t}$$

其中，股权现金流量是指一定期间可以提供给股权投资人的现金流量总计，包括普通股股东现金流量与优先股股东现金流量。考虑到我国企业很少有优先股，故本章后面所讨论的股权现金流量是假设没有优先股的情况下的股权现金流量，即普通股股东的现金流量。在企业价值评估中，影响股权现金流量的因素主要是企业股利的分配、股票的发行与股票的回购（或减少注册资本），故股权现金流量的计算公式为：

股权现金流量=现金股利的分配-股票发行+股票的回购（或企业的减资）

权益资本成本为股东投资所要求的最低投资报酬率，可用股利折现模型、CAPM模型等方法估计得出。

股权现金流量=实体现金流量-债务现金流量

有多少股权现金流量会作为股利分配给股东，取决于企业的筹资和股利分配政策。如果把股权现金流量全部作为股利分配，则上述两个模型相同。

3. 实体现金流量折现模型

$$企业实体价值 = \sum_{t=1}^{\infty} \frac{实体现金流量_t}{(1 + 加权平均资本成本)^t}$$

其中，企业的实体价值是预期企业实体现金流量的现值，计算现值的折现率是企业的加权平均资本成本。企业实体现金流量（也称实体自由现金流量）是企业全部现金流入扣除付现费用、必要的投资支出后的剩余部分，是企业可以提供给所有投资人（包括股权投资人和债权投资人）的现金流量。其中，“自由”的意思是强调它们已经扣除了必需的、受约束的支出，企业可以自由支配的现金。这种自由不是随意支配，而是相对于已经扣除的受约束支出而言有了更大的自由度。其实，所谓“自由”实际上是一种剩余概念，是做了必要扣除后的剩余，因此也称“实体剩余现金流量”。

企业实体自由现金流量的衡量方法有两种：

一种方法是从现金流量的形成角度，以息前税后利润为基础，扣除各种必要的支出后计算得出。在正常的情况下，企业获得现金首先必须满足企业必要的生产经营活动及其增长的需要，剩余的部分才可以提供给所有投资人。

实体自由现金流量=营业现金净流量-资本支出　①

营业现金净流量=营业现金毛流量-营运资本增加　②

营业现金毛流量=息前税后利润+折旧与摊销　③

息前税后利润=息税前利润×（1-所得税税率）=税后净利+税后利息

营运资本增加=流动资产增加-无息流动负债增加

资本支出=购置长期资产的支出总和-无息长期负债的增加

将②式、③式代入①式可得：

实体自由现金流量=息前税后利润+折旧与摊销-营运资本增加-资本支出　④

因资本支出与营运资本的增加都是企业的投资现金流出，故称为“总投资”，即：

总投资=营运资本增加+资本支出 ⑤

当企业发生投资支出的同时，还可以通过“折旧与摊销”收回一部分资金，因此，企业真正的投资资本是总投资减去“折旧与摊销”后的剩余部分，称为“净投资”。即：

净投资=总投资-折旧与摊销 ⑥

将⑥式代入⑤式与④式，可得：

实体自由现金流量=息前税后利润-净投资

另一种方法是从融资的角度，实体现金流量是全部投资人的现金流量的总和，即：

实体现金流量①=股权自由现金流量+债权人现金流量

故：股权价值=企业实体价值-债务价值

$$债务价值=\sum_{t=1}^{\infty}\frac{偿还债务现金流量_t}{(1+风险债务利率)^t}$$

其中，债权人现金流量=税后利息-有息债务净增加

=税后利息支出+偿还债务本金-新借的债务

企业债务的价值等于预期债权人现金流量的现值。计算现值的折现率，要能反映其现金流量风险。通常，债务使用其市场价值计量。如违约风险不大，也可以使用其账面价值。

实体价值评估模型的基本思想是，首先评估企业的实体价值，然后评估企业的债务价值，用实体价值减去债务价值得出股权价值。虽然从计算的程序上看，实体现金流量模型似乎较股权现金流量模型更繁杂，但实务中大多使用实体现金流量模型，主要原因有两个：一是股权成本受资本结构的影响，估计起来比较复杂，而实体自由现金流量通常不受企业资本结构的影响，比较容易估计。尽管资本结构可能影响企业的加权平均资本成本并进而影响企业价值，但这种影响主要反映在折现率上，而不改变自由现金流量。二是实体现金流量估价可以提供更多的信息，包括实体价值、债务价值和股权价值，而不仅限于股权价值。

[例 2-12] 某企业 20×6 年息税前利润为 1 000 万元，所得税税率为 40%，折旧与摊销为 100 万元，流动资产增加 300 万元，无息流动负债增加 120 万元，有息负债增加 70 万元，长期资产净增加 500 万元，无息长期债务增加 200 万元，有息长期债务增加 230 万元，税后利息为 20 万元。假定该企业的股权资本成本为 12%，分别计算实体自由现金流量、债权人自由现金流量与股权自由现金流量。

解：实体自由现金流量=息前税后利润+折旧与摊销-（流动资产增加-无息流动负债增加）-资本支出

=1 000×（1-40%）+100-（300-120）-（500-200+100）

= 120（万元）

债权人自由现金流量=税后利息支出-有息债务净增加=20-（70+230）

= -280（万元）

① 假设企业没有优先股。

股权自由现金流量=实体自由现金流量-债权人自由现金流量
=120-（-280）
=400（万元）

（二）模型的主要参数估计

将现金流量折现模型用于企业估价，需要解决的主要问题是企业未来现金流量数额及其时间分布的估计，以及相应的折现率的确定。下面我们分步进行讨论。

1. 未来现金流量的估计

对未来的估计，从来都是一个既重要又困难的问题。预测必须考虑历史，未来是过去的延续。但是，历史不会重演。历史信息是必要的，但又是不充分的。预测必须还要考虑未来信息，未来的环境变化必然对企业产生影响。但是，未来不可能完全预见。因此，评估人员必须用历史信息与未来信息的结合来估计未来趋势，对历史估计值进行某种修正。这种修正依靠对未来的假设来完成。假设不一定符合未来的实际发展，并且包括一些不能量化的因素。因此，没有非常具体的、公认的预测规则和程序。

预测未来现金流量有许多方法。最基础的方法是编制预计的财务报表。当然，还有许多简便的方法，本书在这里主要介绍预计财务报表法。

未来现金流量的数据通过财务预测取得。财务预测分为单项预测和全面预测。单项预测的主要缺点是容易忽视财务数据之间的联系，不利于发现预测假设的不合理之处。全面预测是指编制成套的预计财务报表，通过预计财务报表获取需要的预测数据。由于计算机的普遍应用，人们越来越多地使用全面预测。

（1）预计销售收入。预测销售收入是全面预测的起点，大部分财务数据与销售收入有内在联系。

销售收入取决于销售数量和销售价格两个因素，但是财务报表不披露这两项数据，企业外部的报表使用人就无法得到价格和销量的历史数据，也就无法分别预计各种产品的价格和销量。他们只能对销售收入的增长率进行预测，然后根据基期销售收入和预计增长率计算预测期的销售收入。销售增长率的预测以历史增长率为基础，根据未来的变化进行修正。在修正时，要考虑宏观经济、行业状况和企业的经营战略。如果预计未来在这三个方面不会发生明显变化，则可以按上年增长率进行预测。如果预计未来有较大的变化，则需要根据其主要影响因素调整销售增长率。

［例 2-13］DBX 公司目前正处在高速增长时期，20×0 年的销售增长了 12%。预计 20×1 年可以维持 12%的增长率，20×2 年开始逐步下降，每年下降 2 个百分点，20×5 年下降 1 个百分点，即增长率为 5%，20×6 年及以后各年按 5%的比率持续增长，如表 2-1所示。

表 2-1　　DBX 公司的销售预测　　单位：%

年份	基期	20×1	20×2	20×3	20×4	20×5	20×6	20×7	20×8	20×9	2×10
销售增长率	12	12	10	8	6	5	5	5	5	5	5

（2）确定预测期间。预测的时间范围涉及预测基期、详细预测期和后续期。

第一，预测的基期。基期是指作为预测基础的时期，通常是预测工作的上一个年度。基期的各项数据被称为基数，是预测的起点。基期数据不仅包括各项财务数据的金额，还包括它们的增长率以及反映各项财务数据之间联系的财务比率。

确定基期数据的方法有两种：一种是以上年实际数据作为基期数据，另一种是以修正后的上年数据作为基期数据；如果通过历史财务报表分析认为，上年财务数据具有可持续性，则以上年实际数据作为基期数据。如果通过历史财务报表分析认为，上年的数据不具有可持续性，就应适当进行调整，使之适合未来的情况。

DBX 公司的预测以 20×0 年为基期，以经过调整的 20×0 年的财务报表数据为基数。该企业的财务预测将采用销售百分比法，需要根据历史数据确定主要报表项目的销售百分比，作为对未来进行预测的假设。

第二，详细预测期和后续期的划分。

在企业价值评估实务中，详细预测期通常为 5~7 年，如果有疑问还应当延长，但很少超过 10 年。企业增长的不稳定时期有多长，预测期就应当有多长。这种做法与竞争均衡理论有关。

竞争均衡理论认为，一个企业不可能永远以高于宏观经济增长的速度发展下去。如果是这样，它迟早会超过宏观经济总规模。这里的“宏观经济”是指该企业所处的宏观经济系统，如果一个企业的业务范围仅限于国内市场，宏观经济增长率是指国内的预期经济增长率；如果一个企业的业务范围是世界性的，宏观经济增长率则是指世界的经济增长速度。竞争均衡理论还认为，一个企业通常不可能在竞争的市场中长期取得超额利润，其投资资本回报率会逐渐恢复到正常水平。投资资本回报率是指税后经营利润与投资资本（净负债加股东权益）的比率，反映企业投资资本的盈利能力。如果一个行业的投资资本回报率较高，就会吸引更多的投资并使竞争加剧，导致成本上升或价格下降，使得投资资本回报率降低到社会平均水平；如果一个行业的投资资本回报率较低，就会有一些竞争者退出该行业，减少产品或服务的供应量，导致价格上升或成本下降，使得投资资本回报率上升到社会平均水平。一个企业具有较高的投资资本回报率，往往会比其他企业更快地扩展投资，增加投资资本总量。如果新增投资与原有投资的盈利水平相匹配，则能维持投资资本回报率。但是，通常企业很难做到这一点，竞争使盈利的增长跟不上投资的增长，因而投资资本回报率最终会下降。实践表明，只有很少企业具有长时间的可持续竞争优势。它们都具有某种特殊的因素，可以防止竞争者进入。绝大多数企业都会在几年内恢复到正常的回报率水平。

竞争均衡理论得到了实证研究的有力支持。各企业的销售收入的增长率往往趋于恢复到正常水平。拥有高于或低于正常水平的企业，通常在 3~10 年中恢复到正常水平。

判断企业进入稳定状态的主要标志有两个：一是具有稳定的销售增长率，它大约等于宏观经济的名义增长率（如果不考虑通货膨胀因素，宏观经济的增长率为 2%~6%）；二是具有稳定的投资资本回报率，它与资本成本接近。

预测期和后续期的划分不是事先主观确定的，而是在实际预测过程中根据销售增长率和投资回报率的变动趋势确定的。

续［例2-13］通过销售预测观察到DBX公司的销售增长率和投资资本回报率在20×5年恢复到正常水平（见表2-2）。销售增长率稳定在5%，与宏观经济的增长率接近；投资资本回报率稳定在12.13%，与其资本成本回报率12%接近。因此，该企业的预测期确定为20×1—20×5年，20×6年及以后年度为后续期。

表2-2　　DBX公司的销售增长率和投资资本回报率

年份	基期	20×1	20×2	20×3	20×4	20×5	20×6	20×7	20×8	20×9	2×10
销售增长率（%）	12	12	10	8	6	5	5	5	5	5	5
税后经营利润（万元）	36.96	41.40	45.53	49.18	52.13	54.73	57.47	60.34	63.36	66.53	69.86
投资资本（万元）	320.00	358.40	394.24	425.78	451.33	473.89	497.59	522.47	548.59	576.02	604.82
期初投资资本回报率（%）		12.94	12.71	12.47	12.24	12.13	12.13	12.13	12.13	12.13	12.13

第三，预计利润表和资产负债表。

下面通过前述DBX公司的例子，说明预计利润表和资产负债表的编制过程。该公司的预计利润表和资产负债表，分别见表2-3和表2-4。

表2-3　　预计利润表　　单位：万元

年份	基期	20×1	20×2	20×3	20×4	20×5	20×6
预测假设：							
销售增长率（%）	12	12	10	8	6	5	5
销售成本率（%）	72.8	72.8	72.8	72.8	72.8	72.8	72.8
销售和管理费用/销售收入（%）	8	8	8	8	8	8	8
折旧与摊销/销售收入（%）	6	6	6	6	6	6	6
短期债务利率（%）	6	6	6	6	6	6	6
长期债务利率（%）	7	7	7	7	7	7	7
平均所得税税率（%）	30	30	30	30	30	30	30
利润表项目							
税后经营利润							
一、销售收入	400	448	492.8	532.22	564.16	592.37	621.98
减：销售成本	291.2	326.14	358.76	387.46	410.71	431.24	452.8
销售和管理费用	32	35.84	39.42	42.58	45.13	47.39	49.76
折旧与摊销	24	26.88	29.57	31.93	33.85	35.54	37.32
二、税前经营利润	52.8	59.14	65.05	70.25	74.47	78.19	82.1
减：经营利润所得税	15.84	17.74	19.51	21.08	22.34	23.46	24.63
三、税后经营利润	36.96	41.4	45.53	49.18	52.13	54.73	57.47

表2-3(续)

年份	基期	20×1	20×2	20×3	20×4	20×5	20×6
金融损益：							
四、短期借款利息	3. 84	4. 3	4. 73	5. 11	5. 42	5. 697	5. 97
加：长期借款利息	2. 24	2. 51	2. 76	2. 98	3. 16	3. 32	3. 48
五、利息费用合计	6. 08	6. 81	7. 49	8. 09	8. 58	9①	9. 45
减：利息费用抵税	1. 82	2. 04	2. 25	2. 43	2. 57	2. 7	2. 84
六、税后利息费用	4. 26	4. 77	5. 24	5. 66	6	6. 3	6. 62
七、税后利润合计	32. 7	36. 63	40. 29	43. 51	46. 13	48. 43	50. 85
加：年初未分配利润	20	24	50. 88	75. 97	98. 05	115. 93	131. 72
八、可供分配的利润	52. 7	60. 63	91. 17	119. 48	144. 17	164. 36	182. 58
减：应付普通股股利	28. 7	9. 75	15. 2	21. 44	28. 24	32. 64	34. 27
九、未分配利润	24	50. 88	75. 97	98. 05	115. 93	131. 72	148. 31

表 2-4　　　　预计资产负债表　　　　单位：万元

年份	基期	20×1	20×2	20×3	20×4	20×5	20×6
预测假设：							
销售收入	400	448	492. 8	532. 22	564. 16	592. 37	621. 98
经营现金（%）	1	1	1	1	1	1	1
其他经营流动资产（%）	39	39	39	39	39	39	39
经营流动负债（%）	10	10	10	10	10	10	10
长期资产/销售收入（%）	50	50	50	50	50	50	50
短期借款/投资资本（%）	20	20	20	20	20	20	20
长期借款/投资资本（%）	10	10	10	10	10	10	10
投资资本	320	358. 4	394. 24	425. 78	451. 33	473. 89	497. 59
项目							
净经营资产：							
经营现金	4. 00	4. 48	4. 93	5. 32	5. 64	5. 92	6. 22
其他经营流动资产	156. 00	174. 72	192. 19	207. 57	220. 02	231. 02	242. 57

① 表中20×5年的短期借款利息为5. 69万元，长期借款利息为3. 32万元，利息费用合计为9万元，似乎计算有误。其实9万元是更精确的计算结果。由于举例的计算过程很长，如果在运算中间不断四舍五入，累计误差将不断扩大。为了使最终结果可以相互核对，本举例在计算机运算时保留了小数点后30位，只在表格中显示2位计算结果，第5位四舍五入。因此，根据表格已经四舍五入的显示数据直接计算，其结果与计算机运算结果显示出的数据有差别。这种差别并非计算有误，报表中显示的是更精确的计算结果。类似情况在本章举例中还有多处，以后不再一一注明。

表2-4(续)

年份	基期	20×1	20×2	20×3	20×4	20×5	20×6
减：经营流动负债	40.00	44.80	49.28	53.22	56.42	59.24	62.20
经营营运资本	120.00	134.40	147.84	159.67	169.25	177.71	186.59
经营性长期资产	200.00	224.00	246.40	266.11	282.08	296.19	310.99
减：经营性长期负债	0.00	0.00	0.00	0.00	0.00	0.00	0.00
净经营长期资产	200.00	224.00	246.40	266.11	282.08	296.19	310.99
净经营资产合计	320.00	358.40	394.24	425.78	451.33	473.90	497.58
金融负债：							
短期借款	64.00	71.68	78.85	85.16	90.27	94.78	99.52
长期借款/投资资本	32.00	35.84	39.42	42.58	45.13	47.39	49.76
金融负债合计	96.00	107.52	118.27	127.73	135.40	142.17	149.28
金融资产	0.00	0.00	0.00	0.00	0.00	0.00	0.00
净负债（净金融资产）	96.00	107.52	118.27	127.73	135.40	142.17	149.28
股本	200.00	200.00	200.00	200.00	200.00	200.00	200.00
年初未分配利润	20.00	24	50.88	75.97	98.05	115.93	131.72
本年利润	32.70	36.63	40.29	43.51	46.13	48.43	50.85
本年股利	28.70	9.75	15.2	21.44	28.24	32.64	34.27
年末未分配利润	24.00	50.88	75.97	98.04	115.94	131.72	148.30
股东权益合计	224.00	250.88	275.97	298.04	315.94	331.72	348.30
净负债及股东权益合计	320.00	358.40	394.24	425.77	451.34	473.89	497.58

在编制预计利润表和资产负债表时，两个表之间有数据的交换，需要一并考虑。下面以20×1年的数据为例，说明主要项目的计算过程：

①预计税后经营利润

A.“销售收入”根据销售预测的结果填列。

B.“销售成本”“销售和管理费用”以及“折旧与摊销”，使用销售百分比法预计。有关的销售百分比列示在“利润表预测假设”部分。

销售成本＝448×72.8%＝326.14（万元）

销售和管理费用＝448×8%＝35.84（万元）

折旧与摊销费用＝448×6%＝26.88（万元）

C.“投资收益”需要对投资收益的构成进行具体分析。要区分债权投资收益和股权投资收益。债权投资收益属于金融活动产生的收益，应作为利息费用的减项，不列入经营收益。股权投资收益，一般可以列入经营性收益。DBX公司投资收益是经营性的，但是数量很小，并且不具有可持续性，故预测时将其忽略。

D.“资产减值损失”和“公允价值变动收益”，通常不具有可持续性，可以不列入预计利润表。"营业外收入"和"营业外支出"属于偶然损益，不具有可持续性，预测时通常予以忽略。

E."经营利润"。

税前经营利润=销售收入-销售成本-销售和管理费用-折旧与摊销

=448-326.14-35.84-26.88

=59.14（万元）

税前经营所得税=预计税前经营利润×预计所得税税率

=59.14×30%=17.74（万元）

税后经营利润=59.14-17.74=41.40（万元）

接下来的项目是"利息费用"，其驱动因素是借款利率和借款金额，通常不能根据销售百分比直接预测。短期借款和长期借款的利率已经列入"利润表预测假设"部分，借款的金额需要根据资产负债表来确定。因此，预测工作转向资产负债表。

②预计净经营资产

A."经营现金"。现金资产包括现金及其等价物。现金资产可以分为两部分：

一部分是生产经营所必需的持有量，目的是为了应付各种经营支付，它们属于经营现金资产。经营现金的数量因企业而异，需要根据最佳现金持有量确定。ABX公司的经营现金，按销售额的1%预计。

经营现金=448×1%=4.48（万元）

另一部分是超出经营需要的现金及其等价物属于金融资产，应列为金融负债的减项。假设该公司基期没有金融资产，未来也不准备持有金融资产。

B."其他经营流动资产"。其他经营流动资产包括应收账款、存货等项目，既可以分项预测，也可以作为一个"经营流动资产"项目预测。预测时使用销售百分比，有关的销售百分比已列在表2-4中的资产负债表"预测假设"部分。

其他经营流动资产=448×39%=174.72（万元）

C."经营营运资本"。表2-4将"经营流动负债"列在"其他经营流动资产"之后，是为了显示"经营营运资本"。在这里，经营营运资本是指"经营现金"加"其他流动资产"减去"经营流动负债"后的余额。

经营营运资本=经营流动资产-经营流动负债

=（4.48+174.72）-44.8

=134.40（万元）

D."经营性长期资产"。经营性长期资产包括长期股权投资、固定资产、长期应收款等。DBX公司假设长期资产随销售量增长，使用销售百分比法预测，其销售百分比为50%。

长期资产=448×50%=224.00（万元）

E."经营长期负债"。经营长期负债包括无息的长期应付款、专项应付款、递延所得税负债和其他非流动负债。DBX公司假设它们的数额很小，可以忽略不计。

F."净经营资产总计"。

净经营资产总计=经营营运资本+净经营长期资产

=(经营流动资产-经营流动负债)+(经营性长期资产-经营性长期负债)
=经营资产-经营负债
=134.40+224
=358.40（万元）

③预计融资

预计得出的净经营资产是全部的筹资需要，因此，也可以称为“净资本”或“投资资本”。如何筹集这些资本取决于企业的筹资政策。

DBX公司存在一个目标资本结构，即净负债/投资资本为30%，其中短期金融负债/投资资本为20%，长期金融负债/投资资本为10%。企业采用剩余股利政策，即按目标资本结构配置留存收益（权益资本）和借款（债务资本），剩余利润分配给股东。如果当期利润小于需要筹集的权益资本，在“应付股利”项目中显示为负值，表示需要向股东筹集的现金（增发新股）数额。如果当期利润大于需要筹集的权益资本，在“应付股利”项目中显示为正值，表示需要向股东发放的现金（发放股利）数额。该公司基期没有金融资产，预计今后也不保留多余的金融资产。

A.“短期借款”和“长期借款”。根据目标资本结构确定应借款的数额：

短期借款=净经营资产×短期借款比例
=358.40×20%
=71.68（万元）

长期借款=净经营资产×长期借款比例
=358.40×10%
=35.84（万元）

B. 内部融资额。根据借款的数额，确定目标资本结构下需要的股东权益：

期末股东权益=净经营资产-借款合计
=358.40-（71.68+35.84）
=250.88（万元）

根据期末股东权益比期初股东权益的增加数额，确定需要的内部筹资为：

内部筹资=期末股东权益-期初股东权益
=250.88-224.00
=26.88（万元）

企业也可以采取其他的融资政策，不同的融资政策会导致不同的融资额预计方法。

④预计利息费用

现在有了借款的数额，可以返回利润表，预计利息支出。DBX公司的利息费用是根据当期期末有息债务和预期利率预计的。

利息费用=短期借款×短期利率+长期借款×长期利率
=71.68×6%+35.87×7%
=4.300 8+2.500 8
=6.81（万元）

利息费用抵税=6.81×30%=2.04（万元）

税后利息费用＝6.81－2.04＝4.77（万元）

⑤计算净利润

净利润＝税后经营净利润－净利息费用

＝41.40－4.77

＝36.63（万元）

⑥计算股利和年末未分配利润

股利＝本年净利润－股东权益增加

＝36.63－26.88

＝9.75（万元）

年末未分配利润＝年初未分配利润＋本年净利润－股利

＝24＋36.63－9.75

＝50.88（万元）

将“年末未分配利润”数额填入20×1年的资产负债表相应栏目，然后完成资产负债表其他项目的预计①。

年末股东权益＝股本＋年末未分配利润

＝200＋50.88

＝250.88（万元）

净负债及股东权益＝净负债＋股东权益

＝107.52＋250.88

＝358.40（万元）

由于利润表和资产负债表的数据是相互衔接的，要完成20×1年利润表和资产负债表数据的预测工作，才能转向20×2年的预测。

第四，预计现金流量。

根据预计利润表和资产负债表编制预计现金流量表，只是一个数据转换过程，如表2－5所示。

表2－5 DBX公司的预计现金流量表 单位：万元

年份	基期	20×1	20×2	20×3	20×4	20×5	20×6
税后经营利润	36.96	41.40	45.53	49.18	52.13	54.73	57.47
加：折旧与摊销	24.00	26.88	29.57	31.93	33.85	35.54	37.32
营业现金毛流量	60.96	68.28	75.10	81.11	85.98	90.27	94.79
减：经营营运资本增加		14.40	13.44	11.83	9.58	8.46	8.89
营业现金净流量		53.88	61.66	69.28	76.40	81.81	85.90
减：净经营性长期资产增加		24.00	22.40	19.71	15.97	14.10	14.81

① 股东权益还包括“资本公积”“盈余公积”等项目，此处为简便将其省略，其预测方法与“年末未分配股利”类似。

表2-5(续)

年份	基期	20×1	20×2	20×3	20×4	20×5	20×6
折旧与摊销		26.88	29.57	31.93	33.85	35.54	37.32
实体现金流量		3.00	9.69	17.64	26.58	32.17	33.77
债务现金流量							
税后利息费用		4.77	5.24	5.66	6	6.3	6.62
减：短期借款增加		7.68	7.17	6.31	5.11	4.51	4.74
长期借款增加		3.84	3.58	3.15	2.55	2.26	2.37
债务现金流量合计		-6.75	-5.51	-3.80	-1.66	-0.47	-0.49
股权现金流量：		9.75	15.20	21.44	28.24	32.64	34.26
股利分配							
减：股权资本发行		0.00	0.00	0.00	0.00	0.00	0.00
股权现金流量合计		9.75	15.20	21.44	28.24	32.64	34.26
融资现金流量合计		3.00	9.69	17.64	26.58	32.17	33.77

有关项目说明如下（以20×1年为例）：

①实体现金流量

A. 营业现金毛流量。营业现金毛流量是指在净经营性长期资产和经营营运资本不变时，企业可以提供给投资人的现金流量总和。

营业现金毛流量=税后经营利润+折旧与摊销

=41.40+26.88

=68.28（万元）

公式中的“折旧与摊销”，是指在计算利润时已经扣减的固定资产折旧和长期资产摊销数额。

B. 营业现金净流量。营业现金净流量是指营业现金毛流量扣除经营营运资本增加后的剩余现金流量。在净经营性长期资产不变时，营业现金净流量是指企业可以提供给投资人（包括股东和债权人）的现金流量。

营业现金净流量=营业现金毛流量-经营营运资本增加

=62.28-14.40

=53.88（万元）

C. 实体现金流量。实体现金流量是营业现金流量扣除资本支出后的剩余部分。它是企业在满足经营活动所需投资后，可以支付给债权人和股东的现金流量。

实体现金流量=营业现金流量-资本支出

=53.88-（24+26.88）

= 3.00（万元）

公式中的“资本支出”，是指用于购置各种长期经营资产的支出，减去经营长期负债增加额。购置长期经营资产支出的一部分现金可以由经营长期负债提供，其余部分必须由企业实体现金流量提供（扣除）。因此，营业现金流量扣除了资本支出，剩余部分才可以提供给投资人。

为了简化，本例题假设 DBX 公司没有经营长期负债，因此，资本支出等于购置长期资产的现金流出，即等于净经营性长期资产增加额与本期折旧与摊销之和。

由于资本支出和经营营运资本增加都是企业的投资现金流出，因此，它们的合计被称为“净经营资产总投资”。

净经营资产总投资=经营营运资本增加+资本支出

本年在发生投资支出的同时，还可以通过“折旧与摊销”收回一部分现金，因此，“净”的投资现金流出时本期净经营资产总投资减去“折旧与摊销”后的剩余部分，被称为“本期净经营资产净投资”。

净经营资产净投资=净经营资产总投资-折旧与摊销
=经营营运资本增加+资本支出-折旧与摊销
=14.40+50.88-26.88
=38.40（万元）

净经营资产净投资是股东和债权人提供的，可以通过净经营资产的增加来验算。

净经营资产净投资=期末净经营资产-期初净经营资产
=(期末净负债+期末股东权益)-(期初净负债+期初股东权益)
=358.40-320.00
=38.40（万元）

因此，实体现金流量的计算公式也可以写成：

实体现金流量=税后经营利润-本期净经营资产净投资
=41.40-38.40
=3.00（万元）

②债务现金流量

企业与债权人之间的现金流动包括利息支付、借款的偿还和借入。由于金融资产是“负的负债”，可以抵减负债，所以计算债务现金流量应包括金融资产的变动。

债务现金流量=税后利息费用-净负债增加
=4.77-7.68-3.84
=-6.75（万元）

③股权现金流量

企业与股东的现金流动包括股利分配、股份资本发行和股份回购。

股权现金流量=股利分配-股份资本发行+股份回购
=9.75-0+0
=9.75（万元）

④现金流量的平衡关系

由于企业提供的现金流量就是投资人得到的现金流量，因此实体现金流量等于债务现金流量与股权现金流量之和。实体现金流量是从企业角度观察的，企业剩余的现金用正数表示，企业吸收投资人的现金用负数表示。融资现金流量是从投资人角度观察的实体现金流量，投资人得到现金用正数表示，投资人提供现金则用负数表示。实体现金流量应当等于融资现金流量。

实体现金流量=融资现金流量

=债务现金流量+股权现金流量

=-6.75+9.75

=3（万元）

现金流量的这种平衡关系，给我们提供了一种检验现金流量计算是否正确的方法。

2. 现金流量的时间分布模式

从理论上讲，估算企业的价值应逐年预测企业的现金流量，然后折现求出企业的价值，事实上无限期地预测现金流量显然是不现实的。因此，实际应用中往往对未来现金流量的时间分布变通为有限期的增长模式，主要分为三类：永续增长模式、两阶段增长模式和三阶段增长模式。

永续增长模式是假设企业未来长期稳定、可持续地增长。企业必须处于永续状态。所谓的“永续状态”是指企业的各种财务比率都是不变的。企业有永续的资产负债率、资金周转率、资本结构和股利支付率。在此假设之下，估计企业的价值就是一个求解永续年金的现值问题。其中，永续年金就是企业下一期的实体现金流量。

实际应用中，永续增长模式的情形很少见，大多数企业各年的现金流量即使有一定的变化规律，但大多是不同的。为了避免无限期地预测企业的现金流量，大部分估价将预测的时间分为两个阶段：一个是有限的、明确的预测期，被称为“预测期”，在此期间需要对现金流量进行详细的预测；另一个是预测期以后的无限时期，被称为“后续期”，在此期间假设企业进入稳定状态，每一年的现金流量是常数，可以直接估计其永续价值。

两阶段增长模式是最普遍的增长模式。一般而言，两阶段增长模式的典型特征是：第一个阶段为超常增长阶段，增长率明显快于永续增长阶段；第二个阶段具有永续增长的特征，增长率稳定且比较低，是正常的增长率。如果根据第一个阶段的增长率的特征进一步细分，还可以将其分为三种类型：①预测期增长率是固定的，后续期开始后突然下降到稳定增长率；②预测期增长率是递减的，逐步接近后续期的增长率；③预测期增长率是不规则的，但其增长率还是明显高于永续期增长率。基于这种时间分布假定，企业的价值估计模型可以表述为：

企业价值=预测期内现金流量现值+后续期现金流量现值

三阶段增长模式假设企业有一个高速增长阶段、一个增长率递减的转换阶段和一个永续增长的稳定阶段，即：

企业价值=增长期现金流量现值+转换期现金流量现值+后续期现金流量现值

其实，三阶段增长模式是两阶段增长模式的典型特例而已，只是它有其明显的特征与代表性，因而将其独立出来予以阐述。该增长模式下，在稳定的高速增长阶段资本支出明显超过折旧与摊销，在转换阶段两者的差距缩小，在稳定低速阶段两者基本相当。在市场风险上，它具有三阶段的特征，即高速增长阶段 β 值较高，转换阶段 β

值逐渐降低，稳定低速阶段β值趋于1。

以上只是在现阶段实际应用中总结的一些有代表性的增长模式，实际工作中，应根据具体情况对模型进行修改与变通。一般而言，预测期应当足够长，通常在10年左右，特殊情况下也不会少于5年。如果有疑问，还应当延长，以使企业在期末达到稳定状态。如果是周期性企业，预测期大体上为一个发展周期。判断企业进入稳定状态（或后续期）的主要标志是：企业有稳定的报酬率并与资本成本趋于一致，因为在竞争的市场中一个企业不可能长期取得超额利润，企业有固定的股利支付率以维持不变的增长率。企业的不稳定时期有多长，预测期就应当有多长。

3. 折现率的估计

当取得了预测期及后续期现金流量的时候，如何把预测的现金流量转换为需要的现值，是整个估值模型最后的程序，也是很关键的一步。在使用模型时，如果分子是实体现金流量，则折现率必须用加权平均成本；如果分子是股权现金流量，则分母的折现率必须用权益资本成本。

根据这一指导思想，我们可以得出前面的三种增长模式的具体折现模型：

（1）永续增长模型。

企业价值=下期实体现金流量÷（加权平均资本成本-永续增长率）

股权价值=下期股权现金流量÷（股权资本成本-永续增长率）

当永续增长率为零时，永续增长模型演变为零增长模型：

企业价值=下期实体现金流量÷加权平均资本成本

股权价值=下期股权现金流量÷股权资本成本

使用永续增长模型，企业价值对增长率的估计值非常敏感，当增长率接近折现率时，股票价值趋于无限大。因此，对于增长率和股权成本的预测质量要求很高。

（2）两阶段增长模型。

$$\text{企业价值}=\sum_{t=1}^{n}[\text{实体现金流量}\div(1+\text{加权平均资本成本})^{t}]+\text{后续期价值}\div(1+\text{加权平均资本成本})^{n}$$

式中，t为预测期。

$$\text{实体后续期价值}=\text{实体现金流量}_{n+1}\div(\text{加权平均资本成本}-\text{自由现金流量永续增长率})^{n}$$

$$\text{股权价值}=\sum_{t=1}^{n}[\text{股权现金流量}\div(1+\text{股权资本成本})^{t}]+\text{后续期价值}\div(1+\text{股权资本成本})^{n}$$

$$\text{股权后续期价值}=\text{股权现金流量}_{n+1}\div(\text{股权资本成本}-\text{自由现金流量永续增长率})^{n}$$

（3）三阶段增长模型.

$$\text{企业价值}=\sum_{t=1}^{n}\text{增长期实体现金流量}\div(1+\text{加权平均资本成本})^{t}+\sum_{t=n+1}^{n+m}\text{转换期实体现金流量}\div(1+\text{加权平均资本成本})^{t}+\text{后续期价值}\div(1+\text{加权平均资本成本})^{n}$$

$$\text{实体后续期价值}=\text{实体现金流量}_{n+m+1}\div(\text{加权平均资本成本}-\text{自由现金流量永续增长率})^{n+m}$$

$$股权价值=\sum_{t=1}^{n}增长期实体现金流量÷（1+股权资本成本）^t+\sum_{t=n+1}^{n+m}转换期实体现金流量÷（1+股权资本成本）^t+后续期价值÷（1+股权资本成本）^n$$

$$股权后续期价值=股权现金流量_{n+m+1}÷（股权资本成本-自由现金流量永续增长率）^{n+m}$$

需要说明的有两点：

其一，以上公式中的“后续期价值”是指后续期全部自由现金流量折现到进入后续期第一年年初（如果预测期为 n 年，则是每 n 年年末，n+1 年年初）的现值。计算企业当前的价值，还需把后续期价值以适当资本成本作为折现率再折现到当前时点的价值。

其二，如何进行自由现金流量增长率的估计。

对于有着较长历史的公司而言，由于公司的基本面相对稳定，因此，利用基于历史数据的时间序列模型预测增长率较为妥当。而对于一个处于不太稳定中的或历史比较短而正处于变动时期的公司而言，则应选择基于公司基本面的分析方法。

对于未来的增长率的预测来说，过去的增长率是一个很有用的数据，但很少被看成充足的信息。利特尔（Little，1962）研究了过去增长率与未来增长率之间的关系，发现两者之间没有什么必然联系，因为在他研究的样本中，过去增长较快的公司在未来并不会保持快速增长。达莫达兰（Damodaran，1994）认为，采用过去的增长率预测未来的增长率的效果取决于下列因素：

第一，增长率的变动。他认为，过去增长率的有用性与增长率的变动呈负相关关系，即如果过去的增长率波动较大，则采用该增长率来预测未来增长率时需要慎重考虑。

第二，公司的规模。规模小的公司比规模大的公司更容易达到相同的增长率。而随着公司规模的扩大，保持较高增长率将变得愈加困难。也许在过去，公司规模在扩大、收益在快速增长，但在未来，这种快速增长将是难以实现的。

第三，经济的同期性。他指出，历史增长率将受到公司所处的经济周期的严重影响。处在经济高涨期时，公司可能会有较高的增长率；而处于衰退期时，情况则会相反。

第四，基本面的变化。他认为，增长率是公司基本面各方面作用的结果，包括公司的业务和产品结构、项目选择、资本结构以及股息政策方面的决策。如果这些方面发生变化，公司历史的增长率就不能说明公司未来的增长率。

第五，收益的质量。他认为，不是所有的收益增长都是同等的。与销售量增长带来的增长相比，由于会计政策或购并活动所引起的收益增长的可靠性就更差。在预测未来增长时，前者就要给予较大的权重，后者则要给予较小的权重。

由此可以看出，在预测公司增长率时，对于历史时期发展比较短，且公司各方面仍处于变动时期的公司而言，评估人员的一些主观预测应该会好于机械模型的预测。

理论上，可以将由不同方法得出的增长率进行加权平均，权重的大小依据每种方法所考虑的信息量的大小来确定。这样将会得出较高质量的增长率预测。其中关键的一步在于估算每种增长率时所考虑的信息量的大小。当假定标准差可比时，可以计算每种方法得出的增长率的标准差，并根据标准差的大小来分配相应方法所对立的权重，误差越小，给予的权重越大。对基于历史数据的模型，将通过时间序列数据的标准差予以测量；对于分析师的预测，将根据各分析师预测之间的差别程度来确定；对基于基本面分析的预测，将根据输入模型的标准差予以测量。一般而言，在实际应用中，企业趋于稳定增长时，具有以下一些特点：

（1）稳定的增长率大约等于宏观经济的名义增长。所谓“大约”是指 1%～2%的差异。一个企业不可能永远以高于宏观经济增长的速度发展下去，如果是这样，它迟早会超过宏观经济总规模。这里的“宏观经济”是指该企业所处的宏观经济系统，如果一个企业的业务范围仅限于国内市场，宏观经济增长率是指国内的预期经济增长率；如果一个企业的业务范围是世界性的，宏观经济增长率是指世界的经济增长率。

（2）企业有稳定的报酬率，并与资本成本趋于一致。

（3）企业有固定的股利支付率以维持不变的增长率。

（4）企业的折旧与摊销，大体上与投资支出相等，即净投资等于零。

（5）趋于衰落的企业，永续增长率的绝对上限是经济的长期增长率加上预期通货膨胀率。当永续增长率上升时，自由现金流量下降。因为增长率上升要求较高的资本支出和增加较多的营运资本。

（6）在稳定状态下，实体现金流量、股权现金流量和销售收入的增长率相同，因此，可以根据销售增长率估计现金流量增长率。

我们先看一下 DBX 公司的例子，它在 20×6 年进入永续增长阶段。如果我们把预测期延长到 20×10 年，就会发现后续期的销售增长率、实体现金流量增长率和股权现金流量增长率是相同的（见表 2-6）。

表 2-6　　DBX 公司 20×6—20×10 年现金流量预测　　单位：万元

年份	20×6	20×7	20×8	20×9	20×10
税后经营利润	57.47	60.34	63.36	66.53	69.86
加：折旧与摊销	37.32	39.18	41.14	43.20	45.36
营业现金毛流量	94.79	99.53	104.51	109.73	115.22
减：净经营资产增加	23.69	24.88	26.12	27.43	28.80
折旧与摊销	37.32	39.18	41.14	43.20	45.36
实体现金流量	33.78	35.47	37.24	39.10	41.06
融资流动：					
税后利息费用	6.62	6.95	7.30	7.66	8.04
减：短期借款增加	4.74	4.98	5.22	5.49	5.76
长期借款增加	2.37	2.49	2.61	2.74	2.88
债务现金流量	−0.49	−0.52	−0.54	−0.57	−0.60
股利分配	34.27	35.98	37.78	39.67	41.65

表2-6(续)

年份	20×6	20×7	20×8	20×9	20×10
减：股权资本发行	0.00	0.00	0.00	0.00	0.00
股权现金流量合计	34.27	35.98	37.78	39.67	41.65
融资现金流量合计	33.78	35.47	37.24	39.10	41.06
现金流量增长率：					
实体现金流量增长率（%）	5	5	5	5	5
债务现金流量增长率（%）	5	5	5	5	5
股权现金流量增长率（%）	5	5	5	5	5

为什么这三个增长率会相同呢？因为在“稳定状态下”，经营效率和财务政策不变，即资产息税后经营利润率、资本结构和股利分配政策不变，财务报表将按照稳定的增长率在扩大的规模上被复制。影响实体现金流量和股权现金流量的各因素都与销售额同步增长，因此，现金流量增长率与销售增长率相同。

那么，销售增长率如何估计呢？

根据竞争均衡理论，后续期的销售增长率大体上等于宏观经济的名义增长率。如果不考虑通货膨胀因素，宏观经济的增长率大多为2%~6%。

极少数企业凭借其特殊的竞争优势，可以在较长时间内超过宏观经济增长率。判定一个企业是否具有特殊的、可持续的优势，应当掌握具有说服力的证据，并且被长期的历史所验证。即使是具有特殊优势的企业，后续期增长率超过宏观经济的幅度也不会超过2%。大多数可以持续生存的企业，其销售增长率可以按宏观经济增长率估计。DBX 公司就属于这种情况，我们假设其永续增长率为5%。

（三）企业价值的计算

1. 实体现金流量模型

续前例：假设 DBX 公司的加权平均资本成本是12%，用它折现实体现金流量可以得出企业实体价值，扣除净债务价值后可以得出股权价值。

股权价值=实体价值-净债务价值

=实体价值-（金融负债价值-金融资产价值）

有关计算过程如表 2-7 所示。

表 2-7　　DBX 公司的实体现金流量折现　　单位：万元

年份	基期	20×1	20×2	20×3	20×4	20×5
实体现金流量		3.00	9.69	17.64	26.58	32.17
平均资本成本（%）		12.00	12.00	12.00	12.00	12.00
折现系数（12%）		0.898 9	0.797 2	0.711 8	0.635 5	0.567 4
预测期现金流量现值	58.10	2.67	7.73	12.55	16.89	18.25

表2-7(续)

年份	基期	20×1	20×2	20×3	20×4	20×5
后续期现金流量增长率（%）						5
加：后续期现金流量现值	273.80					482.55
实体价值	331.90					
减：净债务价值	96.00					
股权价值	235.90					

预测期现金流量现值=∑各期现金流量现值=58.10（万元）

后续期终值=现金流量$_{t+1}$÷（资本成本-现金流量增长率）

=32.17×（1+5%）÷（12%-5%）

=482.55（万元）

后续期现值=后续期终值×折现系数

=482.55×0.567 4

=273.80（万元）

企业实体价值=预测期现金流量现值+后续期现值

=58.10+273.80

=331.90（万元）

股权价值=实体价值-净债务价值

=331.90-96

=235.90（万元）

估计债务价值的标准方法是折现现金流量法，最简单的方法是账面价值法。本例采用账面价值法。

计算企业价值时，可以按照预测期、后续期两个阶段分别进行计算，也可以将预测期最后一年（稳定状态的前1年）划入后一个阶段。两种方法的最终结果是相同的。但是，无论如何划分计算价值的两个阶段，都必须将稳定状态之前各年的现金流量计算出来，即转换期的现金流量必须计算出来。

2. 股权现金流量模型

假设DBX公司股权资本成本为15.034 6%，用它折现股权现金流量，可以得到企业股权的价值。有关计算过程如表2-8所示。

表2-8　　DBX公司的股权现金流量折现　　单位：万元

年份	基期	20×1	20×2	20×3	20×4	20×5
股权现金流量		9.75	15.20	21.44	28.24	32.64
股权成本（%）		15.034 6	15.034 6	15.034 6	15.034 6	15.034 6
折现系数（15.034 6%）		0.869 3	0.755 7	0.656 9	0.571 1	0.496 4
预测期现金流量现值	66.38	8.47	11.49	14.08	16.13	16.20

表2-8(续)

年份	基期	20×1	20×2	20×3	20×4	20×5
后续期现金流量增长率（%）						5
加：后续期现金流量现值	169.52					341.49
股权价值	235.90					
加：净债务价值	96.00					
实体价值	331.90					

股权价值 = 9.75 × (P/F,15.034 6%,1) + 15.20 × (P/F,15.034 6%,2) + 21.44 × (P/F,15.034 6%,3) + 28.24 × (P/F,15.034 6%,4) + 32.64 × (P/F,15.034 6%,5) + 34.27 ÷ (15.034 6% − 5%) × (P/F,15.034 6%,5)
= 235.90(万元)

实体价值=235.90+96=331.90（万元）

（四）股权现金流量模型的应用

根据现金流量分布的特征，股权现金流量模型分为两种类型：永续增长模型和两阶段增长模型。

1. 永续增长模型

永续增长模型假设企业未来长期稳定、可持续地增长。在永续增长的情况下，企业价值是下期现金流量的函数。

永续增长模型的一般表达式如下：

$$股权价值 = \frac{下期股权现金流量}{股权资本成本 - 永续增长率}$$

永续增长模型的特例是永续增长率等于零，即零增长模型。其表达式如下：

$$股权价值 = \frac{下期股权现金流量}{股权资本成本}$$

永续增长模型的使用条件：企业必须处于永续状态。所谓永续状态是指企业有永续的增长率和投资资本回报率。使用永续增长模型，企业价值对增长率的估计值很敏感，当增长率接近折现率时，股票价值趋于无限大。因此，对于增长率和股权成本的预测质量要求很高。

［例2-14］A公司是一个规模较大的跨国公司，目前处于稳定增长状态。20×1年每股净利润为13.7元。根据全球经济预期，长期增长率为6%。预计该公司的长期增长率与宏观经济相同。为维持每年6%的增长率，需要每股股权本年净投资11.2元。据估计，该企业的股权资本成本为10%。请计算该企业20×1年每股股权现金流量和每股股权价值。

每股股权现金流量=每股净利润-每股股权本年净投资
=13.7-11.2
=2.5（元/股）

每股股权价值=（2.5×1.06）÷（10%-6%）=66.25（元/股）

如果估计增长率为8%，而每股股权本年净投资不变，则每股股权价值发生如下变化：

每股股权价值=（2.5×1.08）÷（10%-8%）=135（元/股）

如果考虑到为支持8%的增长率需要增加本年净投资，则股权价值不会增加很多。假设每股股权本年净投资需要相应地增加到12.473 1元，则：

每股股权现金流量=13.7-12.473 1=1.226 9（元）

每股股权价值=（1.226 9×1.08）÷（10%-8%）=66.25（元）

因此，在估计增长率时一定要考虑与之相适应的每股股权本年净投资。

2. 两阶段增长模型

两阶段增长模型的一般表达式如下：

股权价值=预测期股权现金流量现值+后续期价值的现值

假设预测期为n，则：

$$股权价值 = \sum_{t=1}^{n} \frac{股权现金流量_t}{(1 + 股权资本成本)^t} + \frac{股权现金流量_{n+1} \div (股权资本成本 - 永续增长率)}{(1 + 股权资本成本)^n}$$

两阶段增长模型的使用条件：两阶段增长模型适用于增长呈现两个阶段的企业。第一个阶段为超常增长阶段，增长率明显快于永续增长阶段；第二个阶段具有永续增长的特征，增长率比较低，是正常的增长率。

[例2-15] B公司是一家高技术企业，具有领先同业的优势。20×0年每股销售收入为20元，预计20×1—20×5年的销售收入增长率维持在20%的水平，到20×6年增长率下滑到3%并将持续下去。目前该公司净经营营运资本占销售收入的40%，销售增长时可以维持不变。20×0年每股资本支出为3.7元，每股折旧费为1.7元，每股净经营营运资本比上年增加1.33元。如果收入增长率每年为20%，资本支出、净经营营运资本和折旧费需同比增长。企业的目标投资结构是净负债占10%，股权资本成本是12%。目前每股净利润为4元，预计与销售同步增长。

要求：计算目前的每股股权价值。

计算过程显示在表2-9中。

表2-9　　B企业每股股权价值　　单位：元/股

年份	20×0	20×1	20×2	20×3	20×4	20×5	20×6
每股经营营运资本增加：							
收入增长率（%）		20%	20%	20%	20%	20%	3%
收入	20.000 0	24.000 0	28.800 0	34.560 0	41.472 0	49.766 4	51.259 4
经营营运资本/收入	40%	40%	40%	40%	40%	40%	40%
经营营运资本	8.000 0	9.600 0	11.520 0	13.824 0	16.588 8	19.906 6	20.503 8

表2-9(续)

年份	20×0	20×1	20×2	20×3	20×4	20×5	20×6
经营营运资本增加	1. 330 0	1. 600 0	1. 920 0	2. 304 0	2. 764 8	3. 317 8	0. 597 2
每股股权本年净投资：							
资本支出	3. 7	4. 440 0	5. 328 0	6. 393 6	7. 672 3	9. 206 8	9. 483 0
减：折旧	1. 7	2. 040 0	2. 448 0	2. 937 6	3. 525 1	4. 230 1	4. 357 0
加：经营营运资本增加	1. 330 0	1. 600 0	1. 920 0	2. 304 0	2. 764 8	3. 317 8	0. 597 2
实体本年净投资	3. 330 0	4. 000 0	4. 800 0	5. 760 0	6. 912 0	8. 294 4	5. 723 1
乘以（1-负债比例）	90%	90%	90%	90%	90%	90%	90%
股权本年净投资	2. 997 0	3. 600 0	4. 320 0	5. 184 0	6. 220 8	7. 465 0	5. 150 8
每股股权现金流量：							
净利润	4. 000 0	4. 800 0	5. 760 0	6. 912 0	8. 294 4	9. 953 3	10. 251 9
减：股权本年净投资	2. 997 0	3. 600 0	4. 320 0	5. 184 0	6. 220 8	7. 465 0	5. 150 8
股权现金流量	1. 003 0	1. 200 0	1. 440 0	1. 728 0	2. 073 6	2. 488 3	5. 101 1
折现系数（12%）		0. 892 9	0. 797 2	0. 711 8	0. 635 5	0. 567 4	
预测期现值	6. 179 1	1. 071 4	1. 148 0	1. 230 0	1. 317 8	1. 411 9	
后续期价值	32. 159 3					56. 678 4	
股权价值合计	38. 338 4						

各项数据的计算过程简要说明如下：

（1）根据给出资料确定各年的增长率：有限预测期增长率为20%，后续期增长率为3%。

（2）根据各年每股销售收入：每股收入=上年收入×（1+增长率）。

（3）计算每股经营营运资本：每股经营营运资本=本年收入×经营营运资本百分比。

（4）计算每股经营营运资本增加额：每股经营营运资本增加=本年每股经营营运资本-上年每股经营营运资本。

（5）计算实体本年每股净投资：实体本年每股净投资=每股资本支出-每股折旧+每股经营营运资本增加。

（6）计算每股本年净投资：每股本年净投资=实体本年每股净投资×（1-负债比例）。

（7）计算每股现金流量：每股现金流量=每股净利润-本年每股净投资。

（8）计算每股股权价值：

后续期终值=后续期第一年现金流量÷（资本成本-永续增长率）

=5. 1÷（12%-3%）

=56. 678 4（元/股）

后续期现值=56. 678 4×0. 567 4=32. 16（元/股）

预测期现值=∑现金流量×折现系数=6.18（元/股）

每股股权价值=32.16+6.18=38.34（元/股）

［例 2-16］A 公司是一个规模较大的跨国公司，目前处于稳定增长状态。20×5 年每股净利润为 13.7 元，每股资本支出为 100 元，每股折旧费为 90 元，每股营业流动资产比上年增加 4 元，投资资本中有息负债占 20%。根据全球经济预期，长期增长率为 6%。预计该公司的长期增长率与宏观经济相同，资本结构保持不变，净利润、资本支出、折旧费和营业流动资产的销售百分比保持不变。据估计，该企业的股权资本成本为 10%。请计算该企业 20×5 年每股股权现金流量和每股价值。

分析：当资本结构保持不变（或称稳定）时，根据：

股权自由现金流量=企业实体自由现金流量-债权人现金流量

实体自由现金流量=息前税后利润-净投资

息前税后利润=净利润+税后利息

债权人现金流量=税后利息-有息债务净增加

可得出，股权自由现金流量=税后利润-净投资×（1-负债率），因而，求解本题的关键在于每股的净利与净投资的数额。

解：每股净利润=13.7（元/股）

净投资=（资本支出-折旧与摊销+营业流动资产增加）=100-90+4=14（元/股）

股权现金流量=每股净利润-净投资×（1-负债率）=13.7-14×0.8=2.5（元/股）

企业的增长与全球经济增长趋势保持一致为 6%，即该企业的增长是一个永续增长模式，套用永续增长模型可得：

每股价值=预期每股自由现金流量÷（股权资本成本-永续增长率）

=2.5×（1+6%）÷（10%-6%）

=66.25（元/股）

［例 2-17］A 公司未来 1~4 年的股权自由现金流量如表 2-10 所示。

表 2-10　A 公司未来 1~4 年的增长率及股权自由现金流量表

年份	1	2	3	4
股权自由现金流量（万元）	641	833	1 000	1 100
增长率（%）		30	20	10

目前 A 公司 β 值为 0.875 1，假定无风险利率为 6%，风险补偿率为 7%。要求：

（1）估计 A 公司的股权价值，需要对第 4 年以后的股权自由现金流量增长率做出假定，假设方法一是以第 4 年增长率为后续期增长率，并利用永续增长模型进行估价。请你按此假设估计 A 公司股权价值，结合 A 公司具体情况分析这一假设是否适当，并说明理由。

（2）假设第 4 年至第 7 年的股权自由现金流量增长率每年下降 1%，即第 5 年增长 9%，第 6 年增长 8%，第 7 年增长 7%，第 7 年以后增长率稳定在 7%。请你按此假设计算 A 公司股权价值。

（3）目前A公司流通在外的流通股是2 400万股，股价是9元/股。请你回答造成评估价值与市场价值偏差的原因有哪些。假设对于未来1~4年现金流量估计是可靠的，请你根据目前市场价值求解第4年后的股权自由现金流量的增长率（隐含在实际股票价值中的增长率）。

（1）解：①折现率=6%+0.857 1×7%=12%

②股权价值=641×(P/S,12%,1)+833×(P/S,12%,2)+1 000×(P/S,12%,3)+1 100×(P/S,12%,4)+[1 100×(1+10%)÷(12%-10%)]×(P/S,12%,4)
=641×0.892 9+833×0.797 2+1 000×0.711 8+1 100×0.635 5+[1 210÷(12%-10%)]×0.635 5
=41 095.02(万元)

或者　股权价值=641×(P/S,12%,1)+833×(P/S,12%,2)+1 000×(P/S,12%,3)+[1 100÷(12%-10%)]×(P/S,12%,3)

评价：不适当。根据竞争均衡理论，后续期的股权现金流量与销售增长率同步增长，销售增长率大体上等于宏观经济的名义增长率。如果不考虑通货膨胀因素，宏观经济增长率大多为2%~6%。所以，本题中的10%不一定具有可持续性，可能有下降趋势。

（2）解：

股权价值=641×(P/S,12%,1)+833×(P/S,12%,2)+1 000×(P/S,12%,3)+1 100×(P/S,12%,4)+1 100×1.09×(P/S,12%,5)+1 100×1.09×1.08×(P/S,12%,6)+1 100×1.09×1.08×1.07×(P/S,12%,7)+[(1 100×1.09×1.08×1.07×1.07)÷(12%-7%)]×(P/S,12%,7)
=641×0.892 9+833×0.797 2+1 000×0.711 8+1 100×0.635 5+1 100×1.09×0.567 4+1 100×1.09×1.08×0.506 6+1 100×1.09×1.08×1.07×0.452 3+[(1 100×1.09×1.08×1.07×1.07)÷(12%-7%)]×0.452 3
=18 021.46(万元)

（3）解：①市场价值=2 400×9=21 600（万元）

②评估价值与市场价值偏差的原因有三：一是预计现金流量可能不准确；二是权益资本成本计量可能有偏差；三是市场价值是少数股东认可的价值、交易双方存在着严重信息不对称、价格经常波动，所以市场价值有时公平，有时不公平。

假设对于未来1~4年现金流量估计是可靠的，根据目前市场价值可知，第4年后的股权自由现金流量的增长率应满足下式：

2 400×9=641×(P/S,12%,1)+833×(P/S,12%,2)+1 000×(P/S,12%,3)+1 100×(P/S,12%,4)+[1 100×(1+增长率)÷(12%-增长率)]×(P/S,12%,4)

2 400×9=641×0.892 9+833×0.797 2+1 000×0.711 8+1 100×0.635 5+[1 100×(1+增长率)÷(12%-增长率)]×0.635 5

（五）实体现金流量模型的应用

在实务中，大多使用实体现金流量模型。主要原因是股权成本受资本结构的影响较大，估计起来比较复杂。当债务增加时，风险上升，股权成本上升，而上升的幅度不容易测定。加权平均资本成本受资本结构的影响较小，比较容易估计。债务成本较低，增加债务比重使加权资本成本下降。与此同时，债务增加使风险增加，股权成本上升使得加权平均资本成本上升。

实体现金流量模型，如同股权现金流量模型一样，也可以分为两种：

1. 永续增长模型

$$实体价值=\frac{下期实体现金流量}{加权平均资本-永续增长率}$$

2. 两阶段增长模型

实体价值=预测期实体现金流量现值+后续期价值的现值

设预测期为 n，则：

$$实体价值=\sum_{t=1}^{n}\frac{实体现金流量_t}{(1+加权平均资本成本)^t}+\frac{实体现金流量_{n+1}\div(加权平均资本成本-永续增长率)}{(1+加权平均资本成本)^n}$$

下面举例说明实体现金流量模型的应用。

[例 2-18] D 企业刚刚收购了另一个企业，由于收购借入巨额资金，使得财务杠杆很高。20×0 年年底投资资本总额为 6 500 万元，其中有息债务为 4 650 万元，股东权益为1 850万元，投资资本的负债率超过 70%。目前发行在外的股票有 1 000 万股，每股市价为 12 元；固定资产净值为 4 000 万元，经营营运资本为 2 500 万元；本年销售额为 10 000 万元，税前经营利润为 1 500 万元，税后借款利息为 200 万元。

预计 20×1—20×5 年销售增长率为 8%，20×6 年销售增长率减至 5%，并且可以持续。

预计税前经营利润、固定资产净值、经营营运资本对销售的百分比维持 20×0 年的水平。所得税税率和债务税后利息率均维持在 20×0 年的水平。借款利息按上年末借款余额和预计利息率计算。

企业的融资政策：在归还借款以前不分配股利，全部多余现金用于归还借款。归还全部借款后，剩余的现金全部发放股利。

当前的加权平均资本成本为 11%，20×6 年及以后年份资本成本降为 10%。

企业平均所得税税率为 30%，净债务的税后利息率为 5%。债务的市场价值按账面价值计算。

要求：通过计算分析，说明该股票被市场高估还是低估了。

预测期现金流量的现值计算过程如表 2-11 所示。

表 2-11　　D 企业预测现金流量的现值计算　　单位：万元

年份	20×0	20×1	20×2	20×3	20×4	20×5	20×6
利润表假设：							
销售增长率（%）		8	8	8	8	8	5
税前经营利润率（%）	15	15	15	15	15	15	15
所得税税率（%）	30	30	30	30	30	30	30
净债务税后利息率（%）	5	5	5	5	5	5	5
利润表项目：							
销售收入	10 000	10 800.00	11 664.00	12 597.12	13 604.89	14 693.28	15 427.94
税前经营利润	1 500	1 620.00	1 749.60	1 889.57	2 040.73	2 203.99	2 314.19
税后经营利润	1 050	1 134.00	1 224.72	1 322.70	1 428.51	1 542.79	1 619.93
税后借款利息	200	232.50	213.43	190.94	164.68	134.24	99.18
净利润	850	901.50	1 011.30	1 131.76	1 263.83	1 408.55	1 520.75
减：应付普通股股利	0	0.00	0.00	0.00	0.00	0.00	0.00
本期利润留存	850.00	901.50	1 011.30	1 131.76	1 263.83	1 408.55	1 520.75
资产负债表假设：							
经营营运资本/销售收入（%）	25	25	25	25	25	25	25
固定资产/销售收入（%）	40	40	40	40	40	40	40
资产负债项目：							
经营营运资本	2 500	2 700.00	2 916.00	3 149.28	3 401.22	3 673.32	3 856.99
固定资产净值	4 000	4 320.00	4 665.60	5 038.85	5 441.96	5 877.31	6 171.18
投资资本总计	6 500	7 020.00	7 581.60	8 188.13	8 843.18	9 550.63	10 028.16
净负债	4 650	4 268.50	3 818.81	3 293.58	2 684.79	1 983.69	940.47
股本	1 000	1 000.00	1 000.00	1 000.00	1 000.00	1 000.00	1 000.00
年初未分配利润	0	850.00	1 751.50	2 762.80	3 894.55	5 158.39	6 566.94
本期利润留存	850	901.50	1 011.30	1 131.76	1 263.83	1 408.55	1 520.75
年末未分配利润	850	1 751.50	2 762.80	3 894.55	5 158.39	6 566.94	8 087.69
股东权益合计	1 850	2 751.50	3 762.80	4 894.55	6 158.39	7 566.94	9 087.69
净负债及股东权益	6 500	7 020.00	7 581.60	8 188.13	8 843.18	9 550.63	10 028.16
现金流量：							
税后经营利润	1 050	1 134.00	1 224.72	1 322.70	1 428.51	1 542.79	1 619.93
减：本年净投资		520.00	561.60	606.53	655.05	707.45	477.53
实体现金流量		614.00	663.12	716.17	773.46	835.34	1 142.40

表2-11(续)

年份	20×0	20×1	20×2	20×3	20×4	20×5	20×6
资本成本（%）		11	11	11	11	11	10
折现系数		0.900 9	0.811 6	0.731 2	0.658 7	0.593 5	0.539 5
成长期现值	2 620.25	553.15	538.20	523.66	509.50	495.73	616.33
后续期价值	13 559.21					22 848.05	
实体价值合计	16 179.46						
净债务价值	4 650.00						
股权价值	11 529.46						
股数（股）	1 000						
每股价值（元）	11.53						

下面以20×1年数据为例，说明各项目的计算过程：

销售收入=上年销售收入×（1+增长率）

=10 000×（1+8%）

=10 800（万元）

税前经营利润=销售收入×税前经营利润率

=10 800×15%

=1 620（元）

税后经营利润=税前经营利润×（1-所得税税率）

=1 620×（1-30%）

=1 134（万元）

税后借款利息=年初净负债×债务税后利息率

=4 650×5%

=232.50（万元）

净利润=税后经营利润-税后利息

=1 134-232.50

=901.50（元）

经营营运资本=销售收入×（经营营运资本÷销售收入）

=10 800×25%

=2 700（万元）

固定资产净值=销售收入×（固定资产÷销售收入）

=10 800×40%

=4 320（万元）

本年净投资=年末投资资本-年初投资资本

=7 020-6 500

=520（万元）

归还借款=净利润-本年净投资

=901.5-520

=381.50（万元）

净负债=年初净负债-归还借款

=4 650-381.5

=4 268.5（万元）

实体现金流量=税后经营利润-半年净投资

=1 134-520

=614（万元）

预测期现金流量现值合计=2 620.25（万元）

后续期终值=1 142.40÷（10%-5%）=22 848.05（万元）

后续期现值=22 848.05×（1+11%）-5=13 559.21（万元）

企业实体价值=2 620.25+13 559.21=16 179.46（万元）

股权价值=实体价值-净债务价值=16 179.46-4 650=11 529.46（万元）

每股价值=11 529.46÷1 000=11.53（元/股）

该股票目前市价为每股12元，所以它被市场高估了。

二、相对价值法

相对价值模型分为两大类：第一类是以股权市价为基础的模型，包括市价/净利润（即市盈率）模型、市价净资产（即市净率）模型、市价/销售额（即收入乘数）模型；第二类是以企业实体价值为基础的模型，包括实体价值/息前税后利润模型、实体价值/实现现金流量模型、实体价值/投资资本模型、实体价值/销售额等比率模型。在这里，我们仅介绍第一类中以股权市价为基础的三种模型。

（一）市盈率估价模型（PE）

市盈率估价模型又称市价/净利模型。它是所有比率中用得最多也是最常被误用的。它在估价中得到广泛应用的原因很多。首先，它是一个将股票价格与当前公司盈利情况联系在一起的直观的统计比率；其次，对大多数股票来说，市盈率易于计算并容易得到。这使股票之间、公司之间的比较变得十分简单；最后，市盈率的含义非常丰富。它可以暗示公司股票收益的未来水平、投资者投资于公司希望从股票中得到的收益以及公司投资的预期回报，还能作为公司一些其他特征的代表（包括风险性和成长性）等。

1. 基本模型

用市盈率模型来评估企业价值的基本原理如下：

目标企业每股价值=可比企业平均市盈率×目标企业的每股盈利

其中，市盈率=市价÷盈利=每股市价÷每股盈利

该模型假设股票市价是每股收益的一定倍数。每股收益越大，则股票价值越大。同类企业有类似的市盈率，所以目标企业的股权价值可以用每股收益乘以可比企业的平均市盈率计算。

2. 影响评估模型应用的主要因素

我们不妨对市盈率公式的展开进行进一步的分析。根据股利折现模型可知：

$$P_0 = \frac{D_1}{(R_s - g)} \quad ①$$

式中：P_0——股权价值；

D_1——预期每股股利；

R_s——股权成本；

g——股利增长率。

将①式左右两边同时乘以当期的每股净利润（假设以 E_0 表示），股利支付率以 K 表示，则有：

$$市盈率 = P_0/E_0 = \frac{D_1/E_0}{(R_s - g)} = \frac{E_0(1+g)\times(K/E_0)}{(R_s - g)} = \frac{(1+g)K}{(R_s - g)}$$

通过对公式的展开分析可以看出，影响市盈率的指标主要有三个，即股利增长率、股利支付率与企业的股权成本。这个分析结果告诉我们，当我们应用市盈率估价模型评估企业价值时，选取的可比企业应是这三个指标类似的企业，相同行业、相同规模的企业却并不一定具有这种类似性。

［例 2-19］A 公司收购同行业的 B 公司，该行业各企业的收益和风险较为均衡。有关资料如下：目标企业今年的净利润为 250 万元，普通股股数为 200 万元股，A 公司今年的净利润为 1 000 万元，普通股股数为 500 万元股，分配股利为 1.4 元，公司净利润和股利的增长率都是 6%，β 值为 0.85。国库券利率为 5%，股票的风险附加率为 4.5%。请评估目标企业价值。

解：①目标企业的每股收益 = 250÷200 = 1.25（元/股）

②由于 A 公司与目标企业所处的行业相同，且行业中各企业的收益和风险较为均衡，所以可以用 A 公司的市盈率代表可比企业平均的市盈率。

A 公司的每股收益 = 1 000÷500 = 2（元/股）

股利支付率 = 1.4÷2 = 70%

资本成本 = 5%+0.85×4.5% = 8.825%

A 公司的每股股价 = 1.4×（1+6%）÷（8.825%−6%）≈52.531（元/股）

A 公司的市盈率 = 52.531÷2≈26.27

③目标企业的每股价值 = 26.27×1.25≈32.84（元/股）

④ 目标企业的评估价值 = 32.84 元/股×200 万股 = 6 568（万元）

3. 基本模型的拓展

如果将基本模型中的可比企业平均市盈率换作可比企业的平均内在市盈率，则得到了内在市盈率模型。使用该模型对企业价值进行评估，其结果与折现现金流量模型是一样的。

内在市盈率 = 每股市价/预期每股净利

= [预期每股净利×股利支付率÷(股权资本成本−股利增长率)]÷预期每股净利

=股利支付率÷(股权资本成本-股利增长率)

上述预期市盈率模型是根据永续增长模型推导的。如果企业符合两阶段模型的条件，也可以通过类似的方法推导出两阶段情况下的内在市盈率模型。它比永续增长的内在市盈率模型形式复杂，但是仍然受这三个因素驱动。

4. 模型的适用性

市盈率模型的优点：一是计算市盈率的数据容易取得，并且计算简单；二是市盈率把价格和收益联系起来，直观地反映投入和产出的关系；三是市盈率涵盖了风险补偿率、增长率、股利分配率的影响，具有很高的综合性。

目前市盈率模型被广泛使用，但是市盈率模型仍有很多局限性：一是应用市盈率法，一定要先确定影响各行业各可比公司未来成长能力的因素。只有在这一前提下，才能应用市盈率进行比较。这就决定了即便是同一行业，由于其未来的成长性、成长的稳定性是不一样的，其市盈率也未必可以作为评估的参照指标，而选择一个增长模式与风险均类似的企业也并非易事。二是如果收益是负值，市盈率就失去了意义。三是市盈率除了受企业本身基本面的影响以外，还受到整个经济景气程度的影响。在整个经济繁荣时市盈率上升，在整个经济衰退时市盈率下降。如果目标企业的β值为1，则评估价值正确反映了对未来的预期；如果企业的β值显著大于1，经济繁荣时评估价值被夸大，经济衰退时评估价值被缩小；如果企业的β值明显小于1，经济繁荣时评估价值偏低，经济衰退时评估价值偏高。如果是一个周期性企业，则企业价值可能被歪曲。

因此，市盈率模型最适合连续盈利，并且β值接近于1的企业。

[例2-20] 甲企业今年的每股收益是0.5元，分配股利为0.35元/股，该企业净利润和股利的增长率都是6%，β值为0.75。政府长期债券利率为7%，股票的风险附加率为5.5%。问该企业的本期市盈率和预期市盈率各是多少？

乙企业与甲企业是类似企业，今年实际净利为1元，根据甲企业的本期净利市盈率对乙企业估价，其股票价值是多少？乙企业预期明年净利是1.06元，根据甲企业的预期净利市盈率对乙企业估价，其股票价值是多少？

甲企业股利支付率=每股股利÷每股收益

=0.35÷0.5×100%

=70%

甲企业股权资本成本=无风险利率+β×风险附加率

=7%+0.75×5.5%

=11.125%

甲企业本期市盈率=[股利支付率$_0$×(1+增长率)]÷(股权资本成本-增长率)

=[70%×(1+6%)]÷(11.125%-6%)

=14.48

甲企业预期市盈率=股利支付率$_1$÷(股权资本成本-增长率)

=70%÷(11.125%-6%)

=13.66

乙企业股票价值 = 目标企业本期每股收益×可比企业本期市盈率
= 1×14.48
= 14.48（元/股）

乙企业股票价值 = 目标企业预期每股净利×可比企业预期市盈率
= 1.06×13.66
= 14.48（元）

通过这个例子可知：如果目前企业的预期每股收益变动与可比企业相同，则根据本期市盈率和预期市盈率进行估价的结果相同。

值得注意的是：在估价时目标企业本期净利润必须要乘以可比企业本期净利润市盈率，目标企业预期净利润必须要乘以可比企业预期市盈率，两者必须匹配。这一原则不仅适用于市盈率，也适用于市净率；不仅适用于未修正价格乘数，也适用于各种修正价格乘数。

5. 模型实际应用中的修正

相对价值法应用的主要困难是选择可比企业。通常的做法是选择一组同业的上市企业，计算出它们的平均市价比率，作为估计目标企业价值的乘数。

由前面的分析可知，市盈率取决于增长潜力、股利支付率和风险（股权资本成本）。选择可比企业时，需要先估计目标企业的这三个比率，然后按此条件选择可比企业。在这三个因素中，最重要的驱动因素是增长率，应给予格外重视。处在生命周期同一阶段的同业企业，大体上有类似的增长率，可以作为判断增长率类似的主要依据。如果符合条件的企业较多，可以进一步根据规模的类似性进一步筛选。按照这种方法，如果能找到一些符合条件的可比企业，余下的事情就较为容易处理。事实上，选择可比企业往往没有上述举例的那样简单。若要求的可比条件比较严格，或者同行业的上市企业很少的时候，经常找不到符合条件的可比企业。那么在这种情况下，又应如何处理呢？

[例 2-21] 乙公司是一个制造业公司，其每股收益为 0.5 元/股，股票价格为 12 元，假设预期增长率是 15.5%。并且假设在制造业上市公司中，增长率、股利支付率和风险与乙公司类似的有 6 家，它们的市盈率及预期增长率如表 2-12 所示。请问 B 公司的股价是被市场高估了还是低估了？

表 2-12　　公司预期增长率及实际市盈率表

公司名称	预期增长率（%）	实际市盈率
A	7	14
B	11	24
C	12	16
D	22	49
E	17	32
F	18	33

表2-12(续)

公司名称	预期增长率（%）	实际市盈率
合计	87	168
平均值（=合计数/6）	14.5	28

如果简单按照模型求解，则乙公司的股票价值=0.5×28=14元/股，即B公司的股价被低估了。这种做法很简单，但应该注意到，影响市盈率估价模型的关键因素是预期股利增长率，而B公司的增长率与同行业类似的其他五家企业的增长率有较大的差异。如何化解这种差异对评估产生的影响呢？解决问题的办法之一是采用修正的市盈率比率。因此，可以用股利增长率修正实际的市盈率，从而把增长率不同的同行业企业纳入可比范围。其中，有两种方法可以计算乙公司的股票价值。

（1）修正平均市盈率法。

修正平均市盈率=可比企业平均市盈率÷（平均预期增长率×100）

=28.1÷14.5

=1.94

乙公司的每股价值=修正平均市盈率×目标企业增长率×100×目标企业每股净利润

=1.94×15.5%×100×0.5

=15.04（元/股）

乙公司的股票价值高于企业当前每股估价14.5元，即其估价被低估了，与修正前的估算结果相反。

实际市盈率和预期增长率的“平均数”通常采用简单算术平均计算（见表2-13）。

表2-13 修正的市盈率计算表

公司名称	实际市盈率	预期增长率（%）	修正市盈率
A	14	7	2
B	24	11	2.18
C	16	12	1.33
D	49	22	2.22
E	32	17	1.88
F	33	18	1.83
合计	168	87	—
平均值（=合计数/6）	28	14.5	1.93

（2）股价平均法。这种方法是根据各可比企业的修正市盈率估计乙公司的股票价值：

目标企业股权价值=可比企业的修正市盈率×目标企业增长率×100×目标企业每股净利润

然后，将得出的股票估价进行算术平均，计算过程如表2-14所示。

表 2-14　　股价平均法的计算表

企业名称	实际市盈率	预期增长率（%）	修正市盈率	乙公司每股净利（元）	乙公司预期增长率（%）	B公司每股价值（元）
A	14.4	7	2.06	0.5	15.5	15.965
B	24.3	11	2.21	0.5	15.5	17.127 5
C	15.2	12	1.27	0.5	15.5	9.842 5
D	49.3	22	2.24	0.5	15.5	17.36
E	32.1	17	1.89	0.5	15.5	14.647 5
F	33.3	18	1.85	0.5	15.5	14.337 5
平均数						14.88

目标企业乙的每股价值为14.88元/股，高于目标企业当前每股股价12元，即其股价被低估了，与修正前计算的结果刚刚相反。

修正的市盈率排除了增长率对市盈率的影响，剩下的部分是由股利支付率和股权成本决定的市盈率，可以称为“排除增长率影响的市盈率”。

（二）资产比率（即市净率）模型

1. 基本模型

该方法的假设前提是股权价值是净资产的函数，类似的企业有相同的市净率。目标企业的净资产越大，则股权价值越大。其基本模型是：

目标企业的每股价值=可比企业平均市净率×目标企业每股净资产

其中，市净率=市价÷净资产

因此，股权价值是净资产的一定倍数，目标企业的价值可以用每股净资产乘以平均市净率计算。

2. 影响评估模型应用的主要因素

根据股利折现模型将市净率公式中的市价展开，可得：

$$市净率=\frac{本期的股东权益收益率\times 股利支付率\times（1+股利增长率）}{股权成本-股利增长率}$$

该公式表明，市净率的驱动因素有股东权益收益率、股利支付率、股利增长率和股权成本。其中，股东权益收益率是关键因素。这四个比率类似的企业，会有类似的市净率，不同企业的市净率的差别，也是由于这四个比率的不同引起的。

3. 基本模型的拓展

如果将基本模型中的可比企业平均市净率换作可比企业的平均内在市净率，则得到了内在市净率模型。

内在市净率=每股市价÷预期每股净资产

=（预期股东权益收益率×股利支付率）÷（股权成本-股利增长率）

使用内在市净率做乘数对企业价值进行评估，其结果与折现现金流量模型应当是一致的。

4. 模型的适用性

市净率模型的优点：一是净资产账面价值的数据容易取得。当会计标准合理且企业各年度的会计政策保持一贯性时，市净率的变化可以反映企业价值的变化。二是净利润为负值的企业不能用市盈率模型进行估价。而市净率极少为负值，可用于大多数企业。三是净资产账面价值比净利润更稳定，不像净利润那样经常被人操纵。

市净率的局限性：一是尽管市净率为负值的情况极少，但当某些企业连续多年亏损，或经营中出现了巨额亏损，其净资产则是负值，此时市净率无法用于比较评估。二是市净率中的净资产反映的是企业所有者权益的账面价值，必然会受到会计政策选择的影响。即如果不同企业所执行的会计标准或会计政策有所不同，其市净率会失去可比性。三是在高科技行业中，净资产与企业价值的关系不大，其市净率的比较没有什么实际意义。

市净率主要适用于拥有大量资产且净资产为正值的企业。

[例 2-22] 表 2-15 中列出了 20×0 年汽车制造业中 6 家上市企业的市盈率和市净率，以及全年平均实际股价。请你用这 6 家企业的平均市盈率和市净率评价江铃汽车的股价，哪一个更接近实际价格？为什么？

表 2-15　　各公司相关数据表

公司名称	每股收益（元）	每股净资产（元）	平均价格（元）	市盈率	市净率
上海汽车	0. 53	3. 43	11. 98	22. 6	3. 49
东风汽车	0. 37	2. 69	6. 26	16. 92	2. 33
一汽四环	0. 52	4. 75	15. 4	29. 62	3. 24
一汽金杯	0. 23	2. 34	6. 1	26. 52	2. 61
天津汽车	0. 19	2. 54	6. 8	35. 79	2. 68
长安汽车	0. 12	2. 01	5. 99	49. 92	2. 98
江铃汽车	0. 06	1. 92	6. 03		
平均				30. 23	2. 89

按市盈率估价 = 0. 06×30. 23 = 1. 81（元/股）

按市净率估价 = 1. 92×2. 89 = 5. 55（元/股）

市净率的评价更接近实际价格。因为汽车制造业是一个需要大量资产的行业。由此可见，合理选择模型的种类对于正确估价非常重要。

5. 模型实际应用中的修正

选择驱动因素类似的企业仍是应用这一模型的难点之一，我们仍可应用前面所介绍的修正市净率乘数的方法来解决这一问题。市净率的驱动因素有股东权益收益率、股利支付率、股利增长率和股权成本，其中股东权益收益率是关键因素。故我们可以得出：

修正的市净率 = 实际市净率÷（股权收益率×100）

目标企业每股价值=平均修正市净率×目标企业股权收益率×100×目标企业每股净资产

（三）市价/收入比率模型（PS 模型）

1. 基本模型

这种方法是假设影响企业价值的关键变量是销售收入，企业价值是销售收入的函数，销售收入越大则企业价值越大。既然企业价值是销售收入的一定倍数，那么目标企业的价值可以用销售收入乘以平均收入乘数估计。由于市价/收入比率的使用时间不长，还没有一个公认的比率名称。这里暂且称之为“收入乘数”。

目标企业价值=可比企业平均收入乘数×目标企业的销售收入

其中，收入乘数=股权÷市价销售收入=每股市价÷每股销售收入

2. 影响评估模型应用的主要因素

根据股利折现模型将收入乘数公式中的市价展开，可得：

收入乘数=[销售净利率×股利支付率×(1+股利增长率)]÷(股权成本-股利增长率)

该公式表明，收入乘数的驱动因素有销售净利率、股利支付率、股利增长率和股权成本。其中，销售净利率是关键因素。这四个比率类似的企业，会有类似的收入乘数。

3. 基本模型的拓展

如果将基本模型中的可比企业平均收入乘数换作可比企业的平均内在收入乘数，则得到了内在收入乘数模型。

内在收入乘数=（销售净利率×股利支付率）÷（股权成本-股利增长率）

使用内在收入乘数对企业价值进行评估，其结果与折现现金流量模型应当是一致的。

4. 模型的适用性

收入乘数估价模型的优点：一是它不会出现负值，对于亏损企业和资不抵债的企业，也可以计算出一个有意义的价值乘数。二是由于销售收入不受折旧、存货和非经常性支出所采用的会计政策的影响，所以与利润及净资产不同，收入相对比较稳定、可靠，不容易被操纵。三是收入乘数对价格政策和企业战略变化敏感，可以反映这种变化的后果。

收入乘数估价模型的局限性：不能反映成本的变化，而成本是影响企业现金流量和价值的重要因素之一。当公司面临成本控制的问题时，公司的利润和账面价值会大幅度下降，而收入可能会保持不变。故对存在负的利润和账面价值的公司，如果采用该模型时不能很好地考虑公司之间的成本和利润差别，评估出来的价值可能会严重误导决策。

因此，这种方法主要适用于销售成本率较低的服务类企业，或者销售成本率趋同的传统行业的企业。

[例 2-23] 美国在线 1999 年的销售收入是 47.8 亿美元，净利润为 7.62 亿美元，即每股收益为 0.73 美元，股价为 105 元，流通股为 11 亿。预计 5 年后销售收入为 160 亿美元，销售净利润率为 26%。假设该公司不分派股利，全部净利润用于再投资。

要求：（1）1999 年的市盈率和收入乘数是多少？

（2）预计 5 年后美国在线成为一个有代表性的成熟企业（市盈率为 24 倍），其股价应当是多少？

（3）假设维持现在的市盈率和收入乘数，2004 年该企业需要多少销售额？每年的增长率是多少？2020 年该企业的销售额应达到多少？这个假设可以成立吗？

解答：（1）市盈率 = 105÷0. 73 = 144

收入乘数 = 105÷（47. 8÷11）= 24

（2）假设 2004 年市盈率为 24 倍，销售收入为 160 亿美元：

预计每股净利 = 160×26%÷11 = 3. 78（美元/股）

预计股价 = 3. 78×24 = 90. 72（美元/股）

（3）假设维持 1999 年的市盈率和收入乘数：

2004 年市价 = 144×3. 78 = 544（美元/股）

2004 年每股收入 = 544÷24 = 22. 67（美元/股）

2004 年销售额 = 22. 67×11 = 249（亿美元）

$D_5 = D_0 \times (1+g)^5$

所以 $249 = 47.8 \times (1+g)^5$

所以年增长率 $g = (249 \div 47.8)^{1/5} - 1 = 39\%$

2020 年销售额 $= 47.8 \times (1+39\%)^{21} = 48\ 166$（亿美元）

结果显示股价和销售额都极高，不难判断该假设很难成立。因此，1999 年的价格已经脱离了它的真实价值。

[例 2-24] 甲公司是一个大型连锁超市，具有行业代表性。该公司目前每股销售收入为 83. 06 美元，每股净利润为 3. 82 美元。公司采用固定股利支付率政策，股利支付率为 74%。预期净利润和股利的长期增长率为 6%。该公司的 β 值为 0. 75，假设无风险利率为 7%，市场平均报酬率为 12. 5%。乙公司也是一个连锁超市企业，与甲公司具有可比性。目前，每股销售收入为 50 美元。请根据市销率模型估计乙公司的股票价值。

净利润率 = 3. 82÷83. 06 = 4. 6%

股权资本成本 = 7%+0. 75×（12. 5%−7%）= 11. 125%

市销率 = 4. 6%×74%×（1+6%）÷（11. 125%−6%）= 0. 704

乙公司的股票价值 = 50×0. 704 = 35. 20（美元）

5. 模型实际应用中的修正

收入乘数的驱动因素有销售净利率、股利支付率、股利增长率和股权成本。其中，销售净利率是关键因素。故我们可以得出：

修正的收入乘数 = 实际收入乘数÷（销售净利率×100）

目标企业每股价值 = 平均修正收入乘数×目标企业销售净利率×100×目标企业每股收入

当然如果候选的可比企业在非关键变量方面也存在较大差异，就需要进行多个差异因素的修正。修正的方法是使用多元回归技术，包括线性回归或其他回归技术。通常需要使用一个行业全部上市企业甚至跨行业上市企业的数据，把市价比率作为因变量，把驱动因素作为自变量，求解回归方程。然后利用该方程计算所需要的乘数。通常需要借助计算机处理大量的数据，才能完成其计算过程。

此外，在得出评估价值后，还需要全面检查评估的合理性，如公开交易企业股票流动性高于非上市企业。因此，非上市企业的评估价值要减掉一部分。一种简便的办法是按上市成本的比例减少其评估价值。当然，如果是为新发行的原始股定价，该股票将很快具有流动性，则无须折扣。再如，对于非上市企业的评估往往涉及控股权的评估，而可比公司大多选择上市企业，上市企业的价格与少数股权价值相联系，不含有控股权价值。因此，非上市目标企业的评估值需要加上一笔额外的费用，以反映控股权的价值。

总之，由于认识价值是一切经济和管理决策的前提，增加企业价值是企业的根本目的，所以价值评估是财务管理的核心问题。价值评估是一个认识企业价值的过程，由于企业充满了个性化的差异，因此，每一次评估都带有挑战性。不能把价值评估（或资产评估）看成履行某种规定的程序性工作，而应始终关注企业的真实价值到底是多少，受哪些因素驱动。

（三）经济增加值法

1. 经济增加值的概念

经济增加值（EVA）又称经济利润（或称附加经济价值、剩余价值等），是指经济学家所持的利润概念。虽然经济学家的利润也是收入减去成本后的差额，但是经济收入不同于会计收入，经济成本不同于会计成本，因此经济利润也不同于会计利润。

（1）经济收入。经济收入是指在期末和期初同样富有的前提下一定期间的最大花费。这里的收入是按财产法计量的。如果没有任何花费，则期末财产的市值超过期初财产市值的部分是本期收入。

收入=期末财产-期初财产

例如，你年初有资产5万元，在年末它们升值为7万元，本年工资收入4万元，经济学家认为你的全年总收入为6万元，其中包括2万元的净资产增值。

会计师则认为你的收入是4万元，2万元的资产升值不能算收入，理由是它还没有通过销售而实现，缺乏记录为收入的客观证据。除交易频繁的资产外，绝大多数资产难以计量价值的期间变化。会计师的做法有一个明显的缺陷，就是你如果把全部资产出售得到7万元，然后用7万元再将它们购回，则会计师承认资产的2万元增值收入实现了，你的年收入就是6万元了。这种虚假交易可以改变收入的做法，不仅和经济理论相矛盾，也很难被非专业人士理解和使用。许多企业正是利用会计的这一缺点操纵利润的。可见，会计只确认已实现的收入（尽管目前的会计准则试图对此有所突破，但基本事实仍旧如此），而经济收入不仅包含已实现的收入，也包括未实现的收入，其内涵的范围比会计收入更广泛。

（2）经济成本。经济成本不仅包括会计上实际支付的成本，而且包括机会成本。

例如，股东投入企业的资本也是有成本的，是本期成本的一部分，在计算利润时应当扣除。这样做的理由是，股东投入的资本是生产经营不可缺少的条件之一，并且这笔钱也不是没有代价的。股东要求回报的正当性不亚于债权人的利息要求和雇员的工资要求。而会计师不确认对股东的应付义务，不将股权资本成本列入利润表的减项。其理由是讲求可靠性，在没有证据表明应当支付给股东多少钱之前，会计师不愿意做没有根据的估计。

（3）经济增加值。计算经济增加值（经济利润）的一种最简单的办法，是用息前税后利润减去企业的全部资本费用。其基本计算公式是：

经济增加值=息前税后利润-全部资本费用

=税后利润-股权资本成本

其中，息前税后利润=息税前利润×（1-所得税税率）

=（税前利润+利息）×（1-所得税税率）

=税后净利+税后利息

全部资本费用=税后利息+股权资本成本

=投资资本×加权平均资本成本

这种计算方法的优点是简便实用，但它的缺点为是不够精确。因为息前税后利润是依据会计利润取得的，其增加值计算的基础是会计收入与会计成本之差，并不等于实际经济收入与经济成本的差额。即该方法忽略了会计利润与经济利润之间本身存在着核算范围的差异，是需要进行调整的。这样计算出的经济增加值肯定不包含资产持有增值所产生的利润。

复杂的方法是逐项调整会计收入使之变为经济收入，同时逐项调整会计成本使之变为经济成本，然后计算经济利润。为精确计算经济增加值，斯特恩·斯图尔特公司设计了非常具体的经济增加值计算程序以及向经理分配奖金的模型，被许多著名的公司采用。根据这个模型要进行的调整多达164项。然而，在实际运用中，并不是每个公司都要进行这些调整。在大多数情况下只需要进行5~10项重要的调整就可以达到相当准确的程度。一项调整是否重要，可以按照下列原则进行判断：①这项调整对经济增加值是否有影响；②管理者是否能够影响与这项调整相关的支出；③这项调整对执行者来说是否容易理解；④调整所需的资料是否容易取得。一个公司在计算经济增加值时，决定需要进行哪些调整、不进行哪些调整，最终目的是要在简便与准确之间达到平衡。其具体计算公式为：

①经济增加值=税后净营业利润-资本总额

②税后净营业利润=主营业务收入销售折扣和折让-营业税金及附加主营业务成本-管理费用-销售费用+其他业务利润+当年计提或冲销的存货跌价及坏账准备+银行存款利息收入+投资收益+当年计提或冲销的长短期投资跌价准备+委托贷款损失准备+经济增加值税收调整

③经济增加值税收调整=实际应缴纳的所得税+税率×（财务费用+银行存款利息收入+营业外支出-营业外收入-补贴收入）

④资本总额=计算经济增加值的资本×加权平均资本成本

⑤计算经济增加值的资本=债务资本+股权资本-战略性投资免费融资部分

⑥债务资本=短期借款+一年内到期长期借款+长期负债合计-递延税款

⑦股权资本=股东权益合计+少数股东权益+坏账准备+存货跌价准备+长短期投资跌价准备+递延税款+当年税后营业外支出-当年税后营业外收入-当年税后补贴收入

⑧加权平均资本成本=债权资本成本×（债务资本÷总资本）×（1-税率）+股权资本成本×（股权资本÷总资本）

⑨股权资本成本=无风险收益率+贝塔系数×市场风险溢价

2. EVA 价值评估模型

根据 EVA 法的基本思想，企业的价值等于期初投资资本加上经济增加值的现值，即企业的价值=期初投资资本+预计经济增加值的现值。用公式表示为：

$$企业价值 = 期初的投资资本总额 + \sum_{t=1}^{n} EVA_t \div (1 + K_w)^t$$

式中：EVA_t——公司第 t 年的经济增加值；

n——公司具有竞争优势的年限；

K_w——加权平均资本成本。

投资资本总额=股权资本+全部付息债务

这里我们仅举例介绍如何以最简单的方法来评估企业价值。

[例 2-25] A 公司的投资资本为 1 000 万元，预计今后每年可取得的投资资本报酬（息前税后营业利润）为 100 万元，每年净投资为零，资本成本为 8%，则：

按照简便的算法：经济增加值=息前税后利润-全部资本费用

=投资资本×（投资资本报酬率-加权平均资本成本）

则：每年经济增加值=100-1 000×8%=20（万元）

当每年净投资为零，即每年的 *EVA* 保持不变时，

经济增加值现值=20÷8%=250（万元）

企业价值=1 000+250=1 250（万元）

此题如果用折现现金流量法，可以得出同样的结果：

企业实体现金流量=息前税后营业利润-净投资=100（万元）

实体现金流量现值=100÷8%=1 250（万元）

[例 2-26] C 公司 2003 年的部分财务数据和 2004 年的部分计划财务数据见表 2-16。

表 2-16　　C 公司相关财务数据表　　单位：万元

项目	2003 年	2004 年
营业收入	572	570
营业成本	507	506
营业利润	65	64
营业费用	17	15

表2-16(续)

项目	2003 年	2004 年
财务费用	12	12
其中：借款利息（平均利率 8%）	6. 48	6. 4
利润总额	36	37
所得税（30%）	10. 8	11. 1
净利润	25. 2	25. 9
短期借款	29	30
长期借款	52	50
股东权益	200	200

该企业的加权平均资本成本为 10%。企业预计在其他条件不变的情况下，今后较长一段时间内会保持 2004 年的收益水平。要求：根据以上资料，使用简便的经济增加值法估算企业价值。

解答：企业价值=预测期期初投资资本+预计未来各年经济增加值现值

根据本题条件可以分析本题中的基期是指 2003 年。

期初投资成本=所有者权益+有息债务=200+52+29=281（万元）

2004 年经济增加值：

2004 年息前税后营业利润=息税前营业利润×（1-所得税税率）

=（利润总额+利息）×（1-所得税税率）

=（37+6. 4）×（1-30%）

= 30. 38（万元）

或者

2004 年息前税后营业利润=净利润+税后利息

=25. 9+6. 4×（1-30%）

= 30. 38（万元）

2004 年经济增加值=30. 38-281×10%=2. 28（万元）

企业价值=281+2. 28÷10%=303. 8（万元）

［例 2-27］D 公司的相关资料和经济利润估价模型定价见表 2-17。

表 2-17　　**D 公司的经济利润估价**　　单位：万元

年份	基期	2×05	2×06	2×07	2×08	2×09	2×10
息前税后营业利润		41. 395 2	45. 534 7	49. 177 5	52. 128 1	54. 734 6	57. 471 3
投资资本（年初）		320. 000	358. 400 0	394. 240 0	425. 779 2	451. 326 0	473. 892 2
投资资本回报率（%）		12. 936 0	12. 705 0	12. 474 0	12. 243 0	12. 127 5	12. 127 5
加权资本回报率（%）		12. 000 0	12. 000 0	12. 000 0	12. 000 0	12. 000 0	12. 000 0
差额（%）		0. 936 0	0. 705 0	0. 474 0	0. 243 0	0. 127 5	0. 127 5

表2-17(续)

年份	基期	2×05	2×06	2×07	2×08	2×09	2×10
经济利润		2. 995 200	2. 526 720	1. 868 698	1. 034 643	0. 575 441	0. 604 213
折现系数（12%）		0. 892 857	0. 797 194	0. 711 780	0. 635 518	0. 567 427	
预测期经济利润现值	7. 002 7	2. 674 3	2. 014 3	1. 330 1	0. 657 5	0. 326 5	
后续期价值	4. 897 8					8. 631 6	
期初投资资本	320. 000 0						
现值合计	331. 900 5						

（1）预测期经济利润的计算。

以 D 公司 2×05 年的数据为例，有

经济利润=（期初投资资本回报率-加权平均资本成本）×期初投资资本

=（12. 936 0%-12%）×320

=0. 936 0%×320

=2. 995 2（万元）

或者

经济利润=息前税后营业利润-期初投资资本×加权平均资本成本

=41. 395 0-320×12%

=41. 395 0-38. 4

=2. 995 2（万元）

（2）后续期价值的计算。

D 公司在 2×10 年进入持续增长的状态，该年经济利润为 0. 604 213 万元，以后每年递增 5%。

后续期经济利润终值=后续期第一年经济利润÷（资本成本-增长率）

= 0. 604 213÷（12%-5%）

= 8. 631 6（万元）

后续期经济利润现值=后续期经济利润终值×折现系数

=8. 631 6×0. 567 427

=4. 897 8（万元）

（3）期初投资资本的计算。

期初投资资本是指评估基准时间的企业价值。估计期初投资资本价值时，可供选择的方案有三个：账目价值、重置价值或可变现价值。

举例采用的是账目价值。这样做不仅仅是因为简单，而且在于它可靠地反映了投入的成本，符合经济利润的概念。

不采用重置价值的原因主要是因为资产将被继续使用，而不是真的需要重置。此外，由于企业使用中的资产缺乏有效的公平市场，因此其重置价值估计有很大主观性。

D 公司期初投资资本账目价值是 320 万元。这里以此作为投资资本。

（4）企业总价值的计算。

企业总价值为期初投资资本、预测期经济利润现值、后续期经济利润现值的合计。

企业总价值=期初投资资本+预测期经济利润现值+后续期经济利润现值

=320+7.002 7+4.897 8

=331.900 5（万元）

如果假设前提一致，这个数值应与折现现金流量法的评估结果相同。

3. 对经济增加值的评价

通常，投资者追求利润最大化所凭借的依据有两个：一是评估股票的“会计模型”。根据该模型，每股盈余、利润增长、股本回报的大致结合，可以决定预期的未来利润，并进一步决定股票价格。二是折现现金流量模型。该模型认为，投资者只关心两件事：公司在生存期间能够带来的现金流量和预期现金流量的风险。大量的学术研究表明，经济模型在解释股价波动方面比会计模型更实用可靠，因为如果投资者只关心近期结果，那么所有的股票都应该以同样的市盈率交易，价值就不会反映在未来利润增长的前景上，而只会反映在较高的当前利润上。

经济增加值模型较之前讲述的会计模型和折现现金流量模型有其明显的优势特征。

（1）经济增加值模型对于了解公司在任何一个年度的经营状况来说，是一个有效的衡量尺度，折现现金流量模型却做不到这一点。例如，由于任何一年的现金流量都取决于在固定资产和流动资金方面高度随意的投资，投资者无法通过对实际的现金流量与预计的现金流量进行比较来了解公司的进展情况，公司管理层很容易只是为了增加某一年的现金流量而推迟投资，致使长期的价值创造遭受损失。经济增加值方法明确指明了公司的经营风险和财务风险，使投资者能判断投资回报的数量和回报的持续性。换句话说，经济增加值模型揭示了价值创造的三个基本原则，即现金流量、风险和回报的持续性，因此经济增加值提供了一种用以反映和计量公司是否增加了股东财富的可靠尺度。更为重要的是，经济增加值指标的设计着眼于企业的长期发展，而不是像净利润指标一样仅仅是一种短期指标，因此应用该指标能够鼓励经营者进行能给企业带来长远利益的投资决策，如新产品的研究和开发、人力资源的培养等。这样就能杜绝企业经营者短期行为的发生。此外，应用经济增加值能够建立有效的激励报酬系统。这种系统通过将经营者的报酬与从增加股东财富的角度衡量企业经营业绩的经济增加值指标相挂钩，正确引导经营者的努力方向，促使经营者充分关注企业的资本增值和长期经济效益。综上所述，经济增加值衡量的是一个企业创造的真实利润，它是一个可以用于评价任何企业经营业绩的工具。

（2）经济增加值法说明公司的价值等于资本投入量，加上相当于其预期经济增加值的折现。如果公司每一周期的利润恰好等于其加权平均资本成本，那么预期现金流量的折现值正好等于其投资资本。换言之，公司的价值恰好等于最初的投资。只有当公司的利润多于或少于起始加权平均资本成本时，公司的价值才多于或少于起始投资资本。由此可见，如果经营利润忽视了资本成本，那么追求经营利润或提高销售利润率并不一定增加经济增加值或股东财富。

（3）经济增加值方法在企业管理中的应用创造了使经营者从股东角度进行经营决

策的环境。因为权益资本不再被看成“免费资本”，经营者甚至企业的一般雇员都必须像企业的所有者一样思考，他们将不再追求企业的短期利润，而开始注重企业的长期目标与股东财富最大化的目标相一致，注重资本的有效利用以及现金流量的增加，以此来改善企业的经济增加值业绩。经济增加值模型表明，一家公司要使股东财富增加只有四种方式：

①削减成本，降低纳税，在不增加资金的条件下提高税后净营业利润（简称NOPAT）。也就是说，公司应当更加有效地经营，在已经投入的资金上获得更高的资金回报。

②从事所有导致NOPAT增加额大于资金成本增加额的投资，即从事所有正的净现值的项目。这些项目带来的资金回报高于资本成本。

③对于某些业务，当资本成本的节约可以超过NOPAT的减少时，就要撤出资本。例如，卖掉那些对别人更有价值的资产，减少库存，加速回收应收账款。

④合理调整公司的资本结构，使资本与债务的结构和比重与公司的经营风险和融资灵活性相适应，以满足投资和收购战略的潜在需要，实现资本成本最小化。

综上所述，与净资产收益率、每股收益等传统的财务分析工具相比，经济增加值指标最重要的特点就是从股东角度重新定义企业的利润，考虑了企业投入的所有资本（包括权益资本）的成本，即股票融资与债务融资一样是有成本、要付出代价的。但现行的财务会计只确认和计量债务资金成本，而对于权益资本成本只作为收益分配处理。这使得当前利润表上的利润数字实际上包括两部分：权益资本成本和真实利润。

而经济增加值指标克服了这一缺点，由于在计算上考虑了企业的权益资本成本，并且在利用会计信息时尽量消除会计信息失真，因此经济增加值指标能够更加真实地反映一个企业的经营业绩，是一个可以用于评价任何公司经营业绩的工具，其理念更符合现代财务管理的核心——股东价值最大化。

思考与练习

1. 单项选择题：

（1）在对企业进行价值评估时，如果不存在非营业现金流量，下列说法中正确的是（　　）。

A. 实体现金流量是企业可提供给全部投资人的税后现金流量之和

B. 实体现金流量=营业现金净流量-资本支出

C. 实体现金流量=营业净利润+折旧与摊销-营业流动资产增加-资本支出

D. 实体现金流量=股权现金流量+税后利息支出

（2）某企业准备发行三年期企业债券，每半年付息一次，票面年利率为6%，面值为1 000元，平价发行。以下选项中，关于该债券的说法，正确的是（　　）。

A. 该债券的实际周期利率为3%

B. 该债券的年实际必要报酬率是6.09%

C. 该债券的名义利率是6%

D. 由于平价发行，该债券的名义利率与名义必要报酬率相等

2. 判断题：对于一次还本付息的纯贴现债券，当其票面利率高于其发行时的市场利率，其发行价一定高于其面值?

3. 思考题：B公司年初所有者权益为3 200万元，有息负债为2 000万元，预计今后三年每年可取得息前税后营业利润为400万元，最近三年每年发生净投资为200万元，加权资本成本为6%。若从预计第四年开始可以进入稳定期，经济利润每年以1%的速度递增，则企业价值是多少?

4. 思考题：

（1）如果是到期一次还本付息或其他方式付息的债券，那么如果是平价购买的债券，其到期收益率是不是票面利率?

（2）A公司今年的每股收益是0.5元，分配股利为0.35元/股，该公司净利润和股利的增长率都是6%，β值为0.75。政府长期债券利率为7%，股票的风险附加率为5.5%。问该公司的内在价值是多少?

第三章　期权估价

第一节　期权概述

一、期权的基本概念

（一）期权的定义

期权是指一种合约，该合约赋予持有人在某一特定日期或该日之前的任何时间以固定价格购进或售出一种资产的权利。

例如，王先生 20×0 年以 100 万元的价格购入一处房产，同时与房地产商 A 签订了一项期权合约。合约赋予王先生享有在 20×2 年 8 月 16 日或者此前的任何时间，以 120 万元的价格将该房产出售给房地产商 A 的权利。如果在到期日之前该房产的市场价格高于 120 万元，王先生则不会执行期权，而选择在市场上出售或者继续持有。如果该房产的市价在到期日之前低于 120 万元，则王先生可以选择执行期权，将房产出售给房地产商 A 并获得 120 万元现金。

期权的要点如下：

1. 期权是一种权利

期权合约至少涉及购买人和出售人两方。获得期权的一方称为期权购买人，出售期权的一方称为期权出售人。交易完成后，购买人称为期权持有人。

期权赋予持有人做某件事的权利，但不承担必须履行的义务，可以选择执行或者不执行该权利。持有人仅在执行期权有利时才会利用它，否则该期权将被放弃。从这种意义上说期权是一种“特权”，因为持有人只享有权利而不承担相应的义务。

期权合约不同于远期合约和期货合约。在远期和期货合约中，双方的权利和义务是对等的，双方互相承担责任，各自具有要求对方履约的权利。当然，与此相适应，投资人签订远期或期货合约时不需要向对方支付任何费用，而投资人购买期权合约必须支付期权费，作为不承担义务的代价。

2. 期权的标的资产

期权的标的资产是指选择购买或出售的资产，包括股票、政府债券、货币、股票指数、商品期货等。期权是这些标的物“衍生”的，因此，被称为衍生金融工具。

值得注意的是，期权出售人不一定拥有标的资产。例如，出售 IBM 公司股票期权的人，不一定是 IBM 公司本身，他也未必持有 IBM 的股票，期权是可以“卖空”的。期权购买人也不一定真的想购买标的资产。因此，期权到期时双方不一定进行标的物的实物交割，而只需按价差补足价款即可。

一个公司的股票期权在市场上被交易，该期权的源生股票发行公司并不能影响期权市场，该公司并不从期权市场上筹集资金。期权持有人没有选举公司董事、决定公司重大事项的投票权，也不能获得该公司的股利。

3. 到期日

双方约定的期权到期的那一天称为“到期日”。在那一天之后，期权失效。

按照期权执行时间分为欧式期权和美式期权；如果该期权只能在到期日执行，则称为欧式期权。如果该期权可以在到期日或到期日之前的任何时间执行，则称为美式期权。

4. 期权的执行

依据期权合约购进或售出标的资产的行为被称为“执行”。在期权合约中约定的、期权持有人据以购进或售出标的资产的固定价格，被称为“执行价格”。

（二）看涨期权和看跌期权

按照合约授予期权持有人权利的类别，期权分为看涨期权和看跌期权两大类。

1. 看涨期权

看涨期权是指期权赋予持有人在到期日或到期日之前，以固定价格购买标的资产的权利。其授予权利的特征是“购买”。因此，也可以称为“择购期权”“买入期权”或“买权”。

例如，一股每股执行价格为 80 元的 ABC 公司股票的 3 个月后到期的看涨期权，允许其持有人在到期日之前的任意一天，包括当期日当天，以 80 元的价格购入 ABC 公司的股票。如果 ABC 公司的股票超过 80 元时，期权持有人有可能会以执行价格购买标的资产。如果标的股票的价格一直低于 80 元，持有人则不会执行期权。他并不被要求必须执行该期权。期权未被执行，过期后不再具有价值。

看涨期权的执行净收入，被称为看涨期权到期日价值，等于股票价格减去执行价格的价差。如果在到期日股票价格高于执行价格，看涨期权的到期日价值随标的资产价值上升而上升；如果到期日股票价格低于执行价格，则看涨期权没有价值。期权到期日价值没有考虑当初购买期权的成本。期权的购买成本被称为期权费（或权利金），是指看涨期权购买人为获得在对自己有利时执行期权的权利所必须支付的补偿费用。期权到期日价值减去期权费后的剩余，被称为期权购买人的“损益”。

2. 看跌期权

看跌期权是指期权赋予持有人在到期日或到期日前，以固定价格出售标的资产的权利。其授予权利的特征是“出售”。因此，也可以称为“择售期权”“卖出期权”或“卖权”。

例如，一股每股执行价格为 80 元的 ABC 公司股票的 7 个月后到期的看跌期权，允许其持有人在到期日之前的任意一天，包括当期日当天，以 80 元的价格出售 ABC 公司的股票。当 ABC 公司的股票低于 80 元时，看跌期权的持有人会要求以执行价格出售标的资产，看跌期权的出售方必须接受。如果标的股票的价格一直高于 80 元，持有人则不会执行期权。他并不被要求必须执行该期权。期权未被执行，过期后不再具有价值。

看跌期权的执行净收入，被称为看跌期权到期日价值，等于执行价格减去股票价格的价差。如果在到期日股票价格低于执行价格，看跌期权的到期日价值随标的资产价值下降而上升；如果在到期日股票价格高于执行价格，则看跌期权没有价值。看跌期权到期日价值没有考虑当初购买期权的成本。看跌期权的到期日价值减去期权费后的剩余，被称为期权购买人的"损益"。

（三）期权市场

期权交易市场分为有组织的证券交易所和场外交易两部分，两者共同构成期权市场。

目前，世界上许多证券交易所都进行期权交易。上市期权的标的资产包括股票、外汇、股票指数和许多不同的期货合约。

在证券交易所的期权合约都是标准化的，特定品种的期权有统一的到期日、执行价格和期权价格。表 3-1 列示了芝加哥期权交易所的期权报价方法。

表 3-1　　期权报价（20×5 年 5 月 20 日）　　单位：美元

公司名称：ABC 前一个交易日收盘价	到期日和执行价格		看涨期权价格	看跌期权价格
53	20×5 年 9 月	55	3. 75	5. 25
		60	2. 125	8. 50
		65	1. 25	12. 50
		70	0. 50	17. 00
	20×6 年 1 月	45	12. 00	2. 75
		50	8. 50	4. 125
		55	5. 75	6. 50
		60	3. 75	9. 75
		65	2. 25	12. 25
		70	1. 25	17. 50

表 3-1 中的第一列显示标的股票的名称和前一日该股票的收盘价。

第二列是期权的到期日。同一股票不止一种期权，有不同的到期时间。ABC 公司的股票有两种到期日的期权。到期日只标明了月份，具体时间是指到期月的第三个星期六。

第三列显示执行价格。同一到期日的期权可以有不同的执行价格，成为不同的期权品种。通常，执行价格的间隔为 2. 5 美元（适用股票价格低于 25 美元的股票期权）、5 美元（适用股票价格高于 25 美元低于 200 美元的股票期权）或 10 美元（适用股票价格高于 200 美元的股票期权）。9 月到期、执行价格为 55 美元的看跌期权，处于实值状态，其执行净收入为2（55-53）美元，但不会被立即执行，因为期权价格为5.25美元（大于2美元）。

第四列和第五列分别显示看涨期权和看跌期权的交易价格。从期权价格的变化中我们可以看出：到期日相同的期权，执行价格越高，看涨期权的价格越低，而看跌期权的价格越高。执行价格相同的期权，到期时间越长，期权的价格越高，无论是看涨还是看跌期权都如此。

私下的期权交易由来已久。金融机构和大公司双方直接进行的期权交易称为场外交易。近年来场外交易越来越普遍，其中外汇期权和利率期权尤为活跃。场外期权的优点是金融机构可以为客户"量身订制"期权合约，其执行价格、到期日等不必和场内交易相一致。

二、期权的到期日价值

为了评估期权的价值，需要先知道期权的到期日价值。期权的到期日价值，是指到期时执行期权可以取得的净收入。它依赖于标的股票的到期日价格和执行价格。执行价格是已知的，而股票到期日的市场价格此前是未知的。但是，期权的到期日价值与股票的市场价格之间存在函数关系。这种函数关系，因期权的类别而异。

期权分为看涨期权和看跌期权，每类期权又分为买入和卖出两种。下面我们分别说明这四种情景下期权到期日价值和股价的关系。

为简便起见，我们假设各种期权均持有到期日，不提前执行，并且忽略交易成本。

（一）买入看涨期权

买入看涨期权形成的金融头寸，被称为"多头看涨头寸"①。

[例3-1] 投资人购买一项看涨期权，标的股票的当前市价为100元，执行价格为100元，到期日为1年后的今天，期权价格为5元。买入后，投资人就持有了看涨头寸，期待未来股价上涨以获取净收益。

多头看涨期权的净损益有以下四种可能：

（1）股票市价小于或等于100元，看涨期权买方不会执行期权，没有净收入，即期权到期日价值为0，其净损益为-5元（期权价值为0元-期权成本5元）。

（2）股票市价大于100元并小于105元，如果股票市价为103元，投资人会执行期权。以100元购买ABC公司的1股股票，在市场上将其出售得到103元，净收入为3

① 在金融领域中广泛使用"头寸"一词。"头寸"最初是指款项的差额。银行在预计当天全部收付款时，收入款项大于付出款项称为"多头寸"（亦称多单）；付出款项大于收入款项称为"空头寸"（亦称空单）。对于头寸多余或短缺的预计，俗称"轧头寸"，轧多时可以把余额出借，轧空时需要设法拆借并轧平。为了轧平而四处拆借，称为"调头寸"。市面上多头者较多时，称为"头寸松"；空头较多时，称为"头寸紧"。在期货交易出现以后，交易日和交割日分离，为套利提供了时间机会。预计标的资产将会跌价的人，会先期售出，在跌价后再补进，借以获取差额利润。卖掉自己并不拥有的资产，称为卖空（抛空、做空）。卖空者尚未补进标的资产以前，手头短缺一笔标的资产，持有"空头寸"。人们称期货的卖空者为"空头"。与此相反，人们称期货的购买者为"多头"，他们持有"多头寸"。在期权交易中，将期权的出售者称为"空头"，他们持有"空头寸"；将期权的购买者称为"多头"，他们持有"多头寸"；"头寸"是指标的资产市场价格和执行价格的差额。

元（股票市价 103 元-执行价格 100 元），即期权到期日价值为 3 元，买方期权净损益为-2 元（期权到期日价值 3 元-期权成本 5 元）。

（3）股票市价等于 105 元，投资人会执行期权，取得净收入 5 元（股票市价 105 元-执行价格 100 元），即期权到期日价值为 5 元。多头看涨期权的净损益为 0 元（期权到期日价值 5 元-期权成本 5 元）。

（4）股票市价大于 105 元，假设为 110 元，投资人会执行期权，净收入为 10 元（股票市价 110 元-执行价格 100 元）。投资人的净收益为 5 元（期权到期日价值 10 元-期权成本 5 元）。

综合上述四种情况，可以概括为以下表达式：

多头看涨期权到期日价值＝Max（股票市价-执行价格，0）

该式表明：如果股票市价大于执行价格，会执行期权，看涨期权价值等于“股票市价-执行价格”；如果股票市价小于执行价格，不会执行期权，看涨期权价值为零。因此，看涨期权到期日价值为“股票市价-执行价格”和“0”之间较大的一个。

多头看涨期权净损益＝到期日价值-期权价格（期权成本）

多头看涨期权的损益状况，如图 3-1 所示。

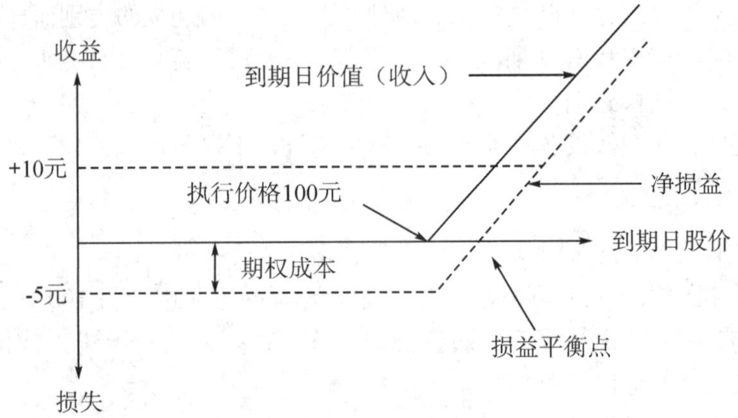

图 3-1 多头看涨期权损益图

看涨期权的特点是：净损失有限（最大值为期权价格），而净收益却潜力巨大。那么，是不是投资期权一定比投资股票更好呢？不一定。例如，你有资金 100 元。投资方案一：以 5 元的价格购入前述 ABC 公司的 20 股看涨期权。投资方案二：购入 ABC 公司的股票 1 股。如果到期日股价为 120 元，购买期权的净损益＝20×（120-100）-20×5＝300（元），收益率＝300÷100×100%＝300%；购买股票的净损益＝120-100＝20（元），收益率＝20÷100×100%＝20%。投资期权有巨大的杠杆作用。因此，对投资者有巨大的吸引力。如果股票的价格在此期间没有变化，购买期权的净收入为零，其净损失为 100 元；股票的净收入为 100 元，其净损失为零。股价无论下降得多么厉害，只要不降至零，股票投资人手里至少还有一股可以换一点钱的股票。期权投资人的风险要大得多，只要估价低于执行价格，无论低得多么微小，它们就什么也没有了，投入的期权成本就全部损失了。

（二）卖出看涨期权

看涨期权的出售者收取期权费，成为或有负债的持有人，负债的金额不确定。他处于空头状态，持有看涨期权空头头寸。

［例 3-2］卖方售出 1 股看涨期权，其他数据与［例 3-1］相同。标的股票的当前市价为 100 元，执行价格为 100 元，到期日为 1 年后的今天，期权价格为 5 元。其到期日的损益有以下四种可能：

（1）股票市价小于或等于 100 元，买方不会执行期权。由于期权价格为 5 元，空头看涨期权的净收益为 5 元（期权价格 5 元+期权到期日价值 0 元）。

（2）股票市价大于 100 元且小于 105 元，如股票市价为 103 元，买方会执行期权，卖方有义务以 100 元出售股票，需要以 103 元补进 ABC 公司的股票，他的净收入为-3 元（执行价格 100 元-股票市价 103 元）。空头看涨期权的净损益为 2 元（期权到期日价值-3 元+期权价格 5 元）。

（3）股票市价等于 105 元，期权买方会执行期权，空头净收入-5 元（执行价格 100 元-股票市价 105 元），空头看涨期权的净损益为 0 元（期权到期日价值-5 元+期权价格 5 元）。

（4）股票市价大于 105 元，假设为 110 元，期权买方会执行期权，空头净收入为-10元（执行价格 100 元-股票市价 110 元），空头看涨期权的净损益为-5 元（期权到期日价值-10 元+期权成本 5 元）。

综合上述四种情况，可以概括为以下表达式：

空头看涨期权到期日价值=-Max（股票市价-执行价格，0）

空头看涨期权净损益=到期日价值+期权价格（期权成本）

空头看涨期权的损益状态如图 3-2 所示。

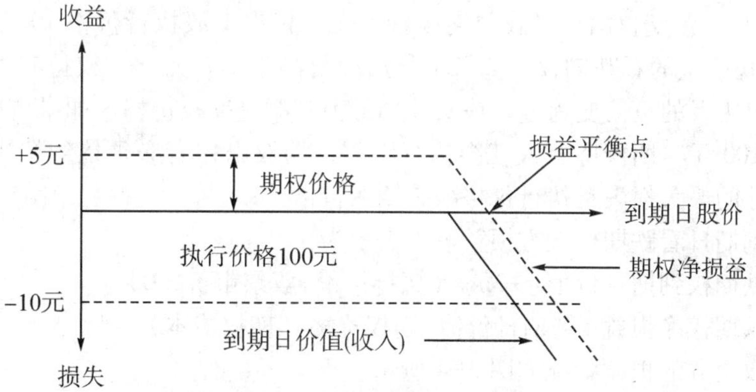

图 3-2 空头看涨期权损益图

综上所述，对于看涨期权来说，空头和多头的价值不同。如果标的股票价格上涨，多头的价值为正值，空头的价值为负值，金额的绝对值相同。如果标的股票价格下跌，期权被放弃，双方的价值均为零。无论怎样，空头得到了期权费，而多头支付了期权费。

（三）买入看跌期权

看跌期权双方拥有以执行价格出售股票的权利。

[例 3-3] 投资人持有执行价格为 100 元的看跌期权，到期日股票市价为 80 元，他可以执行期权，以 80 元的价格购入股票，同时以 100 元的价格售出，获得 20 元收益。如果股票价格高于 100 元，他放弃期权，什么也不做，期权到期失效，他的收入为零。

因此，到期日看跌期权买方损益可以表示为：

多头看跌期权到期日价值=Max（执行价格-股票市价，0）

多头看跌期权净损益=到期日价值-期权价格（期权成本）

看跌期权买方的损益状况如图 3-3 所示。

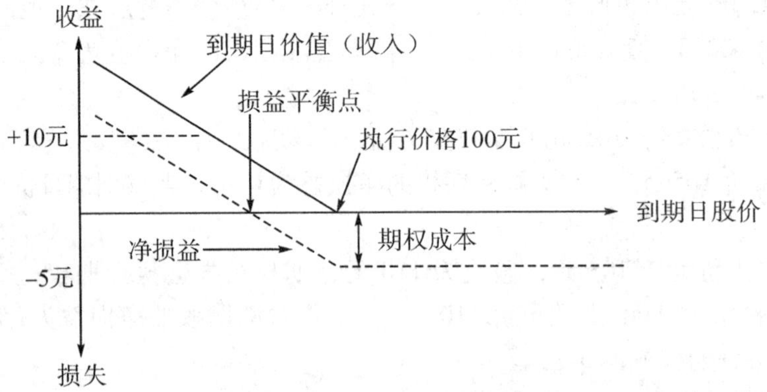

图 3-3　多头看跌期权损益图

（四）卖出看跌期权

看跌期权的出售者收取期权费，成为或有负债的持有人，负债的金额不确定。

[例 3-4] 看跌期权出售者收取期权费 5 元，售出 1 股执行价格 100 元、1 年后到期的 ABC 公司股票的看跌期权。如果 1 年后股价高于 100 元，期权持有人不会去执行期权，期权出售者的负债变为零。该头寸的最大利润是期权价格。如果情况相反，1 年后股价低于 100 元，期权持有人就会执行期权，期权出售者必须依约按执行价格收购股票。该头寸的最大损失是执行价格减去期权价格。

因此，到期日看跌期权卖方损益可以表示为：

空头看跌期权到期日价值=-Max（执行市价-股票市价，0）

空头看跌期权净损益=到期日价值+期权价格（期权成本）

看跌期权卖方的损益状况如图 3-4 所示。

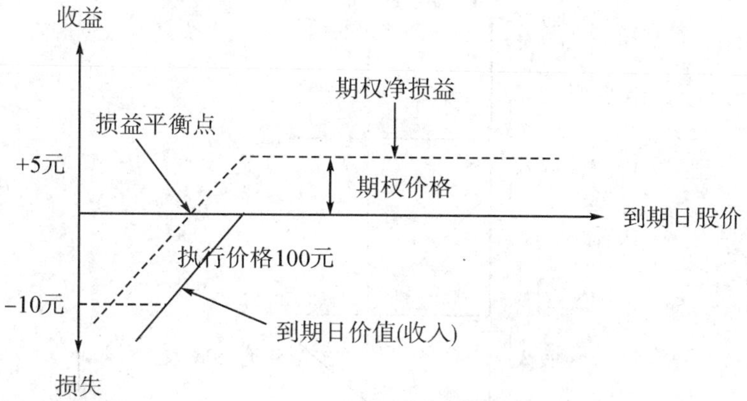

图 3-4 空头看跌期权损益图

总之，如果标的股票的价格上涨，买入看涨期权和卖出看跌期权会获利；如果标的股票的价格下降，卖出看涨期权和买入看跌期权会获利。

三、期权的投资策略

前面我们讨论了单一股票期权的损益状态。买入期权的特点是最小的净收入为零，不会发生进一步的损失。因此，具有构造不同损益的功能。从理论上说，期权可以帮助我们建立任意形式的损益状态，用于控制投资风险。这里介绍三种投资策略。

（一）保护性看跌期权

股票加看跌期权组合，被称为保护性看跌期权。单独投资于股票风险很大，同时增加一股看跌期权，情况就会有变化，可以降低投资的风险。

［例 3-5］王先生购入 1 股公司股票，购入价格 S_0 为 100 元；同时购入该股票的 1 股看跌期权，执行价格 X 为 100 元，期权成本 P 为 5 元，1 年后到期。在不同股票市场价格下，王先生的净收入和损益如表 3-2 和图 3-5 所示。

表 3-2 保护性看跌期权的损益 单位：元

项目	股价低于执行价格			股价高于执行价格		
	符号	下降 20%	下降 50%	符号	上升 20%	上升 50%
股票净收入	S_T	80	50	S_T	120	150
期权净收入	$X-S_T$	20	50	0	0	0
组合净收入	X	100	100	S_T	120	150
股票净损益	S_T-S_0	−20	−50	S_T-S_0	20	50
期权净损益	$X-S_T-P$	15	45	$0-P$	−5	−5
组合净损益	$X-S_0-P$	−5	−5	S_T-S_0-P	15	45

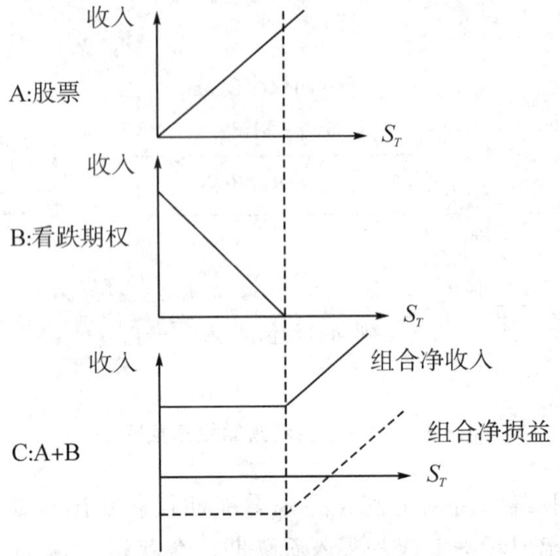

图 3-5 保护性看跌期权损益图

保护性看跌期权锁定了最低净收入（100 元）和最低净损益（-5 元）。但是，净损益的预期也因此降低了。在上述四种情况下，投资股票最好时能取得 50 元的净收益，而投资组合最好时只能取得 45 元的净收益。

综上所述，保护性看跌期权锁定了投资的最小收益。保护性看跌期权提供了防止股价下跌的保证，限制了损失。因此，它是一种资产组合保险。

（二）抛补看涨期权

股票加空头看涨期权组合，是指购买 1 股股票的同时出售该股票 1 股股票的看涨期权。这种组合被称为"抛补看涨期权"。抛出看涨期权承担到期出售股票的潜在义务，可以被组合中持有的股票抵补，不需要另外补进股票。

［例 3-6］王先生购入 1 股公司股票，购入价格 S_0 为 100 元；同时出售该股票的 1 股看涨期权，执行价格 X 为 100 元，期权价格 P 为 5 元，1 年后到期。在不同股票市场价格下，王先生的净收入和损益如表 3-3 和图 3-6 所示。

表 3-3 抛补看涨期权的损益 单位：元

项目	股价低于执行价格			股价高于执行价格		
	符号	下降 20%	下降 50%	符号	上升 20%	上升 50%
股票净收入	S_T	80	50	S_T	120	150
看涨期权净收入	-（0）	0	0	-（S_T-X）	-20	-50
组合净收入	S_T	80	50	X	100	100
股票净损益	S_T-S_0	-20	-50	S_T-S_0	20	50
期权净损益	$P-0$	5	5	-（S_T-X）+P	-15	-45
组合净损益	S_T-S_0+P	-15	-45	$X-S_0+P$	5	5

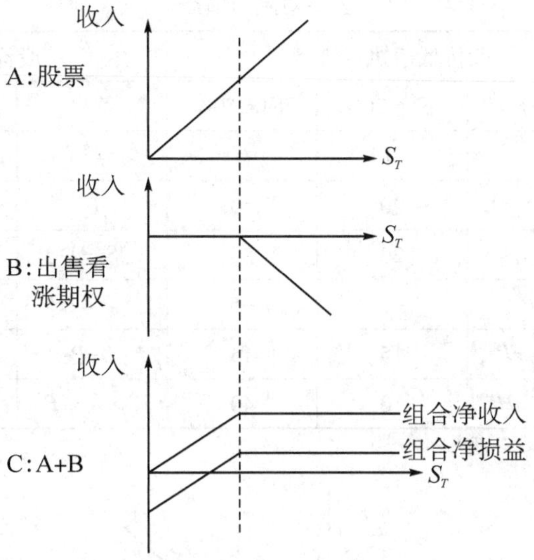

图 3-6　抛补看涨期权损益图

抛补期权组合缩小了未来的不确定性。如果到期日股价超过执行价格，则锁定了收入和净收益，净收入最多的是执行价格（100 元），由于不需要补进股票也就锁定了净损益。相当于“出售”了超过执行价格部分的股票价值，换取了期权收入。如果到期日股价低于执行价格，净损失比单纯购买股票要小一些，减少的数额相当于期权价格。

出售抛补的看涨期权是机构投资者常用的投资策略。如果基金管理人计划在未来以 100 元的价格出售股票，以便套现分红。他现在就可以抛补看涨期权，赚取期权费。如果股价上升，他虽然失去了 100 元以上部分的额外收入，但是仍可以按计划取得 100 元现金。如果股价下跌，还可以减少损失（相当于期权费收入）。因此，抛补看涨期权成为一个有吸引力的策略。

（三）对敲

对敲策略分为多头对敲和空头对敲。我们以多头对敲来说明该投资策略。多头对敲是指同时买进一只股票的看涨期权和看跌期权，它们的执行价格、到期日都相同。

多头对敲策略对于预计市场价格将发生剧烈变动，但是不知道升高还是降低对投资者非常有用。例如，得知一家公司的未决诉讼将要宣判，如果该公司胜诉预计股价将翻一番，如果该公司败诉预计股价将下跌一半。无论结果如何，多头对敲策略都会取得收益。

［例 3-7］王先生同时购入 ABC 公司股票的 1 股看涨期权和 1 股看跌期权。购入时，股票价格 S_0 为 100 元，执行价格 X 为 100 元，看涨期权和看跌期权价格 P 均为 5 元，1 年后到期。在不同股票市场价格下，王先生的净收入和损益如表 3-4 和图 3-7 所示。

表 3-4　　多头对敲的损益　　单位：元

项目	股价低于执行价格			股价高于执行价格		
	符号	下降 20%	下降 50%	符号	上升 20%	上升 50%
看涨期权净收入	0	0	0	S_T-X	20	50
看跌期权净收入	$X-S_T$	20	50	0	0	0
组合净收入	$X-S_T$	20	50	S_T-X	20	50
看涨期权净损益	$0-P$	−5	−5	S_T-X-P	15	45
看跌期权净损益	$X-S_T-P$	15	15	$0-P$	−5	−5
组合净损益	$X-S_T-2P$	10	40	S_T-X-2P	10	40

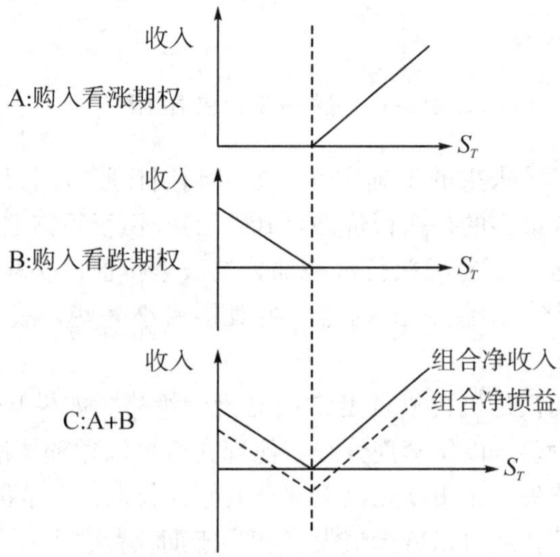

图 3-7　多头对敲损益图

多头对敲的最坏结果是股价没有变动，即到期股价与执行价格一致，这样白白损失了看涨期权和看跌期权的购买成本。股价偏离执行价格的差额必须超过期权购买成本，才能给投资者带来净收益。

四、期权价值的影响因素

（一）期权的内在价值和时间价值

期权价值由两部分构成，即内在价值和时间溢价。

1. 期权的内在价值

期权的内在价值是指期权立即执行产生的经济价值。内在价值的大小，取决于期权标的资产的现行市价与期权执行价格的高低。内在价值不同于到期日价值，期权的到期日价值取决于到期日标的物市价与执行价格的高低。如果现在已经到期，则内在价值与到期日价值相同。

对于看涨期权来说，现行资产价格高于执行价格，立即执行期权能够给持有人带来净收入，其内在价值为现行价格与执行价格的差额（S_0-X）。如果资产的现行市价等于或低于执行价格时，立即执行不会给持有人带来净收入，持有人也不会去执行期权，此时看涨期权的内在价值为零。例如，看涨期权的执行价格为100元，现行价格为120元，其内在价值为20（120-100）元。如果现行价格变为80元，则内在价值为零。

对于看跌期权来说，现行资产价格低于执行价格时，其内在价值为执行价格减去现行价格（$X-S_0$）。如果资产的现行市价等于或高于执行价格时，看跌期权的内在价值等于零。例如，看跌期权的执行价格为100元，现行价格为80元，其内在价值为20（100-80）元。如果现行价格变为120元，则内在价值为零。

由于标的资产的价格是随时间变化的，所以内在价值也是变化的。当执行期权能给持有人带来正回报时，称该期权为“实值期权”，或者说它处于“实值状态”（溢价状态）；当执行期权将给持有人带来负回报时，称该期权为“虚值期权”，或者说它处于“虚值状态”（折价状态）；当资产的现行市价等于执行价格时，称期权为“平价期权”，或者说它处于“平价状态”。

对于看涨期权来说，标的资产现行市价高于执行价格时，该期权处于“实值状态”；当标的资产的现行市价低于执行价格时，该期权处于“虚值状态”。对于看跌期权来说，当标的资产的现行市价低于执行价格时，该期权处于“实值状态”；当标的资产的现行市价高于执行价格时，称期权处于“虚值状态”。

期权处于虚值状态或平价状态时不会被执行，只有处于实值状态才有可能被执行，但也不一定会被执行。

例如，2016年4月3日，ABC公司股票的市场价格为79元。有1股看跌期权，执行价格为80元，2016年6月2日到期，期权售价为4元，持有者可以在6月2日前的任意一天执行。如果持有人购买后立即执行，执行收入为1（80-79）元。期权发行时处于“实值状态”，或者说发行日是实值期权。此时，持有人并不会立即执行以获取1元收益，因为他花掉了4元钱成本，马上换回1元钱，并不划算。持有人购买看跌期权是预料股价将来会下跌。因此，他会等待。只有到期日的实值期权才肯定会被执行，此时已不能再等待。

2. 期权的时间溢价

期权的时间溢价是指期权价值超过内在价值的部分。

时间溢价=期权价值-内在价值

例如，股票的现行价格为120元，看涨期权的执行价格为100元，期权价格为21元，则时间溢价为1（21-20）元。如果现行价格等于或小于100元，则21元全部是时间溢价。

期权的时间溢价是一种等待的价值。期权买方愿意支付超出内在价值的溢价，是希望标的股票价格的变化可以增加期权的价值。很显然，对于美式期权在其他条件不变的情况下，离到期时间越远，股价波动的可能性越大，期权的时间溢价也就越大。如果已经到了到期时间，期权的价值（价格）就只剩下内在价值（时间溢价为零），因为已经不能再等待了。

1股看涨期权处于“虚值状态”，仍然可以按正的价格售出，尽管其内在价值为零，但它还有时间溢价。在未来的一段时间里，如果价格上涨进入实值状态，投资人可以获得净收入；如果价格进一步下跌，也不会造成更多的损失，选择权为其提供了下跌保护。

时间溢价有时也被称为“期权的时间价值”，但它和“货币的时间价值”是不同的概念。时间溢价是“波动的价值”，时间越长，出现波动的可能性越大，时间溢价也就越大。而货币的时间价值是时间“延续的价值”，时间延续得越长，货币的时间价值越大。

（二）影响期权价值的因素

期权价值是指期权的现值，不同于期权的到期日价值。影响期权价值的主要因素有标的资产的价格、执行价格、到期期限、估价波动率、无风险利率、预期红利。

1. 标的资产的市价

如果看涨期权在将来某一时间执行，其收入为标的资产价格与执行价格的差额。如果其他因素不变，随着标的资产价格的上升，看涨期权的价值也增加。

看跌期权与看涨期权相反，看跌期权在未来某一时间执行，其收入是执行价格与标的资产价格的差额。如果其他因素不变，其标的资产价格上升时，看跌期权的价值下降。

2. 执行价格

执行价格对期权价格的影响与标的资产价格相反。在其他条件一定的情形下：看涨期权的执行价格越高，期权的价值越小；看跌期权的执行价格越高，期权的价值越大。

3. 到期期限

对于美式期权来说，较长的到期时间能增加看涨期权的价值。到期日离现在越远，发生不可预知事件的可能性越大，股价变动的范围也越大。此外，随着时间的延长，执行价格的现值会减少，从而有利于看涨期权的持有人，能够增加期权的价值。

对于欧式期权来说，较长的时间不一定能增加期权价值。虽然较长的时间可以降低执行价格的现值，但并不增加执行的机会。到期日价格的降低，有可能超过时间价值的差额。例如，两个欧式看涨期权，一个是1个月后到期，另一个是3个月后到期，预计标的公司两个月后将发放大量现金股利，股票价格会大幅下降，则有可能使时间长的期权价值低于时间短的期权价值。

4. 股票价格的波动率

股票价格的波动率是指股票价格变动的不确定性，通常用标准差衡量。股票价格的波动率越大，股票上升或下降的机会越大。对于股票持有者来说，两种变动趋势可以相互抵消，期望股价是其均值。

对于看涨期权持有者来说，股价上升可以获利，股价下降时最大损失以期权费为限，两者不会抵消。因此，股价的波动率增加会使看涨期权价值增加。对于看跌期权持有者来说，股价下降可以获利，股价上升时放弃执行，最大损失以期权费为限，两者不会抵消。因此，股价的波动率增加会使期权价值增加。

在股价波动的过程中，价格的变动性是最重要的因素。如果一种股票的价格变动性很小，其期权也值不了多少钱。

［例 3-8］有 A、B 两种股票，其现行价格相同，未来股票价格的期望值也相同（50 元）。以该股票为标的的看涨期权有相同的执行价（48 元），只要股价的变动性不同，则期权值就会有显著不同（见表 3-5）。

表 3-5 股价变动性与期权价值 单位：元

概率	0.1	0.25	0.3	0.25	0.1	合计
A 股票：						
未来股票价格	40	46	50	54	60	
股票价格期望值	4	11.5	15	13.5	6	50
期权执行价格	48	48	48	48	48	
期权到期日价值	0	0	2	6	12	
期权到期日价值期望值	0	0	0.6	1.5	1.2	3.3
B 股票：						
未来股票价格	30	40	50	60	70	
股票价格期望值	3	10	15	15	7	50
期权执行价格	48	48	48	48	48	
期权到期日价值	0	0	2	12	22	
期权到期日价值期望值	0	0	0.6	3	2.2	5.8

这种情况说明，期权的价值并不依赖股票价格的期望值，而是依赖股票价格的变动性（方差）。这是期权估价的基本原理之一。为便于理解，此处的举例说的是期权的“到期日价值”，对于期权的现值该原理仍然适用。

5. 无风险利率

利率对于期权价格的影响是比较复杂的。一种简单而不全面的解释是：假设标的资产价格不变，高利率会导致执行价格的现值降低，从而增加看涨期权的价值。另一种理解的方法是：投资于标的资产需要占用投资人一定的资金，投资于同样数量的该股票的看涨期权需要较少的资金。在高利率的情况下，购买股票并持有到期的成本越大，购买期权的吸引力越大。因此，无风险利率越高，看涨期权的价格越高。对于看跌期权来说，情况正好与此相反。

6. 期权有效期内预计发放的红利

在除息日，现金股利的发放引起股票价格降低，看涨期权的价值降低，而看跌期权的价值上升。因此，看涨期权的价值与期权有效期内预计发放的股利成负相关变动，而看跌期权的价值与期权有效期内预计发放的股利成正相关变动。

以上变量对于期权价格的影响，如表 3-6 所示。

表 3-6　　一个变量增加（其他变量不变）对期权价格的影响

变量	欧式看涨期权	欧式看跌期权	美式看涨期权	美式看跌期权
股票价格	+	−	+	−
执行价格	−	+	−	+
到期期限	?	?	+	+
波动率	+	+	+	+
无风险利率	+	−	+	−
红利	−	+	−	+

这些变量之间的关系，如图 3-8 所示。

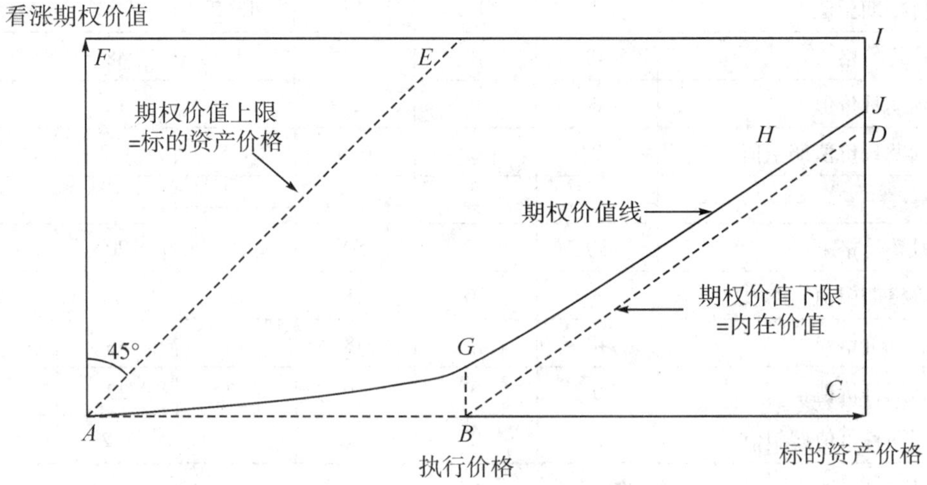

图 3-8　影响期权价值的因素

在图 3-8 中，横坐标为标的资产价格，纵坐标为看涨期权（以下简称期权）价值；曲线 *AGH* 表示标的资产价格上升时期权价格也随之上升的关系，被称为期权价值线；由点划线 *AB*、*BD* 和 *AE* 围成的区域表示期权价值的可能范围，左侧的点划线 *AE* 表示期权价值上限，右侧的点划线 *BD* 表示期权价值的下限，下部的点划线 *AB* 表示股票价格低于执行价格时期权价值为零；左右两侧的点划线平行。

有关的含义说明如下：

（1）*A* 点为原点，表示标的资产价格为零时，期权价值也为零。为什么此时期权价值为零？标的资产价格为零，表明它未来没有任何现金流量，也就是说将来没有任何价值。标的资产将来没有价值，期权到期时肯定不会被执行，即期权到期时将一文不值，所以期权的现值也为零。

（2）线段 *AB* 和 *BD* 组成期权的最低价值线。线段 *AB* 表示执行日标的资产价格低于执行价格（50 元），看涨期权不会执行，期权价值为零。线段 *BD* 表示执行日标的资产价格高于执行价格，看涨期权的价值等于标的资产价格与执行价格的差额。

在执行日之前，期权价值永远不会低于最低价值线。

为什么？例如，你有1股股票，今天的股价为90元，若该股票的期权价格定为39元（执行价格为50元），小于立即执行的收入（40元），你就可以卖出股票得到90元，用39元购买期权，然后花50元执行期权把股票买回来，你就可以净赚1元。这种套利活动，会使期权的需求上涨，回升到右侧的点划线*BD*的*D*点上方（如*J*点）。

（3）左侧的点划线*AE*是期权价值的上限。在执行日，标的资产的最终收入总要高于期权的最终收入。例如，假设看涨期权的价格等于股价，甲用40元购入1股股票，乙用40元购入该股票的1股看涨期权（执行价格50元）；如果到期日股票价格高于执行价格（假设股价为60元），乙会借入50元执行期权，并将得到的股票出售，还掉借款后手里剩10元钱；甲出售股票，手中有60元（高于乙）。如果到期日股票价格为49元，乙会放弃期权，手中一无所有；甲出售股票，手中有49元（高于乙）。也就是说，期权价格如果等于标的资产价格，无论未来标的资产价格高低（只要它不为零），购买标的资产总比购买期权有利。在这种情况下，投资人必定抛出期权，购入标的资产，迫使期权价格下降。所以，看涨期权的价值上限是标的资产价格。

（4）曲线*AGJ*是期权价值线。期权价值线从*A*点出发后，呈一弯曲线向上，逐渐与线段*BD*趋于平行。该线反映标的资产价格和期权价值的关系，期权价值随标的资产价格上涨而上涨。

除原点外，期权价值线*AGJ*必定会在最低价值线*ABD*的上方。只要标的资产价格大于零，期权价值必定会高于最低价值线对应的最小价值。为什么这样说呢？我们观察*G*点：今天标的资产价格等于执行价格，如果执行则收入为零。此时，我们无法预计未来执行日的标的资产价格，可以假设有50%的可能高于执行价格，另有50%的可能低于执行价格。那么，有50%的可能标的资产价格上涨，执行期权则收入为标的资产价格减50元的差额；另有50%的可能标的资产价格下降，放弃期权则收入为零。因此，产生正的收入的概率大于零，最坏的结果是收入为零，期权肯定有价值。这就是说，只要尚未到期，期权的价格就会高于其价值的下限。

（5）标的资产价格足够高时，期权价值线与最低价值线的上升部分逐步接近。标的资产价格越高，期权被执行的可能性越大。标的资产价格高到一定程度，执行期权几乎是可以肯定的，或者说，标的资产价格再下降到执行价格之下的可能性已微乎其微。此时，期权持有人已经知道他的期权将被执行，可以认为他已经持有标的资产，唯一的差别是尚未支付执行所需的款项。该款项的支付，可以推迟到执行期权之时。在这种情况下，期权执行几乎是肯定的，而且标的资产价值升高，期权的价值也会等值同步增加。

第二节 期权价值评估的方法

从20世纪50年代开始，现金流量折现法成为资产估价的主流方法，任何资产的价值都可以用预期未来现金流量的现值来估价。折现现金流量法估价的基本步骤是：首先，预测资产的期望现金流量；其次，估计投资的必要报酬率；最后，用必要报酬率折现现金流量。人们曾力图使用折现现金流量法解决期权估价问题，但是一直没有成功。问题在于期权的必要报酬率非常不稳定。期权的风险依赖于标的资产的市场价格，而市场价格是随机变动的，期权投资的必要报酬率也处于不断变动之中。既然找不到一个适当的折现率，折现现金流量法也就无法使用。因此，必须开发新的模型，才能解决期权定价问题。

1973 年，布莱克-斯科尔斯期权定价模型被提出，人们终于找到了实用的期权定价方法。此后，期权市场和整个衍生金融工具交易飞速发展。由于对期权定价问题研究的杰出贡献，斯科尔斯和默顿获得 1997 年诺贝尔经济学奖。

一、期权估价原理

（一）复制原理

复制原理的基本思想是：构造一个股票和借款的适当组合，使得无论股价如何变动，投资组合的损益都与期权相同，那么创建该投资组合的成本就是期权的价值。

下面我们通过一个假设的简单举例，说明复制原理。

［例 3-9］假设 ABC 公司的股票现在的市价为 50 元。有 1 股以该股票为标的资产的看涨期权，执行价格为 52.08 元，到期时间是 6 个月。6 个月后股价有两种可能：上升 33.33%，或者降低 25%。无风险利率为每年 4%。

要求：拟建立一个投资组合，包括购进适量的股票以及借入必要的款项，使得该组合 6 个月后的价值与购进该看涨期权的价值相等。

我们通过下列过程来确定该投资组合。

1. 确定 6 个月后可能的股票价格

假设股票当前价格为 S_0，未来变化有两种可能：上升后股价 S_u 和下降后股价 S_d。为便于用当前价格表示未来价格，设：$S_u = u \times S_0$，u 为股价上行乘数；$S_d = d \times S_0$，d 为股价下行乘数。用二叉树图形表示的股价分布如图 3-9 所示，图的左侧是一般表达式，右侧是将［例 3-9］的数据代入后的结果。其中，$S_0 = 50$，$u = 1.3333$，$d = 0.75$。

$$S_0 \left\langle \begin{array}{l} S_u = S_0 \times u \\ S_d = S_0 \times d \end{array} \right. \qquad S_0 \left\langle \begin{array}{l} 66.66 = 50 \times 1.3333 \\ 37.50 = 50 \times 0.75 \end{array} \right.$$

图 3-9　股票价格分布

2. 确定看涨期权的到期日价值

由于执行价格 X 为 52.08 元，到期日看涨期权的价值如图 3-10 所示。左边是一般表达式，右边是代入本例数据后的结果。

$$C_0 \left\langle \begin{array}{l} \mathrm{Max}(0,\ S_u - X) = C_u \\ \mathrm{Max}(0,\ S_d - X) = C_d \end{array} \right. \qquad C_0 \left\langle \begin{array}{l} \mathrm{Max}(0,\ 66.66 - 52.08) = 14.58 \\ \mathrm{Max}(0,\ 37.50 - 52.08) = 0 \end{array} \right.$$

图 3-10　看涨期权到期日价值分布

3. 建立对冲组合

上面我们已经知道了期权的到期日价值有两种可能：股价上行时为 14.58 元，股价下行时为 0 元。已知借款的利率为 2%（半年）。我们要复制一个股票与借款的投资组合，使之到期日的价值与看涨期权相同。

该投资组合为：购买 0. 5 股的股票，同时以 2%的利息借入 18. 38 元。这个组合的收入同样也依赖于年末股票的价格，见表 3-7。

表 3-7　　投资组合的收入　　单位：元

股票到期日价格	66. 66	37. 5
组合中股票到期日收入	66. 66×0. 5＝33. 33	37. 5×0. 5＝18. 75
减：组合中借款本利和偿还	18. 38×1. 02＝18. 75	18. 75（本利和）
到期日收入合计	14. 58	0

该组合的到期日净收入分布与购入看涨期权一样。因此，看涨期权的价值应当与建立投资组合的成本一样。

投资组合成本＝购买股票的支出－借款＝50×0. 5－18. 38＝6. 62（元）

因此，该看涨期权的价格应当是 6. 62 元（见图 3-11）。

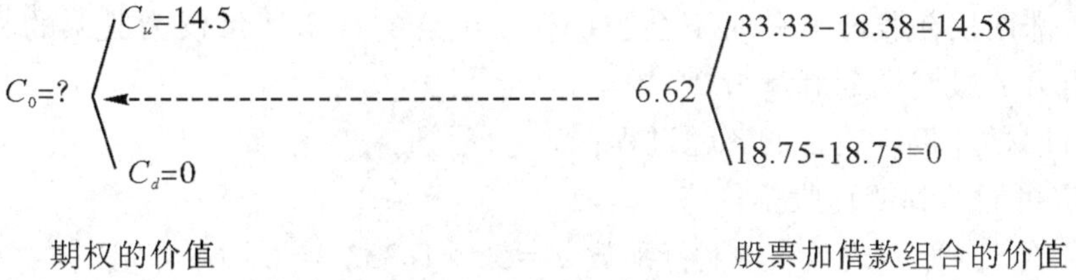

图 3-11　期权价值与投资组合价值的分布

（二）套期保值原理

在看了［例 3-9］之后，你可能会产生一个疑问：如何确定复制组合的股票数量和借款数量，使投资组合的到期日价值与期权相同。

这个比率称为套期保值比率（或称套头比率、对冲比率、德尔塔系数），我们用 H 表示。

$$套期保值比率\ H=\frac{C_u-C_d}{S_u-S_d}=\frac{C_u-C_d}{S_0\times(u-d)}$$

该公式可以通过以下方法证明：

既然［例 3-9］中两个方案经济上是等效的，那么，购入 0. 5 股股票，同时卖空 1 股看涨期权，就应该能够实现完全的套期保值。我们可以通过表 3-8 加以验证。

表 3-8　　股票和卖出看涨期权　　单位：元

交易策略	当前（0 时刻）	到期日 S_u＝66. 66	到期日 S_d＝37. 5
购入 0. 5 股股票	$-H\times S_0$＝-0. 5×50＝-25	$H\times S_u$＝0. 5×66. 66＝33. 33	$H\times S_d$＝0. 5×37. 5＝18. 75
抛出 1 股看涨期权	$+C_0$	$-C_u$＝-14. 58	$-C_d$＝0
合计净现金流量	$+C_0$-25	18. 75	18. 75

无论到期日的股票价格是多少，该投资组合得到的净现金流量都是一样的。只要股票和期权的比例配置适当，就可以使风险完全对冲，锁定组合的现金流量。可见，股票和期权的比例取决于它们的风险是否可以实行完全对冲。

根据到期日“股价上行时的现金净流量”等于“股价下行时的净现金流量”可知：

$H \times S_u - C_u = H \times S_d - C_d$

$H = (C_u - C_d) \div (S_u - S_d)$

套期保值比率 $H = \dfrac{C_u - C_d}{S_u - S_d} = \dfrac{C_u - C_d}{S_0 \times (u - d)}$

将上例数据代入上式，得：

$$H = \frac{14.58 - 0}{50 \times (1.3333 - 0.75)} = 0.5$$

借款数额 = 价格下行时股票收入的现值

= (0.5 × 37.50) ÷ 1.02

= 18.38（元）

由于看涨期权在股价下跌时不会被执行，组合的现金流量仅为股票的收入，在归还借款后组合的最终现金流量为0。

我们再回顾［例3-9］的解题过程：

1. 确定可能的到期日股票价格

上行股价 S_u = 股票现价 S_0 × 上行乘数 u = 50 × 1.3333 = 66.66（元）

下行股价 S_d = 股票现价 S_0 × 下行乘数 d = 50 × 0.75 = 37.5（元）

2. 根据执行价格计算确定到期日期权价值

股价上行时期权到期日价值 C_u

= 上行股价 − 执行价格 = 66.66 − 52.08 = 14.58（元）

股价下行时期权到期日价值 $C_d = 0$

3. 计算套期保值比率

套期保值比率 H = 期权价值变化 ÷ 股价变化 = (14.58 − 0) ÷ (66.66 − 37.5) = 0.5

4. 计算投资组合的成本（期权价值）

购买股票支出 = 套期保值比率 × 股票现价 = 0.5 × 50 = 25（元）

借款 = (到期日下行股价 × 套期保值比率) ÷ $(1+r)$

= (37.5 × 0.5) ÷ 1.02

= 18.38（元）

期权价值 = 投资组合成本 = 购买股票支出 − 借款 = 25 − 18.38 = 6.62（元）

（三）风险中性原理

从上面的例子可以看出，运用财务杠杆投资股票来复制期权是很麻烦的。［例3-9］是一个再简单不过的期权，如果是复杂期权或涉及多个期间，复制就成为令人苦恼的工作。好在有一个替代办法，使我们不用每一步计算都要复制投资组合，它被称为风险中性原理。

所谓风险中性原理是指假设投资者对待风险的态度是中性的，所有证券的预期收益率都应当是无风险利率。风险中性的投资者不需要额外的收益补偿其承担的风险。在风险中性的世界里，将期望值用无风险利率折现，可以获得现金流量的现值。

在这种情况下，期望报酬率应符合下列公式：

期望报酬率=上行概率×上行时收益率+下行概率×下行时收益率

假设股票不派发红利，股票价格的上升百分比就是股票投资的收益率，因此：

期望报酬率=上行概率×股价上升百分比+下行概率×（-股价下降百分比）

根据这个原理，在期权定价时，只要先求出期权执行日的期望值，然后用无风险利率折现，就可以求出期权的现值。

续［例 3-9］中的数据：

期望报酬率=2%=上行概率×33.33% +下行概率×（-25%）

2%=上行概率×33.33% +（1-上行概率）×（-25%）

上行概率=0.462 9

下行概率=1-0.462 9=0.537 1

期权 6 个月后的期望价值=0.462 9×14.58+0.537 1×0=6.75（元）

期权现值=6.75÷（1+2%）= 6.62（元）

期权定价以套利理论为基础。如果期权的价格高于 6.62 元，就会有人购入 0.5 股股票，卖出 1 股看涨期权，同时借入 18.38 元，肯定可以盈利。如果期权的价格低于 6.62 元，就会有人卖空 0.5 股股票，买入 1 股看涨期权，同时借入 18.38 元，他也肯定可以盈利。因此，只要期权定价不是 6.62 元，市场上就会出现一台“造钱机器”。套利活动会促使期权只能定价为 6.62 元。

二、二叉树定价模型

（一）单期二叉树定价模型

1. 二叉树模型的假设

二叉树模型与任何股价模型一样，都需要假设。二叉树期权定价模型假设如下：①市场投资没有交易成本；②投资者都是价格的接受者；③允许完全使用卖空的得款项；④允许以无风险利率借入或贷出款项；⑤未来股票的价格将是两种可能值中的一个。

2. 单期二叉树公式的推导

二叉树模型的推导始于建立一个投资组合：①一定数量的股票多头头寸；②该股票的看涨期权的空头头寸。股票的数量要使头寸足以抵御资产价格在到期日的波动风险，即该组合能实现完全套期保值，产生无风险利率。

设：

S_0=股票现行价格

u=股价上行乘数

D=股价下行乘数

r=无风险利率

C_0=看涨期权现行价格

C_u=股价上行时期权的到期日价值

C_d=股价下行时期权的到期日价值

X=看涨期权执行价格

H=套期保值比率

推导过程如下：

初始投资=股票投资-期权收入=HS_0-C_0

投资到期日的终值=（HS_0-C_0）×（$1+r$）

由于无论价格是上升还是下降，该投资组合的收入（价值）都一样。我们采用价格上升后的收入，股票出售收入减去期权买方执行期权的支出：

投资组合到期日价值=uHS_0-C_u

令投资到期日终值等于投资组合到期日价值：

$(1+r)(HS_0-C_0)=uHS_0-C_u$

化简，得：

$$C_0=HS_0-\frac{uHS_0-C_u}{1+r}$$

由于套期保值比率 H 为：

$$H=\frac{C_u-C_d}{S_0\times(u-d)}$$

将其代入上述化简后的等式，并再次化简，得：

$$C_0=(\frac{1+r-d}{u-d})\times\frac{C_u}{1+r}+(\frac{u-1-r}{u-d})\times\frac{C_d}{1+r}$$

根据公式直接计算［例 3-9］的期权价格：

$$C_0=\frac{1+2\%-0.75}{1.3333-0.75}\times\frac{14.58}{1+2\%}+\frac{1.3333-1-2\%}{1.3333-0.75}\times\frac{0}{1+2\%}$$

$$=\frac{0.27}{0.5833}\times\frac{14.58}{1.02}$$

$$=6.62(元)$$

我们利用［例 3-9］的数据回顾一下公式的推导思路：最初投资于 0.5 股股票，需要投资 25 元；收取 6.62 元的期权价格，尚需借入 18.38 元资金。半年后如果股价涨到 66.66 元，投资人投资的 0.5 股股票收入 33.33 元；借款本息为 18.75（18.38×1.02）元，看涨期权持有人会执行期权，期权出售人补足价差 14.58（66.66-52.08）元，投资人的净损益为零。半年后如果股价跌到 37.50 元，投资人投资的 0.5 股股票收入 18.75 元；支付借款本息 18.75 元，看涨期权持有人不会执行期权，期权出售人没有损失，投资人的净损益为零。因此，该看涨期权的公平价值就是 6.62 元。

（二）两期二叉树模型

单期的定价模型假设股价只有两个可能，对于时间很短的期权来说是可以接受的。

若到期时间很长，如［例 3-9］的半年时间，就与事实相去甚远。改善的办法是把到期时间分割成两部分，每期 3 个月。这样就可以增加股价的选择，还可以进一步分割，如果每天为一期，情况就好多了。如果每个期间无限小，股价就成了连续分布，布莱克-斯科尔斯模型就诞生了。

简单地说，由单期模型向两期模型的扩展，不过是单期模型的两次应用。

［例 3-10］继续采用［例 3-9］中的数据，把 6 个月的时间分为 2 期，每期 3 个月。变动后的数据如下：ABC 公司股票的现在市价为 50 元，看涨期权的执行价格为 52.08 元，每期股价有两种可能：上升 22.56%，或下降 18.4%。无风险利率为 3 个月 1%。

为了直观地显示有关数量的关系，仍然使用二叉树图示。两期二叉树的一般形式如图 3-12 所示。将［例 3-10］中的数据填入后如图 3-13 所示。

C_{uu}=标的资产两个时期都上升的期权价值

C_{ud}=标的资产一个时期上升，另一个时期下降的期权价值

C_{dd}=标的资产两个时期都下降的期权价值

其他参数使用的字母与单期定价模型相同。

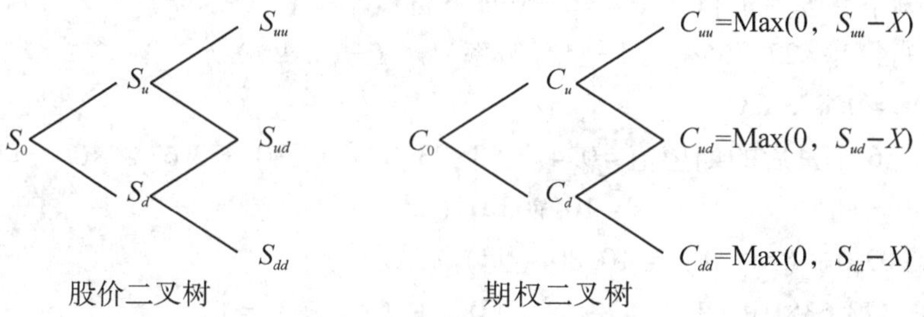

图 3-12

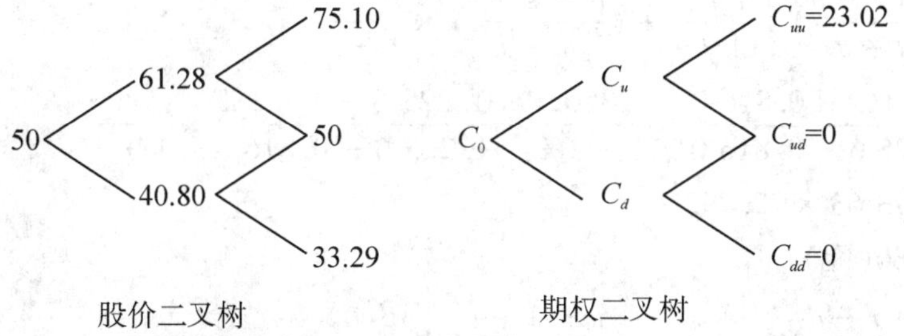

图 3-13

我们解决问题的办法是：首先利用单期定价模型，根据 C_{uu} 和 C_{ud} 计算节点 C_u 的价值，利用 C_{ud} 和 C_{dd} 计算 C_d 的价值；然后，再次利用单期定价模型，根据 C_u 和 C_d 计算 C_0 的价值，从后向前推进。

计算 C_0 的价值，我们现在已经有三种办法：

（1）复制组合定价。

$H=$（23.02−0）÷（75.10−50）= 0.917 13

借款＝（50×0.917 13－0）÷(1+1%)

＝45.855÷1.01

＝45.40（元）

组合收入的计算见表3-9。

表3-9　　投资组合的收入　　单位：元

股票价格	6个月后股价＝75.10	6个月后股价＝50
组合中股票到期日收入	75.10×0.917 13＝68.88	50×0.917 13＝45.86
组合中借款本利和偿还	－45.4×1.01＝－45.86	－45.86
组合的收入合计	23.02	0

3个月后股票上行的价格是61.28元。

C_u＝投资成本＝购买股票支出－借款＝61.28×0.917 13－45.40＝10.80（元）

由于C_{ud}和C_{dd}的值均为零，所以C_d的值也为零。

（2）风险中性定价。

期望报酬率＝1%＝上行概率×22.56%+下行概率×（－18.4%）

1%＝上行概率×22.56%+（1－上行概率）×（－18.4%）

上行概率＝0.473 63

期权价值6个月后的期望值＝0.473 63×23.02+（1－0.473 63）×0

＝10.903 0（元）

C_u＝10.903 0÷（1+1%）＝10.80（元）

C_d＝［0.473 63×0+（1－0.473 63）×0］÷（1+1%）＝0

（3）单期二叉树定价。

$$C_u=(\frac{1+r-d}{u-d})\times\frac{C_{uu}}{1+r}+(\frac{u-1-r}{u-d})\times\frac{C_{ud}}{1+r}$$

$$=\frac{1+1\%-0.816\ 0}{1.225\ 6-0.816\ 0}\times\frac{23.02}{1+1\%}+\frac{1.225\ 6-1-1\%}{1.225\ 6-0.816\ 0}\times\frac{0}{1+1\%}$$

$$=0.473\ 63\times 22.792\ 1$$

$$=10.80(元)$$

$$C_d=(\frac{1+r-d}{u-d})\times\frac{C_{ud}}{1+r}+(\frac{u-1-r}{u-d})\times\frac{C_{dd}}{1+r}$$

$$=\frac{1+1\%-0.816\ 0}{1.225\ 6-0.816\ 0}\times\frac{0}{1+1\%}+\frac{1.225\ 6-1-1\%}{1.225\ 6-0.816\ 0}\times\frac{0}{1+1\%}$$

$$=0(元)$$

下面根据C_u和C_d计算C_0的价值：

（1）复制组合定价。

H＝期权价值变化÷股价变化

＝（10.80－0）÷（61.28－40.80）

$=10.80\div20.48$

$=0.5273$

借款=（40.80×0.527 3）÷（1+1%）=21.300 8（元）

组合收入的计算如表 3-10 所示。

表 3-10　　投资组合的收入　　单位：元

股票价格	3 个月后股价=61.28	3 个月后股价=40.80
组合中股票到期日收入	61.28×0.527 3=32.31	40.80×0.527 3=21.51
组合中借款本利和偿还	−21.30×1.01=−21.51	−21.51
组合的收入合计	10.80	0

C_0=投资成本=购买股票支出−借款=50×0.527 3−21.300 8=5.06（元）

（2）风险中性定价。

C_0=［0.473 63×10.80+（1−0.473 63）×0］÷（1+1%）=5.06（元）

（3）单期二叉树定价。

$$C_0=\left(\frac{1+r-d}{u-d}\right)\times\frac{C_u}{1+r}+\left(\frac{u-1-r}{u-d}\right)\times\frac{C_d}{1+r}$$

$$=\frac{1+1\%-0.8160}{1.2256-0.8160}\times\frac{10.80}{1+1\%}+\frac{1.2256-1-1\%}{1.2256-0.8160}\times\frac{0}{1+1\%}$$

$$=0.4763\times\frac{10.80}{1+1\%}$$

$$=5.06(元)$$

（三）多期二叉树模型

如果继续增加分割的期数，就可以使期权价值更接近实际。从原理上看，与两期模型一样，从后向前逐级推进，只不过多了个层次。期数增加以后带来的主要问题是股价上升与下降的百分比如何确定的问题。期数增加以后，要调整价格变化的升降幅度，以保证年收益率的标准差不变。

把年收益率标准差和升降百分比联系起来的公式是：

u=1+上升百分比：$e^{\sigma\sqrt{t}}$

d=1−下降百分比=1÷u

式中：e——自然常数，约等于 2.718 3；

σ——标的资产连续复利收益率的标准差；

t——以年表示的时段长度。

［例 3-9］采用的标准差 $\sigma=0.4068$。

$u=e^{0.4068\times\sqrt{0.5}}=e^{0.2877}=1.3333$

该数值可以利用函数计算器直接求得，或者使用 Excel 的 EXP 函数功能，输入 0.287 7，就可以得到以 e 为底、指数为 0.287 7 的值为 1.333 3。

d=1÷1.333 3=0.75

如果间隔期为 1/4 年，u=1.225 6，即股价上升 22.56%（1.225 6−1），d=0.816，即股价下降 18.4%（1−0.816），这正是我们在［例 3−10］中采用的数据；如果间隔期为 1/6 年，u=1.180 7，即上升 18.07%，d=0.847，即下降 15.30%；如果间隔期为 1/52年，u=1.058，即上升 5.8%，d=0.945 即下降 5.5%；如果间隔期为1/365年，u=1.021 5，即上升 2.15，d=0.979 0，即下降 2.1%。

［例 3−11］沿用［例 3−9］中的数据，将半年的时间分为 6 期，即每月 1 期。已知：股票价格 S_0 为 50 元，执行价格为 52.08 元，年无风险利率为 4%，股价波动率（标准差）为 0.406 8，到期时间为 6 个月。划分期数为 6 期（每期 1 个月）。

（1）确定每期股价变动乘数。

$u = e^{0.406\,8\times\sqrt{1/12}} = e^{0.117\,4} = 1.124\,6$

$d = 1 \div 1.124\,6 = 0.889\,2$

（2）建立股票价格二叉树（见表 3−11 中的“股票价格”部分）。

第一行从当前价格 50 元开始，以后每期上升 12.46%的价格路径，6 期后为 101.15 元。第二行为第 1 期下降，第 2 期至第 6 期上升的路径。以下各行为以此类推。这种二叉树与图 3−13 只是形式不同，目的是便于在 Excel 表中计算。

表 3−11　　股票期权的 6 期二叉树　　单位：元

序号	0	1	2	3	4	5	6
时间（年）	0	0.083	0.167	0.250	0.333	0.417	0.500
股票价格	50	56.23	63.24	71.12	79.98	89.94	101.15
		44.46	50.00	56.23	63.24	71.12	79.98
			39.53	44.46	50.00	56.23	63.24
				35.15	39.53	44.46	50.00
					31.26	35.15	39.53
						27.80	31.26
							24.72
执行价格							52.08
上行概率							0.484 8
下行概率							0.515 2
买入期权价格	5.30	8.52	13.26	19.84	28.24	38.04	49.07
		2.30	4.11	7.16	12.05	19.21	27.90
			0.61	1.26	2.61	5.39	11.16
				0	0	0	0
					0	0	0
						0	0
							0

（3）按照股票价格二叉树和执行价格，构建期权价值二叉树（见表 3-11 中的“买入期权价格”部分）。

构建顺序为由后向前，逐级推进。

①确定第 6 期的各种情况下的期权价值：

$C_{u6}=S_{u6}-X=101.15-52.08=49.07$（元）

$C_{du5}=S_{du5}-X=79.98-52.08=27.90$（元）

$C_{d2u4}=S_{d2u4}-X=63.24-52.08=11.16$（元）

以下 4 项的股票价格均低于或等于执行价格，所以期权价值为零。

②确定第 5 期的期权价值：

上行百分比 $=u-1=1.1246-1=12.46\%$

下行百分比 $=1-d=1-0.8892=11.08\%$

$4\%\div12=$ 上行概率 $\times12.46\%+$（1-上行概率）$\times$（-11.08%）

上行概率 $=0.4848$

下行概率 $=1-0.4848=0.5152$

$C_{u5}=$（上行期权价值×上行概率+下行期权价值×下行概率）÷（$1+r$）

$=(49.07\times0.4848+27.90\times0.5152)\div(1+4\%\div12)$

$=38.08$（元）

$C_{u4d}=(27.90\times0.4848+11.16\times0.5152)\div(1+4\%\div12)$

$=19.21$（元）

$C_{u3d2}=(11.16\times0.4848+0\times0.5152)\div(1+4\%\div12)$

$=5.39$（元）

以下各项，因为第 6 期上行和下行的期权价值均为零，第 5 期的期权价值也为 0，第 4 期、第 3 期、第 2 期和第 1 期的期权价值以此类推。

③确定期权的现值：

期权现值 $=(8.52\times0.4848+2.30\times0.5152)\div(1+4\%\div12)$

$=5.30$（元）

二叉树方法是一种近似的方法。不同的期数划分，可以得到不同的近似值。期数越多，计算结果与布莱克-斯科尔斯定价模型的计算结果的差额越小。

三、布莱克-斯科尔斯期权定价模型

布莱克-斯科尔斯期权定价模型（简称 BS 模型）是理财学中最复杂的公式之一，其证明和推导过程涉及复杂的数学问题，但使用起来并不困难。该公式有非常重要的意义，对理财学具有广泛的影响，是近代理财学不可缺少的内容。该模型具有实用性，被期权交易者广泛使用，实际的期权价格与模型计算得到的价格非常接近。

（一）布莱克-斯科尔斯模型的假设

（1）在期权寿命期内，买方期权标的股票不发放股利，也不做其他分配；

（2）股票或期权的买卖没有交易成本；

（3）短期的无风险利率是已知的，并且在期权寿命期内保持不变；

（4）任何证券购买者能以短期的无风险利率借得任何数量的资金；

（5）允许卖空，卖空者将立即得到所卖空股票当天价格的资金；

（6）看涨期权只能在到期日执行；

（7）所有证券交易都是连续发生的，股票价格随机游走。

（二）布莱克-斯科尔斯模型

布莱克-斯科尔斯模型的公式如下：

$$C_0 = S_0[N(d_1)] - Xe^{-r_c t}[N(d_2)]$$

或 $$C_0 = S_0[N(d_1)] - PV(X)[N(d_2)]$$

其中：

$$d_1 = \frac{\ln(S_0 \div X) + [r_c + (\sigma^2 \div 2)]t}{\sigma\sqrt{t}}$$

或 $$d_1 = \frac{\ln[S_0 \div PV(X)]}{\sigma\sqrt{t}} + \frac{\sigma\sqrt{t}}{2}$$

$$d_2 = d_1 - \sigma\sqrt{t}$$

式中：C_0——看涨期权的当前价值；

S_0——标的股票的当前价格；

$N(d)$——标准正态分布中离差小于 d 的概率；

X——期权的执行价格；

e——自然对数的底数，约等于 2.718 3；

r_c——连续复利的年度的无风险利率；

t——期权到期日前的时间（年）；

$ln(S_0 \div X)$——$S_0 \div X$ 的自然对数；

σ^2——连续复利的以年计的股票回报率的方差。

如果直观（不准确）地解释，它的第一项是最终股票价格的期望现值，第二项是期权执行价格的期望现值，两者之差是期权的价值。

公式的第一项是当前股价和概率 $N(d_1)$ 的乘积。股价越高，第一项的数值越大，期权价值 C_0 越大。公式的第二项是执行价格的现值 $Xe^{-r_c t}$ 和概率 $N(d_2)$ 的乘积。$Xe^{-r_c t}$ 是按连续复利计算的执行价格 X 的现值，也可以写成 $PV(X)$。执行价格越高，第二项的数值越大，期权的价值 C_0 越小。

概率 $N(d_1)$ 和概率 $N(d_2)$ 可以大致看成看涨期权到期时处于实值状态的风险调整概率。当前股价和概率 $N(d_1)$ 的乘积是股价的期望现值，执行价格的现值与概率 $N(d_2)$ 的乘积时执行价格的期望现值。

在股价上升时，d_1 和 d_2 都会上升，概率 $N(d_1)$ 和概率 $N(d_2)$ 也都会上升，股票价格越是高出执行价格，期权越有可能被执行。简而言之，概率 $N(d_1)$ 和概率 $N(d_2)$ 接近 1 时，期权肯定被执行，此时期权价值等于 $S_0 - Xe^{r_c t}$。前一项是期权持有者拥有的对当前价格为S_0的要求权，后一项是期权持有者的义务的现值。反过来看，假定概率$N(d_1)$和概率$N(d_2)$接近零时，意味着期权几乎肯定不被执行，看涨期权的价值C_0接近零。如果概率$N(d_1)$和$N(d_2)$等于0至1之间的数值，看涨期权的价值是潜在收入的现值。

［例3-12］沿用［例3-9］的数据，某股票当前价格为50元，执行价格为52.08元，期权到期日前的时间为0.5年。每年复利一次的无风险利率为4%，相当连续复利的无风险利率$r_c = \ln(1.04) = 3.9221\%$，连续复利的标准差$\sigma = 0.4068$，即方差$\sigma^2 = 0.1655$。

根据以上资料计算期权价格如下：

$$d_1 = \frac{\ln(50 \div 52.08) + [0.039221 + (0.1655 \div 2)] \times 0.5}{0.4068 \times \sqrt{0.5}}$$

$$= \frac{-0.04076 + 0.061}{0.2877}$$

$$= 0.07$$

$$d_2 = 0.07 - 0.4068 \times \sqrt{0.5}$$

$$= 0.07 - 0.2877$$

$$= -0.217$$

$$N(d_1) = N(0.070) = 0.5280$$

$$N(d_2) = N(-0.217) = 0.4140$$

$$C_0 = 50 \times 0.5280 - 52.08 \times e^{-3.9221\% \times 0.5} \times 0.4140$$

$$= 26.40 - 52.08 \times 0.9806 \times 0.4140$$

$$= 26.40 - 21.14$$

$$= 5.26(元)$$

根据［例3-9］的资料，采用单期二叉树模型计算的期权价值是6.62元，采用两期二叉树模型计算的期权价值是5.06元，采用6期二叉树模型计算的期权价值是5.30元，采用BS模型计算的期权价值是5.26元。随着二叉树模型设置期数的增加，其计算结果不断逼近BS模型。

从该模型可以看出，决定期权价值的因素有五个：股价、股价的标准差、利率、执行价格和到期时间。它们对于期权价值的影响，可以通过敏感分析表来观察（见表3-12）。

表3-12　期权价值的敏感分析

项目	基准	股价提高	标准差增大	利率提高	执行价格提高	时间延长
当前股价（S）	50	60	50	50	50	50
标准差，年（σ）	0.4068	0.4068	0.4882	0.4068	0.4068	0.4068
连续复利率，年（r）	3.9221%	3.9221%	3.9221%	4.7065%	3.9221%	3.9221%
执行价格（X）	52.08	52.08	52.08	52.08	62.50	52.08

表3-12(续)

项目	基准	股价提高	标准差增大	利率提高	执行价格提高	时间延长
到期时间，年（t）	0.50	0.50	0.50	0.50	0.50	0.60
d_1	0.070 3	0.704 1	0.111 3	0.083 9	−0.563 7	0.102 9
d_2	−0.217 3	0.416 5	−0.233 9	−0.203 7	−0.851 4	−0.212 2
$N(d_1)$	0.528 0	0.759 3	0.544 3	0.533 4	0.286 5	0.541 0
$N(d_2)$	0.414 0	0.661 5	0.407 5	0.419 3	0.197 3	0.416 0
期权价值（C）	5.26	11.78	6.40	5.34	2.23	5.89
期权价值增长率		123.92%	21.73%	1.58%	−57.55%	11.95%

（1）当前股票价格：如果当前股票价格提高20%，由50元提高到60元，期权价值由5.26元提高到11.78元，提高123.92%。可见，期权价值的增长率大于股价增长率。

（2）标准差：如果标准差提高20%，期权价值提高21.73%。可见，标的股票的风险越大，期权的价值越大。

（3）利率：如果利率提高20%，期权价值提高1.58%。可见，虽然利率的提高有助于期权价值的提高，但是期权价值对于无风险利率的变动并不敏感。

（4）执行价格：执行价格提高20%，期权价值降低57.55%。可见，期权价值的变化率大于执行价格的变化率。值得注意的是，此时期权价值的下降额（5.26−2.23=3.03）小于执行价格的上升额（62.50−52.08=10.42）。

（5）期权期限：期权期限由0.5年延长到0.6年，期权价值由5.26元提高到5.89元。可见，期权期限的延长增加了股票价格上涨的机会，有助于提高期权价值。

（三）模型参数的估计

布莱克-斯科尔斯模型中有5个参数。其中，现行股票价格和执行价格容易取得。至到期日的剩余年限计算，一般按自然日（一年365天或为简便用360天）计算，也比较容易确定。比较难估计的是无风险利率和股票收益率的标准差。

1. 无风险利率的估计

无风险利率应当用无违约风险的固定收益证券来估计，如国库券的利率。国库券的到期时间不等，其利率也不同。应选择与期权到期日相同的国库券利率，如期权还有3个月到期，就应该选择3个月到期的国库券利率。如果没有相同时间的，应选择时间最接近的国库券利率。

这里所说的国库券利率是指其市场利率，而不是票面利率。国库券的市场利率是根据市场价格计算的到期收益率。此外，模型中的无风险利率是指按连续复利计算的利率，而不是常见的年复利。由于布莱克-斯科尔斯模型假设套期保值率是连续变化的，因此，利率要使用连续复利。连续复利假定利息是连续支付的，利息支付的频率比每秒 1 次还要频繁。

连续复利与年复利不同，如果用 F 表示终值，P 表示现值，r_c 表示连续复利率，t 表示时间（年），则：

$$F = P \times e^{r_c t}$$

$$r_c = \frac{\ln(\frac{F}{P})}{t}$$

式中：$\ln(\frac{F}{P})$ ——自然对数。

自然对数的值，很容易在具有函数功能的计算器上计算求得，或者利用“自然对数表”查找，也可以利用 Excel 的 LN 函数功能求得。$e^{r_c t}$ 为连续复利的终值系数，可利用连续复利终值系数表查找。

[例 3-13] 假设 $t=0.5$ 年，$F=105$ 元，$P=100$ 元，则：

$$\begin{aligned} r_c &= \ln(104 \div 100) \div 1 \\ &= \ln(1.04) \div 1 \\ &= 3.922\,1\% \end{aligned}$$

严格来说，期权估价中使用的利率都应当是连续复利，包括二叉树模型和 BS 模型。即使在资本预算中，使用的折现率也应当是连续复利率，因为全年收入和支出总是陆续发生的，只有连续复利率才能准确完成终值和现值的折算。在使用计算机运算时，采用连续复利通常没有什么困难，但是手工计算则比较麻烦。为了简便，手工计算时往往使用分期复利作为连续复利的近似替代。由于期权价值对于利率的变化并不敏感，因此这种简化通常是可以接受的。

使用分期复利时也有两种选择：①按有效年利率折算。例如，年复利率为 4%，则等价的半年复利率应当是 $\sqrt{(1+4\%)} - 1 = 1.98\%$ 。②按报价利率折算。例如，年复利率为 4%，则半年复利率为 4%÷2=2%。

2. 收益率标准差的估计

股票收益率标准差可以使用历史收益率来估计。计算连续复利标准差的公式与年复利相同：

$$\sigma = \sqrt{\frac{1}{n-1}\sum_{t=1}^{n}(R_t - \bar{R})^2}$$

式中：R_t ——收益率的连续复利值。

但是连续复利的股票收益率计算公式与分期复利的股票收益率计算公式不同：

分期复利的股票收益率的计算公式为：

$$R_t = \frac{P_t - P_{t-1} + D_t}{P_{t-1}}$$

连续复利的股票收益率的计算公式为：

$$R_t = \ln(\frac{P_t + D_t}{P_{t-1}})$$

式中：R_t——股票在 t 时期的收益率；

P_t——t 时期的价格；

P_{t-1}——$t-1$ 时期的价格；

D_t——t 期的股利。

［例 3-14］ABC 公司过去 11 年的股价如表 3-13 中的第 2 列所示，假设各年均没有发放股利，据此计算的连续复利收益率和年复利收益率如表 3-13 中的第 3 列和第 4 列所示。

表 3-13　　　　连续复利与年复利的标准差

年份	股价（元）	连续复利收益率（%）	年复利收益率（%）
1	10		
2	13.44	29.57	34.40
3	21.33	46.19	58.71
4	43.67	71.65	104.74
5	33.32	-27.05	-23.70
6	32.01	-4.01	-3.93
7	27.45	-15.37	-14.25
8	35.16	24.75	28.09
9	32.14	-8.98	-8.59
10	54.03	51.94	68.11
11	44.11	-20.29	-18.36
平均值	31.51	14.84	22.52
标准差		34.52	43.65

在期权估价中，严格说来应当使用连续复利收益率的标准差。有时为了简化，也可以使用分期复利收益率的标准差作为替代。

（四）看跌期权估价

在套利驱动的均衡状态下，看涨期权价格、看跌期权价格和股票价格之间存在一定的依存关系。对于欧式期权，假定看涨期权和看跌期权有相同的执行价格和到期日，则下述等式成立：

看涨期权价格 C-看跌期权价格 P=标的资产当前价格 S-执行价格现值 $PV(X)$

这种关系被称为看涨期权-看跌期权平价定理（关系）。利用该定理，根据已知等式中的 4 个数据中的 3 个，就可以求出另外 1 个。

$C=S+P-PV(X)$

$P=-S+C+PV(X)$

$S=C-P+PV(X)$

$PV(X) = S - C + P$

该公式的有效性，可以通过表 3-14 验证。

表 3-14　　看涨期权和看跌期权的平价关系

交易策略	现金流量		
	购买日	到期日	
		$S_t \geqslant X$	$S_t < X$
购入 1 股看涨期权	$-C_0$	$S_t - X$	0
卖空 1 股股票	$+S_0$	$-S_t$	$-S_t$
借出 $X/(1+r)^t$	$-X/(1+r)^t$	X	X
抛出 1 股看跌期权	$+P_0$	0	$-(X-S_t)$
净现金流量合计	$-C_0 + S_0 - X/(1+r)^t + P_0$	0	0

[例 3-15] 两种期权的执行价格均为 30 元，6 个月到期，6 个月的无风险利率为 4%，股票的现行价格为 35 元。如果看涨期权的价格为 9.20 元，则看跌期权的价格为：

看跌期权价格 P=看涨期权价格 S+执行价格现值 C-标的资产当前价格 $PV(X)$

即：

$$
\begin{aligned}
P &= -S + C + PV(X) \\
&= -35 + 9.20 + 30 \div (1+4\%) \\
&= -35 + 9.20 + 28.8 \\
&= 3\text{（元）}
\end{aligned}
$$

（五）派发股利的期权定价

布莱克-斯科尔斯期权定价模型假设在期权寿命期内买方期权标的股票不发放股利，在标的股票派发股利的情况下应如何对期权估价呢？

股利的现值是股票价值的一部分，但是只有股东可以享有该收益，期权持有人不能享有。因此，在期权估价时要从股价中扣除期权到期前所派发的全部股利的现值。也就是说，把所有到期日前预期发放的未来股利视同已经发放，将这些股利的现值从现行股票价格中扣除。此时，模型建立在调整后的股票价格的基础上。

派发股利的期权定价公式如下：

$$C_0 = S_0 e^{-\delta t} N(d_1) - X e^{-r_c t} N(d_2)$$

式中：

$$d_1 = \frac{\ln(S_0/X) + (r_c - \delta + \sigma^2/2)t}{\sigma\sqrt{t}}$$

$$d_2 = d_1 - \sigma\sqrt{t}$$

δ 表示标的股票的年股利收益率（假设股利连续支付，而不是离散分期支付）。

如果标的股票的年股利收益率 δ 为零，则与前面介绍的布莱克-斯科尔斯模型相同。

（六）美式期权估价

布莱克-斯科尔斯期权定价模型假设看涨期权只能在到期日执行，即模型仅适用于欧式期权，那么，对美式期权如何进行估价呢?

美式期权在到期前的任意时间都可以执行，除享有欧式期权的全部权利之外，还有提前执行的优势。因此，美式期权的价值至少等于相应欧式期权的价值，在某些情况下，比欧式期权的价值更大。

对于不派发股利的美式看涨期权，可以直接应用布莱克-斯科尔斯模型进行估价。在不派发股利的情况下，美式看涨期权的价值与距到期日的时间长短有关，因此，美式看涨期权不应当提前执行。提前执行将使持有者放弃期权价值，并且失去货币的时间价值。如果不提前执行，则美式期权与欧式期权相同。因此，可以用布莱克-斯科尔斯模型对不派发股利的美式看涨期权进行估价。

对于派发股利的美式看跌期权，按道理不能用布莱克-斯科尔斯模型进行估价。因为有时候在到期日前执行看跌期权，将执行收入再投资，比继续持有更有利。购入看跌期权后，如果股价很快跌至零，则立即执行是最有利的。布莱克-斯科尔斯模型不允许提前执行，也就不适用美式看跌期权股价。不过，通常情况下使用布莱克-斯科尔斯模型对美式看跌期权进行估价，误差并不大，仍然具有参考价值。对于派发股利的美式期权，适用的估价方法有两个：一是利用二叉树方法对其进行估价，二是使用更复杂的、考虑提前执行的期权定价模型。限于本教材的目的，对此不再做进一步探讨。

第三节　实物期权

近些年，越来越多的理论和实务工作者认识到，折现现金流量往往不能提供一个项目价值的全部信息，仅仅依靠折现现金流量法有时会导致错误的资本预算决策。

实物资产投资与金融资产投资不同。大多数投资人一旦购买了证券，只能被动地等待而无法影响它所产生的现金流入，可以称之为“被动性投资资产”。投资于实物资产则情况不同，投资人可以通过管理行动影响它所产生的现金流，可以称之为“主动性投资资产”。投资于实物资产，经常可以增加投资人的选择权。这种未来可以采取某种行动的权利而非义务是有价值的。它们被称为实物期权。

在应用现金流量法评估项目价值时，我们通常假设公司会按既定的方案执行，不会在执行过程中进行重要的修改。实际上，管理者会随时关注各种变化，如果事态表明未来前景比当初的设想更好，他会加大投资力度，反之则会减少损失。只要未来是不确定的，管理者就会利用拥有的实物期权增加价值，而不是被动地接受既定方案。这是实物期权与传统的项目投资评价方法最大的差别所在。此外，完全忽视项目本身的实物期权，是传统折现现金流量法的局限性。

实物期权隐含在投资项目中，一个重要的问题是将其识别出来。并不是所有项目都含有值得重视的期权，有的项目期权价值很小，有的项目期权价值很大。这要看项目不确定性的大小，不确定性越大，则期权价值越大。

一、常见的实物期权

当一个企业决定开展一个投资项目时，由于市场情况不明朗，因此管理者掌握投资时机，其有权利选择是否立刻进行投资，或者等待市场明朗之后延迟至适当时机投资。这就是延迟期权（Defer Option）；投资开始后发现市场不景气时，管理者发现投资项目达不到预期效果，此时可以选择缩减生产规模或者暂时中止此项投资，此为改变营运规模期权（Option to Alter Operting Scale）；如果市场状况趋好，消费者需求增加，则可以选择扩大投资规模的策略以适应市场变化，此为扩张期权（Expand Option）；如果市场状况相当恶化，投资项目的实施将带来巨大损失，则可以选择放弃投资，此为放弃期权（Abandon Option）；最后，管理者面对多变的市场亦可灵活地采取改变生产的投入与产出方式互相转移使用，以符合消费者的需求，此为转换期权（Switch Option）。

实物期权估价使用的模型主要是BS模型和二叉树模型。通常BS模型是首选模型，它的优点是使用简单并且计算准确。它的应用条件是实物期权的情景符合BS模型的假设条件，或者说实物期权与典型的股票期权相似。二叉树模型是一种替代模型。它虽然没有BS模型精确，但是比较灵活，在特定情景下优于BS模型。二叉树模型可以根据特定项目模拟现金流的情景，使之适用于各种复杂情况。例如，处理到期日前支付股利的期权、可以提前执行的美式期权、停业之后又重新开业的多阶段期权、事实上不存在最后到期日的期权等复杂情况。二叉树模型可以扩展为三叉树模型、四叉树模型等，以适应项目存在的多种选择。通常，在BS模型束手无策的复杂情况下，二叉树模型往往能解决问题。

二、扩张期权

公司的扩张期权包括许多具体类型：例如，采矿公司投资于采矿权以获得开发或者不开发的选择权；又如，房屋开发商要投资于土地，经常是建立土地的储备，以后根据市场状况决定新项目的规模；再如，医药公司要控制药品专利，不一定马上投产，而是根据市场需求推出新药。如果他们今天不投资，就会失去未来扩张的选择权。

［例3-16］A公司是一个颇具实力的计算机硬件制造商。20世纪末公司管理层估计微型移动储蓄设备可能有巨大发展，计划引进新型优盘的生产技术。

考虑到市场的成长需要一定时间，该项目分两期进行。第一期项目的规模较小，目的是迅速占领市场并减少风险，大约需要投资1 000万元；20×1年投产，预期税后营业现金流量如表3-15所示。第二期项目20×4年建成并投产，生产能力为第一期的2倍，需要投资2 000万元，预期税后营业现金流量如表3-16所示。由于该项目风险较大，投资要求的最低报酬率按20%计算。计算结果：该项目第一期的净现值为-39.87万元，第二期的净现值为-118.09万元。

表 3-15　　第一期优盘项目计划　　单位：万元

年份	20×0	20×1	20×2	20×3	20×4	20×5
税后经营现金流量		200	300	400	400	400
折现率（20%）		0. 833 3	0. 694 4	0. 578 7	0. 482 3	0. 401 9
各年营业现金流量现值		166. 67	208. 33	231. 48	192. 90	160. 75
营业现金流量现值合计	960. 13					
投资	1 000. 00					
净现值	-39. 87					

表 3-16　　第二期优盘项目计划　　单位：万元

年份	20×0	20×3	20×4	20×5	20×6	20×7	20×8
税后经营现金流量			800	800	800	800	800
折现率（20%）			0. 833 3	0. 694 4	0. 578 7	0. 482 3	0. 401 9
各年营业现金流量现值			666. 67	555. 56	462. 96	385. 80	321. 50
营业现金流量现值合计	1 384. 54	2 392. 49					
投资（10%）	1 502. 63	2 000					
净现值	-118. 09						

这两个方案采用传统的折现现金流量法（没有考虑期权），均没有达到公司投资报酬的要求。计算净现值时，使用的税后营业现金流量是平均的期望值，实际上可能比期望值高或者低。公司可以在第一期项目投产后，根据市场发展的状况再决定是否上马第二期项目。因此，应当考虑扩张期权的影响。

计算扩张期权价值的有关数据如下：

（1）假设第二期项目的决策必须在 20×3 年年底前决定。这是一个到期日为 3 年看涨期权。

（2）第二期项目的投资额为 2 000 万元，折算到零时点使用 10%做折现率，是因为它是确定的现金流量，在 20×1—20×3 年中并未投入风险项目。该投资额折现到20×0 年为 1 502. 63 万元。它是期权执行价格的现值。

（3）预计未来营业现金流量的现值为 2 392. 49 万元，折算到 20×0 年为 1 384. 54 万元。这是标的资产的当前价格。

（4）如果营业现金流量现值合计超过投资，就选择执行（实施第二期项目计划）；如果投资超过现金流量现值合计，就选择放弃。因此，这是一个看涨期权问题。

（5）计算机行业风险很大，未来现金流量不确定，可比公司的股票价格标准差为 35%，可以作为项目现金流量的标准差。

（6）无风险的报酬率为 10%。

扩张期权与典型的股票期权类似，可以使用 BS 模型。计算结果如下：

$$d_1 = \frac{\ln[S_0/PV(X)]}{\sigma\sqrt{t}} + \frac{\sigma\sqrt{t}}{2}$$

$$= \frac{\ln(1\ 384.54 \div 1\ 502.63)}{0.35 \times \sqrt{3}} + \frac{0.35 \times \sqrt{3}}{2}$$

$$= \frac{\ln 0.921\ 4}{0.606\ 2} + \frac{0.606\ 2}{2}$$

$$= \frac{-0.081\ 8}{0.606\ 2} + 0.303\ 1$$

$$= -0.134\ 9 + 0.303\ 1$$

$$= 0.168\ 2$$

$$d_2 = d_1 - \sigma\sqrt{t}$$

$$= 0.168\ 2 - 0.35 \times \sqrt{3}$$

$$= 0.168\ 2 - 0.606\ 2$$

$$= -0.438$$

$$N(d_1) = 0.566\ 7$$

$$N(d_2) = 0.330\ 7$$

根据 d 求概率 N（d）的数值时，可以查“正态分布下的累积概率［N（d）］”。由于表格的数据是不连续的，有时需要使用插补法计算更准确的数值。当 d 为负值时，如 d_2=-0.438，按其绝对值 0.438 查表，0.43 对应的 N=0.666 4，0.44 对应的 N=0.670 0，使用插补法得出：（0.670 0-0.666 4）×0.8+0.666 4=0.669 3，N=1-0.669 3=0.330 7。

$$C = S_0N(d_1) - PV(X)N(d_2)$$

$$= 1\ 384.54 \times 0.566\ 7 - 1\ 502.63 \times 0.330\ 7$$

$$= 784.62 - 496.91$$

$$= 287.71(\text{万元})$$

第一期项目不考虑期权的价值是-39.87 万元，可以视为取得第二期选择权的成本。投资第一期项目使得公司有了是否开发第二期项目的扩张期权，该扩张期权的价值是 287.71 万元。考虑期权的第一期项目净现值为 247.84（287.71-39.87）万元。因此，投资第一期项目是有利的。

三、时机选择期权

从时间选择来看，任何投资项目都具有期权的性质。

如果一个项目在时间上不能推迟，只能立即投资或永远放弃，那么它就是马上到期的看涨期权。项目的投资成本是期权执行价格，项目的未来现金流量的现值是期权标的资产的现行价格。如果该现值大于投资成本，看涨期权的收益就是项目的净现值。如果该现值小于投资成本，看涨期权不被执行，公司放弃该项投资。

如果一个项目在时间上可以延迟，那么它就是未到期的看涨期权。项目具有正的净现值，并不意味着立即开始（执行）。对于前景不明朗的项目，大多值得观望，看一看未来是更好还是更差。

下面我们举例来说明时机选择期权的分析方法。

［例 3-17］DEF 公司拟投资一个新产品，预计投资需要 1 050 万元，每年现金流量为 100 万元（税后，可持续），项目的资本成本为 10%（无风险利率为 5%，风险补偿率为 5%）。

项目价值=永续现金流÷折现率=100÷10%=1 000（万元）

净现值=项目价值-投资成本=1 000-1 050=-50（万元）

每年的现金流量 100 万元是平均的预期，并不确定。假设一年后可以判断出市场对产品的需求，如果新产品受顾客欢迎预计现金流量为 120 万元，不受欢迎预计现金流量为 80 万元。由于未来现金流量具有不确定性，应当考虑期权的影响。

时机选择期权大多使用二叉树模型。虽然例题假设一年后可以判断需求情况，实际上也可能需要继续等待。具有时间选择灵活性的项目，本身并没有特定的期权执行时间，并不符合典型股票期权的特征。

利用二叉树模型进行分析的主要步骤如下：

（1）构造现金流量和项目价值（标的资产价格）二叉树。

项目价值=永续现金流量÷折现率

上行项目价值=120÷10%=1 200（万元）

下行项目价值=80÷10%=800（万元）

（2）构造净现值二叉树。

上行净现值=1 200-1 050=150（万元）

下行净现值=800-1 050=-250（万元）

（3）根据风险中性原理计算上行概率。

报酬率=（本年现金流量+期末项目价值）÷期初项目价值-1

上行报酬率=（120+1 200）÷1 000-1=32%

下行报酬率=（80+800）÷1 000-1=-12%

无风险报酬率=上行概率×上行报酬率+下行概率×下行报酬率

5%=上行概率×32%+下行概率×（-12%）

上行概率=0.386 36

下行概率=1-0.386 36=0.613 64

（4）计算含有期权的项目净现值。

含有期权的项目净现值（终值）= 0.386 36×150+0.613 64×0=57.954（万元）

含有期权的项目净现值（现值）= 57.954÷1.05=55.19（万元）

期权的价值=55.19-（-50）= 105.19（万元）

以上计算结果，用二叉树模型表示如表 3-17 所示。

表 3-17　　投资成本为 1 050 万元的期权价值　　单位：万元

年份	0 年	1 年	注释
不考虑期权的净现值	-50		
现金流量二叉树	100	120	$P=0.5$
		80	$P=0.5$
项目资本成本	10%	10%	
项目价值二叉树	1 000	1 200	
		800	
项目投资成本	1 050	1 050	
项目净现值二叉树	-50	150	
		-250	
上行报酬率		0. 32	（120+1 200）÷1 000-1=32%
下行报酬率		-0. 12	（80+800）÷1 000-1=-12%
无风险报酬率		5%	
上行概率		0. 386 36	［5%-（-12%）］÷［32%-（-12%）］=0. 386 36
下行概率		0. 613 64	1-0. 386 36=0. 613 64
考虑期权的净现值	55. 19	150	（0. 386 36×150）÷1. 05=55. 19
		0	负值，放弃
净差额（期权价值）	105. 19		55. 19-（-50）=105. 19

（5）判断是否应延迟投资。

如果立即进行该项目，其净现值为负值，不是一个有吸引力的项目；如果等待，考虑期权后的项目净现值为正值，是一个有价值的投资项目，因此应当等待。此时的净现值的增加是考虑期权引起的，实际上就是该期权的价值。

等待不一定总是有利，等待期权的价值受资本成本、未来现金流量的不确定性、资本成本和无风险报酬率等多种因素的影响。

假设其他因素不变，如果投资成本降低，则项目的净现值增加，含有期权的项目净现值也增加，但是后者增加缓慢，并使两者的净差额（期权价值）逐渐缩小。

就本例题而言，两者的增量之比为：

上行概率÷（1+无风险报酬率）=0. 386 36÷1. 05=0. 368

如果本项目的投资成本由 1 050 万元降低为 883. 56 万元，预期净现值由-50 万元增加到 116. 44 万元，增加净现值 166. 44 万元。

含有期权的项目净现值从 55. 19 万元增加到 116. 44 万元（见表 3-18），只增加 61. 25 万元。

两者增量的差额为 105. 19 万元，即期权价值完全消失。在这种情况下，期权价值为零，等待已经没有意义。因此，如果投资资本低于 883. 56 万元，立即执行项目更有利。

表 3-18　　投资成本为 883.56 万元的期权价值　　单位：万元

年份	0 年	1 年
不考虑期权的净现值	116.44	
现金流量二叉树	100	120
		80
项目资本成本	10%	10%
项目价值二叉树	1 000	1 200
		800
项目投资成本	883.56	883.56
项目净现值二叉树	116.44	316.44
		-83.56
上行报酬率		0.32
下行报酬率		-0.12
无风险报酬率		5%
上行概率		0.386 36
下行概率		0.613 64
考虑期权的净现值	116.44	316.44
		0
净差额（期权价值）	0	

计算投资成本临界值的方法如下：

项目预期净现值=项目预期价值-投资成本=1 000-投资成本

考虑期权的净现值=[上行概率×(上行项目价值-投资成本)+下行概率×(下行项目价值-投资成本)]÷(1+无风险报酬率)

投资成本大于或等于下行价值时放弃项目，则：

考虑期权的净现值=[上行概率×(上行项目价值-投资成本)]÷(1+无风险报酬率)
=[0.386 36×(1 200-投资成本)]÷(1+5%)

令预期净现值与考虑期权的净现值相等，则：

1 000-投资成本=［0.386 36×（1 200-投资成本）］÷（1+5%）

投资成本=883.56（万元）

四、放弃期权

在项目评估中，我们通常选定一个项目的寿命周期，并假设项目会进行到寿命周期结束。这种假设不一定符合实际。如果项目执行一段时间后，实际产生的现金流量远低于预期，投资人就会考虑提前放弃该项目，而不会坚持到底。另外，经济寿命周期也是很难预计的。项目开始时，往往不知道何时结束。有的项目，一开始就不顺利，产品不受市场欢迎，一两年就被迫放弃了。有的项目，越来越受市场欢迎，产品不断升级换代，或者扩大成为一系列产品，几十年长盛不衰。

一个项目，只要继续经营价值大于资产的清算价值，就会继续下去；反之，如果资产的清算价值大于继续经营价值，就应当终止。这里资产的清算价值，不仅指残值的变现收入，也包括有关资产的重组和价值的重新挖掘。

在项目评估中，应当事先考虑中间放弃的可能性和它的价值。这样，可以获得项目更全面的信息，减少决策错误。放弃期权是一项看跌期权，其标的资产价值是项目的继续经营价值，而执行价格是项目的清算价值。

一个项目何时应当放弃，在项目启动时并不明确。缺少明确到期期限的实物期权，不便于使用 BS 模型。虽然在项目分析时可以假设一个项目有效期，但是实际上多数项目在启动时并不确知其寿命。有的项目投产后很快碰壁，只有一两年的现金流；有的项目很成功，不断改进的产品使该项目可以持续几十年。在评估放弃期权时，需要预测很长时间的现金流，逐一观察历年放弃或不放弃的项目价值，才能知道放弃期权的价值。下面我们举例来说明其评估方法。

［例 3-18］GHI 公司拟开发一个玉石矿，预计需要投资 1 200 万元；矿山的产量每年约为 29 吨，假设该矿藏只有 5 年的开采量；该种玉石的价格目前为每吨 10 万元，预计每年上涨 11%，但是很不稳定，其标准差为 35%，因此，销售收入应当采用含有风险的必要报酬率 10%做折现率。

营业的固定成本为每年 100 万元。为简便起见，忽略其他成本和税收问题。由于固定成本比较稳定，可以使用无风险报酬率 5%为折现率。

1~5 年后矿山的残值分别为 530 万元、500 万元、400 万元、300 万元和 200 万元。

放弃期权的分析程序如下：

（一）计算项目的净现值

实物期权分析的第一步是计算标的资产的价值，也就是未考虑期权的项目价值。用折现现金流量法计算的净现值为-19 万元（见表 3-19）。

表 3-19　　项目的净现值　　单位：万元

年份	0 年	1 年	2 年	3 年	4 年	5 年
收入增长率		11%	11%	11%	11%	11%
预期收入		322	357	397	440	489
含风险的折现率（$i=10\%$）		0. 909 1	0. 826 4	0. 751 3	0. 683	0. 620 9
各年收入现值		293	295	298	301	303
收入现值合计	1 490					
残值 200						

表3-19(续)

年份	0 年	1 年	2 年	3 年	4 年	5 年
残值的现值（$i=10\%$）	124					
固定成本支出		-100	-100	-100	-100	-100
无风险的折现率（$i=5\%$）		0. 952 4	0. 907 0	0. 863 8	0. 822 7	0. 783 5
各年固定成本支出现值		-95	-91	-86	-82	-78
固定成本现值合计	-433					
投资	-1 200					
净现值	-19					

如果不考虑期权，这时项目净现值为负值，是个不可取的项目。

（二）构造二叉树

（1）确定上行乘数和下行乘数。由于玉石价格的标准差为35%。所以：

$u = e^{\sigma\sqrt{t}} = e^{0.35\times\sqrt{1}} = 1.419\ 068$

$d = 1\div u = 1\div 1.419\ 068 = 0.704\ 688$

（2）构造销售收入二叉树。按照计划产量和当前价格计算：

销售收入=29×10=290（万元）

不过，目前还没有开发，明年才可能有销售收入：

第一年的上行收入=290×1. 419 1=411. 53（万元）

第一年的下行收入=290×0. 704 7=204. 36（万元）

以下各年的二叉树以此类推，如表 3-20 所示。

（3）构造营业现金流量二叉树。由于固定成本每年为 100 万元，销售收入二叉树各节点减去 100 万元，即可得出营业现金流量二叉树。

（4）确定上行概率和下行概率：

期望收益率=上行百分比×上行概率+（-下行百分比）×（1-上行概率）

5%=（1. 419 068-1）×上行概率+（1-上行概率）×（0. 704 688-1）

上行概率=0. 483 343

下行概率=1-上行概率=1-0. 483 343=0. 516 657

（5）确定未调整的项目价值。首先，确定第 5 年各节点未经调整的项目价值。由于项目在第五年年末终止，无论哪一条路径，最终的清算价值均为 200 万元。然后，确定第 4 年年末的项目价值，顺序为先上后下。最上边的节点价值取决于第 5 年的上行现金流量和下行现金流量。它们又都包括第 5 年的营业现金流量和第 5 年年末的残值。

表 3-20 放弃期权的二叉树 单位：万元

年份	0 年	1 年	2 年	3 年	4 年	5 年
销售收入	290.00	411.53	583.99	828.72	1 176.01	1 668.83
		204.36	290.00	411.53	583.99	828.72
			144.01	204.36	290.00	411.53
				101.48	144.01	204.36
					71.51	101.48
						50.39
固定成本	100	100	100	100	100	100
营业现金流量=收入-固定成本	190.00	311.53	483.99	728.72	1 076.01	1 568.83
		104.36	190.00	311.53	483.99	728.72
			44.01	104.36	190.00	311.53
				1.48	44.01	104.36
					-28.49	1.48
						-49.61
期望收益率（r）	5%					
上行报酬率（$u-1$）	41.906 8%					
下行报酬率（$d-1$）	-29.531 2%					
上行概率	0.483 373					
下行概率	0.516 627					
未修正项目价值=［p×（后期上行营业现金+后期上行期末价值）+（后期下行营业现金+后期下行期末价值）×（1-p）］÷（1+r），从后向前推导	1 173.76	1 456.06	1 652.41	1 652.90	1 271.25	200
		627.38	770.44	818.52	679.23	200
			332.47	404.18	385.24	200
				198.43	239.25	200
					166.75	200
						200
固定资产余值（清算价值）		530	500	400	300	200
修正项目价值（清算价值大于经营价值时，用清算价值取代经营价值，并重新从后向前倒推）	1 221	1 463.30	1 652.41	1 652.90	1 271.25	200
		716.58	785.15	818.52	679.23	200
			500.00	434.08	385.24	200
				400.00	300.00	200
					300.00	200
						200

第4年年末项目价值

=[p×(第5年上行营业现金+第5年期末价值)+(1-p)×(第5年下行营业现金+第5年期末价值)]÷(1+r)

=[0.483 373×(1 569+200)+0.516 627×(729+200)]÷(1+5%)

=1 271.25(万元)

其他节点以此类推。

(6)确定调整的项目价值。各个路径第5年年末价值均为200万元，不必调整，填入“调整后项目价值”二叉树相应节点。

第4年各节点由上而下进行，检查项目价值是否低于同期清算价值（300万元）。该年第4个节点数额为239.25万元，低于清算价值300万元，清算比继续经营更有利，因此该项目应放弃，将清算价值填入“调整后项目价值”二叉树相应节点。此时相应的销售收入为144.01万元。需要调整的还有第4年最下方的节点166.75万元，用清算价值300万元取代；第3年最下方的节点为198.43万元，用清算价值400万元取代；第2年最下方的节点为332.47万元，用清算价值500万元取代。

完成以上4个节点的调整后，重新计算各节点的项目价值。计算的顺序仍然是从后向前，从上到下，依次进行，并将结果填入相应的位置。最后，得出0时点的项目现值为1 221万元。

（三）确定最佳放弃策略

由于项目考虑期权的现值为1 221万元，投资为1 200万元，所以

调整后 NPV=1 221-1 200=21（万元）

未调整 NPV=-19（万元）

期权的价值=调整后 NPV-未调整 NPV=21-（-19）=40（万元）

因此，公司应当进行该项目。但是，如果价格下行使得销售收入低于144.01万元时（即清算价值大于继续经营价值）应放弃该项目，进行清算。

那么，公司是否应当立即投资该项目呢？不一定。还需进行时间选择期权的分析。

五、实物期权定价法在高科技企业价值评估中的应用

由于高科技企业面临的市场、技术和组织等方面的不确定性远远高于一般产业，且其收入和盈利成长模式也有别于一般行业，使得高科技企业的市场价值存在较大的不确定性，当用传统的折现现金流量法来评估高科技企业的价值时，常常不能正确反映企业的价值。

实物期权估值方法的基本思路是把企业视为若干项实物期权的组合，企业的价值等于现有资产现金流量的现值加上各种实物期权的价值。这样企业估值问题就变成了实物期权定价问题。因此，利用实物期权方法对高科技企业进行估值，可以将高科技企业的价值分为现有资产的价值和期权价值两个部分，分别进行估值。前者可以用一般的资产估值方法进行估值，后者则可以利用实物期权思想对高科技企业拥有的投资机会和期权进行识别，再用期权方法进行估值，两者之和即为企业价值。因此，高科

技企业价值应等于已有资产的现值与未来投资机会（增长机会）的现值之和。用公式表示为：

$$V_T = V_a + V_c$$

式中：V_T——企业总价值；

V_a——按贴现现金流量法计算的企业价值；

V_c——增长期权的价值。

在此模型中，企业已有资产的价值（V_a）可以利用基于 *WACC* 的 DCF 方法来估算，即：

$$V_a = \sum_{t=1}^{\infty} \frac{FCFF_t}{(1 + WACC)^t}$$

式中：$FCFF_t$ =（1-*T*）$EBIT_t$，是 *t* 时刻预期的企业自有现金；

T——所得税税率；$EBIT_t$为企业息税前收益（Earnings before Interest and Taxes）；

WACC——企业的加权平均资本。

［例 3-19］对某高科技公司进行估值。为计算方便，考虑 5 年预测期，调查分析表明，预测期内企业的现金流量分别为 300 万元、400 万元、340 万元、380 万元、190 万元，预测期末企业残值为 4 300 万元，经风险调整的资本成本率为 20%。同时，该企业持有一项在第三年年末进行投资的增长期权，投资额为 2 400 万元，企业若在第三年年末执行期权，投资以后各年度的现金流量分别为 500 万元、1 200 万元、800 万元、950 万元、450 万元。无风险利率 r=5%，资产收益波动率 σ =35%。

根据案例中提供的数据对该公司进行估值，计算结果为：

（1）计算现金流贴现值：

$$V_a = \sum_{t=1}^{5} \frac{FCFF_t}{(1 + WACC)^t} + \frac{P_5}{(1 + WACC)^5}$$

$$= \frac{300}{(1 + 20\%)^1} + \frac{400}{(1 + 20\%)^2} + \frac{340}{(1 + 20\%)^3} + \frac{380}{(1 + 20\%)^4} + \frac{190}{(1 + 20\%)^5} + \frac{4\,300}{(1 + 20\%)^5}$$

$$= 2\,712.22(\text{万元})$$

（2）计算企业持有的增长期权价值：

由案例中数据，对执行该增长期权后各年的现金流进行折现，折现到预测期初，加总后的价值为 1 361.08 万元，计算如下：

$$S = \left[\frac{500}{(1 + 20\%)^1} + \frac{1\,200}{(1 + 20\%)^2} + \frac{800}{(1 + 20\%)^3} + \frac{950}{(1 + 20\%)^4} + \frac{450}{(1 + 20\%)^5}\right] \div (1 + 20\%)^3$$

$$= 1\,361.08(\text{万元})$$

因此，有 S=1 361.08 万元，X=2 400 万元，σ =35%，t=3 年，r=5%，代入期权公式，得到：

$d_1=0.385\ 08$，$N\ (d_1)\ =0.350\ 2$

$d_2=0.991\ 29$，$N\ (d_1)\ =0.160\ 8$

$V_c = S \times N(d_1) - X \times e^{-rt} \times N(d_2) = 144.49$(万元)

考虑了增长期权的企业总价值为：

$V_T=V_a+V_c=2\ 712.22+144.49=2\ 856.71$（万元）

思考与练习

1. 单项选择题：

（1）某看跌期权的标的资产市价为 22 元，执行价格为 36 元，则该期权处于（　　）。

A. 实值状态　　　　B. 虚值状态

C. 平价状态　　　　D. 不确定状态

（2）下列选项中，关于期权投资策略的表述，正确的是（　　）。

A. 保护性看跌期权可以锁定最低净收入和最低净损益，但不改变净损益的预期值

B. 抛补看涨期权可以锁定最低净收入和最低净损益，是机构投资者常用的投资策略

C. 多头对敲组合策略可以锁定最低净收入和最低净损益，其最坏的结果是损失期权的购买成本

D. 空头对敲组合策略可以锁定最低净收入和最低净损益，其最低收益是出售期权收取的期权价格

（3）某公司股票看跌期权的执行价格是 55 元，期权为欧式期权，期限是 1 年，目前该股票的价格是 44 元，期权费（期权价格）为 5 元。如果到期日该股票的价格是 34 元。则购进股票与购进看跌期权组合的到期净收益为（　　）元。

A. 8　　　　B. 6

C. −5　　　　D. 0

（4）某公司股票看涨期权和看跌期权的执行价格相同，期权均为欧式期权，期限 3 个月，3 个月的无风险报酬率为 2%。目前该股票的价格是 20 元，看跌期权价格为 4 元，看涨期权价格为 1 元。则期权的执行价格为（　　）元。

A. 23.46　　　　B. 24.86

C. 25.17　　　　D. 22.52

（5）无论是美式期权还是欧式期权，是看涨期权还是看跌期权，（　　）均与期权价值正相关变动。

A. 标的资产价格波动率　　　　B. 无风险报酬率

C. 期权有效期内预计发放的红利　　　　D. 到期期限

2. 计算题：

假设 ABC 公司股票目前的市场价格为 28 元，而在一年后的价格可能是 40 元和 20

元两种情况。再假定存在一份100股该种股票的看涨期权，期限是一年，执行价格为28元。投资者可以按10%的无风险报酬率借款。购进上述股票且按无风险报酬率10%借入资金，同时售出一份100股该股票的看涨期权。(金额计算结果保留整数)

要求：

（1）根据复制原理，计算购进股票的数量、按无风险报酬率借入资金的数额以及一份该股票的看涨期权的价值。

（2）根据风险中性原理，计算一份该股票的看涨期权的价值。

（3）根据单期二叉树期权定价模型，计算一份该股票的看涨期权的价值。

（4）若目前一份100股该股票看涨期权的市场价格为600元，按上述组合投资者能否获利。

第四章　企业组织形式与财务治理

企业组织形式决定企业尤其是公司企业的权力结构形式，而企业的权力结构形式又决定企业的治理结构形式。包含财务治理结构在内的公司治理结构，对公司企业的经营管理，尤其是保证公司企业权力的正常运用，从而保证公司资本有效运行，最终实现公司企业的目标，具有至关重要的意义。

第一节　企业组织形式

一、企业的定义

什么是企业？这是研究企业组织形式必须回答的一个问题。因为组织形式与本质直接相关。而企业是什么的问题，则是由企业的定义来回答的。

企业的定义是多种多样的。最常见的定义如下：

（1）企业是独立从事以盈利为目的的经营活动的社会组织。

企业的这一定义，揭示了企业概念的三个要点：①企业是一种社会组织；②企业将独立从事经营活动；③企业的目的是盈利。简言之，这一企业概念，强调了企业的实体性、企业的目标、企业实现目标的手段。

（2）企业是配置资源并对配置结果进行运行的一种形式。

企业的这一定义，强调了企业的功能。首先是配置实现目标所需的资源。企业实际上也是由包括人力资源、物力资源和财力资源在内的各种资源组合形成的一个复合体。并且，企业本身也就是一个综合性的资源。其次是运行资源组合。企业运行资源组合是因为企业的主体动因。企业作为一个主体，是一个典型的经济人。企业这一主体作为经济人就是要取得最大化的经济利益，因而必须运作企业这一资源。就此意义而言，企业作为一种资源，其实就是企业出资人实现自身目标的手段而已。

（3）企业是各种相关经济关系的综合组织体。

从上述企业的定义讨论中，我们可以看到，企业具有实体性。这种实体性具体表现在其是由各种实际存在的资源所组成。在这些实际存在的资源中，既包括自然性质的物质资源，也包括具有典型社会属性的资源。前者如各种以机器、材料形式存在的资源，后者如企业的各类型雇员。

正是源于企业这一组合形式中同时包括自然性质的内容部分和社会性质的内容部分，所以就必然存在着企业组织形式的问题。因为企业组织形式从最根本上说，就是恰当地解决物质资源与人力资源在法权上的配置问题。

二、企业的组织形式

企业的组织形式是指基于财产权关系——资本的产权关系而形成的企业资源与产权的配置结构形式。按照这一标准，企业的经典形式包括自然人企业和法人企业。

（一）自然人企业的组织形式

自然人企业是指在法理理念上不具有独立人格的企业，亦即这类企业未能取得法理理念所赋予的人格。由于没有独立的人格，这类企业只不过是其出资人的附属物品。因此，这类企业只能以其出资人即企业主的名义而不是以自身的名义进行其相关活动。这种活动当然在法律上被视为是企业主的活动，从而企业主应对这类企业负完全责任（无限责任）。

自然人企业的资本产权并不发生原始归属权与控制权、使用权在不同主体之间的分离。从而，自然人企业的出资人、经营者是集于一身的。相对而言，一般地自然人企业的规模较小，经营活动和企业的管理活动也较为简单。

自然人企业还包括两种具体形式：①独资企业。独资企业是指仅有一个出资人的企业；②合伙企业。合伙企业是指仅有几个数量有限的合伙人作为出资人的企业。

独资企业是最典型的自然人企业。在独资企业中，资本所有权的各种权能都能完整地统一于企业主。而合伙企业则是对独资企业的一种进步，因为在合伙企业这种企业形式中，已经开始出现资本权力在一定程度的分离和转移。从而也在合伙企业中存在着连带责任关系。而连带责任关系是独资企业中不可能出现的新的法律关系。但是，合伙企业仍然未能够获得法理理念的人格化确认。我们只能认为，合伙企业是独资企业向法人企业过渡的中间形式。

（二）法人企业的组织形式

法人企业是在法理理念上被赋予独立人格的企业，由于在法律上具有独立人格，因此法人企业的一个关键特征就是独立于其出资人。换言之，法人企业已经不再是其出资者的附属物，因而法人企业可以以自身名义进行相关的活动，并且无论法人企业活动的结果如何，都与出资者无涉，而由法人企业自己承担活动的结果。因此，出资人对于企业仅仅只承担限于其出资额的经济责任。顺便应该说明，法人企业也仅以自身的法人财产权为限对外承担经济责任。这两个限度就是“有限责任”这一概念的全部内容。

由于在法人企业中出现了典型的基于资本所有权各权能的分解和转移，所以法人企业中出现了不同于自然人企业的资本权力结构形式。一般理论已经确认，法人企业的出资人以其资本的除开原始归属权外的所有其他权能，转移给法人企业，并构成法人企业的法人财产权。这一法人财产权正是法人企业存在的基础。

完成这一权能的转移后，出资人成为法人企业的股东。这里存在一个尚未完全解决的问题，就是股东同法人企业的关系如何确认的问题。一种分析结论是，由于股东保留了对法人企业投入资本的原始归属权，所以，法人企业最终属于股东。现代会计中关于资产、负债和所有者权益的平衡式：资产=负债+所有者权益正是这一思想的体现。因为所有者权益实质是股东对法人企业的最终所有权。与此相对立的一种理论分析是：既然法人企业已经取得独立的人格，他就已经独立于其股东，再将其从理念上归属给其股东，就是对人格平等这一最基本的法律原则的直接否定，同时也是一种逻辑上的矛盾。并且认为，股东所保留的关于投资资本的原始归属权，已经没有实质性的意义。这一归属权并不意味着股东对这部分资本财产还有控制、使用、处置权，尤其是也不意味着股东对这一部分资本财产具有按照自身意志加以收回的权利。那么，在这一分析结论中对股东与法人企业的关系做何解释呢？该理论认为，法人企业的股东与法人企业是两个在法律上完全平等的主体。股东能够参与对法人企业的管理（不是经营）和收益分配等权益，是股东以其资本财产的相应权利所换得的。还应该特别指出的是，股东的资本财产权利转移给法人企业，是一个商业化的行为，因为法人企业对此要付出代价的，这就是主权资本的资本成本。从财务学的理念上我们已经明晰了资本成本就是法人企业筹资用资的成本费用，而成本费用的外部形式就是取得资源的价格。基于此，我们可以清晰地看到，其实股东和法人企业之间的关系是两个市场主体之间的市场交换关系。这一理论也存在尚未解决的瑕疵。典型的如自然人企业具有企业主的概念，而法人企业是否还具有企业主的概念存在呢？同时，法人企业如果作为一个真正独立的主体资格，是否也有如同自然人一样的权益，尤其是获得结果的经济利益的权利，如果有，这种经济利益所得的具体形式是什么？

法人企业的具体组织形式就是公司制企业。公司制企业是股份制经济发展中的一个必然的结果。股份制经济最典型的特征就是将资本资源从社会各种不同的主体手中加以集中，形成更大的规模。而资本的集中或集聚，必然导致资本权力的转移，从而导致不同于此前的关于资本权益的结构的新形式。在法人企业-公司制企业的组织形式中，其具体形式包括有限责任公司形式和股份有限公司形式。

有限责任公司是指由法定数量的股东组成，全体股东仅以其各自出资额为限对公司承担责任。有限责任公司同股份有限公司的区别主要是公司股东人数的法律规定、募股集资方式。具体股东人数各国规定不一，我国最新的公司法规定股东人数为50人以下，同时，特别规定了独资公司的组成以及国有独资公司的组成。此外，有限责任公司的募股集资具有封闭性，不向社会公开募股，也无股票形式。其出资额转让有较多的限制，但股东可以直接参加公司管理。

公司的另一种组织形式就是股份有限公司形式。根据最新的公司法的规定，股份有限公司是指经发起设立或募集设立的，由符合法定人数的发起人组成的并以其出资额为限对公司承担有限责任的公司。股份有限公司的设立有两种方式，即发起设立和募集设立。同时其设立还需要满足法律规定的其他具体条件，如发起人数需符合法定人数、股本的法定资本最低限额、制定公司章程等。

第二节　财务治理的基础理论

一、产权理论

（一）产权理论基本命题

财产的所有权权能的商业化分解以及因此而形成的各个不同社会主体拥有财产的不同权能的结构形式，就形成了关于财产的产权问题。首先，一项财产的所有权各权能，是可以分解并为各个不同的社会主体所持有的。而且，这种分解的典型形式就是商业化分解。作为出让方，是为了获得特定的其他权益而出让财产所有权的某些权能。这里的其他权益最典型的就是投资增值。而出让的财产所有权权能通常是控制、使用、处置和收益等权能。对于财产所有权权能的受让方而言，受让的财产权能构成受让方成立的物质基础。但受让方是企业法人时，所受让的财产权能就构成法人财产权。

财产所有权的有关权能分解转让的两种最基本的形式是：主权投资的所有权权能分解转移结构形式和债权投资的所有权权能分解转移结构形式。债权投资形式和主权投资形式的共同点是都发生了所有权的权能转移或商业化让渡，不同之处是让渡程度和内容不同。债权投资形式是企业的债权人仅仅将财产的特定时段的使用权让渡给受让人，由于是商业化的让渡，债权人将按照让渡财产量和时间长度计价收费。这种收费形成受让人典型的经营性费用，对让渡人而言则是其投资收益。显然，让渡人通过放弃（让渡）财产的某些权利而获得了另外一些权益。这种事项表现出财产权利经过分散和商业化转移，重新实现了权利和义务的对称或统一。债权投资形式由于仅仅只是转让了特定时间的使用权，因而也只获得了法定的收益权，却并未获得其他更多的权益。主权投资形式习惯上称为权益投资。关于主权投资形式的性质，具有如下两种不同认识。一是财产权拥有者经过主权投资后，已经完全地让渡了其所有权全部权能，并换回了对受让主体的三大权力，即管理权、监督权和对受让人的收益的分配权。二是财产权拥有者经过主权投资后，已将财产所有权中的使用权、收益权等核心权力让渡给受让人，但是关于财产的原始归属权却并未让渡，因而，出资人始终保持着对投资财产的最终归属权，也就是要求权。因此，就逻辑关系而言，受让主体仍然属于其出资人。

不管哪一种观点，其共同点在于，出资人的以资本使用权为核心的相关权能，构成了受让人的存在基础。受让人因而可以成为法人，而转移的财产权利构成了法人的法人财产权。从经济学的逻辑上看，无论是主权投资的所有权权能分解转移结构形式还是债权投资的所有权权能分解转移结构形式，也具有这样的一个共同点，即作为出资人，无论是受让主体的债权人还是股东，都将自己的财产权利中以使用权为核心的相关权能让渡给了受让人，即法人，无论这一让渡在时间上是有限的还是无限的，其实都构成了受让人作为法人的经济基础。

法人财产权对于公司企业而言，是至关重要的构成要素。公司作为社团法人，除了具有社会要素之外，还必须具有物质要素，即一定的财产。而公司中的财产则表现为一定量的资本。毫无疑问，公司所拥有的资本，其实是拥有广义的资本使用权。换言之，构成公司法人财产权的内容，并不要求必须包含资本的原始归属权能。这一命题的基本意义是：一个公司在筹集资本时，获得资本的使用权是必然内容，而获得包括资本原始归属权能在内的资本的完整的所有权则是偶然的。获得资本的使用权是资本经营的需要，但是资本经营并不需要资本的原始归属权。正是这一现象，导致在公司中存在典型的同一资本的所有权不同权能的分解、分散和转移，从而使得关于同一资本对象，具有不同的相关主体。换言之，同一资本的不同权能，分别为不同的主体所持有。

（二）公司财务关系的产权透析

在论及公司的经济关系时，我们通常要指出这一范畴的外延内容，一般而言，包括公司同股东的关系、公司同债权人的关系、公司同国家的关系、公司同其他市场主体的关系、公司同企业职工（雇员）的关系。显然，我们这样理解公司的经济关系，主要是基于这样的公司企业定义即企业（尤其是公司）是一系列经济关系的系统化组合。

这些经济关系就其实质而言是基于公司资本的关系。但企业在进行其资本的运作时，其活动的基本内容是筹资与投资。而无论是筹资还是投资，其根本目的是取得资本的使用权。这样就会导致资本所有权各个权能将发生分离和重组。这些资本财产权利的分离重组，表现为从原持有资本财产的主体手中转移到企业法人手中。正是这一转移，使得不同的市场主体掌握不同的资本所有权能，从而形成了各个不同主体间的关于同一资本财产的不同权能分别持有的结构形式。当各个不同主体掌握同一资本的不同权能时。这些主体之间就形成了前述的各种经济关系。

这些关系的存在，是代理关系成立的逻辑前提。

二、代理理论

（一）代理理论的要点

委托代理理论是在20世纪60年代末70年代初一些经济学家深入研究企业内部信息不对称和激励问题上发展起来的。詹森和梅克林认为：只要管理当局未能持有一个法人企业的100%的股份，则代理问题就必然产生。显然，企业所有权和经营权的分离，使得委托人和代理人在追求各自利益最大化的过程中必然发生利益冲突，而信息的不对称使得委托方无法控制代理人的行为，于是就产生了委托代理理论。代理理论的基本内容是研究在利益冲突和信息不对称的情况下，通过契约形式，研究委托人与代理人之间的权利、责任、利益，核心是如何设计最优契约以激励代理人并降低代理成本。

1. 代理关系

詹森和梅克林对代理关系做了如下说明：代理关系是指一个或多个委托人雇佣另一个代理人，并授予代理人进行决策的权利，促使其按照约定完成指定的活动。代理关系的实质是一种契约关系，在现代经济社会中，这种关系主要存在于公司企业的股东和管理层之间。

代理理论的主要观点认为：委托代理关系是随着生产力大发展并导致规模化大生产的出现和市场经济活动中的经济关系的愈益复杂化而产生的。委托代理关系产生的首要原因是生产力的发展。生产力的发展使得分工进一步细化，权利的所有者由于知识、能力和精力的限制，不可能行使所有的权利，于是，所有权和经营权相分离的历史前提产生了。同时，专业化的社会分工产生了一种以代替别人进行某种活动为其专业的职业代理人。通常，这些人具有某一方面的专业知识的和精力，于是在这一方面，他们就有能力代理别人做好相关的事。通常这种人被称为专家集团。但在委托代理的关系当中，委托人与代理人的追求的目标是不一致的：委托人追求的是资本增值和资本收益的最大化，最终表现为企业价值最大化或股东财富最大化，而代理人追求自己的工资津贴收入、奢侈消费和闲暇时间等的最大化。这必然导致两者的利益冲突。在没有有效的制度安排下代理人的行为很可能最终损害委托人的利益。

詹森和梅科林把代理关系的基本内容归纳为如下三个方面：①资源的提供者和资源的使用者之间以资源的筹集和运用为核心的代理关系；②资源的提供者之间基于投资者行为目标和行使权利内容不同而形成的代理关系；③公司内部的管理层级之间基于资源经营管理责任的代理关系。

2. 代理问题

当所有权与经营权相分离，委托人和代理人在追求各自利益的极大化过程中，由于双方的条件各异，需要有别，行为目标也就会必然发生冲突，而且信息的不对称也使委托人很难验明代理人的实际行为是否合理或者面临着验明这一情况的费用会很高。因此，如何协调好代理关系，使委托人和代理人构成的组织能够有效运行，便成为一个独特的组织问题，也就是所谓的“代理问题”。代理问题的实质就是由于信息的不对称性和契约的不完备性，委托方不得不对代理人的行为后果承担风险。

代理问题集中表现为代理成本。代理成本是委托人的经济目标与代理人的经济目标发生不利于委托人的偏差。这一偏差就是委托人的代理成本。代理理论是考察委托人和代理人所面临的目标、风险、利益和动机之间的对弈关系，并提出改善这一关系的合理化建议，使代理人的行动更能体现委托人的意志，降低代理成本。

在实践中，委托人必须通过严密的契约关系来对代理人行为实施控制，以遏制其谋私行为。而委托人的这种控制，导致委托人必然支付代理成本。代理成本可以分解为三部分：①委托人的监督成本，是指委托人为使代理人尽力所需的激励和监控成本；②代理人的担保成本，是指代理人用来保证如果采取损害委托人利益行为将给予赔偿的成本；③剩余损失，是指委托人承担的因代理人行使决策权并形成不利于委托人利益的结果而发生的损失，或者说是指委托人在与代理人具有相同的信息和经营条件下行使其效用最大化决策的净损失。研究代理关系的目的就是探索有效的激励机制、尽可能地降低代理成本的制度体系的构造①。

① 张鸣. 高级财务管理［M］. 上海：上海财经大学出版社，2006：30-31.

第三节　公司治理结构与财务治理

一、公司治理

（一）公司治理的内容

如前所述，资本权能的分解在法人企业条件下是必然的事件。公司治理的基础是：由于资本权能的分解，导致代理制度的出现，而代理制度的出现，就必然产生委托人对代理人的一种制度性管理。委托人为了降低代理成本，力图避免代理人出现违背代理契约的行为，就总是要对代理人的道德品质、工作能力加以把握，尤其是要对代理人的工作过程按照双方的契约规定为准进行一种制度性的把握安排。这种把握安排就是公司的治理。

公司治理的本质是有关权利的准确划分并形成相应的制衡形式。这里的有关权利当然还是以资本权利为核心的权利。而与公司运行相关的各主体，各自应该掌握的权利内容，均应由契约形式加以确定。并且在各种权利之间，应该形成相互制约或促进的机制性功能。所谓制约或促进，就是在有关方面（某一执掌权力的主体）出现违背契约的情况时，其他权利将自动形成一种阻滞作用，以保证运行过程正常进行，同时保证委托人和代理人的各自目标最终得以实现。

公司治理的主要内容是公司的股东同公司的管理层之间的权利分配和制衡关系、公司的债权人和公司股东之间的权利分配与制衡关系。

公司治理与公司管理的关系。公司治理是对公司与经营管理相关的有关权利的制度性管理。一般的经营管理是建立在授权的基础上的，是对所接受的权力的具体行使。而公司治理则是对一般意义的经营管理，对权力的行使过程所进行的监督管理。基于这一分析，我们可以说公司治理是对公司管理的管理。

（二）公司治理结构

公司的有效治理必须建立在一定的权力结构形式和一定的制衡机制上。而公司的治理结构的基本内容就是相关权力的分配所形成的结构形式和不同主体之间的相关权力的制衡机制两个基本部分。

1. 公司的权力结构形式

公司的相关权力的分配所形成的权力结构形式，包括权力机构的设置、权力主体的权力运行模式的规定。权力机构的设置与权力的分配形式直接相关。如前所述，所谓权力的分配，就是关于资本权力的分配。资本权力的分配过程，就是资本的所有权各权能从投资者手中转移至董事会再转移至经理层的过程。所谓权力机构，就是指保持资本原始归属权或资本原始产权的股东大会，代表股东执掌公司法人财产权的董事会，对董事会执掌法人财产权过程加以监督，即行使监督权的监事会，行使资本的以使用权为核心的相关权能所构成的经营管理权的经理层。在这一权力机构的设置基础上，产生了与之相适应的各权力主体的权力运行模式。股东作为保持资本原始产权的主体，具有对公司的大政方针的发言权，而上升为全体股东（或至少是股权半数以上股东）的统一意志的股东主张，就将成为公司的基本意志。这一公司意志就是公司制定经营活动的目标、公司经营方式等根本问题的依据。习惯上将这一权力称为股东对股东的管理权。应该指出，作为公司股东的这种管理权同通常所说的以资本使用权为核心的经营管理权，在内涵和外延上均是完全不同的两种管理。股东的这一管理权权力将具体化地表现为：决定公司的大政方针、发行或增加发行股票与否、是否举债经营以及举债的规模、公司与其他公司是否合并、公司是否解散等问题的决定权。以上诸多的权力都应该以大多数股份股东的一致意见为基础。除此之外，股东还将享有收益分配权和对公司的活动过程及结果等内容的特定形式的监督权。但是，股东在行使上述权力时，不能以出资为理由干预经理层的经营管理活动。正是这一限制，充分体现了股份制经济中的两权分离特征。由于股东的统一意志是公司管理中最根本的基础，我们也可以说股东大会是公司的最高权力机构。

而董事（会）则是股东的代表，他们由股东（大会）在信任的基础上选举出来，代表股东执掌公司的法人财产权。这一权力的最基本内容就是代表全体股东同经理人建立委托代理关系。董事会作为最高决策机构，其权力具体包括：①对公司包括总经理在内的经理层人员的任免权（契约）；②对公司的投资和融资具体方案的决定权；③对公司总体经营方案的批准权等。董事（会）同股东的关系不是商业化的委托代理关系。原因在于，首先，董事本身应该是股东（独立董事除外）。这就是说作为董事的股东同一般意义的股东在权、责、利上具有一致性。其次，董事们是在股东信任的基础上被选举出来，代表股东处理相关事务，而不是股东雇佣董事去办理仅对股东具有好处的事情。严格地说，董事们只应该从公司领取津贴（如车马费一类的津贴），而不是也没有权利领取工资一类的劳动报酬，董事同股东之间也没有类似的契约可以支持董事应该领取工资的说法。在此，既然董事具有股东身份，因而董事在代表股东时，其实也是在为自己工作，自己代理自己的法律事项是违背法理逻辑的，因而也是不可能的。但是，上述分析的理论基础主要是基于法律形式理念。在经济实践中，大量地存在大股东损害中小股东的事例。所以，大股东同中小股东在经济利益上并不是完全一致的，事实上存在大股东同中小股东的经济利益的对立情况。而董事会基本由大股东担任，通常只有大股东才能够成为董事，于是上述大股东同中小股东的利益对立情况，通常就体现在董事同股东或中小股东的关系上。基于经济实质重于法律形式的理念和上述分析，我们认为，在董事（会）和股东之间存在准委托代理关系。

股东大会为了尽可能地保证其应有权益不受到损害，通常还将基于资本权力的监督权单独分离出来，并将其交付于为此而建立的一个权力主体，即监事会。监督权是基于资本相关权能分解后所自然产生的一种附加权利。监事会是专门执掌这一权力的机构。监事会同股东大会的关系也仍然是基于信任而代表股东行使原本属于股东的特定权力。由于监事也同董事一样都具有股东的身份，因此监事同股东大会之间也不是商业化的委托代理关系，而是信任代表关系。既然监事和董事都具有股东身份，因而监事的工作其实也是在为自己工作，所以也不能是一种自我代理的关系。

以总经理为首的公司经理层，是公司的执行机构。这仍然是一个权力机构，因为这一机构执掌的就是以资本使用权为核心和基础的经营权。经理层所执掌的经营权，来自于董事会的委托授权，因而经理层所执掌的经营权的实质是一种代理权。这种代理权就质而论，其存在基础是代理关系，就量而言其内容的多少则取决于代理契约的具体规定。

2. 公司的权力制衡机制

任何社会机制都必须建立在人这种主体的心理活动的基础上，人们的心理活动、基于对利益的选择，构成了社会机制的基础。公司的权力结构制衡机制，正是建立在相关主体对如何运用权力的选择，从而追求经济利益这一基础之上。因此，制衡机制必须解决对相关主体的利益关系进行调节并使之协调一致的问题。

广义的制衡机制，包括外部的制衡机制和内部的制衡机制。外部的制衡机制又包括以市场机制为基础对企业权力结构的制衡和利用代理契约关系对企业权力结构的制衡两种机制。而内部的制衡机制则主要指通常意义的法人治理机制，亦即在法人内部权力分配基础上所形成的结构机制制衡。制衡机制的这种内容，取决于相关法人企业的代理关系内容。因为客观上存在什么样的代理关系，则公司的制衡机制就必须对其进行治理，因此也就必须具有相关的制衡机制。具体地，与公司相关的代理关系包括企业债权人与企业的代理关系、企业股东与企业的代理关系，而股东又可分为对企业具有实质性影响乃至于控制的股东与对企业并无太大的实质性管理意义的中小股东。股东的这两种群体与公司的关系存在实质性差异，正是他们与企业的代理关系不同，因而制衡机制的实现方式也具有实质性差异。

公司债权人同公司（股东）的制衡关系。这一制衡关系属于公司外部的制衡关系，而且主要表现为公司债权人同公司股东的权力制衡关系。产生这一制衡关系的基础，仍然是基于公司债权人将一定量资本的使用权让渡给了公司这一事实。而在与公司的关联关系上，股东远比债权人更为紧密。这就导致在关于同一对象公司的信息消费权力上，股东与债权人处于严重的不对称地位上。而这种不对称通常导致股东尤其是有重大发言权因而对公司具有重大影响和实质性控制的股东，将关于债务资本的风险转嫁给债权人，从而损害债权人的利益。为了实现有效制衡，对于债权人在信息消费上不对称的不利地位予以弥补，就是在债务借贷契约中给予债权人以特殊的权力用以制约公司和公司的股东。这些契约特别约定权力的具体内容包括：①借款条件特别限制，如规定借款的用途、借款的担保或抵押条件、借款的信用条件等；②债权人借贷契约的特别终止权。通常，借款契约要规定借款的相关条款，如借款的使用方向、使用方式等。如发现股东或公司有违背双方约定的意图，则债权人将有权终止借贷契约、收回贷款。这也是公司债权人制衡公司及股东的重要形式。债权人与公司或公司股东的制衡关系，主要是通过公司外部的契约形式来实现的，属于利用代理契约关系实现权力结构制衡的典型形式。

公司股东同公司的制衡关系。就形式而言，公司股东同公司的制衡关系主要体现在股东大会与董事会的关系上。如前所述，股东大会同董事会之间存在特定的代理关系——信托关系。这种信托关系具体表现在：董事受股东委托，成为股东的代表，行使对公司的管理权。董事成为公司的法定代表，具体地，董事长就成为公司的法定代表人。对这一信任委托关系的治理主要是依据履行受托经营管理责任的状况，股东大会可以因此决定是否继续选举董事连任、依据是否出现重大的受托责任失职对董事的起诉等。当然，如果这一委托关系一旦成立，股东就不得随意干涉董事正常行使的权力，个别股东的意思表达，也必须上升为股东的统一意思才能发生作用。由于不是商业性的雇佣关系，因此不存在对董事的解聘问题。

就经济实质而论，股东分成大股东和中小股东。大股东通常是指那些拥有公司相当数量、比例股份的股东。这些股东具有对公司的重大影响乃至于实质性的控制。这些股东中的特大股东通常都是公司的董事。这就意味着这些股东能够较为容易地利用法人治理结构，对企业实施治理。因而这种治理属于利用公司内部治理。其具体实施形式表现为董事会同经理人之间的关系治理。大股东利用公司法人治理结构的治理，主要表现为对于经理人的关系的协调处理。董事会执掌法人财产权、任命并指挥经理人员。为了有效地调动经理人员的工作积极性并保证经理人员不出现违背股东利益的行为，董事会通常要使用如下的治理方式：激励、解聘、接收。①激励是作为积极方式的主要内容。具体表现为给予经理层人员“股票选择权”和“绩效股”两种方式。所谓股票选择权是指允许经理层人员以固定价格购买一定数量的公司股票。而股票的市价越是上升，就与固定价格的差距越大，则经理人阶层所获得的利益就越大。基于经济学对经济人的基本假定可知，经理层人员就会努力进行使股票价格上升的活动，而对于经理人员而言，这一活动就只能是提高经营活动的质量和效率。所谓绩效股是指依据经理层人员的工作业绩给予经理阶层人员以一定数量的股票作为对其工作的报酬。而衡量经营者绩效的指标一般是每股利润或资本报酬率。通常，为了激励经理层人员，将这些指标的某一具体数值确定为目标值，并以目标值来考核经理层人员，从而实现激励机制。股东以及董事群体和经理人群体本来存在目标和利益的差异性，而激励方式究其实质则是将这种目标差异性进行调整，使经理人阶层的目标变得接近于股东的目标。②解聘、接收这些方式则是属于消极的方式。解聘是股东-董事会约束经理人的重要手段。解聘的机制作用的核心是利用“饥饿纪律”。股东-董事会以此作为一种鞭策对经理人进行约束。解聘是由董事会直接约束经理人阶层。而接收则是基于经理人经营不力、企业状况不佳或未能达到目标、公司被其他公司所购买吞并的经济现象。通常公司被接收，意味着公司的经营管理层人员的失业。为了避免这一尴尬，经理人员就必须努力工作。这种方式也仍然是在利用前述的饥饿纪律机制的作用，同时还利用了“收益荣誉”的原理。不过这一方式主要是通过市场评价来实现的。

中小股东对董事会、企业或企业经理人的治理关系同大股东是有实质性区别的。由于中小股东并无大股东的发言权、对公司的实质性影响和控制权，所以，中小股东就不可能使用类似于大股东的方式来实现其对董事会、企业以及经理人的治理。中小股东的治理方式主要表现为“用脚投票”的方式。这种方式是利用市场机制来实现的。当出售公司股票的股东趋于增加时，市场的反应是：供应增加，产品价格下降。而当公司股票价格出现下降情况时，反映该公司经营情况。公司如果出现这种情况，首先是经理人员的荣誉受损，发展下去，还将引发对经理人员进行饥饿纪律的制裁。

二、公司财务治理

公司的财务治理，其原理同公司的治理一样，仍然是建立在相关权力的分配和责任的确定基础上的。事实上，公司的财务治理是公司治理的核心。因为公司的运营本质上是资本的运营，而对资本进行管理和经营的内容则构成公司财务活动的内容。

公司的财务治理，仍然是在一个统一目标的引导下，将基于资本管理的相关权限在不同权力执行人之间进行分配后，所构建的不同权力的相互制约和促进的制度安排。

公司基于资本的相关管理权限，包括决策权、落实决策的执行权和必要的监管权。就此而言，公司财务治理其实也是在股东（大会）、董事（会）、监事会和包括财务活动从事者在内的经理层人员之间的权力分配和制约关系的制度安排。

（一）财务治理结构

与资本的财务管理权力相关的权力主体，所执掌的权力及其相互关系就构成了财务治理结构，包括股东的财务治理权限、经营者的财务治理权限、财务经理人的治理权限以及外部债权人对企业资本的特殊治理权限。

1. 出资人的财务权限

自然人或法人，依据公司法以特定形式的资本价值投入或组建公司，出资者就将享有特定的法定权利。例如，股东的管理权，具体包括：①股东的对公司的知情权和发言及表决权；②出售或优先购买本公司股票的权利；③股东收益权和诉讼公司有关代理人的权利。这些权利都与公司财务活动中的资本权利直接或间接相关，从而可以具体化为如下重大事项的决策权和监督权：资本投入和已经建立的公司是否增资扩股、公司的合并或分立、公司的购并有关事宜、公司的破产、清算和关闭有关事宜、投资和筹资计划的批准。这些事宜的决策权一般都归于股东（大会）。同时，股东还享有对董事特别是经理层人员的业绩考核权、选聘董事和监事、对公司有关事项进行审计的权利。这是基于上述资本权利而产生的属于股东的监督权具体内容。

股东行使的这些权利，作为财务治理层次上的意义，可以归结为是一种关于资本的最高决策权和监督权，主要用以保证所投入的资本的安全完整和增长目标的实现。

2. 董事（会）的财务权限

董事会依据股东大会的统一意思表达，具体制订能够落实股东大会决议的全方位战略计划，并指挥经理层人员具体执行。所以，董事会在财务治理中的核心权力就是关于资本的决策权。具体表现为：①决定公司的基本经营制度、制订公司的利润分配或弥补亏损方案；②决定公司的注册资本增减变化方案；③拟订公司的合并、分离，变更公司的形式和解散公司的方案；④聘任和解聘公司包括财务经理人员在内的经理层人员；⑤决定公司聘任人员的薪酬；⑥股东大会授权的其他事项。董事会还应该就上述工作职责的履行情况以及执行结果向股东大会做出报告。

3. 经理层的财务权限

经理层的财务权限主要表现为关于资本的执行权。执行权的核心权力内容是：一是组织实施董事会的战略计划和有关决议，主持日常生产经营活动。具体表现为：

①制定公司的日常经营管理规章制度、拟定公司内部经营管理机构、制订公司日常经营计划并拟订相应的财务预算和决算方案；②提请董事会聘任或解聘副总经理、财务负责人；③组织日常经营所需的员工队伍。二是依据生产经营业绩决定员工的奖励、加薪和职级的升降直至解聘辞退。三是依据生产经营的需要，提请董事会批准聘任有关的专业顾问以及相应的薪酬。四是董事会特别授权的事项，如关于公司的重大投资项目和重大融资项目的论证分析、方案拟订、报送审核等。

4. 财务经理的财务权限

财务经理人的财务权限集中表现在按照总经理的公司经营计划，以及对公司资本日常运行过程的控制和力争实现资本运行的预期结果方面。从权限的表现形式上看，财务经理的财务权限包括：①关于资本需要量的预测；②对确定的公司所需资本量，以何种方式向何种资本供应主体获取；③将所获取的资本在什么时点投入特定的环境中去；④投入运行的资本，应该以什么速度进行周转循环；⑤确定在特定的经营环境中，投入运行的资本应该获得的增值结果，包括增值的绝对量和相对水平。并以此作为标准，通过对资本运动的控制，实现对生产经营活动的控制并最终实现管理目标。

从权限的管理内容上看，财务经理权限的管理内容包括：①处理对外的资本关系，包括同银行的资本借贷关系和与其他同公司形成商业信用关系企业的关系。这些关系的处理，在于提高企业的资信度，从而更有利于企业筹集资本。②企业内部的现金管理。现金管理是企业财务经营活动的核心。因为现金的收支支撑着企业的全部经营活动，没有现金的流动，也就没有企业的经营活动。同时，现金流动又涉及企业全部经营活动。因此现金的状况，无论其存量还是流量，都反映着企业全部经营活动的情况。③财务经理还必须对利润分配的有关具体事务负责处理。而这些事务对企业的利润分配政策的制定、对未来企业的筹资和投资都具有重要的影响。④财务经理还应该对财务预测、计划、分析负责。

（二）财务治理机制

如前所述，治理机制本质上就是在委托人对代理人授权的基础上对接受授权的代理人进行的制度约束。财务治理机制也仍然是如此。财务治理机制的具体内容通常包括三个方面：①工作职责监督机制；②行为方式监督机制；③后果惩戒监督机制。

1. 股东大会对董事会的授权和约束

董事会是股东的代表，其权力来自于股东的授权，否则不能有效地实现股东的目标。但是对这一授权的监督管理也是不可须臾暂离的。

工作职责治理机制，是指给股东授予一定权限的同时，给予与权力相适应的职位责任。权力大于职责，就存在“用不完”的权力，就必将导致权力的滥用；相反，权力小于职责，就是权力不够用，就将导致不能充分履行职责。使权力和责任相匹配和对称，既可以保证职责的充分履行，还可以在相当的程度上防止权力滥用。具体在财务治理上，董事要对公司的全局和长期资本管理制订战略计划，要对日常资本运营的模式、所应遵循的原则和运营方针加以确定。从而使得以总经理为首的经理层人员尤其是财务经理人的工作具有必要的规范。这些工作内容，一方面是董事的工作内容，另一方面是董事必须履行的工作职责。这些工作职责，只能凭借股东大会所授予的权力来履行。于是职责就既（可以）让权力可以得以发挥，又构成对权力的制约。

在公司中实行的独立董事制度，一方面是基于对经理层人员施行更公正的评价监督，另一方面是对董事的一种制约和监督。因为独立董事能够超越利益关系达到超然和独立，从而不受利益的蒙蔽，可以做到比一般董事更公正地看待和处理相关事务。这就在制度上对一般董事起到一种督促与规范的作用。

行为方式治理机制，是指董事不得具有的某些特定行为。如董事不得从事与其工作职位存在利益矛盾冲突的事项。

后果惩戒治理机制，是指因为董事的不当行为导致某种不利的后果。

2. 董事会对总经理的授权和约束

由于资本以及其运行是企业日常经营活动的核心，所以以总经理为代表的经理人对企业日常的经营活动的管理就表现为对企业资本以及运行过程的管理。所以，从财务的角度看，经理人员的日常经营管理工作，就是把握公司日常的资本运行。

总经理在接受董事会的授权后，同样要受到前述的工作职责、行为方式和后果惩戒三种制约。同前述的董事工作职责监督机制一样，总经理的工作职责也构成对总经理运用权限时的制约。也就是说，总经理必须正确地运用权力以完成董事会的目标。由于权力是用于完成特定任务并实现特定目标的基本条件，所以董事会在对总经理授权的同时，其实也把需要总经理完成的任务、总经理在行使权力时实现的目标一起赋予了总经理。这些任务和目标，就是对总经理的工作职责进行监督。同时对总经理还特别需要进行行为方式监督。由于总经理在公司中的位置特殊，所执掌的权力具有举足轻重的意义，所以，总经理就特别地要禁止自己出现与其职位要求相背离的特定行为。这些行为主要包括：①总经理不得成为无限责任组织的股东或合伙人；②不得违背竞业禁止义务；③不得以自己身份或代表他人同公司进行交易、不得从事与公司经济利益冲突的事项，不得利用公司授权收取经济利益；④未经董事会准许，不得为第三者提供担保；⑤总经理被解聘或辞职后的三年内，不得从事与原公司相同的业务。

董事会对总经理的授权，其中关于财务的权限，主要通过财务经理来行使，其财务目标也是由财务经理来具体完成的。如前所述，财务经理在日常的财务活动中主要行使的权力内容是处理资本的日常运营。因此，财务经理也同样受到前述对总经理有关权力制约类似的制约。

3. 审计委员会的治理机制

对于公司的财务治理模式而言，审计委员会是至关重要的一个环节，构成了公司财务治理的一个关键内容。在公司董事会中设立相关的专业委员会，是现代公司治理所采用的有效措施。而审计委员会就是这些专业委员会中的一个主要对财务权限实施治理的一个专业委员会。

审计委员会的主要职责是：①检查公司的会计政策、财务状况和财务包干程序；②对公司内部控制进行考核，对重大关联交易进行审计；③对公司财务会计工作岗位、审计工作岗位的工作进行考核评价；④提请聘请或更换外部审计机构，并负责沟通内外部审计的沟通；⑤评价测试公司内部审计制度并监督其实施。

从上述内容中可以看到，审计委员会的主要职责是对财务活动进行监管，对财务制度进行治理，对财务活动人员行为进行治理。因此，审计委员会是财务活动治理的有机构成内容，也是财务治理机制的有机构成内容。

4. 债权人的治理机制

公司的债务契约构成了对公司的约束，从而形成了债权人治理机制。如前所述，债权人对公司的治理是一种契约治理，债务契约规定了债权、债务双方各自必需的权利和义务。债务契约为了保护风险的主要承担方，对债务方的相关行为做了重点规定。

这些规定包括：

（1）增加债务的限制。一般而言，公司举债将增加企业的财务风险，并且公司的债务保障也相应降低，从而导致公司原有债务价值降低。因而，债权人总是不愿意在公司未偿还旧债时而举新债。为此，总是在债务契约中要对公司后续举债做出一定的限制。

（2）对公司偿债能力的要求。债权人对公司的偿债能力要求，具体表现在公司资本应该具有相应的流动性。资本流动性是公司偿债能力的基础，所以，对偿债能力的要求就具体化为对资本流动性的要求。而公司资本的流动性集中表现在公司的现金存量和流量上。债权人将要求公司保持一定的现金流量和存量。同时，债权人对公司处置资产也具有限制性要求，包括不得出售正常经营所需的资产等。这些要求的根本目的就是不得降低公司的资本流动性，从而不降低偿债能力，以确保公司债务的价值不降低。

（3）对债务资本的使用要求。债权人对公司借贷资本后，契约总是要规定所借贷资本的用途。这正是债权人保护自己的资本安全的正当措施。如果公司违背契约规定使用资本，相当于公司将应该由自己承担的风险转移给债权人。因此，债权人要对公司使用债务资本的方向和方式做出相应的限制。

（4）债权人对公司的其他限制性要求，如高级管理员工薪酬限制、人力资源限制、公司经营方式限制等。

上述债权人对公司的限制，从内容上可知，主要表现为对公司财务活动的限制，从而表现出典型的财务治理机制作用。

思考与练习

1. 怎样理解企业组织形式？
2. 简述企业组织形式与企业权力结构形式的关系。
3. 怎样理解公司的权力结构形式？
4. 公司治理的一般内容是什么？
5. 公司的外部治理形式的主要内容是什么？
6. 债权人对公司的财务治理的主要形式有哪些？
7. 公司内部治理结构的主要内容是什么？
8. 怎样理解公司董事会的治理机制作用？
9. 怎样理解审计委员会对公司的治理作用？

第五章　企业并购的理论基础

并购是资本经营的重要方式。本章将介绍企业并购的基本概念、主要形式和类型，解释并购现象的各种理论或假说的基本含义。

企业并购是一项涉及面广且影响大的综合性财务活动。并购的战略目标主要是以整合为目的，并且实现规模经济或加强市场竞争优势。通过本章的学习，应该熟悉进行企业并购分析的思路和方法，掌握目标企业价值评估的方法和技术。

第一节　企业并购的概念

企业并购是指兼并或合并（Merger）与收购或收买（Acquisition）的合称。在西方，两者惯于联用为一个专业术语——Merger and Acquisition，可缩写为“M&A”，简称“并购”或“购并”。

一、兼并与合并

企业兼并是指具有法人资格的经济组织通过以现金方式购买被兼并企业或以承担被兼并企业的全部债权债务等为前提，购买其他企业的产权，使其他企业失去法人资格或改变法人实体的一种行为。例如，A 公司兼并 B 公司，其后 A 公司依然合法存在，B 公司法定地位则消失。用公式来表示就是：“A+B=A”。兼并的方式可以是现金购买、股票转换或者承担债务，继续经营的企业拥有被兼并企业的全部资产和负债。

企业兼并必须是企业的全部或其大部分资产的产权归属发生变动，实行有偿转移，而个别生产要素的流动，仅构成企业资产的买卖。

根据《中华人民共和国公司法》的规定，合并包括吸收合并和新设合并。吸收合并是指一家企业吸收其他企业，被吸收的企业法人主体资格不复存在，吸收合并即为兼并。新设合并是指两个或两个以上的公司，在相互自愿的基础上，依据当事人之间的协议以及根据《中华人民共和国公司法》的有关规定合并为一家公司或另设一家新公司，从而实现生产要素优化组合的一种行为。例如，A 公司与 B 公司合并，其后 A 公司、B 公司均不复存在，而是组成 C 公司。用公式来表示就是：“A+B=C”。

一般认为，广义的兼并是指企业合并，本章所涉及的兼并是指狭义的兼并。狭义的兼并与广义的兼并（即合并）的主要区别在于：狭义的兼并的结果是被兼并企业丧失法人资格，而兼并企业的法人地位继续存在；广义的兼并的结果是被兼并企业的法人地位可能丧失，也可能不丧失，而是被控股，兼并企业的法人地位也不一定不丧失，因为可能兼并双方合并成立一个新设公司，其原来的企业法人地位均丧失。

国际会计准则委员会正式发布的《国际会计准则 1991/1992》第 22 号对“企业合并”一词的定义为：“企业合并，是指一个企业获得对另一个或另几个企业控制权的结果，或指两个或若干企业实行股权联合的结果。”按照国际会计准则的解释，“控制”是指统驭一个企业财务和经营政策，借此从该企业的活动中获取利益的权力。“股权联合”是指两个或若干个企业的股东，将企业的全部或在实际上将企业的全部净资产和经营业务结合为一个经济实体，以便继续分担联合实体的风险和利益。

二、收购

企业收购（Acquisition）是指某一企业为了获得其他企业的控制权而购买企业资产或股份的行为。收购作为企业资本经营的一种形式，其实质是通过购买被收购企业的股权或资产取得控制权。通俗地讲，企业收购就是一家企业接管另一家企业的行为，被接管的企业其法人地位并不消失。

根据国务院 1993 年 4 月 22 日发布的《股票发行与交易管理暂行条例》第 4 章的规定，上市公司的收购是指任何法人通过获取上市公司发行在外的普通股而取得该上市公司控制权的行为。该条例第 51 条第 1 款规定，收购要约期满，收购要约人持有的普通股达到该上市公司发行在外的普通股总数的 50%或以上的，方为收购成功。

根据《中华人民共和国证券法》的规定，我国的公司收购是指通过公开收购一家公司的股份而获得对该公司控制权的行为。这里的公开收购（Takeover）是通过公开要约（Tender Offer）所实现的收购。在本质上，它是合同交易行为。在法律上，公开要约标志着公开收购程序的开始。

收购可以进一步分为资产收购和股权收购。股权收购与资产收购的主要区别在于：股权收购是购买一家企业的股份，收购方将成为被收购方的股东，因而要承担该企业的债权债务；而资产收购则是一般资产买卖行为，由于在收购目标公司资产时并未收购其股份，收购方无须承担其债务。

三、企业合并与收购的区别

无论是企业合并还是收购，企业产权的转让是其基本的特征。在现代企业制度下，企业产权的转让，即企业控制权的转移是通过以下两种方式进行的：一是通过购买企业的资产获得企业的控制权，二是通过转让企业的股权获得企业的控制权。

企业合并与收购的基本动因是相似的，如扩大企业的市场占有率、扩大企业经营规模以实现规模经营、拓宽企业经营范围以实现分散经营或综合化经营等。总之，两者都是为了增强企业实力而采取的外部扩张策略和途径，都是企业资本经营的基本方式。

另外，两者都是以企业产权为交易对象，而且这种产权交易活动是一种有偿的交换，而不是一种无偿的调拨，支付的手段既可以是现金，也可以是股票、债券或其他形式的回报。并且，两者都是一种在市场机制作用下、具有独立法人财产企业的经济行为，是企业对市场竞争的一种能动反应，而不是一种政府行为。

当然，合并与收购也有许多区别。它们的主要区别见表 6-1。

表 6-1 企业收购与合并的区别

收购	资产收购	B 公司解散，A 公司存续
	股权收购	B 公司不解散，作为 A 公司的子公司存续或；B 公司解散，A 公司存续
合并	吸收合并	A 公司存续，B 公司解散；或 B 公司存续，A 公司解散
	新设合并	A 公司、B 公司都解散，另设一家新公司

尽管兼并、合并和收购存在区别，但在实际过程中，三者往往交织在一起，很难严格区分开，它们的联系远远超过它们的区别，尤其是三者所涉及的财务问题并无差异。因此，本章不再严格区分“合并”和“收购”，一般情况下统称为“并购”，泛指在市场机制作用下一家企业以一定的代价和成本（如现金、股权等）来取得另一家或几家独立企业的控制权和全部或部分资产所有权而进行的产权交易活动。并且，本章把并购方称为买方企业或并购企业，把被并购方称为卖方企业、目标企业或被并购企业。

四、企业并购

并购有最狭义、狭义与广义之分。

最狭义的并购，即公司法上所定义的吸收合并或新设合并。

狭义的并购是指一企业欲将另一正在营运中的企业纳入其集团中或一企业借兼并其他企业来扩大市场占有率或进入其他行业，抑或将该企业分割出售以牟取利益。即狭义的并购除公司法上的吸收或新设合并外，还包括股权或资产的购买（但纯粹以投资为目的而不参与营运的股权购买不包括在内），并且此种购买不以取得被购买方全部股份或资产为限，仅取得部分资产或股份亦可。

狭义的并购与最狭义的并购的区别在于，后者仅为一特定的合并模式，而前者则涵盖所有企业借外力成长的模式。外力成长即通过并购其他企业，利用其既有的厂房设备、技术、员工、商誉，以扩张营运；而自力成长则泛指企业以己力扩张营运，而非利用其他企业现有人力、物力的成长方式。

广义的企业并购除包括狭义的企业并购外，还包括企业任何经营权的移转（形式上或实质上的移转），如一企业集团下属个别公司的重组。此种并购有别于狭义的并购，其特点在于企业集团本身营运并无扩张，而企业经营权实质上可能也未改变，仅为企业结构上的重新安排，如将相互持股改为控股公司模式、将子公司转变为分公司，或纯粹为减轻赋税或其他法律上因素而并购。在此种并购中，企业或企业集团业务的质或量均不变，所变者只是外部形式的“重组”。

因此，国际上通行的“M&A”是一个内涵十分丰富的概念，它包括 Merger（兼并）、Consolidation（合并）、Acquisition（收购）以及 Takeover（接管）等。

五、并购与资产重组的关系

并购是企业资产重组的方式之一。

所谓资产重组，就是通过兼并、合并、收购、出售等方式，实现资产主体的重新选择和组合，优化企业资产结构，提高企业资产的总体质量，最终建立起符合市场经济要求的、更富有竞争力的资产组织体系。

资产重组从本质上看是企业经营战略的一次变革。在市场经济条件下，企业为了适应市场竞争的需要，并能在市场竞争中取得成功，必须不断地对整个现有资产结构进行改组，使资产结构达到最优化。资产重组是一个永恒的话题，任何企业在市场竞争中都必须时刻注意调整企业的资产结构。

资产重组可以采取多种途径和方式。具体到我国来说，伴随着国有企业的改革，资产重组方式多种多样，归纳起来有公司制改组、承包、租赁、兼并、收购、托管、外资嫁接、破产重组等。其中，公司制改组、企业并购和破产是资产重组的三种主要途径。

在西方市场经济国家，资产剥离和企业并购是资产重组的两种基本形式。资产剥离是指将那些从公司长远战略来看处于外围或辅助地位的经营项目加以出售。并购主要涉及经营项目的购入，目的是增强公司的核心业务或主营项目。资产剥离是卖出去，企业并购是买进来。企业资产重组过程往往伴随着资产剥离和收购兼并活动同时进行。

第二节　企业并购的类型和程序

一、企业并购的类型

企业并购的形式较多，根据不同的标准，可以划分为不同的类型。不同类型的并购活动，可能导致不同的并购成本，面临不同的法律和政策环境，并购双方所需要完成的工作也不完全相同。因此，企业需要认真分析并购类型，选择对自己最有利的方式。

（一）按并购双方的行业关系，划分为横向并购、纵向并购和混合并购

1. 横向并购

横向并购是指处于同行业，生产或销售相同、相似产品的企业间的并购，而且往往是市场上的竞争对手间的合并。

横向并购的优点是可以使资本在同一生产、销售领域或部门集中，消除重复建设，提供系列产品，扩大生产规模以达到新技术条件下的最佳经济规模。这种并购的基本条件简单，风险较小，并购双方容易融合，易形成产销的规模经济，是企业并购中的常见方式。

在19世纪后期和20世纪初期，横向并购是企业并购高潮中的主要并购形式，但由于优势企业吞并劣势企业组成横向托拉斯，使企业在该行业市场领域内占有绝对地位，容易破坏竞争，形成高度垄断的局面，许多国家都密切关注并严格限制此类并购的发生。例如，美国的克莱顿法（1914）第7条就特别针对横向购并活动加以规范，禁止任何不合理限制竞争或导致独占的结合。

2. 纵向并购

纵向并购是指生产和经营过程相互衔接、紧密关联、互为上下游关系的企业之间的并购。

纵向购并实质上是处于同一产品链条上不同阶段的企业间的并购，其结果是形成纵向一体化。纵向并购有利于组织专业化生产，实现产销一体化，加强企业对销售和采购的控制以及生产过程各环节的配合，利用协作化生产加速生产流程，缩短生产周期，节约通用的设备、费用，还可以节省运输、仓储、资源和能源等。虽然纵向并购的企业双方分属于不同的产业部门，但两者之间属前后生产工序，并购双方往往是原先的原材料供应者和产成品购买者，所以对彼此的生产状况比较熟悉，有利于并购后的相互融合。基于以上优点，纵向并购较少受到各国反垄断法规的限制。

纵向购并主要集中于加工制造业和与此相关的原材料生产企业、运输企业、商业企业等。纵向并购又分为向前纵向并购、向后纵向并购和向前向后双向纵向并购。向前并购，是指企业向其产品的前加工方向并购，对产品链前面环节的企业进行并购；向后并购，是指企业对产品链后面环节的企业进行并购，如生产原材料和零部件的企业并购加工、装配企业，生产企业购并销售商；向前向后双向并购，则是既向前又向后加工方向并购。

3. 混合购并

混合购并是指既非竞争对手又非现实或潜在的客户或供应商的企业间的并购，并购的企业处于不同行业，产品属于不同市场。

混合并购可以通过分散投资、多元化经营，达到资源互补、优化组合、开辟新的业务、减少经营局限性以及扩大企业知名度等目的。混合并购能够分散企业的投资风险和经营风险，并且这种购并形态因收购公司与目标公司没有直接业务关系，其购并目的往往较为隐晦而不易为人察觉和利用，有可能降低购并成本。与纵向并购类似，混合并购也被认为不易限制竞争或构成垄断，故而不常成为各国反托拉斯法控制和打击的对象，从而在企业购并浪潮中占据相当的地位。

混合并购有三种形态：①产品扩张型并购，即经营相关产品的企业间的并购，其目的是利用本身技术优势，扩大产品门类；②市场扩张型并购，即一个企业为扩大其竞争地盘而对尚未渗透的地区生产同类产品的企业进行并购，其目的在于利用本身或目标企业的市场优势，扩大市场的销售额；③纯粹的扩张并购，即那些生产和经营彼此间毫无关联的企业间的并购。通常所说的混合并购主要是指第三种，其主要目的在于减少长期经营一个行业所带来的风险，实现多元化经营战略。

（二）按并购的出资方式，划分为现金购买式并购、股权交易式并购、承担债务式并购和综合证券并购

1. 现金购买式并购

现金购买式并购是指收购公司向目标公司的股东支付一定数量的现金而获得目标公司的所有权的一种并购方式。包括两种情况：

（1）出资购买资产式并购。出资购买资产式并购是指并购公司使用现金购买目标

公司的全部或绝大部分资产，以实现购并。以现金购买资产形式的并购，目标公司按购买法或权益合并法计算价值并入并购公司，原有法人地位及纳税户头消失。对于产权关系、债权债务清楚的企业，出资购买资产式购并能做到等价交换、交割清楚，没有后遗症或遗留纠纷。这种购并类型主要适用于非上市公司。

（2）出资购买股票式并购。出资购买股票式并购是指收购公司使用现金、债券等方式购买目标公司一部分股票，以实现控制后者资产及经营权的目标。出资购买股票既可以通过一级市场进行，也可以通过二级市场进行。通过市场出资购买目标公司股票是一种简便易行的购并方法，但因为受到有关证券法规信息披露原则的制约，如购进目标公司股份达到一定比例，或达到该比例后持股情况再有相当变化都需履行相应的报告及公告义务，在持有目标公司股份达到相当比例时更要向目标公司股东发出公开收购要约，等等。所有这些要求都容易被人利用，哄抬股价，而使购并成本激增。

作为一种单纯的并购行为，被收购企业的股东一旦得到了对其所拥有股份的现金支付，就失去了对目标企业的所有权。这是现金购买方式的一个突出特点。但现金收购存在资本所得税的问题，这可能会增加收购公司的成本。因此，在采用这一方式的时候，必须考虑这项收购是否免税。另外，现金收购会对收购公司的资产流动性、资产结构、负债等产生影响，但一般不会影响并购企业的资本结构，所以应该进行综合权衡。

2. 股权交易式并购

股权交易式并购是指并购企业通过增发股票的方式获得目标公司的所有权。其主要特点是，不需支付大量现金，因而不会影响收购公司的现金状况，但是增发股票会影响公司的股权结构，原有股东的控制权会受到冲击。

（1）以股权交换股权。以股权交换股权是指并购企业向目标企业的股东发行其股票，以换取目标企业的大部分或全部股票，一般而言，交换的股票数量应至少达到收购公司能控制目标公司的足够表决权数。通过并购，目标公司或者成为并购公司的分公司或子公司，或者解散并入并购公司，目标公司的资产最终都会转移到收购公司的直接控制下。

以股票购买被收购公司的股票时，要按照一定比例换购。其中的换股比例取决于两个公司的盈利水平、股价水平以及股息率的比较。因为这种方式可以较低成本筹集并购所需资金，所以对于机构投资者较有吸引力。目前世界上大多数并购交易都采用此种方式。

（2）以股权交换资产。以股权交换资产是指收购公司向目标公司发行自己的股票以交换目标公司的大部分资产。一般情况下，收购公司同意承担目标公司的债务责任，但双方也可以做出特殊约定，如收购公司有选择地承担目标公司的部分责任。在此类并购中，目标公司应承担两项义务，即同意解散本公司，并把所持有的收购公司股票分配给目标公司股东。这样，并购公司就可以防止所发行的大量的股份集中在极少数股东手中，对现有的控制权结构产生不利影响。购并公司和目标公司之间还要就目标公司的董事及高级职员参加并购公司的管理事宜等达成协议。

采用股权交易式并购虽然可以减少并购企业的现金支出，但要稀释并购企业的股权结构。

3. 承担债务式并购

承担债务式并购是指目标公司资产负债相等或者资不抵债的情况下，并购企业以承担目标企业的部分或全部债务为条件，取得目标公司的资产所有权和经营权的并购行为。采用这种并购方式，可以减少并购企业在并购中的现金支出，但有可能影响并购企业的资本结构。

4. 综合证券并购

综合证券并购是指在并购过程中，并购公司支付的不仅有现金、股票，而且还有认股权证、可转换债券等多种方式的混合。这种收购方式具有现金收购和股票收购的特点，收购公司既可以避免支付过多的现金，从而保持良好的财务状况，又可以防止控制权的转移。

（三）按是否利用目标企业本身资产做支付手段并购，划分为杠杆并购和非杠杆并购

1. 杠杆并购

杠杆并购是指企业通过借入资本或发行优先股而取得目标公司的产权，并且从目标企业资产的经营收入中偿还负债的并购方式。

在这种并购中，并购企业不必拥有巨额资金，只需要准备少量现金（用以支付并购过程必需的律师、会计师等费用），以目标企业的资产及营运所得作为融资担保和还贷资金，便可并购任何规模的企业。而贷出绝大部分并购资金的债权人，只能向目标公司求偿，而无法向真正的借款方——收购公司求偿。所以，贷款方往往在目标公司资产上设有担保，以确保优先受偿地位。收购公司利用目标公司资产的经营收入来支付收购价或作为此种支付的担保。由于此种收购方式在操作原理上类似杠杆，故而得名。杠杆收购于20世纪60年代首先在美国出现，是美国第四次并购浪潮的主要形式，之后风行于欧美。

杠杆收购与其他收购方式相比较，其特点是：①收购公司用以收购的自有资金与完成收购所需的全部资金相比微不足道，通常前者占后者的10%~15%。②收购公司的绝大部分收购资金是通过借债而来，贷款方可能是金融机构、信托基金、个人，甚至可能是目标公司的股东。③收购公司用以偿付贷款的款项来自目标公司的资产或现金流量，也就是说目标公司将支付其自身的售价。④资本结构发生变化。使用债务杠杆进行并购的企业，其资本结构呈倒三角状，在三角形的顶端，是对公司资产有最高求偿权的银行借款，中间层的是垃圾债券的夹层债券，其次才是收购方的投资。⑤并购交易中所涉及人员的变化。在杠杆收购之前的并购交易中，由并购双方经理人员基于各自公司的需求直接达成交易；而杠杆收购需由交易双方以外的第三者充任“经纪人”，并由他在并购交易的双方起促进和推动作用。

按照融资的渠道和收购的投资者来看，杠杆收购还可以细分为下面几种：

（1）杠杆收购（Leveraged Buy-out，LBO）。杠杆收购可以借助“空壳上市”或通过“垃圾债券”等方式来融资。前者是指收购公司先投入资金，成立一家在其完全控制之下的“空壳公司”。而空壳公司以其资本以及未来买下的目标公司的资产及其收益

为担保来进行举债。后者是指20世纪80年代以来西方依靠发行一种高利风险债券，即“垃圾债券”来筹资。以目标公司资产及收益做担保筹资，标志着债务观念的根本转变。只要目标公司的财务能力能承担如此规模的债务，则筹集如此规模的债务收购目标公司就不会有太大清偿风险。这种举债与收购，与公司本身资产多少没有关系而与目标公司资产及未来收益有关。

（2）管理层收购（Management Buy-outs，MBO）管理层收购，是指目标公司的管理层利用杠杆收购这一工具，通过大量的债务融资，收购本公司的股票，从而获得公司的所有权和控制权，以达到重组本公司并获得预期收益目的的一种并购行为。

管理层收购具有以下几个特点：①收购主体为目标公司的管理层。他们往往对目标公司非常了解，并有很强的经营管理能力。通常他们会设立一家新公司，以新公司完成对目标公司的收购。②通常公司的管理人员以该公司的资产或该公司未来的现金流量作为抵押来筹集资金。因而收购资金的绝大部分为债务融资，只有很少的一部分为管理层的自有资金。③管理层收购通常以继续经营原有业务为前提去取得经营权。④收购的后果为管理层完全控制目标公司。通过收购，企业的经营者变成了企业的所有者，实现了所有权与经营权的新统一。

管理层收购起源于美国。在1980年以前，收购并不经常发生，而且牵涉的都是一些小公司。管理层收购在美国20世纪80年代的第四次兼并收购浪潮中达到了顶峰。这一次兼并收购浪潮中，许多投资银行加入进来，出现了多家专门设计管理层收购的公司，加上垃圾债券的广泛运用，把杠杆收购和管理层收购推向了最高峰。1980—1989年，美国杠杆收购案达2 385起，其中约有一半为各种形式的管理层收购。

随着MBO在实践中的发展，其形式也不断变化。除了目标公司的管理者为唯一投资收购者这种MBO形式外，实践中又出现了另外两种MBO形式：一是由目标公司管理者与外来投资者或并购专家组成投资集团来实施收购，这样使MBO更易获得成功；二是管理者收购与员工持股计划（Employee Stock Ownership Plans，ESOP）或员工控股收购（Employee Buy-outs，EBO）相结合，通过向目标公司员工发售股权，进行股权融资，从而免交税收，降低收购成本。

（3）员工持有股票计划（ESOP）。ESOP是所有公司的职工都参与新的所有制的复合资本结构，使得股份制（所有权）影响和公共政策敏感性都最大化，因此，从公共政策的观点看，ESOP能改善效率、提高生产力和收益创造力。ESOP可实现所谓“人人都有经营所有权”的这一境界。可以预见ESOP杠杆收购将成为未来潮流。

2. 非杠杆并购

非杠杆并购是指并购企业不用目标企业自有资金及营运所得来支付或担保支付并购价格的并购方式。早期购并浪潮中的收购形式多属此类。但非杠杆收购并不意味着收购公司不用举债即可负担并购资金，实践中，几乎所有的并购都是利用贷款完成的，不同的是借贷数额的多少、贷款抵押对象的不同而已。

（四）按并购公司的动机，划分为善意并购和敌意并购

1. 善意并购

善意并购是指并购企业与被并购企业双方通过友好协商确定并购诸项事宜的并购。善意并购，在西方被形象地称为“白衣骑士”（White Knight），在善意并购条件下，并购价格、方式等可以由双方高层管理者协商并经董事会批准。由于双方都有合并的愿望，因此，采取这种方式的成功率较高。

具体来说，这种并购方式一般先由并购方企业确定被并购企业，即目标企业，然后设法与被并购企业的管理当局接洽，商讨并购事宜，如并购方能提供的条件、愿意出的价格、并购后是否大量裁员等问题进行讨价还价，在双方可接受的条件下，签订并购协议，最后经双方董事会批准和股东大会通过，并呈报政府主管部门批准。

善意并购可以避免因目标企业抗拒而带来的支出，有利于降低并购活动的风险与成本，使并购双方能够充分交流和沟通信息。但是，并购企业为了换取目标企业的合作，可能会牺牲自己的部分利益。此外，双方的协商谈判、讨价还价需要较长的时间，可能会降低并购活动的部分价值。

2. 敌意并购

敌意并购又称恶并购，是指并购企业在收购目标企业时，虽然遭到目标企业的抗拒，仍然强行收购，或者不与目标企业进行协商，突然直接提出公开收购要约的并购行为。敌意并购被形象地称为“黑衣骑士”（Black Knight），并购方不顾被并购企业的意愿而采取非协商性购买的手段，强行并购对方企业。

通常是先通过收买目标企业分散在外的股票等手段对之形成包围之势，使之不得不接受很苛刻的条件把企业出售。这是并购企业遭到目标公司董事会的拒绝后强迫实行的并购。由于目标企业一旦被并购，原企业法人地位就会消失。因此，被并购企业往往采取反并购措施，如发行新股票以分散股权或收购已发行的股票等。在这种情况下，并购方企业可能采取一些措施，以实现其并购的目的。常见的措施有两种，即收购股票和获取委托投票权。

敌意并购的主要手段是股权收购，并购企业在股票市场公开买进一部分被并购企业股票作为摸底行动之后，宣布直接从被并购企业的股东手中用高于股票市价的接收价格（通常比市价高10%~50%）收购其部分或全部股票。从理论上说，并购企业能够买下被并购企业51%的股票，就可以改组被并购企业的董事会，从而达到并购的目的。但在现实生活中，由于股权比较分散，有时拥有被并购企业10%甚至20%的股票，也能达到控制的目的。其优点是并购时间较短，一般是提出报价若干天后即可进行收购，手续也较简便。

获取委托投票权是指并购方设法收购或取得被并购企业股东的投票委托书。如果并购者能够获得足够的投票委托书，使其发言权超过目标公司管理当局，他就可以设法改组后者的董事会，最终达到并购的目的。然而，在这场被称为“委托投票权战”的激烈斗争中，并购企业需要付出相当大的代价，而且作为被并购企业的局外人来争夺投票权常遭被并购企业原有股东的拒绝，因此这种方法常常不易达到并购的目的。

敌意并购的优点是，并购企业完全处于主动地位，并且并购行动时间短、节奏快，可有效控制并购成本。但敌意并购会招致目标企业的抵抗，甚至设置各种障碍，而且由于无法获知目标企业的实际运营财务状况等重要条件，给企业的估价带来困难。此外，由于敌意并购容易导致股市的不良波动，甚至影响企业发展的正常秩序，各国政府都对敌意并购予以限制。

（五）根据企业成长目标策划中的积极性，将企业并购划分为积极式并购与机会式并购

1. 积极式并购

在积极式并购方式下，企业可根据并购的目标，制定明确的并购标准。在此标准下，企业可主动寻找、筛选出几家目标企业，并开始进行个别并购洽谈。

2. 机会式并购

机会式并购是指企业在其整体性策略规划里，没有具体的并购策划，而只是在被动地得知同业间有哪家企业欲出售，或从专业并购中介机构中得到有出售企业的消息后，企业才依目标企业的状况，结合本企业的策略考虑来进行评估，以决定是否进行企业并购。

（六）按并购交易是否通过证券交易所，划分为要约收购和协议收购

1. 要约收购

要约收购是指并购企业通过证券交易所的证券交易，以高于市场的报价直接向股东招标的收购行为。当并购企业通过证券交易所的交易，持有一个上市公司（目标公司）已发行股份的30%时，依法向该公司所有股东发出公开收购要约，按法律规定的价格以货币付款方式购买股票，获取目标公司股权。要约收购直接在股票市场上进行，受市场规则的严格限制，风险较大，但自主性强，速战速决。敌意收购多采取要约收购的方式。

2. 协议收购

协议收购是指并购公司不通过证券交易所，直接与目标公司取得联系，通过谈判、协商达成协议，据以实现目标公司股权转移的收购方式。协议收购易取得目标公司的理解与合作，有利于降低收购活动的风险与成本，但谈判过程中的契约成本较高。协议收购一般属于善意收购。目前，国内外发生的并购活动多数为协议收购。

此外，按收购是否公开向目标公司全体股东提出，可分为公开收购和非公开收购；按收购行为是否受到法律规范强制，可分为强制收购和自然收购；按并购双方所在的地区，可分为同地域并购和跨地域并购；按并购企业是否隶属同一所有制形式，可分为同种所有制企业间并购和不同所有制企业间并购；按并购双方所在国家或地区，可分为国内并购和跨国并购；按涉及被并购企业的范围，企业并购可以分为整体并购和部分并购。尽管收购可以做出如此多类型的划分，但在实际操作过程中我们可能只是站在某个特定的角度和方面对收购行为做出判断与决策。

总之，从产业经济运行的角度，把企业并购区分为横向并购、纵向并购及混合并购是最基本的分类。这种分类反映了企业并购的本质。而从其他角度划分的企业并购的其他类型，无论是直接并购、间接并购，还是善意并购、敌意并购，或积极并购、

机会式并购，在并购中是采取产权并购还是股份并购，都不过是企业实施横向并购、纵向并购及混合并购的手段。横向并购、纵向并购及混合并购是市场经济条件下，企业并购历史和现实中表现出来的三种最基本的并购类型。随着并购手段的进步，今后还可能会有更多的并购形式被创造出来。

二、企业并购的一般程序

企业的并购活动涉及许多经济、政策和法律问题，如金融、法规、证券法规、公司法、会计法、税法以及不正当竞争法等，在有些国家，还存在反垄断法对并购活动进行制约。因此，公司并购是一个极其复杂的运作过程。公司购并的程序通常由法律做出规定，但是许多细节要由并购的各方具体操作。

企业并购大致可以分为五个阶段：准备阶段、谈判阶段、公告阶段、交接阶段和重整阶段。各个阶段并不是依次进行的，在大多数情况下，是相互交叉进行的。从财务的角度来看，并购的程序通常包括以下步骤：

（1）确定目标企业。这一步主要由公司高级管理人员来完成。在这个过程中，企业通常需要聘请金融机构作为财务顾问，便于购并的顺利进行。

（2）评价并购战略。由于并购活动具有相当大的风险，通常战略考虑要优先于财务分析。所以企业必须根据自身的战略目标来评价并购活动。其中主要的内容就是对目标企业进行战略分析，研究并购对企业竞争能力和风险的可能影响。

（3）对目标企业进行估价。目标企业估价就是根据目标企业当前所拥有的资产、负债及其营运状况和市场价值等指标，确定其价值，也就是公司准备承担的并购成本。根据目标企业是否为上市公司，企业的价值评估方法也有所不同，但最终评估价值应当建立在风险-收益评价的基础上。

（4）制订并购计划。并购计划可以为并购的实际执行过程提供明确的指导和时间表，从而能够和并购的实际完成情况进行比较。

制订并购计划一般包括：

第一，确定并购的出资方式。在现代并购实践中，现金出资、股票出资（即股票交换）、综合证券出资已经成为常见的出资方式。企业在确定并购的出资方式时，通常考虑的因素包括并购后持续经营的需要，税收、财务风险，以及市场价值的可能变化等。

第二，制订融资规划。在确定并购所需的资金数量和形式之后，企业就需要据此进行融资规划，决定筹集资金的方式和数量。在融资规划中，企业必须考虑由此而产生的企业价值和风险的可能变动，在尽量降低风险的同时，保持企业的最优资本结构。

第三，实施进度计划。

（5）实施并购计划，对并购过程进行及时的控制。在并购计划获得股东大会和董事会通过之后，企业就可以正式实施并购计划。在实施过程中，不仅要完成通常的各项财务工作，而且要进行大量的法律规定的工作，如向目标企业提出并购的要约、签订并购合同等。此外，对并购过程中出现的意外情况也要随时进行控制，如反击各种可能的反收购措施等。

（6）整合目标企业。并购成功与否，不仅在于企业能否完成并购，而且更在于并购能否达到并购的战略目标。因此，并购后的管理，对整个并购活动也有着重要影响。只有当企业根据战略目标和实际情况，有计划地将目标企业与本企业整合之后，才能说并购活动真正成功了。

（7）并购活动的评价。并购活动的事后评价，可以为企业提供反馈信息，同时为未来的决策积累经验。

第三节　并购的经济学解释

在西方悠久的公司并购史中，西方学者从各种角度对并购活动进行了不同层面的分析和探讨，提出了许多假说。其研究的基点在于并购发生的原因和并购所能带来的利益价值（管理上的和效益上的）的大小。可以说，西方公司并购理论面临着两个基本问题：①什么力量在推动着公司的兼并与收购；②公司并购对整个经济以及交易双方而言是利还是弊。直至目前为止，世界上还没有哪一种理论能够同时分析所有的并购现象，由此也可以看出并购行为的复杂性。

一、马克思主义经济学角度的分析

马克思在论述资本的流通过程、积累过程，资本主义的起源、演变以及信用制度的作用时也不同程度地涉及了企业联合问题，可以用来对并购现象进行解释。譬如：从社会化大生产和资本追逐利润的特性来分析并购的起源，从竞争与资本集中的角度来分析并购的动因，从价值规律和平均利润率作用的角度来分析并购的作用机制，从资本的流动性来分析并购的实现条件等，从而把马克思散见于《资本论》各处的有关思想串起来，寻找其中的逻辑必然性。特别是马克思对协作的论述，较好地预示了企业今后的演化方向。马克思指出："协作的发展，会发展出自己的组织方式或者管理方式。"从动态的角度看，协作是必然产生的。它不仅提高了个人生产力，而且创造了一种新的生产力。这种生产力被马克思称为"集体力"，企业的最根本性质就是作为协作的组织方式，作为资源配置的一种组织形式而存在的。从静态的角度看，马克思从协作组织演化的角度分析了不同企业之间的联合与兼并，认为它"发展了新的、社会的劳动生产力"。主要包括三个方面：一是不同企业之间的联合是协作不断深化的结果；二是企业之间联合的形式从一开始就包括了纵向合并和横向合并两种方式；三是企业之间的联合与兼并打破了企业组织在空间分布上的局限性，使资源的有效配置在更大的范围内、以更快的方式实现。

在除对企业联合与兼并进行分析外，马克思还分析了企业的分立情况，即单个企业裂变为两个或多个企业的情形。马克思认为："由同一生产者经营的行业，分离和互相独立的现象……局部劳动又可以独立化为特殊的手工业……同一个生产部门，根据其原料的不同，或根据同一种原料可能具有的不同形式，可以分成不同的有时是崭新的工场手工业。"马克思在这段话中阐述了协作与分工之间互为因果、互相促进的关系。马克思从历史的角度阐述了企业的产生和组织演化背后的经济学逻辑。

二、新古典经济学和产业组织理论对横向并购的解释

从新古典经济学的角度来看，在给定生产函数、投入和产出的竞争市场价格的情况下，企业经营者按利润最大化即成本最小化的原则对投入和产出水平做出选择。由于固定成本和变动成本的特性，固定成本在一定时期或规模内保持不变，产量的增加主要通过变动成本的增加来实现，从而相对降低了单位生产成本；企业并购后固定资本增加，生产能力增加，而传统的变动成本却成为常数，譬如生产扩大而管理人员的数目不增加，或对市场营销渠道进行某种程度的有效整合，或采取了新的技术等，均可以使得平均成本下降，这就是促进企业进行横向并购的一个重要动因——追求规模经济。

产业组织理论主要从市场结构效应方面来说明行业的规模经济。该理论认为，同一行业内的众多生产者应考虑竞争费用和效用的比较。竞争作为一种经济行为，有效益也有成本，如果生产同类产品的众多企业拥挤在同一市场上，面对有限的资源供给和有限的市场需求，付出昂贵的竞争费用是不可避免的。而通过横向并购，在行业内进行企业重组，从而达到行业特定的最优规模，实现行业的规模经济是可能的。

三、效率理论对并购的解释

效率理论认为，企业并购能够带来潜在的社会效益，提高交易参与者的效率，并通过不同形式的协同效应表现出来。所谓协同效应，是指两个企业组成一个企业之后，其产出比原来两个企业的产出之和还要大的情形，其实际价值得以增加，通常称之为“2+2=5”的效应。这一理论包含两个基本要点：①公司并购活动的发生有利于改进管理层的经营业绩；②公司并购将导致某种形式的协同效应。

效率理论可细分为五个子理论：

（一）管理协同效应理论

管理协同效应理论包括差别效率理论和无效率管理理论。

并购的最一般理论是差别效率理论（Differntial Efficiency）。差别效率理论认为，并购活动产生的原因在于交易双方的管理效率是不一致的，效率高的企业将会利用自身过剩的管理资源并购效率低的目标企业，并通过提高目标企业的效率而获得收益。

在差别效率理论中，收购方具有目标公司所处行业所需的特殊经验并致力于改进目标公司的管理。因此，差别效率理论更适用于解释横向兼并。

无效率管理理论（Inefficient Management）认为，通过企业并购来撤换不称职的管理者将会带来管理效率方面的好处。一方面，无效率管理理论可能仅是指由于既有管理层未能充分利用既有资源以达到潜在绩效，相对而言，另一控制集团的介入能使目标公司的管理更有效率；另一方面，无效率管理理论也可能意味着目标公司的管理是绝对无效率的，几乎任一外部经理层都能比既有管理层做得更好。该理论为混合兼并提供了一个理论基础。

无效率管理理论需要三个假设前提：①目标企业无法替换有效率的管理者，而必须通过代价高昂的并购来更换无效率的管理者；②如果只是为了替换无效率的管理者，目标公司将成为收购公司的子公司而不是合而为一；③当收购完成后，目标企业的管理者需要被替换。虽然在某些并购活动中，可能会有更换能力低下的管理者的情况发生，但经验表明，实际并非如此，因而，把无效率的管理者假说作为并购活动的一般性解释是令人难以接受的。

（二）经营协同效应理论

该理论认为，由于存在大量不可分性的生产要素，如机器设备、人力、经费支出等方面，在行业中存在着规模经济的潜能，所以两个或两个以上企业合并成一个企业时会引起收益增加或成本减少，整体产生经营协同效应。

通过并购实现的经营协同效应主要表现在以下几个方面：①并购可以扩大生产企业的规模，实现规模经济效益；②并购双方的优势互补，消除竞争力量，提高企业的竞争优势，扩大市场份额，增强企业抵御风险的能力。因此，横向、纵向甚至混合兼并都能实现经营协同效应。例如，A 公司擅长营销但不精于研究开发，而 B 公司正好相反时，如果 A 公司兼并了 B 公司，那么通过两者的优势互补将产生经营上的协同效应。

但是经营协同效应理论也存在缺陷，主要有：一是企业管理层的管理能力能否在短时期内迅速提高，并达到管理好更大规模企业的水平；二是企业管理层的管理才能在相同或相近的产业中很容易扩散和转移；三是如何并购对双方都有利的资源，如何处理并购之后不需要的部分。

（三）财务协同效应理论

该理论认为企业并购主要是企业出于财务方面的考虑，并购后企业整体的偿债能力一般比并购前单个企业的偿债能力强，所以，并购可降低资本成本，实现资本在并购各方之间的有效配置，提高财务能力。通过并购实现的财务协同效应主要体现在以下三个方面：①随着并购之后企业规模的扩大，并购可以提高企业的负债能力。并购不但可以增强融资能力，节约融资成本，而且由于利息费用计入成本，还可以节约所得税支出。②如果并购企业与被并购企业的现金流量不是完全相关的，那么，并购可以降低企业破产的可能性和破产费用的现值。③如果拥有许多内部现金流量但缺乏投资机会的企业，与具有较少现金但拥有许多投资机会的企业之间通过并购，可以提高资金的使用效率。

（四）多角化理论

作为一种并购理论，多角化理论与证券组合的多样化理论不同。股东可以在资本市场上将其投资分散于各类产业，从而分散其风险，而公司不能像公司股东一样可在资本市场上分散其风险，只有靠多角化经营才能分散其投资回报的来源和降低来自单一经营的风险。

该理论认为多样化经营（分散经营）能够满足管理者和其他雇员分散风险的需要，

能够实现组织资本和声誉资本的保护，还能够在财务和税收方面获得好处等，因而具有一定的价值。例如，公司内部的长期员工由于具有特殊的专业知识，其潜在生产力必优于新进的员工，为了将这种人力资本保留在组织内部，公司可以通过多角化经营来增加职员的升迁机会和工作的安全感。此外，如果公司原本具有商誉、客户群体或供应商等无形资产时，实行多角化经营可以使此资源得到充分利用。

虽然多角化经营未必一定通过收购来实现，但可通过内部的成长来达成，时间往往是重要因素，通过并购其他公司可迅速达到多角化扩展的目的，从而获取上述价值、增强企业的应变能力。

（五）价值低估理论

该理论认为，当目标公司的市场价值由于某种原因而未能反映出其真实价值或潜在价值被低估时，由于并购价值被低估的目标企业，可以迅速提高并购企业的发展前景和经营业绩，并购活动将会发生。

公司市值被低估的原因一般有以下几种：①公司的经营管理未能充分发挥应有的潜能；②收购公司拥有外部市场所没有的有关目标公司真实价值的内部信息。③由于通货膨胀造成资产的市场价值与重置成本的差异而出现公司价值被低估的现象。

四、交易成本理论对纵向并购的解释

科斯的交易费用理论认为，企业与市场是不同的交易机制，市场机制以价格机制配置资源，企业机制以行政手段配置资源，交易成本的高低决定了市场的存在。利用市场价格机制，进行市场交易是存在交易费用的，包括搜寻价格信息的费用、交易中讨价还价及签约的费用、违约以后的仲裁费用等。将该理论应用于企业并购之中可以解释为：并购行为之所以发生，主要原因在于节约交易成本。具体来讲，如果为了一项交易，一个企业并购另一个企业，所引起的内部成本小于通过市场机制进行这项交易的成本时，并购行为就会发生，否则相反。

企业特别是纵向一体化企业的出现正是为了降低市场交易费用，以费用较低的企业内部管理协调代替市场协调。在社会分工体系下，处于相继生产阶段或密切的上下游生产经营活动的企业间，并购是通过市场交易合同来联结，还是实行纵向一体化、靠企业内部管理来联结，主要取决于市场交易费用与企业内部组织管理费用的比较。纵向一体化企业的规模被限制在市场交易费用等于内部组织管理费用的那一个点上。

交易费用理论为企业并购提供了一个全新的研究方法，能很好地为纵向并购和混合并购提供有力的解释，通过交易成本理论对企业并购的解释可以明显地看到企业并购行为的最优边界。但交易成本理论还是有很多局限性的，主要表现在以下几个方面：①企业并购行为并不是企业可以用来减少交易成本的唯一方式（特许经营、外包、合作制等方式也可以用来节约交易成本），交易成本理论仅仅说明了节约交易成本是企业并购行为发生的必要条件而非充分条件。因此，交易成本理论对企业并购的非唯一性解释大大减弱了其理论的解释力。②交易成本理论解释企业的并购行为使用的是新古典经济学市场出清的分析方法，但实际上，企业并购市场并非是完全竞争市场，有很多因素会使得企业并购有时会出现市场失灵。③交易成本理论解释企业并购现象时往往仅考虑交易成本的节约，而没有考虑并购发生以后所带来的效益因素。④交易成本理论解释企业并购现象时采用的静态分析方法也大大减弱了其解释力。

五、代理理论对并购的解释

詹森和梅克林（1976）系统阐述了代理理论。代理问题产生的基本原因在于企业两权分离和股权高度分散的情况下，出现了“内部人控制”现象，管理者进行决策时就有可能偏离股东目标，两者之间就会产生代理问题，由此而产生代理成本。代理成本包括所有者与代理人订立契约的成本、对代理人进行监督和控制的成本以及限定代理人执行最佳决策时所必须付出的额外成本。

代理理论对企业并购动机的解释可归纳为以下三点：

（1）并购可以解决和制约代理问题。企业的代理问题可由适当的组织设计解决。当组织制度方面（如董事会）和市场制度方面（如管理者市场、股票市场）的安排不足以解决代理问题时，可以通过外部的市场接管来解决。接管通过要约收购或代理权争夺，可以使外部管理者战胜现有的管理者，从而取得对目标企业的决策控制权，降低代理成本。

（2）并购的管理主义动机。穆勒（1969）用管理主义来解释混合并购问题，假定管理者的报酬是企业规模的函数，认为利己的管理者会进行不良企图的合并。其目的仅仅是为了扩大企业规模和提高自身的报酬，而忽视企业的实际投资收益率。但莱维兰和亨特斯曼（1970）的实证分析表明，管理者的报酬不仅与企业的规模（销售水平）有关，而且与企业投资收益密切相关。因此，穆勒理论的基本前提是值得怀疑的。持反对意见者则认为，并购本身实际就是与管理者无效率和盲目外部投资有关的代理问题的一种表现形式。

（3）自大假说。罗尔（1986）认为收购企业的管理者在评估并购机会时，往往过于乐观和自大，在对企业的竞价接管过程中，以较高的估价（高于目标企业的内在价值）收购。另一种类似的观点是经理主义理论，将并购行为归结为经理们为了谋求更大的自身价值（如追求自身的社会威望或取得更大的剩余控制权等）而采取的盲目扩张企业的行为。

六、范围经济对并购的解释

所谓范围经济，是指企业在经营多种没有直接投入-产出关系的产品时而带来的费用的节约和风险的降低。例如，商标等无形资产共享的经济性，研究开发机构共享的经济性，营销网络共享的经济性，分散经营风险的经济性，等等。或者说如果同时生产几种产品的支出，比分别生产它们要更少，那么，就存在着范围经济性。

范围经济性是指企业由于从事多种产品的生产和经营活动而带来的成本节约、收益递增现象。范围经济性不仅表现为生产经营多种相关或不同产品时产生的收益递增，而且在垂直或纵向一体化的情况下，为最终产品而进行处于相继生产经营阶段的不同产品的生产，也可以归入范围经济的范畴。所以，范围经济包括垂直集中或纵向一体化的经济性与结合产品或生产经营多角化的经济性两个方面。范围经济的数学表达式为：$C(X_1, X_2) < C(X_1, 0) + C(0, X_2)$。式中：$X_l$、$X_2$是两种不同商品，$C(X_1, 0)$代表某企业（工厂）单独生产一种$X_1$时的成本；$C(0, X_2)$代表另一个企业（工厂）单独生产$X_2$产品时的成本；$C(X_1, X_2)$是把两种产品放在一家企业（工厂）中生产经营时的成本。把两种或两种以上的产品放在一家企业（工厂）中生产的成本，比在两家或两家以上的不同的企业分别生产时的成本要低。

形成范围经济的原因有几点：一是某些生产要素具有多种经济价值，而这些生产要素又具有不可分性，要充分发挥其作用，就需要综合利用一体化、系统化的经营；二是现代设备和生产线具有多功能的特点，具有多种生产的可能性；三是当不同的产品、技术或管理活动之间具有互补性的时候，可以带来费用上的节约，即产生协同效应。

七、税负利益理论对并购的解释

税负利益理论认为，并购在一定程度上可以降低企业税负，实现税负利益。例如，如果并购双方的企业中，一方有较大数额的亏损，则适用高税率的利润较高的企业可以通过并购有较大亏损的企业，以目标企业的亏损额来抵销其应纳税所得额，从而立即带来大量的税款节约额，减少并购后企业的应纳税款。又如，通过并购获得成长型无股利分配的小企业然后将其卖掉，获得资本利得，从而用资本利得税代替较高的普通收益税，以达到避税目的。

八、过渡期中国企业并购的特殊动机理论

相对于西方发达国家来说，中国的企业并购实践才刚刚起步，所以企业并购理论在中国还不是很成熟。同时，由于在我国经济体制转轨过程中所发生的企业并购，是在特殊的社会经济背景下形成的，因而中国的企业并购及其理论从一开始就带有鲜明的中国特色。它的主要特点是：

（1）企业并购的动力不仅仅局限于企业内部，还来自于政府部门，甚至有时政府的动机强于企业本身。特别是在我国并购发展初期，国有企业亏损严重，破产制度因种种原因不能有效实施，许多亏损企业和劣势企业在政府的干预和安排下，被并购到一些效益好的大企业中，这往往并不是并购企业的意愿而是政府的意图。

（2）并购是消除亏损的一种机制。在传统体制下，国家对于亏损企业的拯救主要是采取行政和经济补贴两种方式。从行政方式上，主要是通过改换亏损企业的领导班子，依赖新的领导班子尽力支撑企业的生存；从经济补贴方式上，则主要是由地方和国家两级财政安排一部分资金来补贴亏损企业，或从税收上给予减免。由于传统方式未能触动企业的制度和机制，收效甚微，从而造成大量亏损企业无效用占用社会资源、资源使用效率低下的现象。为了实现资源向高效率部门的转移，提高资源使用效率，政府引入企业并购机制。

（3）并购是一种对破产的替代机制。由于中国现行特殊的社会历史环境，破产将造成较大的社会动荡。对于大多数亏损企业，仍然要从改革和稳定的大局出发，给予

救助，而不是轻易让其破产。因而，通过企业并购就可以达到“一石多鸟”的目的：①既实现企业重组，又减小社会动荡；②成为政府、企业、职工都乐于接受的替代企业破产的重要机制。

（4）强强联合式的企业并购是应付激烈国际竞争的重要战略。

（5）在我国国有资产存量效率低的情况下，并购又是国有资产重组、实现资源优化配置、提高存量资产运行效率的一个重要机制。

以上是具有我国特色的企业并购理论。需要指出的是，随着我国市场经济的发展，企业行为也日益走向规范，企业也越来越多地考虑一些有关自身长远发展的战略问题。同西方国家一样，我国的一些优势企业也开始从提高规模效益、扩大市场势力、实现企业低成本扩张等动机出发，来实施并购战略。所以，我们可以说，我国的企业并购也将是一种适应日益激烈的竞争需要的企业长远发展机制。

上述理论都是针对某一种或几种具体的并购动机而言的，都有其各自适用的范围。而企业并购涉及方方面面的利害相关者，因此，企业并购理论应该是多层次性的，不可能以一种理论涵盖具体动机不同的各种并购行为。

第四节 企业并购的动机和效应

一、企业合并的外因

（一）产业结构变动

产业结构可以从两个层次来看：一是三大产业结构，二是每个大产业内部结构。根据美国著名经济学家西蒙·库兹涅茨的研究，产业结构发生大变动的时期恰恰也是企业合并大规模掀起的时期。

产业结构是指产业间的联系及比例关系，通常可用产业部门提供的生产总值、劳动力拥有量以及投入产出关系值来反映，但这些指标的背后却是产业部门的资产拥有量、资源配置有效性、生产能力等因素。因此，产业结构变动从表面上看是上述指标值的变化，实际上也反映产业部门间此消彼长的实力变化，如资产拥有量的变化、生产能力的变化等。这种实质性变化，主要依靠两种方式：一种是通过资本积累、扩大自我投资或自我约束以谋求产业的发展或退却；另一种是通过企业合并等形式，将他人资产迅速转移至本产业部门，以谋求发展。由于前一种方式与后一种方式相比有速度慢、风险大、资产难以相互流动、筹资较难的短处，加上产业部门此消彼长的闲置资产与需要购置的资产并存状况，自然就激发了企业合并等行为的发生。这也就是为什么在产业结构剧烈变动时期恰恰也是企业合并高潮掀起时期的原因。

（二）经济周期性变化

根据经济周期的长度，可将经济周期分为长波、中波和短波。长波和中波大致相当于熊彼特的康德拉季那夫周期和犹拉格周期，短波通常称为商业周期。无论是长周期还是短周期，经济周期变动都可以划分为两个时期：一是经济扩张时期，二是经济收缩时期。扩张时期可分为复苏和高涨，收缩时期可划分为衰退与危机。

经济周期的变化，必然要激发作为资本集中及投资的一种方式的企业合并。当经济度过危机，呈现复苏时，许多企业有闲置资产，还存在许多困难、苟延残喘的企业。这客观上给了优势企业吞并困难企业并迅速扩大自己的经济实力、抢占市场，从而获得经济高涨时由于市场繁荣而带来好处的机会。而经济衰退时，面对大量企业的收缩，优势企业可以廉价收购闲置资产，以达到扩大自己实力的目的，从而产生企业合并。

（三）激烈的市场竞争

市场竞争的手段主要有两种：一种是价格竞争，另一种是非价格竞争。要在市场竞争中成为强者，企业必须有足够的经济实力。这种经济实力不仅表现在资本的大小上，还表现在生产技术水平、管理水平、生产效率等一系列因素上。尽管如此，但谁也不能否认拥有雄厚资本的企业在市场竞争中总是处于有利地位。由于拥有雄厚资本的有效方法是合并其他企业，因此为了应对市场竞争，企业就有必要扩大自身规模，加速资本集中。从这个意义上来说，激烈的市场竞争环境既导致一部分企业由于经营不善要被淘汰，从而提供了被合并的对象，又导致了一部分企业愿意合并其他企业这一事实。

二、企业合并的内因

企业合并的内因是指激发企业合并行为发生的企业内部的诸多因素。在不同的时期和不同的市场条件下，合并的动机并不一样，有些动机是共有的，有些动机则是出于特定的考虑。

（一）追求利润

追求利润最大化是企业家从事生产经营活动的根本宗旨。由于通过并购可以扩大经济规模，提高产品产量，获得更多的利润，因此企业家总是想方设法地利用企业并购的途径获得更大的利益。投资银行家受高额佣金的诱使也在极力促使企业并购的成功。因此，利润最大化的生产动机刺激了企业并购的不断产生和发展。

（二）追求规模经济

规模经济是指随着生产和经营规模的扩大而出现的成本下降、收益递增的现象。企业在管理、生产和分配中存在最佳规模，此规模下可获得规模效益。

在企业并购的各种具体动因中，追求规模经济是基本动因。不论是从事单一产品生产的工厂制企业，还是从事不同产品的、包含多个单一产品生产的现代公司制企业，企业间的并购、整合，都有利于扩大企业的生产、经营规模，并带来规模效益。

1. 横向并购中的规模经济与规模不经济

横向并购是同一产业中生产同类或存在替代关系的企业之间的并购，具有直接的规模经济效果。但是横向并购的规模经济效果是有条件的，除了应具备企业规模经济内外部支撑条件外，实施并购的企业的产品首先应该具有较高的市场占有率水平，在消费者或需求者中具有较高的知名度，市场需求旺盛，而现有企业的生产能力难以满足市场需求。此时选择合并同类项，可能会发挥出较好的规模经济效果。在产业内过度竞争的情况下，横向并购由优势企业加以实施，也能发挥消除竞争对手、实现规模化生产经营的效果。与此相反，如果实施并购企业缺乏实现规模经济应有的基本支撑条件，在产业内并非优势企业，而且面对处于某种垄断优势地位的竞争对手，盲目地实施横向并购、追求规模扩张，只能导致规模不经济。经济规模不等于规模经济。

2. 纵向并购中的规模经济与规模不经济

企业纵向并购的规模经济实现也必须首先具备企业规模经济的支撑条件，否则，会陷入规模不经济的误区。除此之外，企业纵向并购的规模经济的实现，必须借助纵向一体化企业的有效管理。鉴于企业纵向并购有利于降低市场交易费用，以企业内部的管理协调替代部分市场协调，是“另一只看得见的手”，因而有利于支撑最终主导产品的规模经济效果。纵向并购在许多具有上下游关系的企业间一度十分盛行。但是，企业间纵向并购在降低市场交易成本、获得某种形式的规模经济效果的同时，也会由于企业规模的扩张，导致内部组织管理的复杂化，内部组织管理成本过度上升，造成规模不经济。企业的纵向一体化不可能无限制发展。如果企业纵向并购后的组织管理成本大于市场交易成本，进行纵向一体化就会陷入规模不经济的误区。企业纵向并购后形成的企业，以有限责任的公司制度为载体，形成以全资、控股、参股等资本形式来联结的企业集团，是克服内部组织管理成本过度上升，同时获得降低市场交易费用及某种形式的规模经济效果的一种有效的制度安排，也是超越纵向并购规模不经济的有效组织形式。

3. 混合并购中的规模经济与规模不经济

要获得混合并购的规模经济效果，构成企业规模经济的各种支撑条件也是必不可缺的。例如，内部支撑条件包括，技术与工艺条件、资本规模、企业家能力；外部支撑条件包括，市场规模、市场范围、产业及产品差别、资源及运输条件；等等。除此之外，企业通过混合并购，谋求规模经济，特别是其转化形式的范围经济性，必须以主导产品的规模优势为依托，把并购对象限制在相关生产经验领域之内，以共同利用通用设备以及研究开发机构、品牌、商誉、营销网络等无形资产，获得范围经济效果。如果在主导产品尚未形成规模经济优势的条件下，盲目通过混合并购追求生产经营的多角化，认为经营范围越广，就是规模经济，就会陷入规模经济的误区。

（三）追求协同效应

协同效应指的是整体价值超过各部分价值之和。企业合并的主要动机是增加合并后企业的价值。假设企业 A 和企业 B 合并组成企业 C，如果企业 C 的价值超过了企业 A 和企业 B 各自价值的和，那么在合并中就存在着协同效应。这种合并对企业 A 和企业 B 的股东都是有利的。

协同效应主要来自以下几个方面：

1. 管理协同效应

管理协同效应是指在管理上有效率公司并购管理低效的公司，从而使目标企业达到并购企业的管理效率水平。在这里，目标企业主动要求并购可能是要借助并购企业提高自身的管理效率。

2. 经营协同效应

经营协同效应是指并购给企业生产经营活动的效率方面带来的变化及效率的提高所产生的效益。经营协同效应体现在以下几个方面：

（1）可以取得经验曲线效应。通过并购方式，不但可以获得既存目标企业的资产，而且可以利用其特有的经验。很多行业中，当企业在生产经营中经验积累越多时，可以观察到一种单位成本不断下降的趋势。成本的下降主要是由于工人的作业方法的改进和操作熟练程度的提高、专用设备和技术的应用、对市场分布和市场规律的逐步了解、生产过程作业成本和管理费用降低等原因。由于经验固有的特点，企业无法通过复制、聘请对方企业雇员、购置新技术或新设备等手段来取得这种经验。这就使拥有经验的企业具有了成本上的竞争优势。

（2）达到优势互补。并购能够把公司双方的优势融合在一起，使并购后的新公司能够取旧公司之长、弃旧公司之短。这些优势既包括原来各公司在技术、市场、专利、产品管理等方面的特长，也包括它们优秀的企业文化。

（3）可以节省管理费用、营销费用、研究开发费用、交易费用。并购以后分摊到单位产品（或服务）上的固定资产折旧费用、管理费用、营销费用、科研费用相应减少，在横向并购中追求经营上的规模经济体现得最为充分。另外，并购可以把两个或若干个公司之间的市场交易关系转变为同一公司内部的交易关系，并购后形成的新公司以新的组织实体参与外部市场交易，能大幅度降低公司的交易费用。追求交易费用的节省是纵向并购的根本动因。

3. 财务协同效应

财务协同效应理论认为，并购的动因是出于财务方面的考虑。在具有很多资金但缺乏良好投资机会的企业与具有很多投资机会但又缺少资金的企业之间，选择并购会产生财务协同效应，节省筹资成本，提高资本收益。

财务协同效应主要是指兼并给企业的财务方面带来的种种效益。这种效益的取得不是由于效率的提高而引起的，而是由于税法、会计处理惯例以及证券交易等规定的作用而产生的一种纯金钱上的效益，主要表现在以下两个方面：

（1）通过兼并实现合理避税的目的。税法对个人和企业的财务决策有着重大的影响。不同类型的资产收益的税率有很大区别。由于这种区别，企业能够采取某种财务处理方法达到合理避税的目的。例如，当企业 B 兼并企业 A 时，如果企业 B 不是用现金购买企业 A 的股票，而是把企业 A 的股票按一定比率换为企业 B 的股票，由于在整个过程中，企业 A 的股东既未收到现金，也未实现资本收益，这一过程是免税的。通过这种兼并方式，在不纳税的情况下，企业实现了资产的流动和转移。资产所有者实现了追加投资和资产多样化的目的。在美国 1963—1968 年的兼并浪潮中，大约有 85% 的大型兼并活动采用这种兼并方式。

（2）通过兼并产生巨大的预期效应。财务协同效应的另一重要部分是预期效应。预期效应指的是由于兼并使股票市场对企业股票评价发生改变而对股票价格产生影响。

预期效应对企业兼并有重大影响。它是股票投机的一大基础，而股票投机又刺激了兼并的发生。在西方市场经济中，企业进行一切活动的根本目的是增加股东的收益，而股东收益的大小，很大程度上取决于股票价格的高低。证券市场往往把市盈率（PE）即价格-收益比率作为对企业未来状况的一个估计指标。

一个企业特别是那些处于兼并浪潮中的企业，可以通过不断兼并那些有着较低市盈率但有较高每股收益的企业，使企业的每股收益不断上升，让股份保持一个持续上升的趋势，直到由于合适的兼并对象越来越少，或者为了兼并必须同另外的企业进行激烈竞争，造成兼并成本不断上升而最终无利可图为止。预期效应的刺激作用在美国1965—1968 年的兼并热潮中表现得非常显著，在绝大部分的兼并活动中，兼并方的市盈率一般都大大超过被兼并方。

4. 充分利用剩余资金

如果企业的内部投资机会短缺而资金流动又很丰裕，剩余资金一般有如下出路：①支付额外股息；②投资于有价证券；③重新购置公司股票，购进其他公司。

如果支付额外股息，企业就必须缴纳分配收益的普通税。有价证券投资是剩余资金的通常出路，但有价证券投资的报酬率一般低于公司股东要求的报酬率。重新购置股票可以使剩下的股东获取资本利率。但是，重新购置股票会使公司股票价格临时高于均衡价格，从而使公司不得不支付更多的资金购回公司股票。这不利于仍然持有公司股票的股东。同时，单纯为避免支付额外股息而重新购置股票，会遭到国内税收部门的反对。利用剩余资金购进其他公司，并不会增加合并公司及其股东的直接税务负担。因此，很多资金雄厚的企业都是利用剩余资金去合并那些对自己未来目标和发展有利的企业。

5. 追求企业发展效应

任何企业要在激烈的市场竞争中生存和发展，其成长路径不外乎两个方面：一是靠企业内部资本积累或积聚，实现渐进式的成长；二是实行并借助于公司制度，通过企业并购，迅速壮大资本规模，实现跳跃发展。

马克思指出："假如必须等待积累使单个资本增长到能够修建铁路的程度，那么恐怕直到今天世界上还没有铁路。但是，集中通过股份公司转瞬之间就把这件事完成了。"单个企业内部积累永远是企业成长的基础，但是资本扩张数量和速度决定了仅仅依靠这种手段，企业成长必然是缓慢的。所以，施蒂格勒在分析美国企业成长路径时指出："没有一个美国大公司不是通过某种程度、某种形式的兼并收购而成长起来的，几乎没有一家大公司主要是靠内部扩张成长起来的。"

并购之所以成为企业外部成长的主要路径，主要是因为：

（1）并购可以减少投资风险和成本，投资见效快。投资建设一家新企业，除投资周期长以外，还要花费大量的时间、财力去获得稳定的原料来源，寻找合适的销售渠道，开拓新的产品市场，塑造新的产品形象，具有很大的不确定性，增大了投资风险。通过并购形式，可以直接进入目标企业经营领域，直接利用其生产能力、原料来源、营销网络、工程技术人员及品牌和商誉等无形资产，不仅比新建成本低，而且可以减少投资风险。例如，以生产"万宝路"香烟而著名的菲利普·莫里斯（Philip Morris）

公司，从20世纪60年代起就意识到香烟市场将会逐步萎缩，因此，有意识地将从香烟上获得的利润进行转移，兼并了一系列食品行业的企业，其基本的战略目标是要在20世纪末将公司转变为一个拥有大量利润的有香烟分部的食品公司，而不是一个附带生产食品的烟草公司。再如，在1989年年底震惊美国的日本索尼公司购买美国最大电影制片公司——哥伦比亚音像公司中，索尼公司的战略很清楚，它要借助哥伦比亚音像公司雄厚的制片能力和旧片库存来占领高清晰度彩色电视及录像机市场。索尼公司曾由于“软片”的不足，致使其首创的大1/2录像机在部分市场中遭到淘汰，被迫退出这一重要市场。因此，索尼公司在美国的一系列兼并活动是为占领21世纪的视听器材市场做准备。

（2）可以有效地冲破特定产业的进入壁垒。当企业试图以新建形式进入某个生产领域时，客观地存在着影响企业进入的各种因素，如最低资本数量、产品差别、既存企业的规模经济与成本优势、既存企业采取阻止新企业进入的行为等，都构成新企业的进入壁垒。如果选择对特定产业的既存目标企业进行并购，就可以轻而易举地越过各种进入障碍，进入新的生产经营领域。通过兼并进入一个新市场，企业就可以有效地降低这种进入壁垒。日本自行车企业就成功地利用了这种战略，在20世纪70年代中期打入美国自行车市场，并在20世纪70年代末完全占领了这一市场。随着国际贸易的发展，国与国之间的竞争日益加剧，在这种情况下，兼并就成了占领和反占领某一地区市场的有力武器。德国西门子公司为了阻止日本进入西欧的计算机市场，不惜花费巨资兼并了西欧一系列的计算机软件和硬件公司。而日本企业为了能在欧共体中进行自由贸易，也在英、法、德等国进行了大规模的兼并活动，试图解决关税壁垒和贸易摩擦带来的一系列问题。

（3）企业通过并购能向先进行业过渡，获得科学技术上的竞争优势。科学技术在经济发展中起着越来越重要的作用。企业常常为了取得生产技术或产品技术上的优势而进行兼并活动。日本汽车业战胜美国汽车业的一个重要原因是：日本的汽车制造企业广泛采用机器人进行生产，这样不但降低了成本，而且提高了质量。面对日本的有力攻击，1982年美国通用汽车公司（GM）新任总裁罗杰斯上任后，明确提出了高科技的赶超战略，对通用公司进行了一系列的调整和重组，使通用公司从一些领域中退出，同时兼并了一系列高科技企业。这样，通用公司成功地实现了全面计算机化和机器人生产自动化。现在，通用公司已成为美国最大的电子器件和国防产品生产厂商，成为美国最重要的计算机软件设计和计算机服务企业。

6. 追求市场份额效应

市场份额指的是企业的产品在市场上所占份额，也就是企业对市场的控制能力。企业市场份额的不断扩大，可以使企业获得某种形式的垄断，这种垄断既能带来垄断利润又能保持一定的竞争优势。因此，这方面的原因对兼并活动有很强的吸引力。企业并购的三种基本形式——横向并购、纵向并购和混合并购，都能提高企业的市场势力，但它们的影响方式有所不同。

（1）横向并购的市场份额。第一，它会减少竞争者的数量、改善行业结构。在行业内竞争者数量较多而且处于均势的情况下，由于行业内所有企业激烈的竞争，利润水平只能保持最低。并购使行业相对集中，行业由一家或几家企业控制时，能使行业内所有企业恢复并保持较高利润率。

第二，它解决了行业整体生产能力扩大速度和市场扩大速度不一致的问题。在追求规模经济效益和市场占有率双重动机的驱使下，企业大量提高生产能力，以扩大生产效率和市场份额。但企业的生产能力扩大往往与市场需求的增长并不协调，从而破坏供求平衡关系，使行业面临生产能力过剩的危机。实行企业并购，使行业内部企业相对集中，既能迅速实现规模经济；又能避免生产能力的盲目提高导致供求失衡。

第三，横向并购降低了退出行业的壁垒。某些行业（如钢铁、冶金行业）由于其资产具有高度的专业性，并且固定资产占较大比例，从而这些行业中的一些企业在竞争过度的情况下很难退出其所在的经营领域，不得不顽强地维持下去，结果导致行业内过剩的生产能力无法有效使用，整个行业平均利润保持在较低水平上甚至亏损经营。通过并购和被并购，行业可以调整其内部结构，淘汰陈旧的生产设备和低效益企业，从而降低了过高的退出壁垒成本，达到平衡供求关系、稳定价格的目的。

（2）纵向并购的市场份额。在纵向并购中企业将关键性的投入-产出关系纳入企业控制范围，用行政手段而不是市场手段处理一些业务，以达到提高企业对市场的控制能力。它主要通过对原料和销售渠道及用户的控制来实现这一目的。纵向并购使企业明显地提高了同供应商和买主的讨价还价能力。

（3）混合并购的市场份额。混合并购对市场份额的影响多数是以隐蔽的方式来实现的。在多数情况下，企业通过混合并购进入的往往是它们原有产品相关的经营领域。在这些领域中，它们使用与主要产品一致的原料、技术、管理规律或销售渠道。这方面规模的扩大，使企业对原有供应商和销售渠道的控制加强了，从而提高了它们对主要产品市场的控制。

7. 经营分散化

为了分散风险，企业投资者一般进行所谓多元化投资和多元化经营，投资分散于不同产业领域。这样可稳定企业盈利水平和股东的收益。混合合并是这样的一种投资方式。

8. 心理满足和成就感

大部分企业的所有权和经营权是分离的。股东只对股息感兴趣，因此只关心利润，而经理人员还关心自己的权利、收入、声望和社会地位等。为了使这些需要得到满足，经理们采用合并来扩大企业规模。

三、企业合并的消极作用

（一）企业合并造成大量债务

一个企业合并另一个企业，就需要购买对方手中的资产或股票，因而购买价格往往被抬高。反过来，目标企业为了保持自己的独立地位以防止被兼并，就采取回购股票夺回股权的策略，因而付出高昂的代价。这样，在合并与反合并的激烈竞争中，不论合并企业还是目标企业都将深深地陷入债务泥潭之中。

近年来，随着借债收购交易的规模不断扩大，与之相联系的“垃圾”债券发行额也迅速增长。这种债券主要是为实力弱、资信差的公司发售的，因此其风险大、利率高。一旦支撑债务的收入流量发生波动，后果不堪设想。

（二）投机性合并构成“赌场经济”的重要组成部分

有很多投机者通过股票炒买炒卖进行投机性合并。他们利用自有资金、银行贷款和发售债券进行公司买卖，牟取暴利。从短期看，这些投机性投资没有投资于有形资产、创造就业机会，而仅仅用于争购有利可图的公司股票上，造成资金使用上的浪费；从长期看，投机者愈来愈将主要精力、时间和资本用于毫无经济效益和社会效益的投机性合并和收购上，而不会去筹划长期的生产投资。这种单纯追求金融资产增值的投机活动有着取代市场活动成为社会资产主要来源的趋势，其结果必然是短期利润排挤长期投资，赌博性投机排挤开拓新产品、新市场和新技术的投资。同时，投机性合并也给企业造成一种恐怖气氛，许多公司主管难以将主要精力和时间放在计划生产新品种和开拓新市场上，而总是诚惶诚恐地担心合并。

合并活动的真正受益者也正是这些投机商。在合并过程中，收买一方必然要以超出市场价格收买目标企业的股票。在股票价格上涨前，大量买进目标企业的股票，待该企业股票价格上涨时，便立即抛出以获取暴利。这种投机对经济的副作用是明显的。

（三）企业合并的最终结果是加剧垄断

企业合并是资本集中和垄断的最主要途径，经过多次合并而形成的大公司，多已形成经营多样化的垄断组织，垄断给经济带来的弊端是众所周知的。

（四）企业合并会造成大量失业

大部分企业合并后均会撤换和裁减部分职工。企业性质愈相类似的合并则其机构愈来愈重叠，解雇的员工会愈多。而且许多企业合并后又解散，给经济和社会生活带来混乱。

四、被并购企业的动机

了解被并购企业的动机同样也是重要的，被并购企业一般有以下几种动机：

（1）寻找可依赖的对象，减少风险，譬如大企业资金雄厚，与之并购可以解决原来企业资金短缺问题。

（2）提高企业管理水平。由于该企业管理不善，企业资产得不到充分利用，利润率很低甚至亏损。别的企业接管这种企业之后，可以更换管理班子，进行整顿，转亏为盈。

（3）继承权问题。当公司创办者无亲友继续经营，而又有机会实现大量资本收益时，这种动机尤为强烈。

（4）变成公开上市公司可以得到税收优惠。

（5）通过并购提高股票价格，从而使目标企业股东获得好处。在股票市场上，一般是有声誉的大企业的股票价格高，经营较差的小企业股票价格低。通过并购把小企业的股票换成大企业股票后，这部分股票的价格就会上升，被并购企业因此得利。

五、并购对相关企业的影响

（1）竞争加剧，容易引起垄断，中小生产企业就会感到压力增大，如果难以生存，有可能退出市场。

（2）阻碍新企业进入。收购、兼并使企业规模扩大，增强了市场控制能力后，相应提高了行业进入障碍，新企业难以进入。

（3）中介企业的介入。收购、兼并一方面要求高素质的中介评估机构进行有效服务和正确评估，另一方面要求投资银行进行适当介入。

思考与练习

1. 试分析并购中的各种风险。
2. 并购出资方式有哪些？其影响因素分别是什么？
3. 讨论杠杆收购的成功条件及其价值来源。
4. 现金支付方式的主要特点有哪些？有哪些优缺点？
5. 使用股票支付或混合证券支付时的筹资可以有哪些选择？
6. 杠杆收购的筹资方式有什么特点？
7. 什么是横向收购？举例说明。
8. 什么是纵向收购？举例说明。
9. 按照收购的支付方式划分，并购可以分为哪几种类型？
10. 你认为哪种理论比较好地解释了并购的动因和效应？说明你的理由。
11. 你认为企业并购增加了股东财富吗？并购能增加社会财富吗？或者只是社会财务的简单转移？

第六章　企业并购的财务管理

第一节　目标企业的评价

目标企业的评价，就是并购企业根据各方面因素，对目标企业进行估价。它反映了并购方为收购目标企业而愿意支出的费用。目标企业的评价，实质上是并购企业对收购目标企业的收益-成本分析。这是决定企业并购成功与否的关键环节。

根据目标公司是否挂牌上市，目标企业评价可以分为对上市公司的评价和对非上市公司的评价。上市公司的评价必须考虑资本市场的影响，而非上市公司则缺少外部的客观评价。因此，对于并购企业来说，需要采用不同的方法评价目标上市公司与目标非上市公司。

一、上市公司评价

虽然大多数财务理论认为，公司股票价格可以反映公司的价值。但是，公司的股价总是处于变动之中，其决定因素也有多种。因此，从何种角度来分析公司的价值，就成为需要慎重思考的问题。这里介绍的是三种常用的评价方法：①收益评价法；②市场比较法；③资本资产定价模型法。

（一）收益评价法

理论上，企业的价值决定于企业的财富创造能力，而这种财富创造能力通常表现为各个会计期间的利润。根据费用扣除的不同，利润可以分为息税前利润、税前利润、税后利润，以及可供股东分配的净利润。根据收益评价基础的不同，收益评价法又可以分为历史收益评价法和未来收益评价法。

1. 历史收益评价法

历史收益评价法，主要是建立在价格-收益比率和每股收益分析基础上的。由于这种方法完全依赖于年度的获利状况，因而是一种短期分析。

在历史收益评价法下，公司价值是由市场对其收益进行资本化后所得的资本化价值来反映的，即公司的股票价格可以归结为每股收益的一个倍数，即价格-收益比率（Price-Earnings Ratio）。

$$价格-收益比率=\frac{公司股票价格}{公司当期收益}$$

价格-收益比率反映的是投资者将为公司的赢利能力支付多少资金。一个高价格-

收益比率说明市场认为股票的收益很可能是迅速增长的，投资者对股票的前景抱乐观态度，愿意为每股收益投入的资金多；一个低价格-收益比率说明股票未来的预期收益是不景气的，投资者怀悲观观望心理。一般来说，一个具有增长前景的公司，其股票的价格-收益比率一定较高；反之，一个前途暗淡的公司，其股票的价格-收益比率必定较低。收益-价格比率可以按每种普通股票分别计算，也可以按各部门、各行业计算平均比率，作为对比的标准。价格-收益比率在不同时期和不同部门之间都有差异。

价格-收益比率的倒数，通常称为收益率（Earnings Yield），也是评价股票的一个常用指标，表示投资者从普通股票投资中所得到的总收益，包括每股收益中保留在公司内的那部分（资本利得）和以股利形式发放给投资者的部分（现金股利）。

在20世纪六七十年代，价格-收益比率被认为是衡量公司绩效的一个最重要的股票市场指标，对公司的并购有着重要的影响。在用并购公司的股票交换目标公司股票进行的交易中，一个公司能够通过并购另一家价格-收益比率比自己低的公司，来提高自己的每股收益。

在短期分析方法中，研究的重点集中于分析并购对企业价值在短期内所产生的影响，通常不考虑长期影响，并且假定要用比市场较高的价格-收益比率对被收购公司的收益进行资本化。这些假设在某种情况下是合理的，但并不能保证它们始终是正确的。也正是这些假设中的缺陷，限制了收益风险分析方法的应用。短期分析中有两个问题值得进一步思考：

（1）价格-收益比率选择的合理性问题。在上述的短期分析中，假定市场以较高的价格-收益比率对目标公司的收益进行资本化。对这一假定有些人提出了质疑。他们认为新的价格-收益比率的合理选择，应该是以并购公司和目标公司收益的加权平均求得。这样，对并购公司的股东来说，显然没有从中获得收益，同时，目标公司的股东由于市场交换比例也无法从中获利。由此可以揭示出：如果采用以收益为基础加权平均所得的价格-收益比率，对收益进行资本化，那么就意味着对并购公司和目标公司股东所产生的影响都是中性的。但市场通常并不是以这种方式做出反应的。由于规模经济和协同效应的影响，必须对收购后所形成的新的公司的赢利能力和有效使用资产的能力做出重新评估，才是合理的。

（2）缺乏对长期影响的考虑。在短期分析中存在的另一个问题是缺乏对长期影响的考虑。实际上，在任何一次并购活动中，不仅需要判断即刻所产生的利益，而且要考虑因此而产生的长期影响。

事实上，即使考虑了并购所产生的长远影响，仍然会存在另外一些问题，其中最大的不足，大多是没有考虑资金的时间价值。

2. 未来收益评价法

正是因为以历史收益为基础进行评价存在不足，因此有必要通过对公司未来收益的预测来构建一个更有用的收益模型来对目标公司进行评价。目前常用的方法是：对预测的可保持净收益（Forecast Net Maintainable Earnings）进行资本化。在运用这个方法时，有两个问题需要仔细考虑，即确定预测的可保持净收益和选择适当的资本化比率。

（1）预测的可保持净收益。可保持净收益是指目标公司在被收购以后继续经营可取得的净收益，它可以以目标公司留存的资产为基础来计算。如果目标公司的一些资产是不需要的，则可以将这些资产变卖。在评估目标公司价值时，首先应该将留存下来继续经营的那部分资产（有时也称为有效资产）的预期收益进行资本化，然后再加上变卖资产收入的价值。

在任何一个评价过程中，确定一个可靠的可保持净收益是非常重要的。实际上，比较大的公司一般都有自己的预测技术和系统，可以比较并预测五年期甚至更长期的利润变动趋势。

（2）资本化比率的选择。资本化率又称价格-收益比率。价格-收益比率的倒数被称为收益率，反映的是投资者从普通股股票投资中所得到的总收益，包括股利和股价升值。因此，如果收购方要求得到税后 11.1%的投资回报，那么投资的价值将是净收益的 9 倍。在实际中，还可以采用其他方法来得到资本化率。

为了能够使选择的价格-收益比率更准确，通常需要找出一些类似的公司作为参考。此类信息的资料来源包括：产业发展报告、证券交易所年鉴，以及目标公司过去年度的年度会计报告。在通常情况下，找出一个恰当的价格-收益比率是比较困难的，但是找出一组比率却是可能的，因此评价过程的下一步就是：设计一个可以把预测的可保持净收益与估计价格-收益比率联系起来的表格，以便判断它们对评价的影响。

3. 收益分析中存在的其他问题

对于一个潜在的投资者来说，购置任何一项资产应支付的价格，不会高于购买与该项目有相同风险的同类资产在预期的将来得到的收益现值。同时，收益分析法是通过估测由于获取资产控制权而带来的预期收益现值，来确定该项资产重估价值的一种方法。在以收益为基础的分析中，收益的高低直接影响到对目标公司的评价，然而，各种会计准则因素和项目，如非常项目、会计政策变更等都会影响收益的水平。因此，在分析公司收益水平时，充分考虑这些因素的影响是非常重要的。

尽管对可保持净收益进行资本化这一评价方法仍然存在着一些不足，但是它是实际工作中对上市公司进行评价的最常用方法。西方理论界曾做过一项调查，要求机构投资者回答他们认为哪些财务信息在他们活动中最有帮助，大多数人的回答是每股收益。

当然，有些人不是简单地依赖于公司财务报告中的数字，而是对这些数字进行必要的调整，从而计算出他们自己的每股收益来对目标公司进行评价。

（二）市场比较法

市场比较法是将股票市场上与目标公司经营业务相似的公司最近平均实际交易价格作为估算目标公司价值参照数的一种方法。它是根据证券市场真实反映公司价值的程度（市场效率性）来评定公司价值的。因此，并购企业在运用此方法评价目标企业时，首先要认识目标企业所处资本市场的效率状况。

1. 市场效率状况

西方财务理论一般将市场效率分为三种类型：弱式效率、次强式效率和强式效率。

弱式效率是指在股票市场中所有包含过去股价变动的资料和信息，并没有完全反映在股票的现行市价中，因此投资者在选择股票时，就不能从与股价趋势有关的资料信息中得到任何有益的帮助。若市场中股票的现行市价反映出所有已公开的信息，则股票市场就具有次强式效率。在一个具有次强式效率的市场中，投资者即使彻底分析股票、仔细阅读年度报告或任何已出版的刊物，也无法赚得超常利润。然而，公司的内幕人士如董事长、总经理却能利用他们的地位取得其他投资者所无法得到的资料，买卖自己公司的股票，从而赚得超额利润。强式效率是指股票的现行市价已反映了所有已公开或未公开的信息，任何人甚至内线人都无法利用其特殊地位在股市中赚得超常报酬。

2. 运用市场比较法的前提

运用市场比较法，通常是假定证券市场为次强式效率市场。在此假设中，证券市场将处于均衡状态，因此，股价反映投资人对目标公司未来现金流量与风险的预期，市场价格将会等于市场价值。市场比较法用公司股价或目前市场上公司交易的价值来作为公司比价标准，不但容易计算，而且资料可信度较高。

值得注意的是，以股票市场上的少数股权持有者所持股票的价值，来估算收购股票未上市公司大多数股权时的股票价值时，还必须考虑到取得公司经营权的“控制价值”，以及不具备股票市场流通性所产生的“价格折扣”。

在运用市场比较法时，需要确定比较的标准。比较的标准通常可分为以下三种：

（1）公开交易公司的股价。未公开上市公司股票可根据已上市同等风险级别的公司股价作为参考，据以计算市价。这种方法是可靠的，可根据分析者目的的不同，采用不同的比较标准（如营业收入、净收入、税后净利等），使目标公司的市价更为合理。但使用此方法对并购公司的管理部门和董事会要求较高，需要一定的经验与技巧。其中常见的错误是高估目标公司的经营价值，或者低估其公司的清算价值，甚至可能低估目标公司的未来机会或隐含价值。

（2）相似公司过去的收购价格。在股权收购的情况下，此方法被公认为最佳选择，因为收购价格通常可以反映目标企业的公允价值。这样，以相似公司的收购价格为标准，可以减少以未来收益进行分析评价的主观成分。但在运用市场比较法时，通常很难找到经营项目、财务绩效等非常相似的公司，而且无法区分不同的并购企业对目标公司溢价比率的估计，因为有些收购公司认为只需要单独考虑目标公司价值，没必要因收购后公司整体可能创造出综合效益而多支付一部分报酬。

（3）上市公司发行价格。这种标准常用于公司公开发行股票时。当目标公司是上市公司时，按照其他同类公司的初次发行股价，依此计算出公司市价作为比较标准，也许比以上市公司市值为计价标准更加贴切。此外，并购公司也可将发行价格与出售、清算或继续经营下的公司市价进行比较，以做出最有利的决策。但是，由于很多初次公开发行股票的公司都是刚刚成立，利润水平低，因此其股利对评判工作的有用性大为降低，且公开发行（股票）市场的发行数量和价格变化幅度很大，比股票集中交易市场还具有投机性，股价更容易被操纵，以致股价可能严重脱离其实际价值。所有这些都影响了市场比较法的应用。

与此类似，在公司价值的估算上，也可以以最近公司并购交易中成交的几件同类事件的平均倍数作为参考对象，但这些买方常考虑到控制公司后的综合效益，因而成交价格可能会高于股票市价。如果在股票市场上的敌意收购为了达到收购成功的目的，买方出价往往超过此类股票市场价格的几倍。若以这样的价格作为估价参考，就会显得过高，对买方十分不利。因此，在运用市场比较法时，用正常股市交易情况下的同类公司的交易价格作为参考来估算目标公司价值，应当是更为恰当的。

（三）资本资产定价模型法

事实上，价值在估算中只是作为价格制定的参考。任何一种估算方法均有利有弊，本身并无优劣之分，公司应按照情况选择适当的估价方法或估价方法组合。资本资产定价模型（Capital Assets Price Model）提供了重要的分析思路。资本资产定价模型认为，公司价值为公司现有资产的贡献与公司未来投资机会的现值，而股价所反映的通常即为公司价值的现值。

1. 资本资产定价模型

资本资产定价模型（简称 CAPM 模型）是描述包括股票在内的各种证券的风险与收益之间关系的模型。它帮助人们能够以资产组合的方式有效地持有各种股票。投资者总是厌恶风险的。股票的总风险由非系统性风险和系统性风险两部分构成。非系统性风险产生于某一特定股票本身价格的浮动，影响这一特定股票价格的因素可能是公司的经营状况、提出并购的提议等公司自身的因素；系统性风险产生于综合市场指数的变动，是受整个市场变动影响的。即：

$$R_i = R_f + \beta_i (R_m - R_f) + \varepsilon_i$$

式中：R_i——第 i 个公司的收益率；

R_f——市场无风险收益率，常用国库券利息来表示；

R_m——资本市场平均收益率；

β_i——第 i 种股票的系统风险；

ε_i——第 i 种股票的非系统风险，通常表示为随机项。

CAPM 模型的核心内容是现代资产组合理论，而现代资产组合理论的基础是投资分散化。如果一个投资者持有一组分散化了的资产组合，即持有一组不同的股票，那么某种股票的非系统性利润将会被另一种股票的非系统性损失所抵销，对于一个持有分散化的资产组合的投资者来说，只有资产组合的市场或系统性风险是重要的。从本质上讲，市场不为接受个别股票的非系统性风险提供回报，但是投资者可以通过持有分散化的资产组合来消除这一风险。

对于并购的评估来说，分析目标企业是否值得并购，不仅要考察公司的特定财务状况，还要分析目标公司相对于总体市场的风险状况，并在此基础上确定目标公司的实际收益率。根据 CAPM 模型，如果目标公司的实际收益率低于并购企业所要求的必要收益率，那么，并购此目标公司就是得不偿失的。

从另一方面讲，具有较高系统性风险的购并企业，可以通过并购较低系统性风险的目标公司，在总体上降低整个企业集团的系统性风险。特别是在这两个企业的现金流存在互补的情况下。因此，CAPM 模型不仅可以应用到横向并购或纵向并购的战略分析中，而且可以为混合并购战略提供重要的分析基础。

2. CAPM 模型的优缺点

CAPM 模型这一评价方法推动了财务理论的发展，而且它是一种常用的评估上市公司的工具。它的主要优点是：在分析过程中考虑了风险和收益的关系，使收购者能够在各种可能的行动方案中做出适当的选择。

实际上，使用 CAPM 模型来对目标公司进行评估仍然存在着许多困难。由于经济状态出现的概率和各种状态下的收益率都是主观变量，要准确地估计它们可能是非常困难的。此外，该模型的一些重要假设前提可能是不真实的。假定在完全资本市场中，各个投资者都同意有关证券的将来前景；投资者只关心证券的风险和收益；税收对投资者没有显著的影响；等等。为了使模型具有更大的实用性，通常假定目标公司的 β 值在未来是持续不变的。而这些都和现实存在一定的差距，从而限制了 CAPM 模型的推广和应用。

二、非上市公司的评价

非上市公司区别于上市公司的首要特征，是非上市公司的股票交易不存在一个像证券交易所那样高度组织化的市场。虽然在有些国家中存在场外交易市场，专门为不在证券交易所挂牌上市的公司股票提供买卖场所，但是场外交易市场通常是一个松散的市场，证券的价格形成没有经过许多投资者、经纪商和交易商激烈竞价，因此场外交易市场通常不存在一个公认的合理价格。股票的转让也不自由，变现能力受到一定限制，从而提高了股东的必要报酬率、降低了企业的价值。而且非上市公司的股东数量通常较少，控制权相对集中，因此并购企业为达到控股目的而必须持有股份，对目标企业进行评估价值就会打折扣。具体的折扣大小通常在 0~50% 的范围内变化。这些因素的存在，都会影响到非上市公司的价值评估。

非上市公司估价的方法，基本上可以分为三种：资产估价法、收益法和股利法。

（一）资产估价法

资产估价法是指通过对公司所有资产进行估价的方式来评估目标公司的价值。要确定公司资产的价值，关键是要确定合适的资产估价标准。目前国际上通行的资产估价标准有账面价值、市场价值、清算价值、续营价值和公允价值。

1. 账面价值

账面价值是指在会计核算中账面记载的资产价值。这种估价方法不考虑现时资产市场的波动，也不考虑资产的收益状况，因而是一种静态的估价标准。这种估价标准只适用于该资产的市场价格变动不大或不必考虑其市场价格变动的情况。

2. 市场价值

市场价值是指把资产作为一种商品在市场上公开竞争，在供求关系平衡状态下确定的价值。由于它已将价格波动因素考虑在内，所以适用于单项资产的评估计价。

3. 清算价值

清算价值是指在公司出现财务危机而导致破产或歇业清算时，把公司中的实物资产逐个分离而单独出售的资产价值。清算价值是在公司作为一个整体已丧失增值能力情况下采用的一种资产估价方法。当公司的预期收益令人不满意，其清算价值可能超过了以收益资本化为基础估算的价值时，公司的市场价值已不依赖于它的赢利能力。这时以清算价值为基础来评估公司的价值可能是更有意义的。

4. 续营价值

续营价值是指公司资产作为一个整体仍然有增值能力，在保持其继续经营的条件下，以未来的收益能力为基础来评估公司资产的价值。由于收益能力是在众多资产组合运用的情况下产生的，因此续营价值标准更适用于公司整体资产的估价。

5. 公允价值

公允价值反映了续营价值和市场价值的基本要求，是将公司所有的资产在未来继续经营情况下所产生的预期收益，按照设定的折扣率折算成现值，并以此来确定其价值的一种估价标准。它把市场环境和公司未来的经营状况同公司资产的当前价值联系起来，因此非常适合在收购时评估目标公司的价值。

以上五种资产估价标准是目前国际上通行的用来估价资产价值的方法。它们各有其不同的侧重点，因而也就各有其适用范围。就公司收购而言，如果收购目标公司的目的在于其未来收益的潜能，那么公允价值就是一个重要的标准。如果收购目标公司的目的在于获得其某项特殊的资产，那么以清算价值作为标准可能是一种恰当的选择。

（二）收益法

在使用收益法对非上市公司进行评价时，有些方面有别于对上市公司的评估方法。

就评估程序而言，两者是相当接近的。首先需要确定目标公司的可保持收益，一般可以通过预测得到。其次要为目标公司选择一个合适的价格-收益比率。由于非上市公司缺少一个由市场确定的价格-收益比率，因此需要找到一个与目标公司相近的上市公司作为参照物，以它的价格-收益比率作为目标公司的价格-收益比率。由于非上市公司的股票缺少市场流通能力，从而提高了要求达到的收益水平，因此对此价格-收益比率还要进行必要的调整，才能应用于对非上市公司的评估。

由此可能会产生这样一个问题：要想从证券交易所的上市公司中找到一个与目标公司相近的公司通常是比较困难的；即使可以找到，也必须面临着由于采取不同的会计政策所产生的其他一些问题。为了能够得到一个可靠的价格-收益比率，通常可以选择一组公司，从经营和财务方面来看，这组公司的各个公司与目标公司都是可比的，通过分析这些可比公司的财务和股票情况，来确定一个适合于目标公司的价格-收益比率。当然完全的可比是不存在的，特别是在评估多角化经营的目标公司时。在这种情况下，应该选择几组可比的公司作为参照物，其中的各组公司分别对应于目标公司的主要业务部门。尽管这种方法在实际操作中会遇到种种困难，但是由于这种方法相对于其他评估方法而言既易于理解又便于应用，而且它是以可比公司财务前景的市场一致性为基础的，不仅仅依赖于对公司未来的预期，因此仍不失为一种有益的评估方法。

（三）股利法

可以用来代替收益法的另一种方法是：通过折算将来股利的方法确定公司目前的

价值。对某个投资者而言，他的收益是由股利与出售股票时获得的资本利得两部分构成的。但是这个投资者所获得的资本利得仅仅是其他投资者为了取得将来的股利而愿意支付的股票价格的一部分。因此，从长期来看，投资者关心的只有股利，包括在清算的情况下投资者所得到的任何现金。由于某一股东持有较大比例的有投票权股票，就可以确保他对股利政策的控制，因此用股利代替收益没有任何优点。这种方法一般更适用于对少数持股的公司的评估。在这种情况下，在可以预期的将来，不可能得到对公司的控制权。

这种方法是首先确定一个合适的可保持股利，然后用股利率将它资本化。如果是非上市公司，可以按照一个相近的可比上市公司的股利率来将它资本化。由于非上市公司缺乏市场流通能力，因此在这里也要使用一定的折扣。

三、企业并购的评价模型

无论是并购上市公司还是非上市公司，以目标公司的现行市场价格作为并购决策的唯一依据，是远远不够的。实际上，目标企业的价值在很大程度上取决于其未来持续经营的现金流量，特别是目标企业与并购企业整合以后产生的协同效应，常使得整合后的现金流量总和大于各个部分的现金流量。

从在并购企业的角度来看，并购其他企业和投资普通固定资产并没有实质性的差别。在这两种情况下，都需要企业根据投资未来将产生的现金流量来确定当前的并购支出。这样，在理论上可以将企业资本预算的基本分析方法运用到并购决策分析中。由于现代资本预算决策都是建立在贴现现金流量分析基础上的，因此，在过程更为复杂的并购决策中，应该采用贴现现金流量分析方法。

在运用贴现现金流量法分析并购活动时，目标企业的价值可以用以下公式计算：

$$\text{Vo} = \sum_{t=1}^{n} \frac{CF_t}{(1+K)^t}$$

式中：CF ——现金流量；

K——贴现率；

T ——预测期。

对于并购决策来说，主要应该考察三个重要因素：现金流量、贴现率和预测期。

贴现率是与并购相关的机会成本，主要取决于并购以后企业的整体资本结构和并购决策本身的风险状况。如果目标企业和并购企业的风险水平相同，那么，在并购决策中，就可以采用并购的加权平均资本成本作为目标公司现金流量的贴现率。企业的加权平均资本成本是用税后的债务成本与股权成本加权平均而来的。

在并购决策中，预测期限的不同会对结果产生很大影响。一般说法是预测期定为5~10年。而一种公认的较好的方法则认为现金流量的预测只应当持续到追加的投资报酬率等于资金成本时为止。也就是说，在这段时间内，企业并购活动不会影响到各自的成长性。

现金流量是指在一定期间内企业的现金流入量和现金流出量，现金流入量和现金流出量之间的差异则为现金净流量。虽然投资固定资产和并购在经济本质上没有区别，但是在现金流量的形式上却大不相同。

在企业投资固定资产的资本预算中，现金流出量主要是购建成本及经营过程中需要追加的营运资金，现金流入量则是经营过程中的现金收入和到期收回的成本。而在并购决策中，现金流出是并购需要支付的现金，而现金流入则是目标企业（子公司）向并购企业（母公司）支付的股利。这种股利既可以是现金股利也可以是股票股利。之所以采用股利作为并购目标企业的经营现金流入量指标，是因为它的适用性较广。如果目标企业被并购后不再成为独立的法人实体，而是并购企业的一个生产、销售组成部分，那么可视为目标企业将其现金收入全部支付给并购企业；在控股并购的情况下，并购企业只能根据目标企业在当期现金流量中所占比例加以确定。股利变化的价值就可以根据估价的一般方法进行估算。

第二节　企业并购的出资方式

在公司购并活动中，支付是完成交易的最后一个环节，也是并购交易最终能否成功的重要因素之一。支付可以通过不同的出资方式来实现。在实践中，企业并购的出资方式有三种，即现金支付（也可演变为资产、对其他公司的股权等投资）、股票（或股权，主要是指本公司的股票或股权，如增发新股等）支付、综合证券（综合以上方式及公司债券、认股权证、可转换债券、表决权的优先股等）支付。

一、影响支付方式的因素

（一）法律法规约束

企业并购不仅受反垄断法律的约束，而且各个国家的公司法、商法、证券法等都对企业并购做了明确的限定和要求，尤其是证券法对企业并购支付方式影响较大。例如，我国《证券法》对于上市公司并购和并购上市公司都做了明确规定。首先，我国《证券法》对于通过增发新股或定向配售股票以交换被并购企业股东持有股票的发行条件做了明确规定，如发行前三年连续盈利、最近三年财务会计文件无虚假记录等，增发或配售股票在经过股东大会同意后，还要履行政府部门相关批准程序，比较复杂。只有全部符合条件者才能采取换股方式并购。其次，我国《证券法》规定了收购上市公司的公告制度：当收购一个上市公司发行在外的普通股达到5%时，就必须向社会公告（举牌制度），以后收购每超过5%的股份要求再度公告。这种限定使并购方将企业并购从秘密操作转为公开行为，其目的在于保护中小股东的利益，但往往造成股价上升，加大了并购成本。最后，我国《证券法》明确规定了要约收购和全面要约收购的豁免条件，如当投资者收购一个上市公司发行在外的普通股达到30%时，应自该事项发生之日起45个工作日内向该公司全体股东发出全面收购要约，按下列价格中较高的一种价格购买股票：一是要约发出前12个月内收购要约人购买该股票所支付的最高价格，二是要约发出前30个工作日内该股票的平均价格。收购要约期满，收购人持有的被收购公司股份总数达到该公司已发行股份总数5%以上的，该上市公司股票应当终止上市交易。这种限定使得通过“借壳上市”在证券市场融资的企业有可能取得事与愿违的效果。此外，我国《公司法》对非上市公司并购活动和发行公司债券的发行条件也做了种种限定。我国1996年印发的《企业兼并有关财务问题的暂行规定》要求，兼并方的应付并购价款一般应一次付清；数额较大且有困难者，可以分期支付但不得超过三年，第一期支付的并购价款不得少于成交价款的50%。因此，在选择企业并购支付方式时，必须认真研究相关法律法规，并严格按照法律法规规范并购行为。

（二）资本市场、并购市场发育程度

一个国家资本市场、并购市场的发育程度以及直接融资、间接融资所占比重的大小对并购支付方式影响较大。资本市场的发育程度直接影响并购的融资方式、支付方式和并购规模；并购市场的发育程度则直接影响企业是采取并购方式还是选择直接投资方式。美国的资本市场发达并以直接融资为主，因而采取换股并购的案例较多。日本资本市场虽然也较为成熟，但以间接融资和直接投资为主。此外，融资渠道的不同直接影响企业并购规模和并购的付款方式。

我国直接融资市场起步较晚，间接融资市场受政府行为约束较大，并购市场才刚刚起步，总体来说资本短缺、融资成本较高。直接融资不但要支付股权资本成本，而且还要受到股票发行规模、严格的发行条件和昂贵的股票发行费用的约束与限定。间接融资市场仍为“卖方市场”。正是由于资本市场、并购市场发育得不成熟，融资渠道较少，主并企业往往对于并购支付方式没有任何可供选择的余地，直接限制了企业并购的规模，进而影响并购对于改善企业资源配置、提高企业竞争力的积极作用。

（三）主并企业的财务状况和资本结构

并购方自身的企业特征决定了支付方式。如果并购方是上市公司，由于在融资方式上的便利性和资产变现上的流动性都比较强，因此在支付方式的选择上就具有很大的灵活性。除现金方式之外，并购方还可以非常方便地选择股票、债券，或两者的结合等其他的出资方式。与此相反，非上市公司一般只能用现金来进行收购。

由于受信息不对称因素的影响，主并企业往往更为了解本企业的财务状况和发展潜力。如果主并企业拥有充足的自有资金和稳定的现金流量，同时在本企业的股票（实际价值）被市场低估的情况下，主并企业更愿意选择现金支付方式。因为在本企业股票市价偏低的情况下，采取换股并购方式需要增发股票，有可能导致每股收益被摊薄，不但对本企业股东明显不利，而且对本企业的业绩（每股收益）也会产生较大的影响；反之，如果主并企业财务状况不佳，目前或不远的将来企业资产的流动性较差，而且本企业的股票（实际价值）被市场高估的情况下，主并企业更愿意采取换股方式进行并购，因为现金支付不仅要受到即时支付能力的限制，也要受到并购后能否迅速获得稳定的现金流量的影响，否则必然会影响并购后企业下一步的发展，同时采取换股方式可以使目标企业股东与主并企业共同承担并购后企业可能出现的风险。

主并企业并购前后的资本结构也会对支付方式产生重大影响。如果主并企业资产负债率较高，财务风险较大，主并企业往往采取换股方式并购，以降低负债水平、优化资本结构。同时，一个企业保持适当的财务杠杆比率可以获得更大的息税后收益。如果主并企业发展潜力较大而且通过对目标企业有效的重组和整合可以取得更大的盈利增长空间，主并企业往往愿意通过举债的方式，以取得的现金作为支付工具。这样可以通过适当的财务杠杆降低资本成本，分享更多的并购后收益。

（四）主并企业股东的要求

主并企业股东关注的是控制权不被剥夺和每股收益的增加。现金支付方式虽然不影响主并企业主要股东的持股比例，可以继续保持其控股地位，但以自有资金支付可能影响到主并企业本身下一步发展以及并购后企业的有效重组整合，进而影响股东的长期利益。以举债方式取得巨额现金则使主并企业面临还本付息的压力，承担巨大的财务风险，同时也增加了股东的风险。换股并购则改变了企业的股权结构，可能摊薄每股收益和每股净资产。由于换股并购是以增发新股的方式完成并购过程，增发新股意味着总股本的增加以及参与利润分配股份的增加。如果并购后企业的“蛋糕”没有做大，必然摊薄每股收益；如果主并企业股权分散，主要股东持股比例偏低而又要保持其在并购后企业中的相对控股地位，主并企业的主要股东就不可能选择换股并购的方式。但换股并购可以使主并企业免于面临巨大的融资压力和即时支付的限制，有利于并购后企业的有效整合和快速发展。因此，主并企业股东必须在短期利益和长远利益之间做出选择。在难以选择的情况下，主并企业股东更愿意要求采取混合支付的方式。一般情况下，并购后企业面临的风险越大，主并企业股东越愿意采取换股并购方式；并购后企业面临的风险越小，主并企业股东越愿意采取现金支付方式。

（五）目标公司的要求

在选择出资方式时，并购方也要考虑目标公司的股东、管理层的具体要求和目标公司的财务结构、资本结构以及近期股价水平等。这些都会影响并购能否顺利完成以及并购后的经营整合效果。支付方式并不是由并购方单方面决定的。它的最后确定有赖于并购双方的协商。

由于受信息不对称因素的影响，目标企业股东更能了解目标企业的实际价值和发展潜力。如果主并企业支付的并购交易价格高于目标企业的实际价值，则目标企业的股东往往选择转手变现的方式尽快脱手，不分担主并企业由于“支付过多”可能存在的风险；反之，如果主并企业支付的并购交易价格低于目标企业的实际价值，而且目标企业股东充分相信通过并购双方的重组与整合可以取得更大的未来收益，则目标企业股东更愿意接受换股并购方式，以换取主并企业的部分股权，分享并购后企业未来增加的收益。一般情况下，并购后企业风险越大，目标企业股东越愿意接受现金支付方式；并购后企业风险越小，目标企业股东越愿意接受换股并购方式。但问题的关键是目标企业股东能否正确把握未来经济发展趋势、能否正确衡量目标企业的实际价值以及能否正确预测并购双方的重组和整合所带来的增量收益。在难以预期的情况下，目标企业股东更愿意接受混合支付方式。一个特例是，如果主并企业股权分散，而目标企业股权相对集中，通过换股方式则反而有可能使目标企业以单一股东或几个股东联合的方式取得并购后企业的相对控股权。

（六）企业管理层的要求

支付方式的不同分别对主并企业管理层和目标企业管理层产生不同的影响。支付方式对主并企业管理层的影响主要在于如何既能保持其在经营管理方面的控制权和资源的分配权，同时又尽可能地减少股东（尤其是新股东）对其权力的监督和制约。若以换股方式并购，可能导致更多的外部投资者监督并干预其经营活动。因此，主并企业管理层持有本企业的股权比例越大，企业未来发展机会越多，他们越愿意选择以现金方式支付。但采用现金支付需要按期还本付息并承担相应的财务风险，主并企业管理层面临的压力较大。因此，主并企业管理层必须在两者之间进行选择。

目标企业管理层则更加关注自身在并购后企业中的地位和发展机会。在换股并购方式下，目标企业股东可以其在并购后企业中持有的股权为条件与主并企业讨价还价，要求以适当的人事安排增强其在并购后企业中的发言权和知情权。但在现金支付的方式下，目标企业管理层的个人地位和发展机会则完全取决于其个人能力以及主并企业对于并购之后目标企业未来发展的计划与安排。

（七）税收安排

对于主并企业而言，以借款或发债的方式筹集现金作为支付工具，其利息成本可以在税前列支，而股权资本成本则必须在税后列支，不能收到合理避税的效果。对于目标企业股东来说，若主并公司向目标公司股东支付现金，则必须在收到现金后立即缴纳所得税；若采取换股方式，则可以通过推迟收益确认时间延迟缴纳所得税。因此，只有当以现金支付的并购交易价格足以弥补目标公司股东在税收方面的损失时，现金支付才是可以接受的。但通过换股方式延迟纳税是有条件的。如美国国内税务署规定，一项并购只有在同时满足下列条件下，才能延迟纳税：①并购必须是出于商业目的，而不仅仅是出于税务动机；②并购完成后，并购后的企业必须以某种可辨认的形式持续经营，即不能出售被并购企业的主要资产；③在被并购企业股东收到的“补偿”中，至少有50%的部分是主并企业发行的有表决权的股份。根据上述规定，现金支付是不符合延迟纳税条件的。在这种情况下，当目标企业股东收到的现金超过所转让股份的购入成本时，就必须缴纳资本利得税。只有在主要以普通股支付并且在满足其他条件的情况下，这项并购才是“免税”的。

（八）会计处理方法对支付方式选择的影响

并购的会计处理方法有两种：购买法和联营法。在购买法下，在主并企业账面或其编制的合并报表上，被并购企业的资产、负债均是按照购买日的公允市价（而非历史成本）进行反映的。在通货膨胀条件下，资产的公允市价一般会超过其历史成本，因此就存在一些资产项目的升值，以及实际支付的并购价格与被并购企业可辨认的净资产之间存在一个差额——商誉。在未来期间，资产升值部分和合并商誉一般需要摊销，使得在购买法下报告收益较低，从而可以减少主并企业的所得税支出。在联营法下，在主并企业账面或其编制的合并报表上，被并购企业的资产、负债仍按账面价值反映，不会出现资产重估升值和合并商誉，因此就不存在资产升值和合并商誉的摊销问题。与购买法相比，应用联营法虽然报告收益较高，但主并企业就不能得到税收方面的好处。正是由于报告收益和税收优惠的不同，有些企业为了夸大收益而滥用联营法。美国会计准则委员会（APB）在1970年发布的第16号意见书中，对采用联营法规定了12项限制性条款，只有全部符合这些条款的，才能在会计处理时采用联营法。这些条款中最重要的一条是：并购之后被并购企业股东仍是并购后企业具有表决权的普通股股东。因此，如果主并企业以现金作为支付工具，则目标企业股东就无法通过交换股票的方式取得股权，只能以购买法进行会计处理。

二、企业并购的出资方式

任何实施并购的企业都必须在决策时充分考虑采取何种方式完成收购。并购方必须充分认识不同出资方式的差别，依据具体的情况做出正确的决策。如果单纯采用一种方式会受到某种条件的限制，则可以考虑采用变通或混合的方式。

（一）现金支付方式

现金支付是并购活动中最普遍采取的一种支付方式，包括一次支付和延期支付。延期支付包括分期付款、开立应付票据等卖方融资行为。现金支付在实际并购重组的操作中也演变为以资产支付、股权支付等形式，如资产置换、以资产换股权等。这里需要说明的是，以拥有的对其他公司的股权作为支付工具（长期投资）仍属于现金支付的范畴，而不属于股权支付的范畴，股权支付方式则特指换股、增发新股等方式。

1. 现金收购的特点

现金收购是公司并购活动中最清楚而又最迅速的一种支付方式，在各种支付方式中占很高的比例。这主要是因为：①现金收购的估价简单易懂。②对卖方比较有利，常常是卖方最愿意接受的一种出资方式。因为用这种方式出资，他所得到的现金额是确定的，不必承担证券风险，亦不会受到并购后公司的发展前景、利息率以及通货膨胀率变动的影响。③便于收购交易尽快完成。现金的支付，同时就实现了股权的转移，并购方可以立即行使对目标企业的控制。

从理论上讲，凡是没有涉及新股票发行的公司并购都可以被视为现金收购。即使是由并购公司直接发行某种形式的票据以完成收购，也可归纳为现金收购。因为在这种情况下，目标公司的股东可以取得某种形式的票据，但是其中丝毫不含有股东权益或者未来转为股东权益的可能性，而只表明是对某种固定的现金支付所做的特殊安排，是某种推迟了的现金支付。如果从并购方的资本运用角度来看，可以认为这是一种卖方融资，即直接由目标公司的股东向并购企业提供资金融通，而不是由银行等第三方提供资金融通。

并购以现金方式来支付，不会产生任何税收负担。如果并购方确认现金出资方式会导致卖方承担资本收益税，则必须考虑可能减轻这种税收负担的安排；否则，卖方只会以自己所可能得到的收益净值为标准，做出是否接受出价的决定，而不是以买方实际支付的现金数额为依据。在通常情况下，一个不会引起税收负担的中等水平的现金出价，要比一个可能导致有惩罚性税收的较高水平的现金出价，对卖方更具有吸引力。

在现金出资方式下，虽然资本收益税是不能免除的，但是可以通过分期支付的手段来减轻税收负担。这是因为在支付期限内，卖方可以得到年度减让的优惠，从而减轻总体纳税负担。以下举例说明。

假定甲公司以每股 150 元报出收购价格并以现金形式一次性支付，股票的每股净资产价值为 50 元，按照规定要对资本收益征收 30%的税收。同时，乙公司也以相同出价（每股 150 元）向相同股东购买，但采取的是以承付票据的形式，按 10 年期分期付款。两种情况下目标公司股东的税收负担如表 6-1 所示。

表 6-1　　单位：元

	由甲公司收购	由乙公司收购
收购价	150	150
支付方式	一次性付清	按 10 年期分期付款
每股净资产值	50	50
年度资本利得总额	100	10
应税收益	100	10
纳税额	30	3

可见，采用推迟或分期支付的方式与采用一次性付清的方式相比，有两个优点：

（1）可以减轻现金收购给并购方带来的短期内大量现金负担，而且以后的支付来源还可以转向目标公司的经营成果。

（2）可以给目标公司的股东带来税收上的好处。目标公司的股东当然愿意获得减轻资本收益税的机会，而延迟支付的出资安排则可以给他们提供更大的弹性来安排其收益，从而尽可能地支付最少的税额。

2. 现金收购的影响因素

并购企业在决定是否采用现金出资方式时，通常需要考虑的因素包括并购方的资产流动性、资本结构、货币问题和融资能力等几个方面。

（1）短期的流动性。由于现金收购要求并购企业在确定的日期支付一定数量的货币，而立即支付大额现金必然会产生企业的现金亏空，因此有无足够的即时付现能力是并购企业选择现金出资方式时首先需要考虑的因素。

（2）中长期的流动性。这主要从较长期的观点看待并购企业现金支付的可能性。由于有些公司很可能在相当长的时间内难以从大量现金流出中恢复过来，因此并购方必须认真考虑现金回收率以及回收年限。

（3）货币的流动性。在跨国并购中，并购企业还须考虑自己拥有的现金是否为可以直接支付的货币或可自由兑换的货币，以及从目标公司回收的是否为自由兑换的货币，以及目标公司所在国是否实行外汇管制等问题。

（4）融资能力。由于收购中所需要的现金通常超过了并购企业持有的数量，因此，并购企业能否通过各种方式迅速筹集现金，也是并购企业在选择现金出资方式时的重要因素。通常，效益比较好，而且能够产生大量现金的企业具有较强的融资能力。不过，在20世纪80年代末，由于垃圾债券市场的兴起，一些信用等级较低的企业也通过发行垃圾债券获得了大量的现金，用于企业并购。所以，融资能力不仅要取决于公司自身的财务状况，而且和资本市场的发展息息相关。

（二）股票收购方式

股票收购是指收购方通过换股或增发新股替换目标公司的股票的方式，达到取得目标公司控制权、收购目标公司的一种支付方式。

1. 股票收购的特点

和现金出资方式相比，股票收购的主要特点是：①并购企业不需要支付大量现金，因而不会影响并购公司的现金状况。②并购完成后，目标公司的股东不会因此失去他们的所有者权益，只是这种所有权由目标公司转移到了并购公司，使他们成为该扩大了的公司的新股东。也就是说，当并购交易完成之后，扩大后的公司的股东由原有并购公司股东和目标公司的股东共同组成。③对上市公司而言，股权支付方式使目标公司实现上市。④对增发新股而言，增发新股改变了原有的股权结构，导致了原有股东权益的“淡化”，股权淡化的结果甚至可能使原有的股东丧失对公司的控制权。

由于股票收购的上述特点，因而有必要区别公司的并购与合并。公司的合并是指两家相互独立的公司的股东同意通过替换股票组成一个扩大了的公司实体，亦即通过发行一种全新的股票，组成一家新的大公司。虽然从形式上看，并购与合并都以发行新股票为手段，同时亦保留了原股东的所有者地位，但它们之间的区别还是比较明显的：企业并购中的买方占据主导地位，所发行的是买方本公司的股票，交易的结果是把目标公司纳入本公司，本公司保留原有的法人资格，目标公司的法人资格将不复存在；而公司合并中的双方处于对等的地位，合并中所发行的不是任一交易当事人的股票，而是一个共同拥有和经营的新公司的股票，交易的结果是合并各方原有的公司消失，组成一个新的合并公司。

在股票收购中，目标公司的股东仍保留自己的所有者地位，因此，对并购方而言，这种出资方式的一个可能的不利影响是本企业的股本结构将会发生变动。例如，当一家上市公司采用股票收购方式来并购另外一家股权比较集中的非上市公司时，需要发行大量的新股票，而这些新股票会集中到非上市公司的所有者手中，可能会导致并购公司的控制权发生转移。即被收购的目标公司的股东通过上市公司所发行的新股票，改变并购企业的股权结构甚至取得了对上市公司的主导性控制权。这种情况就被称为逆向收购。

2. 股票收购方式的影响因素

由于股票收购比现金收购更为复杂，在决策过程中需要考虑的因素更多。

（1）并购方的股权结构。由于股票收购方式的一个突出特点是它对原有股权比例会有重大影响，因而并购企业必须首先确定主要大股东在多大程度上能够接受股权特别是控制权的稀释。

（2）每股收益的变化。由于增发新股可能会对每股收益产生不利的影响，如目标公司的盈利状况较差，或者是支付的价格较高就会导致并购后企业每股收益的减少。

在许多情况下，虽然每股收益的减少只是短期的，但是每股收益的减少仍可能给股价带来不利的影响，导致股价下跌。因此，并购企业在采用股票收购方式之前，需要确定这是否会产生每股收益和股价下跌的不利情况；如果会发生这种情况，那么在多大程度上是可以被接受的。

（3）每股净资产价值的变动。每股净资产是衡量股东权益的一项重要指标。由于新股的发行会减少每股所拥有的净资产值，所以对股票价格会有不利影响。如果采用股票收购方式会导致每股净资产值的下降，并购方需要确定这种下降在多大程度上能够被现有的股东接受。

（4）财务杠杆比率。发行新股可能会影响公司的财务杠杆比率，因此并购公司应考虑到是否会出现财务杠杆比率升高的情况，以及具体的资产负债的合理水平。

（5）当前股价水平。当前股价水平是并购方决定采用现金收购或是股票收购的一个主要影响因素。一般来说，在股票市场处于上升过程中，股票的相对价格较高，这时以股票作为出资方式可能更有利于买方，而且增发的新股对卖方也会具有较强的吸引力。否则，卖方可能不愿持有，即刻抛空套现，导致并购企业股价进一步下跌，损害原有股东的利益。因此，并购方应事先考虑本公司股价所处的水平，同时还应预测增发新股会对股价波动带来多大程度的影响。

（6）当前的股利政策。新股发行往往与并购方原有的股利政策有着一定的联系。一般而言，股东都希望得到较高的股利收益，在股利支付率比较高的情况下，并购企业发行利率固定且水平较低的债券将更为有利；反之，如果股利支付率较低，增发新股就比各种形式的借贷更为有利。因此，并购方在收购活动的实际操作中，要比较股利支付率和借贷利率的高低，以决定采取何种出资方式。

（7）股利或货币的限制。在跨国并购中，并购企业要向其他国家的居民发行本公司的股票以进行并购活动，就必须确定本国在现在和将来都不会做出限制股利或外汇支付的管制；而且外国居民在决定接受股票收购方式之前，通常也需要得到这种确认。

（8）外国股权的限制。有些国家对于本国居民持有外国公司或以外币标价的股权证券实行限制，有的国家则不允许外国公司直接向本国居民发行股票。因此，在跨国并购中，采用股票收购方式就会遇到某些法律上的障碍，这是并购企业必须予以注意的。

（9）上市规则的限制。对于上市公司，不论是收购非上市公司还是收购上市公司，都会受到其所在证券交易所上市规则的限制。有时候，在并购交易完成以后，由于买方（上市公司）自身发生了一些变化，很可能要作为新的上市公司重新申请上市。这样一来，并购方就可能会由于某种原因自此失去了上市资格。因此，作为买方的上市公司在决定采用股票收购方式完成并购交易时，要事先确认是否与其所在证券交易所上市规则的有关条文发生冲突。若有冲突，还可考虑请求证券监管部门予以豁免。

（三）综合证券收购

综合证券收购是指并购企业对目标公司提出收购要约时，其出价有现金、股票、公司债券、认股权证、可转换债券等多种形式证券的组合。

1. 公司债券

如果并购企业将公司债券作为一种出资方式，那么债券必须满足许多条件，一般要求它可以在证券交易所或场外交易市场上流通。与普通股相比，公司债券通常是一种更便宜的资金来源，而且向债券持有者支付的利息一般是可以免税的，因此对目标公司的股东也非常有吸引力。以公司债券作为出资方式时，通常是与认股权证或可转换债券结合起来。

2. 认股权证

认股权证是一种由上市公司发出的证明文件，赋予它的持有者一种权利，即持有人有权在指定的时间内（即有效期限内），按照指定的价格认购由该公司发行的一定数量（按换股比率计算）的新股。值得注意的是：认股权证本身并不是股票，其持有人不能视为公司股东，因此不能享受正常的股东权益（如分享股息派发、股票权等），当然也就无法参与对公司的经营管理。购入认股权证后，持有人获得的是一个换股权利，而不是责任，行使与否在于他本身的决定，不受任何约束。

对并购企业而言，发行认股权证的好处是，可以延期支付股利，从而为公司提供了额外的股本基础。但由于在行使认股权证上的认购权时，将涉及公司未来控股权的转变，因此，为保障公司现有股东的利益，公司在发行认股权证时，一般要按照控股比例派送给现有股东。股东可用这种证券行使优先低价认购公司新股的权利，也可以在市场上随意将认股权证出售，购入者则成为认股权证的持有人，获得相同的认购权利。

并购企业在发行认股权证时，必须详细规定认购新股权利的条款，如换股价格、有效期限以及每一认股权证可换普通股的股数（换股比率）。为保障持有人利益，这些条款在认股权证发出后，一般不能随意更改。任何条款的修订都需经股东特别大会通过方可生效。

投资者之所以乐于购买认股权证，主要原因是：①投资者对该公司的发展前景看好，因此既是投资股票也投资认股权证；②大多数认股权证比股票更便宜，一些看好该公司而无能力购买其股票的投资者只好转而买其认股权证，而且认购款项可延期支付，因此投资者只需出少数款额就可以把认股权证转卖而获利。

3. 可转换债券

可转换债券向其持有者提供一种选择权，在某一给定时间内可以按某一特定价格将债券换为股票。在发行可转换债券时，并购企业需要事前确定转换为股票的期限、确定的转换股票属于何种类型股票和该种股票每股的发行价（兑换价格）等。

从并购企业的角度来看，采用可转换债券作为支付方式的优点是：①通过发行可转换债券，公司能以比普通债券更低的利率和较宽松的合同条件出售债券；②通过发行可转换债券，并购企业可以按照比现行价格更高的价格出售股票；③当公司正在开发一种新产品或一种新业务的时候，可转换债券也是特别有用的，因为预期从这种新产品或新业务所获得的额外利润可能正好是与转换期相一致的。

对目标公司股东而言，采用可转换债券的好处是：①具有债券的安全性和作为股票可使本金增值的有利性相结合的双重性质；②在股票价格较低的时期，可以将它的转换期延迟到预期股票价格上升的时期。

4. 其他方式

除了上述的出资方式以外，并购企业可以发行无表决权的优先股股票支付价款。优先股股东虽在股利方面享有优先权，但不会影响现有的普通股股东对公司的控制权。这是以发行优先股作为出资方式的突出特点。不过，在并购企业的实践中，优先股通常要附有可转换或者可赎回的条款，最终要由公司将优先股转换为普通股或者用现金从持有者手中购买。

综上所述，并购公司在收购目标公司时采用综合证券的出资方式，既可以避免支付更多的现金、造成本企业的财务状况恶化，又可以防止控股权的转移。正是由于这两大优点，综合证券收购在各种出资方式中的比例，近年来呈现出逐年上升的趋势。

第三节　目标公司的反并购措施

对于并购公司所提出的并购要约，目标公司在面临控制权转换的情况下，不可能无动于衷、坐以待毙，通常都会采取一些措施来抵御并购。抵抗方法的好处和抵抗程度的强弱，将会极大地影响并购的成本和并购本身的成败。因此，并购企业也必须认真了解目标公司所可能采取的各种反并购的财务措施。常见的反并购财务措施包括股份回购和“白衣骑士”“驱鲨剂”“毒丸计划”等。

一、股份回购

为了并购目标企业，企业常常采用发行债券筹资的方法。那些负债率较低企业的经理为了防止企业被并购，将确定本企业的最优债务水平，然后发行债券，用发行债券所得资金回购本企业股票。这样，就可将企业实际负债率提高到极高的水平，从而使该企业不再是一个有吸引力的收购目标。这种大规模改变资本结构的防御方法，通常被人们称为“股份回购”。

股份回购的基本形式有两种：一是公司将可用的现金分配给股东，这种分配不是支付红利，而是购回股票；二是公司认为自己企业的资本结构中股本成分太高了，就出售债券，用所得款项来购回它的股票。股票一旦被公司回购，其结果是流通在外的股份数量减少。假定股份回购不影响公司的收益，那么剩下的股票的每股收益就会上升，从而导致每股的市场价格也随之增加，股东的资本收益就会大于红利。

如果法律允许企业拥有自己的股份，那么取得自己公司的股票便成为对公开收购要约最有力的防卫策略之一。目标公司如果就本企业的股份提出以比收购者价格还高的价格来收购时，则公开收购者就会不得不提高其收购价格。这样一来，收购者必然需要更多的资金来支持，因而造成公开收购目标企业难以达成协议。例如，美国西格雷姆公司曾提出以每股 45 美元购买明尼瓦公司的普通股股票，而明尼瓦公司的经理们为此大举借债，用此借款回购其股份，每股价格定为 60 美元，从而有效地抵御了西格雷姆公司的并购企图。

股份回购在西方国家之所以盛行，原因在于它不仅仅是一种有效的防御手段，而且它对股东还有很多有利之处。因为回购所产生的利润通常按资本收益税率来纳税，而红利分配却是以个人所得税税率来纳税的。由于两种税率差别很大，因此股份回购对股东的利益影响非常大。在美国，平均水平的私人股东的边际所得税税率在45%左右，而资本收益税率仅为个人所得税税率的40%。

二、“白衣骑士”

“白衣骑士”是指目标企业要求与其关系良好的企业以较高的价格来对抗并购者提出的并购要约。在这种方式下的第三方企业就被称为“白衣骑士”。在“白衣骑士”出现的情况下，收购者如果不以更高的价格来收购目标企业，那么收购者肯定会遭到失败。因此，收购者的收购价格必须随之水涨船高。

目标公司经营者也可考虑和其他较为友好的公司合并，以对抗公开收购者。例如，1966年2月某投资集团以每股65美元的价格表示要收购凤凰保险公司60%的股份。当时，该公司已经出现较大的赤字，而且股价低迷，经采取各种防卫策略后，凤凰保险公司的经营者声称已开始和保险旅行者集团公司进行合并交涉，其与保险旅行者集团公司的合并条件比收购者的出价要高，对凤凰保险公司的股东更有利。凤凰保险公司的经营者想以此迫使收购者打消收购念头。收购者也不甘示弱，重新提出收购要约，提高收购价格。几经竞争，凤凰保险公司最终与旅行者集团公司达成合并协议，后者给予凤凰保险公司的股东相当于每股73美元的旅行者集团公司股票。在这个案例中，旅行者集团公司充当“白衣骑士”，帮助凤凰保险公司击退了收购者的进攻。

三、“驱鲨剂”

“驱鲨剂”主要是目标企业为了防止被并购，而在事前采取种种预防措施，包括订立不利于并购企业的合同、分期分级董事会制度等。

订立不利于收购者的合同是目标企业在防卫策略中常常采用的手段。这种防卫之道主要有：与他人签订贷款合同，使得目标企业一旦被收购会造成贷款需立即偿还的局面；或者在雇佣合同中规定，控制权转移时，不得解雇原有公司的主要管理人员，如果要解雇原有经营者，便被视为雇佣终止，公司必须支付巨额补偿金给予原来的经营者。这种防御方法，通常被称为“金色降落伞”。到目前为止，美国500家大公司中，就有一半以上的董事会通过了该项议案。例如，美国著名的克朗·塞勒巴克公司就规定了“16名高级负责人离开公司之际，有权领取三年工资和全部的退休保证金”。这笔费用对收购者来说，无疑是一项较大的负担。因为上述金额巨大，合计起来高达9 200万美元。这对于并购者来说，在并购上述目标企业时，就不得不慎重对待。

至于对敌意性公开收购的防御，还有“分期分级董事会”技术。这也是一种使用相当广泛的防卫方法。它主要是在公司章程中规定取得董事资格的限制。该方法规定，企业的董事会每年只能改选少部分董事。这样一来，即使并购者购并成功，他还需要冒另外一个风险：尽管他已拥有企业一半以上的股票，却无法控制企业，权力仍握在对立的董事手中，需要经过相当长的时间才能够达到完全控制目标企业的目的。而当并购企业完全控制了目标企业以后，当时的市场情况很有可能已发生了重要变化，使并购无利可图。

一般来讲，企业及早采取预防措施，主要是为了防止自己在毫无防备的情况下成为收购者的收购目标。如果企业没有事先制定有效的应急措施，就很难逃脱被收购者吞食的下场。然而，采取事先的防范措施，也会产生副作用。有时，企业采取的一些防范措施不仅没有达到预防被收购的效果，反而会暴露自身的弱点。例如，有的公司在其章程中规定，合并或公司章程的变更等情况，必须得到全体股东的认可或者95%以上的股东同意。此时，目标公司不但会感受到自己将要成为公开收购目标的威胁，而且公司股东的任何动议都会被彻底公开出来。这实际上就等于向收购者提供本企业的情报，让人家随时宰割。因此，采取预防措施有可能致使公开收购股权发生。

四、“毒丸计划”

“毒丸计划”，是美国20世纪80年代出现的一种反并购策略。它最早是由美国的律师马蒂·利蒲东于1983年发明和采用的。

在“毒丸计划”防御策略中，目标公司会要求并购企业必须先承诺吞下“毒丸”，方可实施并购。其基本内容是：目标企业被并购后，并购企业必须发行一定数额的新股票，允许其他股东（不包括并购一方）用半价购买，以便冲淡并购者的股权比例。“毒丸计划”防卫的形式多种多样，其中最极端方式当数债务丸子。它的致命之处在于要求并购者必须先清偿目标公司的一切债务以后，方可对之并购。

由于“毒丸”可以不经过股东表决即能获得通过，而且从法律角度看，“毒丸”是以股息的形式伪装出现的。因此，许多大公司的股东对“毒丸”技术表示强烈的不满。他们认为“毒丸”与股东的利益明显是相互对立的。一方面，“毒丸”一经实施，企业股票价格就会立即出现下降的趋势；另一方面，“毒丸”对可能的标购起到了威慑作用，使股东丧失了有利可图的向袭击者出售股票的基本权利。尽管对“毒丸计划”存在类似的批评，但是，美国大公司的“毒丸计划”并没有因此而减少。

在控制权争夺的过程中，各种反并购措施是否有益于股东的利益，需要实证检验的结果。但是，实证检验的结果是不一致的。在大多数情况下，没有显著的证据表明采用反并购措施以后，目标公司的股票价格会受到明显的影响。

思考与练习

1. 什么是并购？

2. 什么是效率理论？各种具体的效率理论所解释的分别是哪些并购现象？

3. 企业并购的动机有哪些？

4. 什么是横向并购？举例说明。什么是纵向并购？举例说明。什么是混合并购？举例说明。

5. 按照并购的支付方式划分，并购可以分为哪几种类型？

6. 什么是购并现金支付方式，有哪些优缺点？

7. 你认为哪种理论比较好地解释了并购的动因和效应？说明你的理由。

8. 对目标企业的估价方法有哪几种？各自有哪些优缺点？

9. 企业并购的税收筹划的方法有哪些？

10. 找一个国内外的并购案例，分析其并购方式、并购类型和并购动因。

第七章　企业集团财务管理概述

企业集团是市场经济发展的产物。作为一种适应商品经济发展的新型的组织形式，企业集团有别于单一独立经营的企业，它在经营管理、理财环境、财务活动等多方面具有复杂性。因此，企业集团的财务管理必须包括多方面的内容，企业集团必须选择合适的财务管理体制与完善的财务组织结构与监控制度。

第一节　企业集团财务管理概述

一、企业集团概述

（一）企业集团的产生与发展

在企业发展过程中，当企业的资本积累到一定规模或当企业的生产经营规模达到一定程度时，为追求规模经济效益，回避经营风险，往往需要通过建立外部协作关系、建立关联企业、扩充新的业务领域等来支持企业的进一步发展。所以说，企业集团是社会化大生产和市场经济发展到一定阶段的必然产物。企业集团最初起源于日本，在经济发达国家中，企业在市场化进程中，通过不断兼并、收购和联合等方式，使得托拉斯、康采恩、公司集团等企业组织形式相继出现，原来相对独立的企业，通过资本、产品、技术、人员等纽带，形成规模巨大、业务范围宽广的企业经济联合体。企业集团的产生和发展总是伴随着企业的兼并浪潮展开的，比如美国的众多企业集团就是在美国历史上先后五次并购浪潮中发展起来的。我国企业集团起步较晚，其发展始于20世纪80年代，由于历史的原因，当时主要是通过行政干预方式，按照行业系统组建企业集团。我国的企业集团的组建可以说是从松散的人合集团进一步发展成资合与人合兼有的集团，再过渡到以资合为主要形式的企业集团。经过30多年的发展，在市场经济和社会分工与协作的需要下，企业提高竞争力和降低交易成本的动因促使了我国企业集团的发展壮大。

（二）企业集团的定义

我们可以这样来定义企业集团，企业集团是指以资本为主要联结纽带的以母子公司为主体，以集团章程为共同行为规范的母公司、子公司、参股公司及其他成员企业或机构共同组成的、具有一定规模的企业法人联合体。从这个定义中我们可以简单地分析出企业集团的特征。首先，企业集团的本质是通过资本、产品、技术、业务、契约等纽带，逐步形成以某一企业为核心的企业群。这个企业群能够充分发挥各成员企业的优势及回避劣势，从而产生协同经济效应，使企业集团所获得的经济利益要大于各成员企业分散经营所获得的经济利益之和，即获得“1+1>2”的结果，以获取最大的整体经济效益。其次，企业集团具有金字塔式的控制分层的组织结构，按产权关系我们可以将企业集团划分划分为四个层次：第一层次是集团公司，实质是控股公司或母公司性质，在实务中也称核心企业；第二层次是控股层企业，包括全资子公司、控股子公司；第三层次是参股层企业，由母公司持有股份但未达到控股界限的关联公司组织；第四层次是协作型企业，由若干签订长期生产经营合同和托管、承包协议的成员企业组成。最后，企业集团内部各成员公司具有法人资格，为法人企业，具有较大的独立性，有着自身独立的经济利益。企业集团可以是建立在控股、持股基础上的法人集合体。

（三）我国企业集团发展的历程①

1. 改革前的企业组织（1980 年以前）

我国在 20 世纪 80 年代以前没有企业集团这种组织形式，我国企业集团的出现是 1978 年经济和工业改革的结果。改革开放以前，我国企业实际就是单一的生产工厂的组织形式，整个生产和经营处于计划统筹下。这种计划体制包括多个层级，从中央政府到省、市、县和镇等，企业的自主经营无从谈起，更没有扩张和形成经济联合体的权利和动力，单个企业组织效率低下。我国改革开放前的政府管理机制如图 7-1 所示。

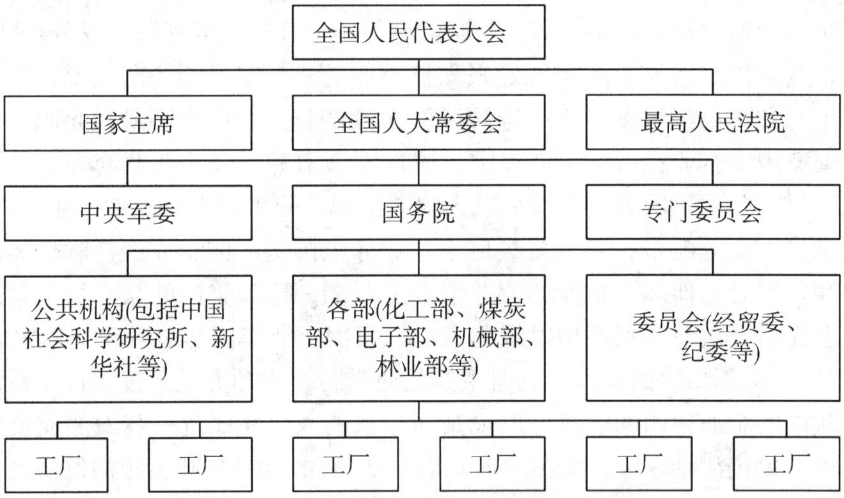

图 7-1　我国改革开放前的政府管理企业机制

资料来源：姚俊，蓝海林. 我国企业集团的演进及组建模式研究［J］. 经济经纬，2006（1）：82-85.

1978 年党的十一届三中全会确定了改革开放的方针后，中国的经济改革大张旗鼓

① 姚俊，蓝海林. 我国企业集团的演进及组建模式研究［J］. 经济经纬，2006（1）：82-85.

地进行。在中国企业组织领域发生的深刻变化之一是全新组织形式的大量涌现。全民企业（国有企业）、集体企业、合资企业（三资企业）、乡镇企业、民营企业等纷纷出现。它们当中许多成为今天企业集团的成员。事实上，我国改革开放前的工业局（或部委）管理体制为日后企业集团的迅速组建提供了一些便捷，有许多国有企业集团正是在此基础上形成的。它们当中的一些只需将政府管理职能剥离。例如，当年的邮电部管理体制，在中国电信重组后，在各省的省级体系下分别成立邮电管理局（承担政府监督管理职能）和省电信公司（企业运作），就组成了中国电信企业集团。

2. 企业集团的产生（1980 年至 20 世纪 90 年代初）

促使国内企业集团产生的原因主要有两个：一是中国政府注意到了日本企业集团的发展推动了日本经济的振兴，决策层决定采用类似的方式来推动我国工业化和经济发展。二是市场自发因素。自 1978 年实行改革开放以来，经济体制已逐步从计划经济改为市场经济，原来的国有企业受到了来自不同产权结构的企业的竞争威胁，同时国有企业的许多弱点也迫切需要改革。在 20 世纪 80 年代早期，由于传统管理体制有所松动，企业的自主权扩大，一些大型骨干企业率先出现扩张动机，开始组建经济联合体，如长春第一汽车制造厂、十堰第二汽车制造厂等。

国务院 1986 年发布的《关于进一步推动横向经济联合若干问题的规定》（简称《规定》）是这一时期一个重要的事件。《规定》中明确提出："通过企业之间的横向经济联合，逐步形成新型的经济联合组织，发展一批企业群体或企业集团。"正式从官方的角度提到了"企业集团"的名称，但未做具体阐述。在《规定》出台前，企业集团的组建实际上是先由企业在实践中探索，然后由政府政策予以规范。

1987 年，国务院先后发布了《关于大型工业联营企业在国家计划中实行单列的暂行规定》和《关于组建和发展企业集团的几点意见》，后者对企业集团的含义、组建企业集团的原则以及企业集团的内部管理等问题第一次做出了明确规定。而在 1986 年的《规定》中提到了"企业集团"以及 1987 年的一系列文件之后，企业集团的组建遵循的是政府政策引导的发展路径。在这些政策和行为的推动下，全国掀起了组建企业集团的热潮。根据国家体制改革委员会的统计，到 1988 年年底，全国经过地市级政府批准并在工商行政管理局注册的企业集团有 1 630 家。其中，广东有 240 家，上海有 163 家，最少的宁夏也有 6 家。

国务院《关于组建和发展企业集团的几点意见》虽然对规范和促进企业集团的发展有一定影响，但是对企业集团的本质特征并没有真正明确。在政府经济管理人员以及企业人士中，企业集团仍然是一个模糊的概念。这些初期阶段产生的企业集团存在一些纽带不清、管理混乱、紧密性弱等问题，规范的企业集团还很少。

1989 年，国家体改委印发了《企业集团组织与管理座谈会纪要》。在这份纪要中，官方和企业人士一致认为产权关系是企业集团母公司与紧密层、半紧密层企业之间主要的联结纽带。这一规定被认为是对前期组建的松散型企业集团所暴露出的问题的纠正。此后，随着政府对企业集团的促进和支持以及学术界对企业集团的认识与研究，我国对企业集团这一特殊组织形式加深了理解，中国的企业集团开始进入蓬勃发展时期。

在我国企业集团产生和组建过程中，由于政策和市场是两种不同的推动力量，根据政府和企业在集团组建过程中的不同作用，我国企业集团组建大致有三种方式（见图7-2）。

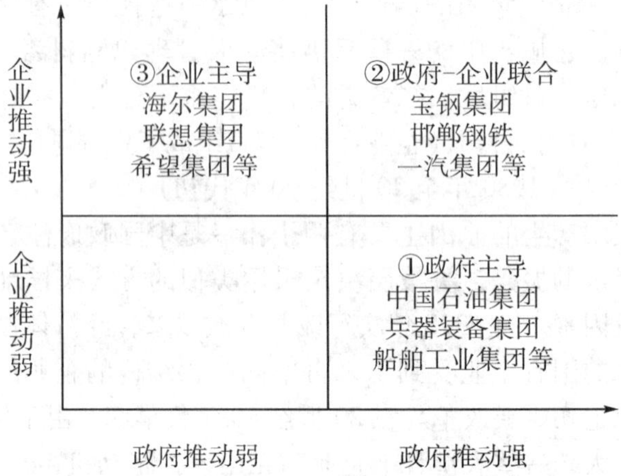

图 7-2　我国企业集团组建的主要方式

资料来源：姚俊，蓝海林．我国企业集团的演进及组建模式研究［J］．经济经纬，2006（1）：82-85.

（1）政府主导组建方式。政府因素在集团组建中起主导作用，这类集团大多由原来的行政管理机构转变而成，集中在垄断产业或军工产业，如中国石油天然气集团、中国兵器装备集团、中国船舶工业集团等。这些企业原来都是大规模的国有企业，其改造和组建的历程一般是工业部（局）—行政性总公司—集团公司。在集团改组过程中起主导作用的是政府，因此它又可以称为行政机构演变型企业集团。这些企业集团具体组成方式有合并（如中国石油天然气集团）或者分离（将一个总公司分成两个或两个以上的公司，然后对其内部业务进行重组，如兵器装备集团公司、船舶工业集团公司都是通过这种方式组建成的）等。中国石油天然气集团公司、中国石油化工集团公司、中国兵器装备集团公司、中国船舶工业集团公司、中国航空工业第一集团公司等都是中央政府直接做出决策改组成立的。

（2）政府-企业联合改建方式。这种模式多集中在规模经济效益比较明显的行业，如钢铁、汽车等行业。在其形成过程中，由政府和企业共同作用，因此也可以称为政府-企业主导型。这类企业大多是由 20 世纪 90 年代初政府管理国有企业的机制下的一些工业局管理（见图 7-3），由原来一个经济效益好的大企业联合生产线上下游的一些中小企业共同组成，一般集中在规模效益明显的钢铁、汽车等行业，如宝钢集团、邯郸钢铁、一汽集团等；或者政府推动某个强势企业兼并一些小企业。这种方式的组建有许多特点，如组建企业集团后，原来一些归口管理的工业局可以撤销，有利于推动企业进行真正的市场化运作，同时便于形成巨大的规模效益，但这些企业集团不像市场自发形成的企业集团一样，它们是先有子公司，然后才有母公司。

（3）企业成长型。企业通过市场的运作发展成为企业集团，其推动力量主要是母

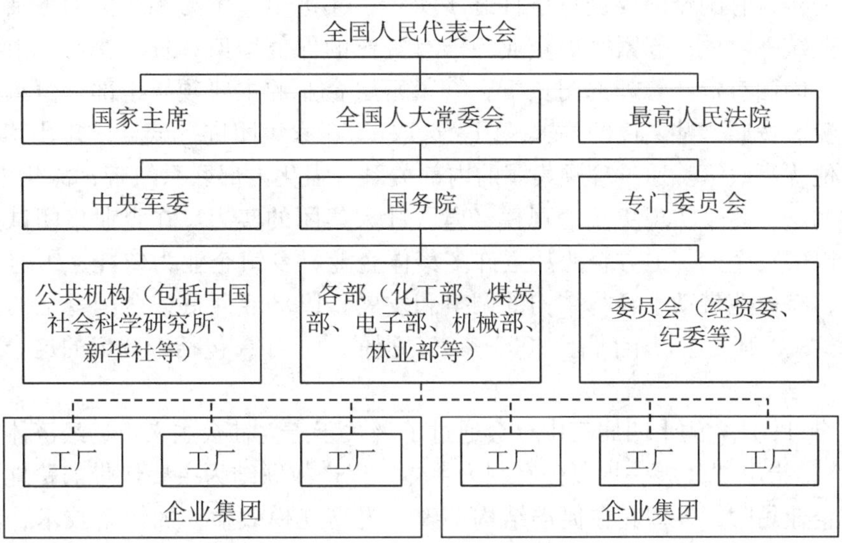

图 7-3　20 世纪 90 年代初期的政府管理企业机制

资料来源：姚俊，蓝海林. 我国企业集团的演进及组建模式研究［J］. 经济经纬，2006（1）：82-85.

公司或核心企业的实力增长。这类企业一般集中在竞争性较强的行业，如海尔集团、联想集团、方正集团、希望集团等。这种方式组建的企业集团成员间的关系清晰，基本上都是产权纽带，且基本上是市场化竞争的结果。它们的形成有以下途径：①企业分裂。企业将原来属于自己的分支机构分离出去，成立独立的企业，形成母子公司体制。②企业根据发展的需要新设立子公司。③企业并购。通过企业兼并收购、参股、控股使其他企业成为集团的成员。

3. 企业集团的发展（20 世纪 90 年代初至今）

20 世纪 90 年代初期，企业开始面临着国际和国内不同所有制的企业竞争，大部分加工工业出现了供过于求的现象，短缺经济时代已结束，在计划经济体制下建立的大量中小企业在短缺经济时代投产见效快、调整灵活等优势减弱，大企业在竞争中的优势显现。同时，国有企业在许多竞争性行业暴露出越来越多的问题，甚至失去竞争优势。面对这种形势，政府、企业界和学者们认为，组建企业集团是增强企业特别是国有企业竞争力、加快资产重组、促进国有企业改革的一项战略举措。同时，在企业集团组建和发展工作中，存在很大的盲目性和草率性，多数企业集团都没有突破原来行政性公司和一般经济联合体的格局。

1991 年 12 月，国务院《关于选择一批大型企业集团进行试点的请示》文件和随后的《试点企业集团审批办法》《乡镇企业组建和发展企业集团暂行办法》《关于国家试点企业集团登记管理实施办法（试行）》等一系列相关法规颁行。试点企业集团核心企业对紧密层企业的主要活动是实行“六统一”：①发展规划、年度计划由集团的核心企业统一对计划主管部门；②实行承包经营的，由集团的核心企业统一承包，紧密层企业再对核心企业承包；③重大基建、技改项目的贷款，由集团核心企业对银行统贷统还，目前实行有困难的要创造条件逐步实行；④进出口贸易和相关商务活动，由集团核心企业统一对外；⑤紧密层企业中国有资产的保值增值和资产交易，由集团的核心企业统一向国有资产管理部门负责；⑥紧密层企业的主要领导干部，由集团核心企业统一任免。按照这些文件的要求，国家选取了55家集团进行试点，并让其享受计划单列和其他优惠政策。通过理顺集团的内部关系，强化内部联系纽带，深化内部改革，进行结构调整，逐步实现集团的规模经营，壮大集团的实力。在企业集团试点的示范带动下，以中央企业、地方企业甚至许多集体企业、乡镇企业为依托，组建了一大批企业集团，有效地带动了经济结构的调整和发展。1993年年底，全国登记的企业集团达7 500多家，其中县以上的有3 000多家；据估计，如果包括未登记的这个数字将达到10 000多家。

1993年11月党的十四届三中全会通过了《关于建立社会主义市场经济体制若干问题的决定》，指出“发展一批以公有制为主体，以产权联结为主要纽带的跨地区、跨行业的大型企业集团，发挥其在促进结构调整，提高规模效益，加快新技术、新产品开发，增强国际竞争能力等方面的重要作用”。1994年财税、金融、投资、外汇、外贸五大宏观体制改革顺利进行，《中华人民共和国公司法》生效，又使企业集团内部成员之间的经营管理和相互关系有了基本的行为准则规定，从而为企业集团进一步规范经营管理行为奠定了基础。

从1995年起，国家开始实施“抓大放小”战略措施。一方面，把国有企业改革作为整个经济体制改革的重点，企业集团试点工作列为国务院确定的四大试点之一；另一方面，开始从政策上重点扶持大型企业集团。

1997年4月，国务院批转了国家计委、国家经贸委、国家体改委《关于深化大型企业集团试点工作意见的通知》，其中提出“建立以资本为主要纽带母子公司体制”的目标，要求进一步深化大型企业集团的试点工作，同时批准组建第二批国家试点企业集团。此后，各地区根据国务院文件精神，先后批准或组建企业集团。据统计，到1997年年底，各类企业集团剧增到3万多家，经省级以上单位批准的企业集团有2 300多家，列入国家试点的企业集团也从56家增加到120家。以上法律法规的出台，明确回答了企业集团发展过程中的最基本、最核心的问题，使企业集团向真正意义上的以产权联结为纽带的法人联合体转变。

1999年9月，党的十五大通过的《中共中央关于国有企业改革和发展若干重大问题的决定》指出：“要着力培育实力雄厚、竞争力强的大型企业和企业集团，有的可以成为跨地区、跨行业、跨所有制和跨国经营的大企业集团。要发挥这些企业在资本营运、技术创新、市场开拓等方面的优势，使之成为国民经济的支柱和参与国际竞争的主要力量。”该决定明确了企业集团在我国的发展地位和意义，扫清了制度障碍，有力地推动了我国企业集团的发展，尤其是大企业集团得到了比较规范和理性的发展。党的十五大以后，在“以资本为纽带，通过市场形成跨地区、跨行业、跨所有制和跨国经营的大型企业集团”方针的指导下，一批大型企业集团迅速成长了起来。

这段时期，我国企业集团在数量和规模不断增加的同时，在管理和规范上与产生时期相比有了许多质的变化。例如，绝大多数的企业集团的联结纽带是产权关系（控股或参股)，代替了原来行政上划分的核心、紧密、半紧密和松散关系；在增长战略上，注重突出主业和建立核心专长，母子管理体制与治理结构完全不同于20世纪80年代的横向经济联合体或纵向经济联合体。

据统计，在2000年年底，经省部级单位批准的大企业集团已经达到2 655家；资产总额达106 984亿元，营业收入达53 260亿元。营业收入和资产均在50亿元的大型企业集团（或企业）已达到140家，在同年美国《财富》公布的全球500强中，我国内地企业占11家。企业集团的营业收入占国内生产总值的比重逐年增加，2003年达到67%；集团的生产经营规模不断扩大，经济效益显著提高，资产总计在5亿元以上的大企业集团已达2 692家。从地区分布来看，在2 692家企业集团中，各地区分布依然不平衡。东部地区拥有大企业集团1 877家，占2 692家的69.7%；拥有大集团数前8位的省份依次为山东、浙江、北京、福建、江苏、天津、上海、广东。这些集团总资产达17万亿元。企业集团在我国经济生活中的作用和影响越来越大。

（四）企业集团的形成原因

1. 控制权最大化

企业集团的所有权结构通常呈现金字塔形。在金字塔形的所有权结构中，一个公司控制另一个公司，而后者又控制其他公司。以此类推。对所有权链最顶端的那家公司拥有控制权，就意味着对整个金字塔中的所有公司都拥有控制权。一个投资者可以通过创建金字塔形所有权结构来增加其所能控制的资产数量。金字塔形结构使通过较少的股权控制多个公司成为可能。也就是说，金字塔结构把拥有公司股权（现金流权）和控制公司（投票权）区分开来了。人们有时也把金字塔结构等同某种间接控制的所有权结构（如通过控制一个以上其他公司来控制某公司)。也正是这种间接控制使投票权和现金流权分离。尽管许多企业集团的所有权结构并非完全是金字塔形的，但他们大部分多少都呈现出对所属公司间接控制的特征。

2. 替代市场失灵

对企业集团形成的另一个观点是以交易成本理论为出发点。这一理论假设价格机制运行过程产生成本，它最先由科斯（Coase，1937）提出。科斯认为，“为了避免通过市场进行交易而产生的成本，这可以解释公司为何存在，内部管理决策决定因素的配置”。根据这一理论，公司的最优规模和经营范围由市场交易成本决定。若市场交易成本高，则把交易内部化更为有效。例如，把多个经营企业合并到等级制的企业集团中去。

企业集团可以被看成一个对不完备和失灵市场（如资本和劳动力市场）在组织结构上的反映。市场的失效运作从根本上是基于中介结构、管理框架和法规体系的有效性。这些制度体系缺失或运转失灵会带来高昂的交易成本，企业集团为了填补这些制度空缺应运而生。例如，在消费者保护薄弱的产品市场中，企业集团可以依靠卓越的质量而获得声誉。由此，品牌成了有价值的资产，为所有集团成员公司所共用。而且，把整个集团的声誉作为担保，强制执行契约的交易成本会低得多。企业集团也可能进行内部交易，这时子公司机会主义行为的经济和社会成本都将十分昂贵。

3. 资源基础观

资源基础观强调企业集团有助于利用企业间共同或互补资源，只要发展能让未充分利用的资源产生更大利润，公司就有动力不断发展下去。如果资源体现的是规模经济和范围经济，那么，把不同公司集中到一个集团中去以充分利用这些资源是非常有效的。科技、品牌、声誉，还有诸如像分销体系、管理方法和企业家精神等这些都可以看成资源。另外，企业集团建立的核心是企业家的特殊能力，正如其他一些无形资产一样，企业家的特殊能力即使在完全市场情况下也很难公平交易。

4. 政府影响观

企业集团是为规避政策的影响而自发产生的最优选择。不同公司捆绑在同一集团旗下，可能是对国家产业或税收政策的反应。例如，一个产业政策旨在推动小企业发展，公司可能选择组成集团而不是合并成一家大型混合公司。其他可能影响集团组建的政策措施还有进口管制、执照政策、市场推出的法规限制和税收政策。我国上市公司多元化的方向与政府的产业政策密切相关。

另外，企业集团的规模经营会有利于企业集团通过寻租行为从中获益。寻租行为具有规模经济和范围经济，因为只要有一个企业与政府建立起关系，这层关系就会被运用于谋取其他企业的好处，或某些公司的共同利益上。因此，把这些公司的寻租行为捆绑起来，效率可以大大提升。这也解释了为什么各国企业集团总在不遗余力地搞好和政府机构间的关系。

5. 宽松的竞争环境

企业集团可以缓和竞争的激烈程度。首先，当不同集团在多个市场有业务联系时，更容易产生并保持某种默契的合作关系；其次，集团内相互持股份使一个公司把它的产量决策对集团其他公司利润的影响给内部化了；最后，集团附属公司可以共同使用集团的一些资源。

由于企业集团产生形式具有多样性，而且受环境的影响很大。因此，对于一个集团，它产生的原因往往是多方面的，而不仅仅是单一的原因。

（五）企业集团的基本类型

按照不同的指标，可对企业集团进行如下分类：

按其各成员企业的法律关系划分，可分为隶属型企业集团和平等型企业集团。隶属型企业集团是指其内部各成员企业在法律上独立，但有从属企业和控制企业之分。控制企业支配从属企业，代理集团行使经营权。因此，在这种企业集团中，控制企业与从属企业的关系一般表现为母公司与子公司的控股关系。大多数企业集团均是以这种法律形式的控股关系而存在的。平等型企业集团是指其内部各成员企业之间不仅在法律上具有独立性，而且地位平等，不存在隶属关系。因此，在这种企业集团中，就需要各成员企业通过协商来成立一个统一的领导机构，以便实行统一的经营政策。隶属型企业集团与平等型企业集团相比，更具有稳定性与长期性，核心企业在法律上享有特殊经营权，并承担特殊义务与责任，更有利于增强集团的凝聚力，进行统一的经营与管理。

按其成员企业的控制关系和联结纽带划分，可分为纯粹控股型企业集团和混合控股型企业集团。纯粹控股型企业集团是指完全以资本为纽带形成的企业群体。在这类集团中，控股企业可以通过持有多数股权，对从属企业的重大决策和重大事项加以控制，其本身不直接从事生产经营活动，而是通过对子公司的投资获得投资收益，从而建立起以产权关系为基础的控制关系。这类企业集团各成员企业在业务上不一定存在必然的联系。而混合控股型企业集团是指以资本和业务为纽带形成的企业集团。在这类集团中，处于控股地位的母公司一方面直接从事生产经营活动，另一方面通过控制子公司的股权，支配被控股公司的重大决策和生产经营活动，使被控股公司的业务活动有利于企业集团自身业务活动的发展，使各成员企业在经营业务上能够形成一个整体，如以产品为纽带形成的产品生产、零配件供应、服务等协作生产型企业集团。

此外，企业集团按其经营的区域范围划分，可分为国内企业集团和跨国企业集团；按其成员企业的行业构成划分，可分为专业化企业集团和多元化企业集团；等等。

二、企业集团的基本组织结构

（一）企业集团的基本组织层次

1. 母公司

母公司也称为集团公司、总公司、控股公司，是向子公司、参股公司出资并行使出资人（股东）职能、具有资本营运等多种功能的公司制企业。母公司是一个独立的企业法人，有自己的组织结构和管理机构，有独立的财产。母公司依持有的股权对子公司、参股公司按照所持股份承担有限责任，同时行使出资人权利，包括收益权、重大决策权和选择管理者的权利。尽管母公司对子公司等享有许多权利，但母公司与子公司是出资人与被投资企业之间的关系，不是子公司的行政管理机构，与子公司之间不是上下级行政隶属关系，不能违反法律和章程的规定，不能直接干预子公司的日常生产经营活动。

2. 子公司

子公司是母公司对其拥有全部股权（全资子公司）或者控股权（控股子公司）的企业法人。在企业集团中，子公司与母公司形成母子公司关系。我国习惯上也将子公司称为紧密层企业。母子公司关系构成了企业集团的基石。由于母子公司都是独立的经济实体和市场竞争主体，彼此之间不存在行政上的依附关系，而仅仅是出资者与经营者之间的关系，母公司对子公司的管理与控制必须依照公司法来进行，不能超越所有者权限而介入子公司的日常经营事务，以确保子公司真正独立的法人地位；此外，为了维护和实现集团整体利益，母公司必须对子公司进行有效的产权约束，保障其投入资本的安全性，并依法获得产权收益，从而促使子公司经营目标与母公司总体战略目标保持一致。

一般来说，对于集团的支柱产业、资金密集型企业，母公司应绝对控股，建立全资的子公司，形成单一的产权结构；对于集团生产经营和持续发展有着重要导向作用的技术密集型产业和关键性辅助产业，母公司可以持股51%以上，建立控股子公司，同时积极地吸收社会法人参股，鼓励公司内部职工投资入股和子公司之间的交叉持股，寻求多元化产权结构。

3. 参股公司

母公司虽持有部分股权，但不拥有实际控制权的公司为其参股公司。参股公司往往与母公司、子公司在生产、经营、科研、销售等方面具有协作、配套关系，可以成为集团的成员。一般情况下，对于与集团主业相配套的产业以及第三产业，母公司应该将其作为参股公司。

4. 协作单位

其他与母公司、子公司在生产、经营、科研、销售等方面具有协作、配套关系的企业或机构称为协作单位。与母公司、子公司存在协作关系，承认集团章程是其作为企业集团成员的必要条件。这些单位往往与母、子公司没有资产关系，但相互之间存在稳定的业务关系和固定的协作关系，能够通过合同约定各自的权利和义务，因此也称为松散层企业。

一个企业集团至少要包括母公司和子公司两个层面的企业。这两个层面的企业构成了企业集团的基本模式。多数企业集团除具有母公司和子公司外，还有参股公司。而包括母公司、子公司、参股公司和协作单位四个层面的企业集团是内部结构较为完备的企业集团模式。

（二）企业集团的基本组织结构模式

集团公司的基本组织模式主要有直线职能式、事业部式和控股式三种。以下分别对这三种组织结构模式进行讨论。

1. 直线职能式组织结构

直线职能式组织结构是在综合直线式和职能式的基础上发展起来的一种组织结构模式。

（1）直线式组织结构。直线式组织结构是指在组织内部上下级之间存在着直线式的权责关系或直线式的指挥命令系统，即权力从最高领导者经过各级管理人员，直到组织最末端（最基层）的工人，均是直线流动的。这种组织结构存在于业务、产品比较简单、规模较小的企业集团。集团母公司与子公司之间体现出较严格的控制与被控制的关系。

直线式组织结构的指挥系统简单，命令统一，决策迅速，组织费用低；每个组织成员的责任和权限的归属非常明确，都知道自己向谁汇报，谁向自己汇报；容易维持组织纪律，能够确保组织秩序。但直线式组织结构的缺点也十分明显：横向联系差；对管理者的要求高，管理者必须是全能型，才能恰当地指挥下级；缺少职能部门，不能依靠各方面的专家，许多具体事务也必须由主管人员亲自处理。

（2）职能式组织结构。职能式组织结构重视的是专业化，即横向的职能分工。职能式组织结构用专业分工的管理者代替直线式组织结构的全能管理者。

职能式组织结构可以发挥专家的作用，对下级工作能做详细的指导。管理者职能的专业分工使管理者的培养变得容易。但是职能式组织结构的缺点是：多头领导，容易出现命令重复和矛盾，使组织活动混乱和纪律松弛。各管理者分担的专门职能的内容很难明确的规定，容易造成争权推责的弊端。职能分工也会导致管理者难以学习专业领域之外的知识，不利于培养全面的管理人才。

(3) 直线职能式组织结构。直线职能式组织结构是试图克服上述两种组织结构的缺点，利用其优点的组织结构。直线职能式组织结构如图 7-4 所示。

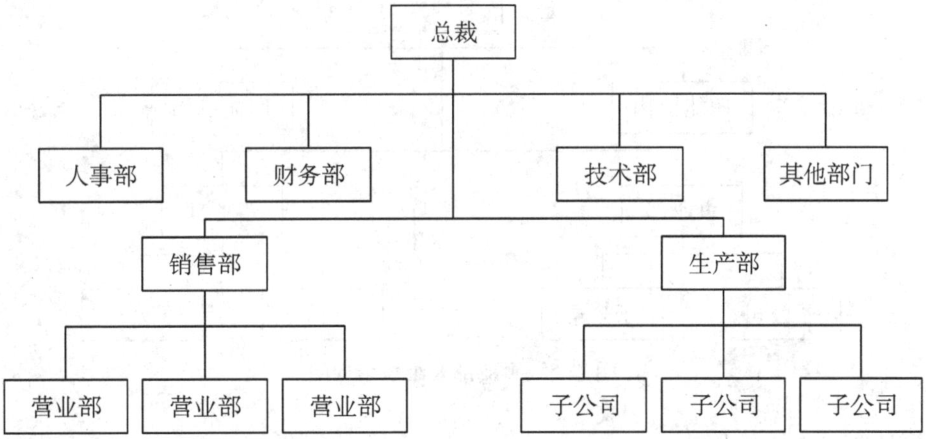

图 7-4　直线职能式组织结构图

直线职能式组织结构的优点是：直线主管人员可以有更多的时间去处理自己的事务，而不需要担心处理高度专门化的问题。直线职能式组织结构的缺点是：直线部门和职能部门之间容易产生不协调。当职能部门权限过大时，会扰乱直线部门的指挥系统；当直线部门不重视职能部门的意见时，又会影响到专家积极性的发挥。同时，设置职能部门还会增加管理费用。

2. 事业部式组织结构

事业部是将公司的生产经营活动以产品、部门、地区或客户为标准建立的独立性经营单位。事业部虽然是独立的经营实体，实行独立核算、自负盈亏，但是，事业部必须服从母公司的统一管理，一般介于母（总）公司和子（分）公司之间。事业部一般是利润中心，但也可以是投资中心，甚至是所谓的战略事业单位（超级事业部）。母公司与事业部实行“集中决策、分散经营”，母公司主要负责研究和制订公司的各种政策、总体目标和长期计划，并对各事业部的经营、人事、财务等实行监督，组织各个事业部搞好本部门的生产经营活动。事业部式的组织结构如图 7-5 所示。

事业部式组织结构的优点是：通过统一政策、分权管理的方式既可以保证母公司经营方针的落实，又可以调动各事业部的经营积极性。事业部还可以使母公司的主要负责人从繁琐的日常事务中解放出来，专注于公司长期发展战略。事业部式组织结构的缺点是：由于事业部有较大的独立性，内部协调困难。组织结构设置重复，管理成本上升。授权的“度”难以把握，经常出现集权过度或分权过度的问题。因此，事业部式组织结构一般适用于产品品种多、市场覆盖面广、营销环境变换快的大型企业集团。

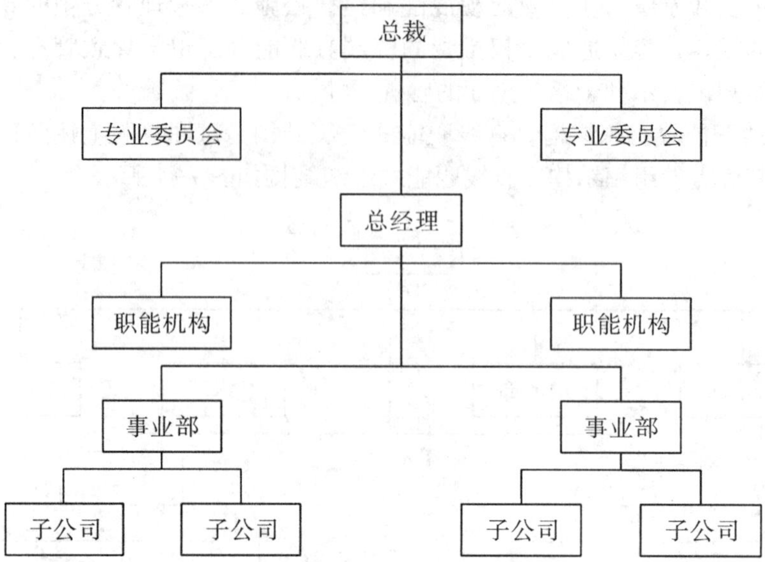

图 7-5　事业部式组织结构图

3. 控股式组织结构

控股式组织结构，是上级公司通过控制下级公司的若干股权以实现对下级公司的控制的组织结构。控股式组织结构是一种比事业部式组织结构拥有更大的分权管理极限的组织结构。控股式组织结构有纯粹控股型企业集团和混合控股型企业集团两种基本形式。

（1）纯粹控股型企业集团。纯粹控股型企业集团是指其设立的目的只是为了利用控股权影响被控公司的股东会和董事会，支配被控公司的生产经营活动，实现其控制意图的纯粹资本投资型的集团。这类集团的控股公司并不从事具体的生产经营活动，其组建动力来源于资本的衍生力与增值要求，是资本运营的典型形态。它的管理主体表面上表现为被控企业，但实质上是所投出的资本，一旦被控企业的资本不能保值增值，则被控企业也就不再成为其资本投入的主体。它会选择将其出卖，抽出资本而转向他方。其组织结构图见图7-6。

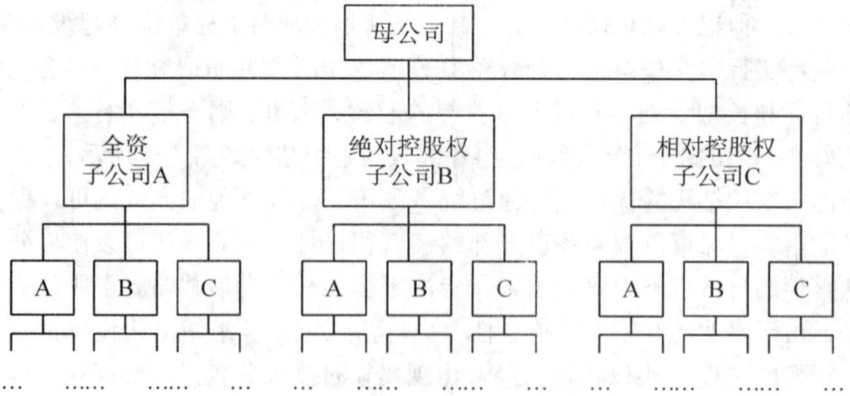

图 7-6　纯粹控股型企业集团

（2）混合控股型企业集团。混合控股型企业集团是指母公司既控制子公司的股权，又从事具体的生产经营活动的集团。这类集团控股公司控制子公司的基本目的，主要是通过对被控公司生产经营活动的控制，使本公司的业务得到更好的发展。其组建动力来源于其核心企业的产品，母公司及其附属的核心企业都是实体资产的经营者。它之所以能组建集团，完全是靠其龙头产品的影响力。正是为了扩大其产品的影响力，即通过控股和参股一批企业，来为核心企业的产品生产和营销网络的建立而服务。其组织结构图见图7-7。

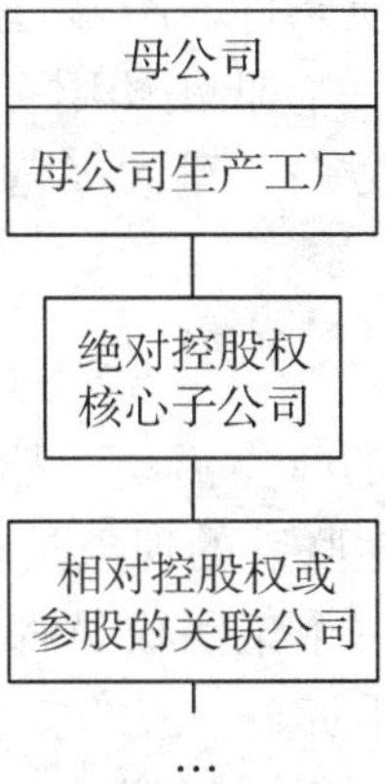

图7-7 混合控股型企业集团

控股式组织结构的优点是：母公司只对子公司的经营风险承担有限责任。母公司具有较大的灵活性，可以通过出售子公司的股权，放弃对子公司的控制，回避财产损失等风险。控股式组织结构的缺点是：相对于控股公司组织结构而言，母公司对子公司的控制必须通过子公司董事会，控制是间接控制，对子公司资源的运用受到制约，控制权被削弱。另外，子公司的权力较大，母公司的指挥往往失灵。

三、企业集团财务管理的特征

从对企业集团的产生发展、定义特征、类型、组织结构模式等的讨论中不难看出，为了配合集团公司的管理，企业集团的财务管理必须要有自己的特征。与独立经营企业的财务活动相比，企业集团具有资金活动渗透性、资金成分多样性、资金投入退出变动性等特点，企业集团财务活动的复杂性决定了其管理必须包括多方面的内容。企业集团财务管理的特点有如下几个方面：

（一）财务主体多元性

企业集团不同于单个大企业和一般经济联合体，它是以母、子公司为主体，通过产权联系和生产经营协作等多种方式，由众多企事业法人组织共同组成的经济联合体。企业集团具有复杂的组织结构，它是由若干具有相对独立经济利益的内部单位构成的总体，因此企业集团各成员企业具有财务管理的独立权，从而表明企业集团财务主体构成具有多元性的特征。

（二）财务客体的多变性

企业集团财务活动领域较之单一企业更加广泛丰富。企业集团拥有雄厚的财务资源，在融资、投资以及利润分配方面，呈现出更加复杂多变的方式、手段，更加宽广的创新空间。

（三）财务决策战略性

企业集团的财务决策一定不能脱离企业集团的总体战略。企业集团财务管理主要是通过价值形式，把集团的一切物质条件、经营过程和经营结果合理地加以规划与控制，实现集团价值最大化目标。因而企业集团财务管理不同于单一企业的财务管理。它是对集团的主要经营目标、经营方向、重大经营方针和实施步骤所做的长远、系统规划。

（四）财务组织的复杂性

在企业集团中，一切涉及资金的收支活动，都与财务管理有关。事实上，企业集团内部各成员、各部门与资金不发生联系的现象是很少见的。因此，财务管理的触角，常常伸向集团经营的各个角落。每一个集团成员都会通过资金的使用与财务部门发生联系，每一个部门也都要在合理使用资金、节约资金支出等方面接受财务部门的指导，并受到财务制度的约束，以此来保证集团经济效益的提高。企业集团由于组织结构复杂，既有紧密层又有协作层，甚至还存在复杂的相互持股关系，内部财务关系十分复杂。

（五）财务控制的多样性

母公司对子公司管理的主要内容是资金、财务活动的监控。但子公司也是独立法人，具有自主经营、自负盈亏的法律主体地位，财务活动既要服务于本企业管理活动、接收本企业监管部门的监督，又要接受母公司的财务调控。从控制的层次来看，企业集团的财务监控具有多样性；从财务控制制度来说，其内容包括企业集团财务预算制度、财务信息报告制度、财务总监委派制度等，也体现出了企业集团的财务监控的多样性。

综上所述，可以把企业集团财务管理的概念概括为集团企业财务管理是集团管理的一个组成部分。它是根据财经法规制度，按照财务管理的原则，组织企业集团财务活动，处理企业集团财务关系的一项经济管理工作。

第二节　企业集团财务管理体制

一、企业集团的财务管理体制概述

（一）企业集团财务管理体制的概念

企业集团财务管理体制是指母公司（管理总部）为界定企业集团各方面财务管理

的权、责、利关系，规范子公司等成员企业理财行为而确定的基本制度。它包括财务组织制度、财务决策制度和财务控制制度三个主要方面，统属于财务管理制度的范畴。正确地制定企业集团财务管理体制，是促进企业集团财务管理工作顺利而有效地开展的制度性保障。

（二）企业集团财务管理体制的模式

确立企业集团财务管理体制的模式，就是如何正确地处理好母公司与子公司之间集权与分权的关系，这关系到企业集团是否具有凝聚力，以及各成员企业的积极性能否充分发挥。根据企业集团财务决策权的集中程度、组织结构、财务控制等因素的差异性，一般可分为集权制财务管理体制、分权制财务管理体制和统分结合制财务管理体制三种基本类型。

1. 集权制

集权制是指财权的绝大部分集中于母公司（或总部），母公司对子公司采取严格控制和统一管理的财务体制。其特点是：财务管理决策权高度集中于母公司，子公司只享有很少部分的财务决策权，子公司的筹资、投资、资产重组、利润分配、费用开支、财务人员任免等重大财务事项都由母公司统一管理，子公司相当于一个成本中心。母公司通常下达生产经营任务，并以直接管理的方式控制子公司经营活动，投资功能完全集中于母公司。

集权制的优点是：便于实施财务政策，降低管理成本，提高管理效率；便于母公司发挥财务调控功能，实现战略目标；便于统一调剂集团资金，降低资金成本，实现资源优化配置。

集权制的缺点是：财务管理权限高度集中于母公司，容易挫伤子公司经营的积极性，抑制子公司的灵活性和创造力；高度集权降低了决策效率，增加母公司的决策风险。

2. 分权制

母公司与子公司之间达成分权协议，重大财务决策权（如一定限额以上的投资）归母公司（或总部），而一般财务管理与决策权（如资本融入及投出和运用、财务收支费用开支、财务人员选聘和解聘、职工工资福利及奖金等）则归子公司。母公司通过资本预算、成本控制和一些效益指标对子公司进行管理，母公司不采用指令计划干预子公司生产经营活动，而是以间接管理为主，即子公司相当于一个“利润中心”。在这种模式中，母公司一般通过派遣子公司经理人员和财务总监来达到控制子公司日常财务活动与财务决策的目的。

分权制的优点是：子公司充分的财务权力使其具有积极性，决策快捷，容易捕捉商业时机，应变能力增强；减轻母公司决策压力，减少母公司直接干预而可能造成的整体负面效益。分权制的缺陷是：难以保证集团内部财务目标的协调一致，各子公司首先考虑的将是自身的利益，难以实现企业集团整体利益的最大化；影响了资金成本的降低和资金使用效率的提高，不利于资源的统一调配和使用。

3. 统分结合制

极端的集权将导致集团财务机制的僵化，子公司没有任何积极性；极端的分权，必然导致子公司及其经营者的失控状态，从而过度追求局部经济利益，侵蚀集团整体利益。从国内外集团财务管理体制的发展趋势来看，恰当的集权与分权的结合既能发挥集团母公司的财务调控职能，激发子公司的积极性和创造性，又能有效控制经营者及子公司风险。因此，适当的集权或分权即集权与分权的结合有利于克服过分集权或过分分权的弊端，有利于综合集权与分权的优势。这是我国企业集团财务管理体制所追求的理想模式。

（三）企业集团财务管理体制模式的选择

企业集团在财务管理体制模式是相对的，集团公司财务总部集权过多，会影响子公司的理财积极性，但分权过度，也容易出现失控现象。因此，应在紧密结合集团的实际情况、综合考虑影响集权或分权诸因素的基础上，处理好集权与分权的关系，使两者相互平衡、相互结合。企业集团在选择财务管理体制模式时应主要考虑以下因素：

1. 关联程度和股权关系

一般而言，对于处于核心层企业的各分公司或分厂，应采取集权制财务管理体制，以便对企业集团各成员企业进行有效控制，确保核心企业整体目标的顺利实现；对于紧密层企业，为了调动其积极性和实现企业集团的整体目标，可采取统一领导下的分权制财务管理体制；对于半紧密层企业，可采取有控制的分权制财务管理体制。

对于松散层企业，可让其独立地进行决策、经营、管理和核算，可采取完全分权制的财务管理体制。从集团的股权关系看，母公司对子公司的控制要严于对关联公司的控制，对全资子公司的控制要严于对相对控股子公司的控制，因此母公司对参股的关联公司和协作企业宜采用分权制；对相对控股子公司采用统分结合制。如果子公司是上市公司，则应根据持股比例大小选用统分结合或偏于分权或偏于集权的财务管理模式。

2. 集团规模与业务状况

根据管理幅度和管理层次理论，当企业规模扩大到一定程度后，管理者就会考虑实行分层次的授权管理。小型企业集团业务单一、子公司数量不多，集团内部关系较为简单时，财权可相对集中；而大型企业集团生产经营实行多角化，涉及的业务和经营的品种较为广泛，集团内部关系复杂时，管理者的时间和精力有限，因而符合实行集权与分权相结合或分权管理的要求。

3. 发展阶段和市场环境

不同发展阶段的集团对管理系统的功能有不同的要求。处于发展初期的集团，其管理的重心是迅速进入市场和拓展市场，增强实力。这时的集团较为关注短期利益，往往对信息的及时性、相关性有较高要求；而处于成熟期的集团，有较强经济实力，使其更为关注集团的长期利益，对战略决策信息及内部控制的需求较为强烈；即使处于相同发展阶段的企业，其面临的市场环境不同也可能要求不同的管理模式，如果面临的产品技术、品种都有较为成熟的市场，产品的寿命周期较长，则集团管理的重心是通过内部控制来尽可能降低成本、增强竞争能力、提高市场占有率。

4. 管理水平和管理者风格

若母公司缺乏充分的资金来源和理财专家资源，一般可采用分权制管理模式，把财务管理决策权授予子公司。而企业集团拥有实行集中财务管理的能力，有助于集团采用集权管理模式。经营者的管理观念和管理风格会促进财务管理体制的改变。例如，管理者注重子公司经理的悟性和人格魅力，那么，集团财务管理体制必然倾向于分权制；相反，管理者注重制度、秩序，要求子公司经理按制度化管理，则必然倾向于集权或统分结合的管理模式。

二、企业集团的财务管理组织

根据上述企业集团财务管理体制模式选择的原则及影响因素，一个理想的企业集团财务管理组织应该是集权分权适度、权责利均衡的系统。我们将企业集团内部的财务管理组织分为如下层次：

（一）会计核算和财务管理机构

在企业集团财务管理组织设计中，需要把握好以集权、分权适度原则和权、责、利均衡原则。企业集团的财务组织一般包括以下两个层次：

1. 子公司或事业部财务机构

子公司或事业部财务机构是否单独设置，取决于集团的规模、业务的复杂程度以及空间跨度等。一般来说，子公司的财务机构应由母公司的财务机构对口管理。一方面，子公司财务活动必须遵循总部的财务战略、财务政策，将子公司自身的财务活动纳入集团的财务体化范畴；另一方面，子公司作为独立法人，应该维护其合法权利和地位。虽然不同企业对子公司财务机构的设置有较大的差异，但子公司的财务职责基本一致，主要包括：①负责子公司或事业部战略预算的编制、上报与组织实施；②贯彻执行集团总部的财务战略与财务政策；③实施对子公司或事业部下属子公司或工厂等的财务运作过程的控制考核；④规划与调控子公司或事业部范围内各子公司或工厂之间的资金配置等。

2. 母公司财务总部

母公司财务总部（通常就是集团公司财务部），是集团日常财务管理的直接发动者、组织领导者与最高负责者。但母公司财务部本身不具有法人地位，而是母公司的职能部门。财务总部的职能与权限主要包括如下几个方面：

（1）制定财务战略。在接受母公司董事会的授权下，研究、策划和制定财务政策、基本财务制度、重大融投资及分配方案，为决策提供信息支持，发挥咨询参谋作用。

（2）负责财务预算。实施责任预算控制，在预算管理委员会中发挥突出作用，处于预算控制体系的枢纽地位。编制集团公司财务预算，对预算执行过程进行控制与分析，考核、分析和评价预算执行结果。

（3）进行营运资金管理。进行集团公司与外部及内部（总公司与分公司之间）、集团公司与一般成员企业间的往来结算、存贷款事项及运营资金收支平衡的管理等。对分公司、子公司资金运营的财务监督和业务指导责任，具有纵向控制职能。

（二）财务融通机构

财务融通机构可以实现资金在企业集团各成员企业之间有效融通，调剂成员企业间资金的盈缺关系，降低资金的使用成本，提高集团内部资金使用效率。

1. 财务结算中心

财务结算中心是企业集团母公司设置的，专司母公司（及其分公司）、子公司及其他成员企业现金收付、往来业务款项及结算内部信贷职能的财务职能机构。财务结算中心隶属于母公司及其财务部，本身不具有法人地位。在有的企业集团里，母公司财务部直接就是集团的财务结算中心。

财务结算中心对整个集团资金实行统存统贷管理，在所有权和使用权不变以及自有资金随时可用的原则下，做好集团内部现金的收付及融通调剂工作。同时，财务结算中心具有向集团内部吸收存款，发放贷款，并具体办理股份制改造、证券自营、债券发行、投资审议等职能。因此，财务结算中心在集团内部发挥着资金信贷中心、资金监控中心、资金结算中心和资金信息中心的多项职能。实践证明，建立企业集团财务结算中心发挥了财务资源的聚合协同效应，规范与调控了内部各单位的资金行为，减小了风险损失，完善了集团经营管理机制，从而推动集团整体目标的实现。

2. 财务公司

我国的财务公司大多是在集团公司发展到一定水平后，由人民银行批准，作为集团公司的子公司而设立的。根据我国《企业集团财务公司管理暂行办法》的规定，财务公司主要是由集团内部成员公司出资组建的专司集团公司内部存款、贷款、往来结算、相互资金调节和融通的非银行金融机构性质的有限公司。它作为企业集团的成员企业，在行政上受企业集团的直接领导；作为非银行金融机构，在业务上接受中国人民银行的管理和监督。财务公司虽然在某些功能上与企业集团设置的财务结算中心有相似之处，但财务公司已经属于一种金融机构，具有法人资格，而资金结算中心还只是集团内部的一个资金管理中心，两者在本质和实际运作上是截然不同的。

财务公司作为非银行金融机构，在企业集团内部融通资金，可以与银行和其他金融机构建立业务往来关系，还可以委托某些专业银行代理金融业务。其经营的业务范围包括：①向集团内部的各成员企业吸收存款，发放技术改造贷款、新产品和新技术开发贷款；②向有关银行或其他金融机构办理资金拆借及集团内部各成员企业的资金融通和管理业务；③承办国家支持企业集团技术和产品开发贷款的划拨与管理；④办理集团内部设备融资租赁和产品融资租赁业产品开发贷款的划拨和管理业务；⑤办理集团所属单位委托的信托投资和经中国人民银行批准的委托贷款；⑥经中国人民银行批准，发行或代理成员企业的债券；⑦进行技术经济咨询，对新产品、新技术开发应用和技术改造投资可行性分析进行评估；⑧办理集团内部的经济担保及鉴证业务；⑨境外外汇贷款；⑩经中国人民银行批准的其他业务。

财务公司具有的主要功能有：

（1）结算中心。从我国的实际情况来看，多数财务公司均是在集团公司的资金结算中心的基础上发展起来的，结算中心是财务公司的一项基本功能。结算中心在集团公司内部筹资方面具有如下重要意义：在集团公司中各成员公司存在大量的内部资金往来时，结算中心可以减少不同成员公司通过专业银行的资金划拨，削减了在途资金量，用少量的资金投入解决集团内部各成员公司的资金清算。这样，既可以加速内部资金周转，减少资金积压，提高资金的使用效益，降低资金成本；又可以节省转账费用，增加集团公司的收益；同时，还可以有效防止成员公司之间相互拖欠债务，保证各成员公司的利益，为公司的发展创造良好的内部环境。

（2）融资中心。向成员公司提供金融服务是财务公司最基本的功能。财务公司通过吸收各成员公司的存款，可以将各成员公司分散和闲置的资金集中起来，调剂各成员公司之间的资金余缺，减少对外的筹资量。财务公司通过整合集团公司的财务资源，可以扩大集团公司整体的对外融资能力，减少筹资风险，降低筹资成本。

（3）信贷中心。财务公司既可以将从成员公司吸收来的存款贷给需要资金的成员公司，也可以将从外部筹资来的资金转贷给需要资金的成员公司。通过向成员公司发放贷款弥补成员公司资金的不足，促使集团公司生产经营活动的正常进行。财务公司的贷款方式灵活多样，能起到专业银行无法替代的作用。财务公司的信贷能力与集团公司生产经营能力密切相关：一方面，财务公司的实力越强，对集团公司生产经营的帮助就越大；另一方面，集团公司的生产经营能力越强和效益越好，就越有利于财务公司实力的壮大。两者是互相促进的。

（4）投资管理中心。集团公司可以将管理集团公司投资的功能赋予财务公司，使财务公司成为集团公司的投资管理中心。由财务公司统一集中地管理集团公司的投资活动，可充分发挥财务公司在理财方面的长处，使整个集团公司的资金运用形成一个协调有序的管理系统，提高集团公司的投资效率和决策敏感性。

从财务公司的功能看，集团设立财务公司是把一种完全市场化的企业与企业或银企关系引入集团资金管理中，使得集团各子公司具有完全独立的财权。虽然财务公司在行政上隶属于企业集团领导，但它是独立法人。因此，一方面，企业集团不能对财务公司的正常业务进行行政干预；另一方面，财务公司要定期向董事会汇报业务经营情况，在日常业务经营中，也要接受集团总部的正确领导和监督。财务公司与集团各成员企业之间是一种平等自愿、互惠互利的关系。成员企业既是财务公司的股东，又是财务公司服务的对象。各成员企业向财务公司开设存款户和贷款户，由财务公司负责资金的统一管理，办理信贷和结算，统一上缴流转税。

三、企业集团财务的监控制度

通过有效的制度形式强化对子公司及其他成员企业财务活动的监测、督导与控制，是完善企业集团治理结构，促进成员企业对集团财务战略、财务政策的认同与贯彻实施，提高财务资源的整合配置与使用效率的重要环节。选择合适的控制制度将成为企业集团成功与否的关键环节。

（一）企业集团财务监控的方式

1. 人员监控

集团公司可通过对子公司财务人员的管理，来影响子公司的财务活动。为此，有必要对内部财务人员管理体制进行改革，实行财务人员的垂直管理。具体做法有：

（1）集中管理。子公司的财务负责人由集团公司统一委派，其人事关系、工资关系集中在集团公司财务部门。财务负责人的职责是：负责子公司的会计核算和财务管理，参与子公司经营决策，执行母公司资金管理制度。集团公司建立财务负责人的例会制度，沟通情况，落实任务；同时加强对财务负责人的指导与监督，制止违章行为。这种做法有利于集中统一的垂直领导，财务管理指令畅通，财务人员能够正常行使职权，加强了专业化管理，统一了核算口径与方法，提高了财务信息质量。但不足之处是横向联系不够紧密，容易造成某些脱节。

（2）双重管理。子公司的财务负责人由集团公司统一任免，而他们的人事关系和工资关系不集中在集团公司财务部门。这种做法能够加强横向联系，避免工作脱节，也在一定程度上体现垂直管理。但由于人事关系和工资关系的原因，垂直管理的力度也很有限。

2. 制度监控

由于企业集团组织形式的特殊性，现行财务与会计制度尚不能对企业集团的财会工作加以全面规范，因此，企业集团还应结合集团经营管理和自主理财的需要，补充制定集团内部财务与会计管理制度，用以规范集团内部各层次企业的财务管理工作。集团公司应根据内部核算的需要，补充部分会计科目（对母子公司具有相互对应关系的会计科目要做明确的使用说明），并统一设计规范的内部报表格式和封面，以便统一执行。对于合并财务报表，要做出具体规定，母子公司必须严格执行，以便于全面反映企业集团的整体财务状况，满足信息使用者的需要。

3. 审计监控

企业集团财务管理内部层次多，财务关系复杂，需要运用内部审计手段，强化企业集团内部的财务监督。企业集团外部的财务监督工作由国家授权的专门部门和机构进行，集团内部的财务监督工作主要由集团公司审计部门统一组织。

（1）健全审计机构。一是把内部审计机构交由董事会或总经理直接领导，以保证审计监督的力度；二是配备足够的符合条件的审计人员，以保证按质按量完成审计任务；三是制定内部审计工作制度，把审计工作纳入规范化的轨道。

（2）明确审计重点。一是检查各项管理制度的执行情况，如内部牵制制度、内部财会制度等；二是验证收入的真实性、成本费用的合规性及合理性；三是实施针对性的专项审计，对经营管理中的重大弱点问题提出改进意见，为企业领导提供决策依据。

（3）改进审计方法。根据集团公司点多面广的实际，应将以详细审计为主改为以抽样审计为主，提高审计工作效率；将以一次性审计为主改为以经常性审计为主，保证审计的及时性；将以送达审计为主改为以就地审计为主，体现内部审计的务实性；将经常性财务收支审计、经济责任审计和经济效益审计结合起来，保证各成员企业在受控状态下开展工作。同时，以审计结果为依据，对各成员企业的财务活动进行规范、考核和评价。

（二）企业集团财务总监制度

为了提高财务监督的效果，降低财务监督的成本，维护保障所有者权益，企业的所有者可以通过董事会或产权部门委派财务总监，解决“内部人控制”问题，监督企业财务会计活动。财务总监是指由企业的所有者或全体所有者代表决定的，体现所有者意志的，负责对企业的财务、会计活动进行全面监督与管理的高级管理人员。财务总监委派制是指核心企业为了维护企业集团的整体利益，强化对子公司的财务控制和监督，对子公司直接委派财务总监，并将其纳入核心企业财务部门的人员编制，以实行统一管理和考评的一种财务的监控制度。

财务总监与总会计师不同，总会计师作为经营班子成员是对总经理负责的，而财务总监一般是作为董事会成员对产权部门或董事长负责的，两者“各为其主”。企业集团在独立设置财务总监的条件下（即与总会计师分设），其主要权责应当包括：

（1）审核集团公司的重要财务报表和报告，与集团公司总经理共同对财务报表和报告的质量负责；

（2）参与审定集团公司的财务管理规定及其他经济管理制度，监督检查集团子公司财务运作和资金收支情况；

（3）与集团公司总经理联合审批规定限额范围内的企业经营性、融资性、投资性、固定资产购建支出和汇往境外资金及担保贷款事项；

（4）参与审定集团公司重大财务决策，包括审定集团公司财务预算、决算方案，审定集团公司重大经营性、投资性、融资性的计划和合同以及资产重组和债务重组方案，参与拟订集团公司的利润分配方案和弥补亏损方案；

（5）对董事会批准的集团公司重大经营计划、方案的执行情况进行监督；

（6）依法检查集团公司财务会计活动及相关业务活动的合法性、真实性和有效性，及时发现和制止违反国家财经法律法规的行为和可能造成出资者重大损失的经营行为，并向董事会报告；

（7）组织集团公司各项审计工作，包括对集团公司及各子公司的内部审计和年度报表审计工作；

（8）依法审定集团公司及子公司财务、会计、审计机构负责人的任免、晋升、调动、奖惩事项。

为确保集团公司财务总监履行好这八项权责，同时必须明确其应当承担的经济和法律责任，其内容包括：①对报出的集团公司的财务报表和报告的真实性，与总经理共同承担责任；②对集团公司因财务管理混乱、财务决策失误所造成的经济损失，承担相应责任；③对集团公司重大投资项目决策失误造成的经济损失，承担相应责任；④对集团公司严重违反财经纪律的行为，承担相应责任。

财务总监委派制在实践中有两种类型，即财务监事委派制和财务总管委派制。财务监事委派制是指核心企业以出资者的身份，直接向子公司派驻财务总监，以专门代行核心企业对子公司财务活动实施所有权监控的职能。但是，财务监事不属于子公司管理层，对子公司财务决策后果不承担直接的行为责任，因而核心企业很难考核财务监事的业绩。财务总管委派制是指核心企业以经营者的身份，直接向子公司派驻财务主管人员，并将其纳入核心企业财务部门的人员编制，进行统一管理与考评，使之总管子公司的财务管理事务，直接介入子公司的管理决策层。财务总管具有母公司经营者的代表和子公司经营者的助手双重身份，对子公司经营者的行为实施监控并接受子公司经营者的直接领导。但是，这种双重身份不便于对财务主管进行有效的激励与约束。

第三节 企业集团财务管理内容

企业集团财务管理的主要内容与单体企业一样，主要包括企业集团融资管理、企业集团投资管理、企业集团分配管理，以及企业集团不断扩张所离不开的资本经营。

一、企业集团融资管理

企业集团通过对各成员公司资源的整合，可以形成比各成员公司资源简单相加更大的聚合效应。融资是企业集团生存和发展的前提，融资可对各成员企业的资源进行整合。企业集团的融资管理要根据企业集团内、外环境的状况和变化趋势，对融资的决策权的划分、融资总量的确定、资本结构的安排、融资方式和渠道的选择等进行系统的谋划，为提高企业集团的长期竞争力提供可靠的资金保证，并不断提高融资效益。和单体企业融资相比，企业集团所特有的融资问题首先便是对外融资的决策权的问题。

（一）融资的决策权

融资的决策权的问题主要体现在以下两个方面：

（1）企业集团需要集中融资还是分散融资？母公司必须从集团公司整体的角度来分析集团风险，从集团整体利益出发考虑筹资方式。集中筹集资金的基本目的是将集团公司整体风险控制在一个适当的范围，使集团公司的整体资金结构达到最优和整体资金成本达到最低。例如，放手让各子公司分散融资，各子公司自然会按各自最优的方式筹措资金，降低其加权平均资金成本，提高股权资金收益率。因此，母公司就必须控制各子公司只从局部利益出发、考虑最优化的筹资行为，用集中筹资的方式取而代之。

（2）集中融资的形式有哪些？集中筹集资金根据集团公司的财务组织形式不同，可以分为完全集中融资和集中决策、分散融资两种形式。①完全集中融资是指子公司没有直接对外融资的权利，只有母公司才拥有对外融资的权利，并将对外筹集来的资金按子公司的资金需要量在不同的子公司之间进行分配。这种对外融资方式的优点是通过调整各个子公司的资金来源结构，将企业集团整体风险水平控制在一个适当的范围之内，使企业整体加权平均资金成本达到最低；这种融资方式的缺点是融资所产生的一切风险均由母公司承担，使其直接面临被起诉的风险。②集中决策、分散融资，是指对外融资的决策权掌握在母公司手中，实际融资仍然以子公司的名义进行，母公司根据集团整体资金结构最优的原则，确定各子公司应该采用的筹资方法。这种融资方式的优点是融资风险由子公司承担，降低母公司的风险；这种融资方式的缺点是其融资成本高于完全集中融资形式的融资成本。

总之，对于影响集团整体的战略发展结构，引起总部对成员企业股权结构改变或增大集团整体财务风险的重大的融资事项，一般由总部（或财务公司）进行融资决策。而对于一般性融资事宜，企业集团应当尊重作为独立法人的成员企业的意愿，在不违背集团投融资政策的前提下，进行自主的融资决策。

（二）融资规模

企业集团融资活动应在充分考虑自身发展战略、生产经营活动的需要以及外部客观环境对本企业影响的基础上，预测分析资金的需要量，适时筹集到足够的资金，保证集团正常生产活动以及投资战略的需要。企业集团只要对自己的正常生产经营和扩大规模有较为确定性的把握，预测资金需要量就不算复杂的问题了。在一定时期，可通过分项汇总的方法核算本期融资总额。再根据集团内部资金的来源，计算本期可提供的数额。用融资总额减去集团内部资金的来源（本期可提供的数额），即可确定集团融资规模。确定合理的融资规模，可防止融资规模过大导致资金闲置，或因融资不足而造成资金短缺。最后还应根据集团融资的评价标准对其进行修正。

（三）资本结构

在服务于集团整体战略的前提下，还需综合考虑各方面因素，确定集团整体的资本结构。通过融资管理尽量使整个集团的资金来源结构保持健康、合理。在以资本为主要联结纽带的现代企业集团中，层层控股关系使得企业集团可以利用资本的杠杆作用——集团母公司以少量自有权益资本对更多的资本形成控制。这也使得集团整体的综合负债率可能大大高于单体企业。在集团金字塔形的组织结构中，处于塔尖的母公司的收益率比处于塔底的子公司的收益率有更大的弹性，即一旦子公司的收益率有所变动，就会在母公司层面产生若干倍的放大效应，这无疑是考虑集团资本结构时必须注意的。另外，不同的融资方式与不同的融资数额对企业集团的资本结构的影响不尽相同。资本性融资可能会改变企业集团的权益结构，负债性融资可能会使企业集团丧失权益，过度的负债融资甚至会威胁企业集团的生存。

（四）融资方式

一个企业集团是否具有财务优势，最主要的不是已经拥有多大规模的财务资源，而在于是否拥有或创造出更多、更顺畅的融资渠道，以及有无足够的能力有效地利用这些渠道将资金筹措进来。在这一点上，企业集团的能力显然要远远大于单一成员企业。因而，按照资金来源的不同，企业集团融通资金的方式一般包括以下几种：

1. 外部融资

外部融资有许多种，如银行或金融机构贷款、发行股票、发行债券、商业信用、融资租赁、国内联营等。这些不同的融资方式，其融资风险、融资成本、融资期限、稳定性、灵活性和约束条件都是不同的。因此，企业集团在选择这些融资方式时，应权衡每种融资方式的经济性质、经济权益、筹资风险和筹资成本，作为选择具体融资方式的依据。

2. 内部资金融通

内部资金融通主要是指集团凭借自己的资金力量和各成员企业的自有资金在集团内进行的资金的横向融通使用。内部资金包括留存资金、应付资金、易变现资产等。与单体企业融资方式不同，企业集团各成员企业之间就应该相互融通资金，以节约资金，降低资金成本，共谋发展。因为企业集团的各成员企业由于经营的特点和业务类型的差异，在资金使用和业务周转上往往存在着一定的"时间差"。当一些成员企业的资金紧缺时，而另一些成员企业的资金可能比较充裕。这样就为企业集团成员相互借贷融通、调剂资金余缺提供了更广阔的空间。

企业集团内部资金融通的主要方式有以下几种：一是利用集团积累的发展资金，为各成员企业提供资金；二是各成员企业之间进行抵押或担保、租赁，以及债务转移；三是各成员企业之间信用性资金的融通。下面着重介绍集团内各成员公司的相互抵押或担保以及债务在集团内部各成员公司之间的转移两种形式。

（1）集团内各成员公司的相互抵押或担保。集团内各成员公司的相互抵押或担保，包括母公司为子公司的抵押和担保、子公司为母公司的抵押和担保、子公司与子公司之间的抵押和担保。我国《商业银行法》规定，当借款公司不能按期还本付息时，提供抵押和担保的公司将承担连带赔偿责任。因此，在我国企业集团内部各成员公司的相互抵押和担保极为常见。公司采用抵押和担保方式借款，可以降低银行的贷款的风险，其利息率往往也会低于信用贷款的利息率，为公司带来利息支出减少和收益增加的好处。

（2）债务在集团内部各成员公司之间的转移。集团公司通过债务在内部各成员公司之间的转移，可以解决某些成员公司无法取得负债资金的难题。当某些成员公司需要筹集负债资金，但受到本公司资金来源结构的限制，或不宜直接提高外债的比例，或根本无法从外部筹集到负债资金时，集团公司就可以用其他成员公司的名义对外筹集负债资金，然后再将筹集来的负债资金通过内部负债的形式转移给需要资金的成员公司。企业集团通过债务转移方式筹资，不但可以满足需要资金成员公司的资金需要，而且可以降低负债资金的成本。

内部资金融通的方式主要是成立集团公司的结算中心或财务公司，集团内各成员公司都在结算中心或财务公司开设账户，将资金统一存入结算中心或财务公司，由于集团内各成员公司资金的存入与支取存在一定的时间差，这样，企业集团就可以将成员公司暂时闲置的资金集中起来，充分发挥资金的使用效益，减少对外筹资的需要。对于规模较小以及成员企业较少的企业集团，由于一般不设财务公司，基于融资能力的考虑，统一由总部作为融资的执行主体应当是可行的。但对于规模庞大或成员企业数量众多的企业集团，总部显然没有足够的能力与精力统辖具体的融资事宜。在这种情况下，对于分布区域较为集中的成员企业，统一由财务公司作为融资的具体执行者显然是最为有效的。对于个别分散的成员企业，特别是海外的成员企业，在总部或财务公司的统筹规划下，也可以考虑将具体的融资事宜直接交由这些成员企业来执行。这是符合成本与效率原则的。

（五）融资方案的选择

首先，融资方案应与集团战略保持一致性。融资方案的决策是企业集团战略决策的有机组成部分，因此，能否以和集团战略目标相一致的方式为集团提供充足的资金、保持融资的灵活性、与集团预期的现金流量状况保持一致、保证集团整体战略的顺利实施，将是选择融资方案的重要标准。其次，对融资方案的成本与风险进行分析。对符合集团战略要求的融资方案，还要对其资金成本与融资风险进一步运用资本结构理论进行分析评价，以低成本与低风险为标准，选择最佳的融资方案。

二、企业集团投资管理

投资管理是企业集团财务管理的一项重要内容。企业集团与单一公司在投资方面的区别是，单一公司所考虑的投资结构，更多的是考虑具体资产的分布和构成，集团公司考虑的投资结构更多的是子公司的行业或经营分布。另外，单一公司对投资的管理，其重心在本公司资产的运用，而企业集团的投资管理重心，则在于如何综合各成员公司的资产优势，使之产生最大的收益。通过加强企业集团的投资管理，能够培育和增强企业集团的核心竞争力，充分发挥集团公司的资源整合效应，调整集团公司及子公司的规模、产业方向和产品结构与发展方向。

我们可以将企业集团的投资简单地分为对内投资和对外投资两种。前者为集团核心企业向其他企业成员进行的生产性投资；后者为核心企业进行企业兼并和收购，不断扩大企业集团的规模和实力。可以这么说，企业集团尤其是大型企业集团主要是通过联合与兼并形成的，而很少是自我发展积累形成的，因此投资在集团中的战略地位更体现在对集团成长的作用上。企业集团投资管理的重点有以下几个方面：

（一）确定投资战略

企业集团应该明确集团的投资战略，确立核心企业和成员企业在投资活动中应该遵循的基本原则，对资金投放的方向和规模进行整体性和长期性谋划。在投资方向上，核心企业要根据集团发展的战略目标，考虑影响投资的各种因素，包括国家的产业、财税、货币等经济政策，竞争对手的基本情况，以及企业集团内部的资金需要量及筹集难度，企业集团的经营战略（专业化经营或多元化经营）、经营能力与管理水平，科学地确立投资战略，选择合适的投资方向，确定企业集团资金流向。在投资规模方面，集团总部进行集中管理，从整体利益出发，全面长远规划投资规模，防止下属单位为了局部利益而盲目扩大企业集团规模。

（二）确定投资决策权

在一般情况下，企业集团会存在投资决策者与实施者分立的情况。核心企业应该作为投资核心主体，拥有重大的投资决策权，掌握对公司整体发展有直接或潜在重大影响的投资决策权和例外事项的处置权。对集团公司产生重大影响的投资事件包括巨额投资项目、核心业务的调整、对核心业务产生影响的股权投资等。这是因为，作为投资主体是具有一定条件的，即拥有独立的投资决策权、可支配的经济资源、对投资形成资产的所有权和投资收益的支配权以及集团承担投资风险的能力。

对于子公司的投资决策权，则存在着以下几种观点：①子公司基本没有投资决策权，只有在简单再生产范围内进行技术改造的权利。这种观点在保证母公司控制权的同时，削弱了子公司的经营权利，不利于子公司的发展壮大。②子公司拥有限额的投资决策权。只要子公司的投资总额不超过规定数额，都可以行使投资决策权。这种观点没有考虑到子公司的规模和具体情况，会造成“一刀切”，不利于集团内部各成员企业的协调发展。③按子公司所有者权益的一定比例确定投资决策权，对投资领域不做限制。只要投资总计不超过一定比例，子公司都可以投资。这种观点虽然能保证子公司的权利，但不利于集团投资方向协调一致。④子公司拥有无限的投资决策权。这种无限分权就意味着各个成员公司完全按照自身的最优进行投资决策，而不考虑这些投资决策对集团公司整体的影响，也就失去了组建企业集团的初衷。

以上几种观点，应具体问题具体分析。对公司整体发展不产生重大影响的投资，核心企业应该根据成员公司的性质，决定是否向成员公司授权。从投资的角度看，成员公司的性质可以分为投资中心和非投资中心两类。对于投资中心性质的成员公司，集团公司应该赋予它一定的投资决策权。对于非投资中心性质的成员公司，核心企业则应该自己掌握决策权。完全属于成员公司内部日常投资管理权限，如流动资产的投资决策权和一般固定资产的更新改造的决策权等，应全部交成员公司决策。

（三）制订投资方案

核心企业应从集团的整体利益出发，选择投资时机、投资规模、投资项目、资金投放方式，制订可行的投资方案。企业集团应从资金投放的源头进行管理，在确定投资方案时必须以一些基本条件与因素，如投资方案的盈利与增值水平、投资成本、投资风险、投资管理和经营控制能力、筹资能力等因素的估算与分析为前提条件。首先，应把握好投资时机。在资金投放方案实施以前，企业集团应根据总体的要求，对内、外部信息进行分析，控制好投资时机。其次，确定最佳的投资规模。投资规模决定着资金的投放效益，在对企业集团最佳的生产经营规模进行测算的基础上，预测市场需求状况，运用量本利等分析方法测算最佳生产经营规模，并进行投资总额的估算以及投入和产出弹性分析，将各成员企业的投资规模控制在长远的规划和投入规模经济的范围之内。再次，进行投资项目可行性分析。从母子公司角度分别评价投资项目，对规模较大的投资项目要实行严格的审批制度，并依据投资项目的轻重缓急统筹安排，从集团全局的角度出发为投资项目进行功能定位，然后再审定投资项目程序。最后，选择投资方式。投资方式是指企业集团及其成员公司如何实现资源配置、如何进入市场方面的问题。具体的投资方式，既包括直接形成成员公司生产能力的实物或无形资产方面的投资，又包括诸如收购、兼并等形式的产权投资。这样既能保证投资不会偏离集团总体目标的要求，又能够切合实际情况，从而促进投资方案的成功。

（四）投资评价标准

投资评价标准是任何公司进行投资都要考虑的问题，除了投资总额之外，还要通过对不同投资项目收益和风险的权衡，设计出公司最佳的投资结构，使公司在对投资风险进行有效控制的前提之下，追求投资收益的最大化。要制定投资评价标准，首先，要进行资本支出预算，将资本支出预算方案在集团最高管理层与具体实施部门之间进行反复测算，保证资本支出预算的合理性。其次，应选择合适的投资评价标准，在保证集团整体的利益的前提条件下，考察投资方案是否达到了既定目标，资产的使用是否有效率。但是，对于成员企业自身采用的投资评价标准或者集团母公司用于评价子公司投资业绩的标准，有时是不可能完全统一的。在某些领域，为了保证企业集团的总体利益，集团总部要确定统一的投资标准；在另一些领域，集团总部可根据事业部和分公司所处的行业性质等来决定不同的投资评价标准。再次，计算投资项目的现金流量，需要对未来的通货膨胀率、生产要素的成本等因素进行测算，并预测其不同情况的概率，为资金投放方案的选择提供更加充分的依据。最后，当评价结果不理想时，就应分析原因，修订原来的投资决策，或停止该项投资，以免造成更大的损失。

三、企业集团分配管理

（一）企业集团分配管理的基本思路

企业集团的收益分配是母公司（或集团核心企业）站在集团成员企业外部，对各事业部和子公司进行的一项利益协调活动。它涉及比单体企业更多的利益主体和更复杂的利益关系，因此需要一套由全体集团成员遵照法律、规章和相关协议制定并共同实施的科学系统、公平合理、真正起到激励作用的分配制度。企业集团的分配制度不但涉及母公司与子公司的利益关系，直接影响到成员企业的积极性的发挥，决定着集团资源配置使用的效率，而且还影响市场对各成员企业价值的判断与投融资环境的优劣。

企业集团的分配内容是集团母公司对集团内部发生的合作和交易事项中影响各成员最终利益的因素进行的控制和规划，如内部转移价格的确定、总部管理费用的分摊、子公司利润的“上缴”与母公司盈余“发放”等。一方面，母公司应从战略管理的角度，规范各成员企业的收益分配行为，推动集团整体战略目标的实施；另一方面，母公司也要兼顾成员企业的利益，不能假借集团的名义侵吞各成员企业的合法利益，在分配方案的制订过程中加强母子公司间的信息沟通。这样才能让各成员企业公平互利、协调发展的同时，激发出他们的积极性和创造性。

因此，企业集团在进行分配管理时，要遵循的是“先税后分”的原则。企业集团的利益分配应该是企业集团与国家之间的利益分配。这种分配主要由企业集团的核心层和紧密层企业按现行税法缴纳各种税金，税后利润才可以在集团内外进行分配。然后才能进行集团核心层与紧密层企业之间的利益分配，这是企业集团利益分配的核心内容。

（二）内部转移价格与集团分配管理

在企业集团内部各成员企业之间经常相互提供中间产品和劳务，需要进一步加工之后才能形成最终产品。但是，企业集团内部产品和劳务的交换由于不存在严格意义上的市场，或集团从内部利益角度考虑不需要通过外部市场进行交换，因此需要制定内部转移价格。内部转移价格是指企业集团各成员企业之间转让中间产品时所采用的价格。各成员企业之间转让中间产品按照内部转移价进行计价结算，有利于划清各成员企业的经济责任，使业绩评价和利益分配建立在客观可比的基础上；也有利于集团内部资金的合理调度，实现集团的战略目标；还有利于获得合理避税的效应。

在制定内部价格时，应遵循下列基本原则：①要把集团的整体利益与各成员企业的利益有机地结合起来，并使两者都达到最大，才能减少冲突，增加集团聚合力；②要给各个成员公司一定的采购和销售产品及劳务的自主权，充分考虑内部转移价格对各成员企业业绩的影响，使业绩考评工作建立在客观可比的基础上；③要最大限度地调动各个成员公司的经营积极性，使整个集团公司保持充分的活力；④不仅要使中间产品供应企业实现成本最低，而且也要使中间产品购买企业实现利润最大。

内部转移价格的制定标准一般有以下四种：

1. 市场价格

市场价格，是指以转让中间产品的外部市场价格作为内部转移价格。按照市场价格制定内部转移价格的适用条件：一是中间产品有外部竞争市场，且市场价格容易取得；二是集团公司内部各个成员公司之间的相互依赖程度不高，内部交易量较少，对集团公司整体的经济利益影响不大；三是中间产品有完全竞争市场或者中间产品的供应者无闲置生产能力；四是集团公司内部各个成员公司完全是建立在独立自主经营基础之上的，各个成员公司拥有的是从集团公司外部还是从内部进行采购，以及是向集团公司外部还是向内部销售的决策权。当然，以市场价格作为内部转移价格并非等于直接将市场价格用于内部结算，而应在此基础上做必要的调整，如剔除销售费、广告费等。

以市场价格作为内部转移价格的优点主要有：有助于把市场竞争机制引入集团内部，鼓励各个成员公司尽可能提高产品和劳务的竞争力；有助于真实核算各成员企业的盈亏，使业绩考评更加客观公平。但是，其缺点也比较明显：市场价格往往会经常变动，这就会给中间产品转让的计价结算工作带来一定的困难；可能导致集团公司内部的有关子公司放弃内部采购而转向外部采购，使企业集团生产能力闲置，无法达到集团整体收益最大化。

2. 协商价格

协商价格是指集团内部各成员企业通过共同协商确定的价格。采用这种价格的适用条件主要包括：一是买卖双方有权自行决定是否买卖这种中间产品；二是集团公司内部各个成员公司之间的相互依赖程度较高，内部交易量较大；三是市场价格变动太大，或代表性不够。协商价格有一个变动范围，其上限是市场价格，而其下限则是变动成本。买卖双方就是在这一范围内来协商确定具体价格。

采用协商价格的优点主要是：买卖双方协商确定产品的转移价格，可以同时满足双方的特定需要，兼顾各方的经济利益，较准确地反映各个成员公司的经营业绩，发挥各个成员公司的经营积极性，使转移价格的制定相对公平。但是，也存在着一些不足之处，如协商价格确定不可避免地会花费大量的人力、物力；在双方相持不下的情况下，由集团高层领导裁定价格，可能导致成员公司的自主经营权受到伤害，激励作用降低，使集团公司整体利益受损。

3. 成本转移价格

成本转移价格，是指以转移产品的成本为基础制定的内部转移价格。由于成本的概念不同，成本转移价格又有不同的形式，如以产品的实际成本、标准成本、变动成本或成本加成作为内部转移价格等。究竟采用哪种成本形式，应根据转移产品的特点和制定转移价格的不同要求来确定。

成本转移价格克服了以市场价格为基础定价的某些缺陷，成本数据容易取得，转移价格的制定比较方便，此外还可使企业集团调整现金流量。但是，其不足之处表现为：成本概念的多样化，使得转移价格受人为影响较大；以成本为基础的转移价格减弱了转让方控制成本的动力，不利于加强成本管理，不利于进行业绩考评，影响集团整体效益。

4. 双重价格

双重价格，是针对买卖双方分别采用不同的价格基础作为内部转移价格。如对产品的供应方可按协商的市场价格计价，而对需求方则可按产品的成本计价，两者的差额最终由核心企业进行调整。一般在满足下列条件时，集团公司使用双重转移价格才是有利的：一是无法使企业集团内部各成员企业的目标达到一致，无法激励成员企业的效率时；二是中间产品的买卖方既可以在外部市场，又可以对内购销产品时；三是中间产品的卖方的生产能力不受限制，并且产品的变动成本低于市场价格时。

采用双重价格作为内部转移价格，能够满足供需双方的不同需要，避免因内部转移价格定价过高引起的上游成员企业生产能力闲置的弊端，有利于正确考核各个成员企业的经营业绩，调动双方的积极性。但是，其缺点表现为：实行双重价格对子公司有利，而对集团整体不利，因为供应方以高价出售，而需求方以低价购进，价差完全由企业集团承担，这就可能使各个成员公司的利润虚增，放松了对成本的控制，从而给整个集团公司盈利水平的提高带来不利影响。

上述四种内部转移价格各有千秋，因此企业集团应根据其经营状况、管理需求选择合理的内部转移价。

（三）企业集团利润分配方式

选择合理的利润分配方式要根据企业集团连接纽带和联合方式。如企业集团是按照投资控股方式组建起来的才能够清楚地进行利润分配；而按承包租赁、行政性合并等方式组建的企业集团，可按已有的承包基数、租金、比例等方式进行利润分配；对以国有资产授权经营方式组建的企业集团，应在核心企业对授权经营资产进行保值增值的基础上，向国家进行税后利润总承包，并再以下一层次税后利润承包的方式与各成员企业进行利润分配。

由于集团内部不同的所有制成员企业之间实行了资金、人力资源、生产技术和经营管理的联合，便产生了按资本、人力资源、生产技术、经营管理等要素投入的状况参与利润分配的新格局。企业集团利润的分配方式主要有：

1. 股份分配法

凡以资金、资产或技术联合形成的股份制集团，应在企业集团中以股份联合的核心层、紧密层、半紧密层之间，按股份比例进行股息分配和红利分成。按投资股份进行收益分配是集团利润分配的主要发展方向，大多数企业集团都采用这种分配方式。企业集团应建立起以母子公司为中心的利益分配体系，股利政策一般由母公司财务部、母公司董事会和母公司股东大会三个机构来制定。

2. 市场内部转移价格法

市场内部转移价格法，即以市场价格为基础制定的内部价格作为集团内部的交易价格，各成员企业自负盈亏，不进行各企业间的利润分割。该分配方式通常适用于集团核心层或紧密层与其他层次企业间的利益分配。按市场方式交易可激励成员企业降低成本，提高生产效率的领域。

3. 一次分配法

一次分配法指以体现平均劳动耗费的标准成本为基础，加上分解的目标利润，确定各成员企业配套零部件的内部价格。由于这种内部协议价格包含了分解的目标利润，因而其利润是在成员企业出售零部件时一次实现的。

4. 二次分配法

二次分配法是指以最终产品销售收入扣除目标成本的余额作为分配基金，按各成员企业生产零部件的目标成本值占最终产品目标成本比例加以分配。二次分配法可以在不同的紧密层企业与非紧密层企业上灵活使用，将内部价格与事后的利润分配较好地结合起来，是企业集团进行企业间利益分配的一种较好的分配方法。

5. 组合分配法

组合分配法是指集团实现的利润既按生产资料价值和非生产资料价值进行比例分配（综合表现为按投资额比例分配），又按各成员企业对集团的贡献比例分配（表现为按经营管理水平、劳动效率高低进行分配），两者结合的比例可以由集团各方协商确定。

6. 技术成果计价分成法

技术成果计价分成法是指提供先进技术、专利和商标的企业，按共同商定的单位产品提成额和销售量，从受益企业新增利润中提取一定份额作为报酬。

7. 协议比例分配法

协议比例分配法是指根据各成员企业所提供的技术、人力资源、商标等资源要素，按协议中规定的分成比例分配集团利润。

此外，企业集团的利润分配还应考虑一些因素对利润的影响。例如，内部转移价格与市场价格差异很大，已含有转移利润的因素，则应对利润分配的基数、比例和数额进行相应的调整。又如，如果成员企业负担了集团核心层企业的部分费用，则应在确定基数、比例时予以考虑，或在利润分配时进行调整。

四、内部资本市场

（一）内部资本市场的概念

最早提出内部资本市场概念的是阿尔奇安（Alchian，1969）和威廉姆森（Williamson，1975）。阿尔奇安（1969）在描述通用汽车公司的管理时，提出通用公司内部的投资资金市场是高度竞争性的并以高速度出清市场来运营，这使得借贷双方的信息有效程度远比一般外部市场高。威廉姆森（1975）认为，企业为了整体利益最大化将内部各个经营单位的资金集中起来统一配置，具有不同投资机会的成员单位围绕内部资金进行争夺的市场称为“内部资本市场”。威廉姆森（1975）还认为，企业通过兼并形成内部资本市场，可以降低企业与外部资本市场之间由于严重的信息不对称造成的高昂的置换成本。

本书所界定的“内部资本市场”，是相对于外部资本市场而言的、存在于企业集团内部的非正式的“资本市场”。它能够为企业集团母公司与子公司之间、子公司与子公司之间以及集团内公司与其他关联企业之间提供资金融通、资产配置等服务。

（二）企业集团的内部资本市场的功能和运作方式

自阿尔奇安（1969）和威廉姆森（1975）提出“内部资本市场”概念以来，内部资本市场中的资本配置效率一直是财务和金融学界关注的焦点问题之一。许多研究发现，借助企业总部的行政权威或控制权，内部资本市场能以较低成本复制外部资本市场的资源配置功能，促使资本向经济效益较高的内部单元流动。在降低交易成本、避免交易摩擦、缓解外部融资约束、提高项目投资效率等方面，内部资本市场代替外部融资市场在企业运营中发挥着重要作用。

企业集团的内部资本市场的主要功能如下：

（1）缓解融资约束。它主要是指内部资本市场可以规避外部融资由于信息不对称等因素造成的高成本，并可以通过资本整合缓解内部成员企业的投资对本部门现金流的依赖性，增强成员企业的融资承受能力，提高集团整体的财务协同效应，降低公司陷入财务困境的可能性。

（2）资本配置功能。其主要体现在内部资本市场能根据市场环境变化调整资本配置的方向即数量，从而将资本配置到效率最高的环节。

（3）监督激励作用。其主要体现在集团总部能通过有效的监督和激励降低股东和经理之间的代理成本，提高资本使用效率。

围绕这三大功能的发挥，不同企业集团往往会采用不同的内部资本市场运作方式，按照交易对象大体可以分为以下两类：一类是资金融通型运作方式。从内部资本市场的本质上看，资金融通型运作方式是内部资本市场产生初期最主要的运作方式。企业集团作为一个命运共同体，各成员企业相互之间有着密切的伙伴关系，在资金使用上互助互济。更重要的是，集团的各成员企业间在资金使用、周转需要上往往存在一个“时间差”，从而为集团资金融通使用提供了物质基础。企业集团根据其生产经营、对外投资和调整资金结构的需要，在一定程度上把集团各成员企业可利用的资金汇总起来，在集团内融通使用是很有必要的。凡是企业集团中任意法人主体之间以获取资金为主要目的的交易都可以归纳为资金融通型运作方式。按资金来源不同，企业集团资金融通的方式主要有内部的资金分配、企业集团内部借贷关系、交叉担保、内部产品或服务的购销、资产买卖、融资租赁、票据融资、股权转让、其他内部交易等。另一类是资产配置型运作方式。很多时候，虽然企业集团各主体之间通过内部资本市场发生的交易都伴随着资金的转移，但交易的主要目的是为了实现交易资产的合理配置，这种运作方式被称为资产配置型。这里的资产包括实物资产、无形资产、各种股权和期权。目前，在企业集团内发生的各种资产置换、股权转让、资产租赁等行为都可以看成资产配置型内部资本市场运作方式。

（三）内部资本市场对企业集团资金管控的意义

我国企业集团大多采取多层次法人结构，组织结构和层次复杂、管理链条长，使得集团财务管理问题相对复杂，而资金管理是财务管理的核心，资金管控是提高企业集团财务管理水平、控制财务风险的关键内容。

集团资金管控与单体企业资金管控的不同之处在于，集团可以构造出一个较大的内部资本市场，内部资本市场通过其运行平台、运行机制及相对于外部资本市场的功能优势在集团资金管控中实现其超额价值（企业集团运用内部资本市场取得的大于各分部独立运用这些资源产生收益之和的超额收益）。

1. 内部资本市场运行平台有利于加强集团资金的安全性

企业集团内部资本市场的存在使得集团资金应进行集中管理。国外跨国公司的经验也表明，要降低集团资金管理的风险，就必须进行资金的集中管理，即将整个集团的资金全部集中到总部，由总部统一调度、统一管理和统一运用。将银行管理机制引用到企业，集团总部设立专门的资金管理机构，统筹整个集团的融资、结算、调度、预算、计划、监控。这种借鉴银行管理机制，在集团内部成立的资金集中管理机构实际上就是内部资本市场的运行平台。现阶段，我国企业集团较为成功的内部资本市场运行平台主要是结算中心和集团财务公司。

结算中心是指在企业集团或企业内部设立的资金结算中心，统一办理企业内部各成员或下属分公司、子公司资金收付及往来结算。它是企业的一个独立运行职能机构，其职能包括：①集团管理各分公司、子公司的现金收入，各分公司、子公司一旦发生现金收入，都必须转账存入结算中心在银行开立的账号，不得挪用；②统一拨付下属公司因业务需要的货币资金，监控货币资金的使用方向；③统一对外筹资，满足整个集团对资金的需要；④办理下属公司之间的往来结算，计算下属公司在结算中心的现金流入净额和相关的利息成本或利息收入；⑤核定下属公司日常留用的现金余额；⑥统一办理下属公司的对外借款。

财务公司是以加强企业集团资金集中管理和提高企业集团资金使用效率为目的，为企业成员单位提供财务管理服务的非银行金融机构。成立财务公司有利于增强企业内外部融资功能，有利于优化产业结构，开拓市场，提高企业集团的竞争实力。随着企业集团规模的不断扩大，目前，多数企业集团的财务公司已发展成为兼具结算中心与融资中心、借贷中心、投资中心于一体的资金管理机构。

结算中心和财务公司都是集团资金的集中管理机构，相对于证券市场和银行等外部资本市场运行平台，结算中心和财务公司能够按集团公司的规定，监督约束参加资金结算各方的行为、严明结算纪律、维护正常的结算秩序，从而使整个集团的资金风险得到有效控制。

在实际中，还存在财务公司与结算中心并存的方式，即以财务公司为载体，设立资金结算中心，实行“一套班子两块牌子”，发挥财务公司在集团资金管理中的作用。财务公司对内行使资金结算中心的职能，对外借助商业银行的功能。

其优点在于：①财务公司与集团公司利益的一致性；②财务公司办理资金结算业务，有利于协调银行与银行之间、企业与银行之间的关系；③财务公司办理资金结算有外部商业银行无法替代的优势条件——集支付、协调、监督于一体；④有助于加强收支两条线管理。

2. 内部资本市场的多钱效应和活钱效应使集团资金管控具有效益性

内部资本市场的多钱效应是指把多个业务单位纳入同一母公司的控制下，以得到比把它们作为独立企业来经营更多的外部资本。

在资金管理过程中，资金链的连续性是一个不容忽视的问题，有许多企业都是由于资金链的断裂而破产的，若企业不能及时筹集到所需资金进行周转，则会引起一系列的负面连锁效应，使资金运用的效率大打折扣。在外部资本市场尚不完善的情况下，融资问题已成为各企业不得不面对的问题。理论和实践表明，内部资本市场的多钱效应应具有放松融资约束的功能，可以缓解由于融资约束而导致的投资不足，使企业更多地利用净现值为正的投资机会，提高资金运用的效率。内部资本市场的活钱效应是指内部资本市场能更好地在不同项目之间配置既定量的资本。当公司总部拥有多个相关经营单位时，内部资本市场有利于资金的重新配置，将经营不善的投资企业与公司总部所控制的其他资产进行有效重组。另外，公司总部可以把一个投资机会相对不好的项目资金转移到投资机会较好的项目，从而提高投资的整体效率。

3. 内部资本市场的监督激励

内部资本市场有利于资金使用效率的提高。在内部资本市场上，总部或者母公司对于下属部门或项目经理具有监督激励的功能，而且在内部资本市场的融资方式下，出资者（企业总部）对资金的使用部门拥有剩余控制权。

而在外部资本市场上，出资者（如银行）则没有剩余控制权（所谓剩余控制权，即合同中未明确规定的对项目的控制权）。因此，内部资本市场上的总部有更多的意愿对项目经理资金使用效率进行监督。

五、企业集团的资本经营管理

（一）企业集团资本经营的概念

现代企业的成长过程可以分为产品经营、资产经营与资本经营三种类型。产品经营是指以产品为对象的经营活动。该种经营的重点是产品的产量和质量。资产经营是指公司使用具体的生产性资产直接从事生产经营活动，如流动资产投资与管理、固定资产投资与管理、有价证券投资与管理等均属于资产经营方面的问题。该种经营的重点是提高资产的使用效率，具体地说就是提高资产的盈利能力。企业要提高资产盈利能力，必须对生产要素进行优化配置，对不合理的资产结构进行调整。资本经营又称资本运营，是指通过对外投资或借贷等方式，以分享其他公司的生产经营成果的一种经营活动。该种经营的重点是提高企业的净资产的盈利能力。

在企业集团中，具有独立经营权限的成员企业应该对净资产利用效果负责，即应该从事资本经营活动。母公司从事的经营活动主要是资本经营活动。企业集团可以根据自己的发展战略，通过适当地设立或改变持有子公司的股份数量，对集团公司整体的经营资源进行最佳的组合，以及对子公司进行最佳的控制。这种最佳的控制是指对集团公司整体利益上的最佳，而适当持有股份的基本方法就是进行资本经营。

资本经营有广义和狭义之分。广义的资本经营包括企业新设、企业收购、企业合并、企业控制，以及企业的分立、重组与清算等方面的内容；狭义的资本经营则只包括企业收购、企业合并、企业控制以及企业的分立、重组等方面的内容。虽然在单一的公司中也存在资本经营，但是这些业务在单一公司中并不频繁发生，只是公司经营中的偶然行为。只有在集团公司中，由于分公司、子公司的大量存在，企业新设、企业收购、企业合并、企业控制、企业分立、企业重组、企业清算等类事件才可能频繁发生。企业集团通过资本经营取得比资产经营更大的经济利益，其价值也会迅速增加。因此，企业集团的资本经营正是集团从组建到不断成长的重要方式，几乎没有一个大型企业集团是单纯依靠生产和销售商品而发展起来的。

（二）企业集团资本经营的特征

企业集团由于内部子公司或业务众多，在经营过程中必然会出现子公司或业务的发展不平衡，当一些子公司或业务正处于上升阶段、需要大力扶持时，而另一些子公司或业务则处于衰退阶段，需要退出。这样，就势必引起频繁的企业新设、企业收购、企业合并、企业控制、企业分立、企业重组、企业清算等活动，从而引起资本经营。

企业集团可以将其处于衰退阶段的子公司或业务出售、重组、分立甚至清算，并通过企业的新设、收购、合并、控制等方式将从处于衰退阶段的子公司或业务中收回的资源投放于处于上升阶段的子公司或业务，使集团公司保持“旺盛的精力”或“青春的活力”。集团公司可通过这样一系列的资本经营来达到企业价值最大化的基本目的。资本经营在财务管理方面的特征主要有两个方面：一是投资与筹资结合得十分紧密。集团公司要新设、收购、合并另一些公司，或希望通过对外投资控制某些公司的股权，那么就必须要筹集到一笔相应的资金；集团公司将一些子公司出售、清算后，所获得的资金也必须要寻找新的投资出路。二是资本经营所产生的资金量一般都较大。从新设、收购、合并、控股来看，其资金需要量往往无法从内部现有的资金储备中解决，要实施这种资本经营，企业集团必须从非常规的内部筹资渠道或外部筹资渠道筹集到资金。这些非常规的内部筹资渠道包括放弃对一些公司所拥有的股权、出售一些子公司或业务等从集团公司内部筹资。外部筹资渠道，既包括一般的外部筹资方式，如发行新的有价证券（股票和债券）和长期银行借款等，也包括通过增资扩股等方式从外部引入一些新的投资者解决筹资的问题。从公司出售、清算来看，产生的现金流入量往往都很大，在一般正常的生产经营活动中很难及时将这些资金消化，企业集团必须为这些非常规的资金流入量寻找非常规的出路。

（三）企业集团资本经营的核心问题

公司的新设、收购、合并、控股等问题相当于选择投资项目或购买资产的问题，公司的分立、出售、重组、清算等问题相当于出售公司资产的问题。资产买卖的关键问题是确定资产的价值问题，因此，资本经营的核心问题是确定企业价值问题。

无论是在公司的新设、收购、合并、控股方面，还是在公司的分立、出售、重组、清算等方面，企业集团都必须在掌握企业价值的基础上才能做出科学合理的买卖决策。企业定价与一般的资产定价相比，其定价具有更大的复杂性。这可以从以下四个方面来认识：

（1）不同的企业千差万别。在现实生活中几乎找不到完全一样的企业，这就决定了企业一般不存在完全可比的市场价值。企业价值的确定只能通过计算获得。

（2）在企业集团中，各个子公司的经营业务在很多方面是相互联系的，存在着协同效益，这一点决定了单独估计各子公司的企业价值的困难和不完全性。

（3）买卖公司的企业价值要从企业集团的角度去考察，即买卖公司的企业价值确定应站在企业集团的立场上去进行计算。因此，在计算出售或收购公司的企业价值时，除了要考虑被出售或收购公司的企业价值之外，还要考虑它对企业集团所产生影响的价值。

（4）企业的经营状况受外部环境和内部条件等的影响极大，在不同的外部环境和内部条件下，企业产生的效益具有极大的差异性，这一点决定了估计企业价值必须考虑众多的因素，估价的风险性极大。

（四）企业集团资本经营应注意的问题

从实际来看，规模扩张无疑已经是国内外企业集团资本经营的主要内容。企业集团利用资本经营实现扩张，要考虑以下几点：

1. 企业集团的扩张要充分考虑利用企业集团的剩余资源

企业经营资源剩余是企业集团利用资本经营进行扩张的前提。企业集团成长可利用的资源，可以分为内部资源和外部资源。内部资源包括企业现有的生产能力、资金、技术、管理，外部资源包括银企关系、股票市场、债券市场、与其他企业的合作协议等。由于资源的不可分割性，集团总会存在未利用资源和未完全利用的资源。未利用资源还可分为可用于现有产业的资源和可用于其他产业的资源，这些都为集团的扩张提供了可能。同时，经营资源剩余也是企业进行规模扩张的边界约束。由于企业集团具有复杂的多个法人主体和多重组织结构，更要求集团在利用并购等资本经营方式实现扩张时，要确定自身剩余资源的多少。

2. 企业集团的扩张要充分考虑企业联合的特点

从扩张方式看，企业集团的多企业联合特征使得集团的扩张可以调整企业数量，这是单体企业没有的，也正是资本经营的一种主要形式。而且，企业集团的组建和发展包括了资本集聚式扩张、资本集中式扩张以及与高层次经营相对应的借助外力式扩张（如借助技术、契约、合同）。一般来说，企业集团的核心层与紧密层、半紧密层需要用股份制扩张来形成与约束，对于松散层和一般关联企业，则依靠契约与合同方式扩张，这样形成一个内紧外松、互相配合又相对稳定的企业群体组织。这有助于我们界定企业集团以资本经营方式进行扩张的应用范围。

3. 企业集团的扩张要考虑核心企业的能力

核心企业的规模和资本实力直接制约着企业集团的状况。如果不注重核心企业的能力，盲目利用资本经营进行扩张，就会造成小马拉大车的情况，最终必然导致整个集团瘫痪。

4. 企业集团的扩张要注意企业生产经营与资本经营的结合

由于企业集团是企业的联合体，利用资本经营扩张时必然要求既重视速度又重视目的，不是为追求资本经营而置生产经营于不顾，为扩张而扩张。资本经营最终要达到与生产经营相互协调、相互促进的目标。从总体上来说，企业集团的扩张不外有生产目标、原材料目标、市场目标等，利用资本经营进行扩张时要注意与这些目标的有效配合。

第四节　企业集团的财务战略

一、企业集团财务战略的概念及分类

我们把企业集团财务战略定义为：为谋求企业集团资金均衡有效的流动和实现企业战略，为增强企业集团财务竞争优势，在分析企业集团内外环境因素对资金流动影响的基础上，对企业集团资金流动进行全局性、长期性和创造性的谋划，并确保其执行的过程。企业集团财务战略是战略理论在企业集团财务管理方面的应用与延伸。应注意以下几点：①企业集团财务战略关注的焦点是企业资金流动，这是财务战略不同于其他各种战略的质的规定性。②企业集团财务战略的目标是谋求企业资金的均衡和有效的流动与实现企业集团总体战略。作为职能战略的财务战略，要为企业集团战略服务，是企业集团战略的一部分。③强调了企业集团环境因素的影响。在财务战略中，着重分析的是环境因素对资金流动的影响。财务战略的制定，必须根据集团的内外环境的变化做出相应的调整和优化，并随着公司面临的经营风险的变动而进行互逆性的调整。④企业集团财务战略具有多样性。财务战略总是烙有该企业集团的印记，每个集团的财务战略都具有专属性，对 A 集团来说是优质的和高效的财务战略，如果将其照搬到 B 集团，它可能不利于集团的资金运作。

对于这些形形色色的财务战略，我们可以根据不同的标准对其进行分类。

（一）根据财务战略的具体内容分类

企业财务战略的对象是企业资金的运作。根据企业集团资金运作的这一基本过程，

其财务战略可以分为融资战略、投资战略收益分配战略。

（二）根据企业集团的发展阶段分类

企业集团的发展又不可避免地有其周期性。根据企业集团的发展阶段，其财务战略可以分为初创期财务战略、发展期财务战略、成熟期财务战略和更新调整期财务战略。

（三）根据所在行业的寿命周期分类

不同行业的企业，产品的寿命周期是有较大差别的，这种差别决定了企业寿命周期的长短不同。根据企业所处行业的特性，财务战略可以分为行业幼稚期财务战略、行业成长期财务战略、行业成熟期财务战略和行业衰退期财务战略。

（四）根据企业集团的发展定位分类

根据企业集团的发展定位不同，其财务战略可以分为扩张型财务战略、防御型财务战略和稳定发展型财务战略。

二、企业集团财务战略目标定位

企业集团财务战略目标的规划与定位应立足于集团的战略发展结构，并服从和服务于其总体发展战略。战略发展结构是指企业集团总部为谋求竞争优势并实现整体价值最大化目标所确立的企业集团资源配置与未来发展必须遵循的总体思路、基本方向与运行轨迹。专业化与多元化是战略发展结构的两种基本类型。

专业化是一种最具成效的发展战略。在信息技术日新月异、生产高度自动化、资源日渐稀缺、竞争空前加剧的现代经济社会，在成本、质量等方面领先，在技术上标新立异，是企业集团取得市场竞争优势，确保成功的基础。当企业集团富于冒险与创新精神，聚合各种资源优势，着力于持续的技术创新革命，并从更高层次上突破现有产品技术、功能、质量、价格等的结构模式时，必然会使企业集团降低投资风险，开辟出一个崭新的更为广阔的市场前景，推动企业集团走向一个更高的发展层次。

对于实施投资与经营多元化战略的企业集团，可以通过开发新产品、涉足新领域满足传统市场的新需求和开发新市场，扩大经营规模，分散经营风险。但由于各领域在技术特征、管理方法、经验以及管理文化氛围诸方面的显著差异，不仅使得技术、管理、信息等重要的价值活动无法在各业务领域间共享，而且由于企业集团的资源优势被分散于不同的产业或产品领域，致使各个领域的技术创新得不到充分的以至最佳的资源规模的支持。

无论是多元化抑或专业化，只不过是企业集团采取的两种不同的投资战略与经营策略，是企业集团基于各自所属行业、技术与管理能力、规模实力、发展阶段及其目标等一系列因素顺势而择定的结果。就集团整体而言，两者并非是一对不可调和的矛盾。投资与经营的专业化并非等同产品或业务项目的单一化。在企业集团里，应当体现为一种一元“核心竞争力”下产品或业务项目投资序列的多样性格局。纵观日本的NEC、美国的通用汽车公司以及中国的海尔集团等成功的国际知名的企业集团，都在坚持企业核心竞争力的支持下实现了较好的多元化发展。因此，企业集团的财务战略定位的焦点不在于“专业化”与“多元化”的选择上，而在于企业集团核心竞争力的形成与强化的程度上。

三、企业集团财务战略的实施策略

财务战略实施策略是财务战略的基本定位在不同发展阶段的具体化。财务战略总是与特定的企业集团发展阶段相对应的，没有永恒不变的和永远适用的财务发展战略，但对于处于特定发展阶段的企业集团来说，其财务状况又具有相同之处。

（一）初创期财务战略

初创期的企业集团产品产量规模不是很大，企业集团往往面临着很大的经营风险，企业集团的核心能力还没有完全培育成熟，因此核心产品不能为集团提供大量的现金流，财务实力相对较为脆弱，企业面临的是相对不利的财务环境。初创期财务战略管理的特征主要表现为稳健与一体化，即在稳定与专业化之间找到最佳的结合点。对于初创期的企业集团，可以考虑如下财务战略：

1. 股权资本型筹资战略

在集团初创阶段，负债筹资的风险很大，为了降低企业集团的筹资成本，最好的办法不是负债筹资，而是采用股权资本筹资方式。对于股权资本筹资，由于这一时期企业集团的盈利能力不是很高，甚至是负数，因此风险投资者将在其中起很大作用。

2. 一体化集权型投资战略

集团组建初期，没有足够的财务实力与心理基础来承受投资失败的风险，更重要的是项目选择的成败将直接影响着企业集团未来的发展。因此，初创期的企业集团应当实施一体化的集权型投资战略。投资决策权全部集中于母公司，并由其提出未来投资发展的方向和产业政策，然后对未来将要投资的领域按其重要性进行排序，以给公司在项目选择时提供战略上的指导。

3. 低股利或股票股利分配政策

由于企业集团在初创期收益不高，且为稳健考虑需要进行大量的资金积累，因此，这时的分配政策宜于采取较低的股利，甚至还可以考虑零股利分配政策，妥善解决股利分配和企业集团发展现金资本需求量大的矛盾。

（二）发展期财务战略

当企业集团步入发展期时，产品的定位与市场渗透程度都已大大提高，但是企业集团仍然面临较大的经营风险和财务压力，这也是发展期企业集团的主要财务特征。处于发展期的企业集团应采取稳固发展型的财务战略。

1. 相对稳健的筹资战略

由于资本需求远大于资本供给能力，资本不足的矛盾仍然要通过以下途径解决：一是股东追加股权资本投入；二是提高税后收益的留存比率。当这两条途径均不能解决企业集团发展所需资金时，可以考虑采用负债融资方式，包括短期融资和长期融资，所采用的方式可以通过商业信用、与银行间的信用借款，以及发行债券等。

2. 适度分权型投资战略

因为经过初创阶段投资的强制性集权，企业集团已对其财务资源投资的方向、配置的秩序勾画出了主线条。这不仅为企业集团财务战略实施奠定了初步的物质基础，更重要的是极大地提高了子公司等各成员企业的投资能力。分权之后子公司的投资方向也不会偏离集团投资主线太远。如何调动子公司等成员企业及其管理者的积极性、创造性与责任感，促进资源配置、使用效率与效益的提高，成为企业集团发展期总部面临的核心问题之一。

3. 股利政策规划

发展期企业集团的经营风险与财务特征，决定了该时期的企业集团应倾向于零股利政策或剩余股利政策。在支付方式上，以股票股利为主导。不过，对于发展期的企业集团，由于其发展势头良好，只要集团能给股东做好企业发展政策的宣传，股东出于对预期高收益的期望，一般乐于接受这种股利政策。

（三）成熟期财务战略

处于成熟期的企业集团，其市场份额较大，在市场中的地位相对稳固，企业集团已经形成了适合自身发展的经营管理模式，因此经营风险相对较低。与此相对应的财务关系、产品的均衡价格也已经形成，市场竞争不再是企业间的价格战，而是内部成本管理效率战。因此，成本管理成为成熟期企业集团财务管理的核心。与前两个阶段相比，成熟期企业集团现金流入增长较快，资产收益水平较高，财务风险抗御能力较强。因此，处于这一阶段的企业集团，应注重加强财务与资本运作。此阶段的财务战略主要包括：

1. 激进型筹资战略

企业集团可采用相对较高的负债率，以有效利用财务杠杆；母公司在完全了解子公司的经营情况的前提下，可以根据情况要求子公司调整其资本结构，在保持其控股比例的条件下收回部分投资，利用负债筹资来提高子公司的价值，并直接提高对子公司的投资报酬率。同时，成熟期的企业集团可以利用有利的金融市场环境，进行资本置换，提高资本来源质量，优化配置结构。例如，母公司可将被高估的股权转让，以增加现金流量，以谋求资本利得，并以此来寻求更大的投资项目和机会；母公司可通过子公司实施股权回购（股票回购），提高每股收益与股票市价，更加充分地发挥负债的财务杠杆效应；条件成熟的企业集团，可以以某一部门、分部、分公司或子公司的经营为依托，通过财务运作，推介上市，走上市募股之路；等等。

2. 确保核心竞争能力基础上的多样性投资战略

成熟期的企业集团的优势是其核心业务或核心竞争能力，有较为雄厚的营业现金净流量，在既有行业或业务领域里没有更大的市场竞争压力及投资与经营风险、财务信用危机。同时，成熟期的企业集团也需要前瞻性地为未来战略发展结构的优化调整探索新的业务领域及市场空间，并努力培养起新的核心竞争能力，确保在新的行业或业务领域里能够迅速取得竞争优势。

3. 较高的现金股利分配政策

成熟期企业集团现金流量充足，投资者的收益期望强烈，因此适时制定高比率、现金性的股利政策，利大于弊。这一阶段集团自由现金流量较大，实施剩余股利政策的意义不大。更为重要的是，这一时期是股东收益期望的兑付期，如果不能在此时满足股东期望，则股东的投资热情将会受到影响。

（四）调整期企业集团的财务战略

处于调整期的企业集团，必须着手进行产业或产品的转向，这其中的首要工作是加强经营方向调整。进入调整期的企业集团，企业从原产品的经营中仍然能够获得较大的净现金流入。对将要进入的新领域，它同样面临着较大的风险。调整期企业集团所制定的财务战略主要有以下三大内容：

1. 高负债率筹资战略

进入调整期，企业集团还可以维持较高的负债率而不必调整其激进型的资本结构。这是因为：一方面，企业集团的内部留存收益还不足以满足企业集团产业转向的需要，高负债率筹资可以解决这一资金相对不足的矛盾；另一方面，调整期是企业集团新活力的孕育期，充满着风险。在资本市场相对发达的情况下，如果新进行业的增长性及市场潜力巨大，则理性投资者会甘愿冒险，高负债率即意味着高报酬率；如果新进行业市场并不理想，投资者会对未来投资进行自我判断，因为理性投资者及债权人完全有能力通过对企业集团未来前景的评价，来判断其资产清算价值是否超过其债务面值。因此，以其现有产业做后盾，高负债战略对企业集团自身而言是可行的，也是有能力这样做的。

2. 财务集权式投资战略

企业集团在此阶段所面临的最大问题是，由于在管理上采用分权策略，从而使得在需要集中财力进行企业集团发展方向调整时，财务资源的分散会导致财力难以集中控制与调配。面对这一情形，本着战略调整需要，在财务上要进行分权上的再集权。从资源配置角度看，集中了的财权主要用于以下两个方面：对不符合集团整体目标的现有部门或子公司，利用财权适时抽回在外投资的股权，或完全变卖股权，集聚财务资源；对需要进入的投资领域，要进行重点投资，保证集团再生与发展。

3. 高支付率的股利政策

调整期企业集团必须考虑对现有股东提供必要的回报，这种回报既作为对现有股东投资机会的补偿，也作为对其初创期与发展期高风险-低报酬型投资的一种补偿。更重要的是，在这一时期实施高股利政策可以增加投资者对企业集团的信心，寻求他们对企业集团投资转向的目标项目的支持，从而可以确保筹资渠道的畅通。但高回报具有一定的限度，它以不损害企业集团未来发展所需投资为最高限，即采用类似于剩余股利政策同样效果的分配战略，以期为企业集团产品或产业转向提供良好的财务环境。

思考与练习

1. 企业集团的基本组织结构模式有哪些？其主要特点是什么？

2. 企业集团的财务管理特点是什么？
3. 企业集团的投资管理有什么特点？
4. 企业集团的融资管理应从哪些方面进行？
5. 简述企业集团的内部转移价格的概念、种类及特点。
6. 企业集团的分配方式有哪些？简述其特点。
7. 试述企业集团资本经营的特征及其应注意的问题。
8. 简述企业集团的财务战略的分类。
9. 试述企业集团在不同发展阶段应实施的财务战略。

第八章　中小企业财务管理

中小企业是经济社会和产业结构的重要组成部分，是新的经济增长点，是最活跃的生产力，对我国经济发展、社会稳定起着举足轻重的促进作用。虽然中小企业经营灵活，勇于创新，但由于其组织结构简单，资金、技术、人才、管理等实力弱小，受环境变化影响大等因素，使得中小企业在财务管理方面存在着与自身发展和市场经济均不适应的情况。本章将从中小企业财务管理概述、中小企业融资管理和中小企业投资管理三个方面对中小企业财务管理进行阐述。

第一节　中小企业财务管理概述

一、中小企业概述

（一）中小企业的界定

中小企业是相对于大企业的一个概念，对中小企业的界定没有一成不变的标准。但无论标准如何变化，其变化都体现在质和量两个方面。质主要体现在企业的组织形式、行业中的地位、市场定位等，而量主要体现在企业的营业收入、资产总额、职工人数等方面。但由于质的界定在实际运用中不利于操作，而量的界定具有直观性，比较容易获得和把握，实际运用较为广泛。因此，对于中小企业，我们可以从质和量两方面将其理解为营业收入或资产总额较小，职工人数较少，管理组织简单，职工分工有限的企业。关于中小企业的划分标准从历史上看是动态的、多样的，主要表现在以下几个方面。

（1）从国际上看，不同的国家因其发展的阶段、水平的不同，其界定的标准也不尽相同。在美国，对中小企业的界定和划分是以法律形式来规定的，在采取量的规定的同时辅之以质的规定。根据美国小企业管理局的规定，在质上，规定凡是独立所有和经营并在行业中不占据垄断或支配地位的企业都可被认为是中小企业；在量上，按行业对雇员人数、销售额等指标进行了规定。美国小企业管理局划分中小企业的标准，使得美国近99%的工商企业都属于中小企业范畴。英国对中小企业的划分标准是由带有半官方性质的英国皇家委员会制定的，采用了质与量的规定相结合的方式。在质的界定标准上规定：只要满足市场份额小、所有者依据个人判断进行经营及所有经营者独立于外部支配这三个条件之一者皆可划分为中小企业；在量上，对不同的行业设置了不同的划分标准，凡是制造业雇员人数在200人以下，建筑业和矿业雇员在20人以下，零售业年销售收入在18.5万英镑以下，批发业年销售收入在73万英镑以下皆可被划分为中小企业。欧盟委员会在1996年颁布了统一的划分企业规模标准并建议欧盟各国采用。这一新标准将欧盟内企业划分为五类：第一类为自我雇佣者；第二类为微型企业，其雇员人数不超过9人；第三类为小企业，雇员人数10~49人；第四类为中型企业，雇员人数50~249人；第五类为大型企业，雇员人数在250人以上。欧盟委员会利用雇员人数作为划分企业规模的标准，避免了各国经济发展水平不同而使某些指标不能反映各国中小企业的共同点的缺点，因而受到欧盟各国的普遍认可。而韩国没有从质的方面对中小企业进行界定，仅仅从雇员人数这个量的指标进行界定：雇员人数在300人以下的制造业、矿业和运输业，雇员人数在200人以下的建筑业，雇员人数在20人以下的商业以及其他服务性行业皆为中小企业。韩国对中小企业的界定仅仅从雇员人数这个量的指标进行界定，显得简洁直观，但是缺乏灵活性。

（2）从一个国家的发展过程来看，在不同的历史时期和不同的发展阶段，对中小企业的界定也有差异。我国对中小企业的界定前后经过了五次较大调整，第一次是在新中国成立初期，根据企业职工人数来划分企业类型：3 000人以上为大企业，500至3 000人之间为中型企业，500人以下为小企业。第二次是1962年，将固定资产价值作为划分标准。第三次是1978年，国家计委下发《关于基本建设项目的大中型企业划分标准的规定》，该规定将划分企业规模的职工人数标准改为“年综合生产能力”标准。第四次是1988年，重新颁布了《大中小型企业划分标准》，按企业的大型、中型和小型等几类，对于产品比较单一的企业，一般按照生产能力进行划分。对于产品和设备比较复杂的企业，主要涉及机械、电子、化工等行业，则按固定资产价值进行划分。1992年，国家经贸委又重新发布《大中小型企业划分标准》，并将该标准作为全国划分工业企业规模的统一标准，而不论企业属于哪个部门和行业。1999年，我国对《大中小型工业企业划分标准》再次进行了修改。该标准虽然保留了企业规模的四种类型，但不再使用旧标准中各行各业分别使用的行业标准，而是统一按照销售收入、资产总额和营业收入为划分依据。结合我国的实际情况，年销售收入和资产总额均在5亿元以上的为大企业，年销售收入和资产总额在5 000万元以上的都为中型企业；其余均归属于小企业。该标准中的企业范围仅包括工业企业，而不涉及非工业领域的企业，这部分企业则由相关部门另行制定。最后一次对中小企业标准的制定是2003年2月19日，国家经贸委、国家计委、财政部、国家统计局共同研究制定了《中小企业标准暂行规定》，明确了中小企业标准的上限，即为大企业标准的下限。新标准按照五大行业（包括工业、建筑业、邮政业、交通运输业、批发零售业）、职工人数、销售额、资产总额等指标进行划分。

（3）从行业的差别来看，不同的行业，其划分的标准也存在较大的差异。根据2003年2月颁布的《中小企业标准暂行规定》，按照行业对中小企业的划分给出了新的标准。其划分标准如下：

工业，中小型企业须符合以下条件：职工人数2 000人以下，或销售额30 000万元以下，或资产总额为40 000万元以下。其中，中型企业须同时满足职工人数300人及以上，销售额3 000万元及以上，资产总额4 000万元及以上；其余为小型企业。

建筑业，中小型企业须符合以下条件：职工人数3 000人以下，或销售额30 000万元以下，或资产总额40 000万元以下。其中，中型企业须同时满足职工人数600人及以上，销售额3 000万元及以上，资产总额4 000万元及以上；其余为小型企业。

批发和零售业，零售业中小型企业须符合以下条件：职工人数500人以下，或销售额15 000万元以下。其中，中型企业须同时满足职工人数100人及以上，销售额1 000万元及以上；其余为小型企业。批发业中小型企业须符合以下条件：职工人数200人以下，或销售额30 000万元以下。其中，中型企业须同时满足职工人数100人及以上，销售额3 000万元及以上；其余为小型企业。

交通运输业和邮政业，交通运输业中小型企业须符合以下条件：职工人数3 000人以下，或销售额30 000万元以下。其中，中型企业须同时满足职工人数500人及以上，销售额3 000万元及以上；其余为小型企业；邮政业中小型企业须符合以下条件：职工人数1 000人以下，或销售额30 000万元以下。其中，中型企业须同时满足职工人数400人及以上，销售额3 000万元及以上；其余为小型企业。

住宿和餐饮业，中小型企业须符合以下条件：职工人数800人以下，或销售额15 000万元以下。其中，中型企业须同时满足职工人数400人及以上，销售额3 000万元及以上；其余为小型企业。

《中小企业标准暂行规定》结合了行业特点，对工业、建筑业采用了职工人数、销售额、资产总额三个指标。对于批发和零售业、交通运输业和邮政业、住宿和餐饮业，因其行业企业的资产总额不能客观反映出经营规模，加之资产总额的统计数字不全，只采用了职工人数和销售额两个指标。《中小企业标准暂行规定》划分企业规模类型，既考虑了我国国情也具有国际可比性，基本满足了统一、灵活和法律规定这三大原则。为促进我国中小企业的发展，促进中小企业及其标准同国际接轨起到了积极作用。

（二）我国中小企业的发展现状与地位

中小企业是我国经济社会和产业结构的重要组成部分，是新的经济增长点，是最活跃的生产力，是我国社会稳定的基础。我国是个人口众多的发展中大国，经济发展水平还不高，企业规模还偏小，资本相对短缺和过多的人口，使劳动密集型中小企业在国民经济中的地位和作用显得尤为重要。另外，我国国民经济发展及改革已进入一个关键时期，无论是市场经济体制的建立和完善，还是进一步加大经济结构调整的力度、全面建设小康社会目标的实现，都与充分发挥中小企业的作用分不开。中小企业在经济社会发展中日益发挥着不可替代的功能和作用，是推动我国经济社会发展的重要力量。中小企业和民营经济的健康发展，对于吸纳新增就业人员、启动民间投资、优化经济结构、加快生产力发展、确保国民经济持续稳定增长、进一步坚持和完善社会主义初级阶段基本经济制度，具有十分重要的现实意义。

促进中小企业发展有利于推进社会主义市场经济体制的建立与完善，有利于推动我国经济结构的战略性调整。中小企业贴近市场，贴近用户，长期活跃在市场竞争最激烈的领域，与市场有天然的联系，是繁荣市场、搞活流通的主要力量。中小企业对市场反应敏捷，经营方式机动灵活，能满足多样化、个性化的市场需求，充分体现了市场对资源配置的基础性作用。中小企业的发展，促进了各类所有制企业的沟通与融合，加快了多种经济成分协调发展的改革步伐。同时还促进了专业化分工和社会化协作的开展，为经济结构的战略性调整提供了运作条件。中小企业的健康发展，已经成为建立与完善社会主义市场经济体系的重要基础和前提。

按照国家统计局的普查结果，到2001年年底，全国共有企业法人单位302.6万个（不计2 377万个体工商户），其中1 000人以下的中小企业占99.4%。在全国134.46万个（2002年数据）工业企业法人中，按新的中小企业标准，大型企业1 588个，中小企业占全部工业企业法人数的99.88%；中小企业创造的最终产品和服务的价值占全国国内生产总值的50%，中小企业提供的产品、技术和服务出口约占全国出口总额的60%，中小企业上缴的税收占全国全部税收的43%；中小企业提供了75%的城镇就业岗位。中小企业和民营经济已成为我国新增就业的主体。据劳动和社会保障部2002年年底对全国66个城市劳动力就业状况调查，国有企业下岗失业人员中有65.2%在个体、私营企业中实现了再就业。

二、中小企业的财务特征

与大企业相比，中小企业有许多特点，如经营灵活，勇于创新，组织结构简单，资金、技术、人才、管理等实力弱小，对环境变化较敏感等。从财务角度讲，成长中的中小企业有以下特点：

（一）初始资本投入不足，资金规模小

我国大多中小企业在创立的初期初始资本投入是不足的，在企业创立之后，由于中小企业总体来说利润水平较大型企业偏低，加之初始资本规模较小，故资本增值无论就速度还是绝对额都受到限制。中小企业的资本有机构成也比较低。例如，我国国有大型工业企业的资本有机构成大约是20万元/人，中型企业是10万元/人，小型企业是5万元/人，而乡镇企业仅为2万元/人。在经营过程中，由于中小企业资本规模小，稳定性差，担保债务、承担亏损的能力较弱，稍有不慎会造成亏损。

（二）“船小易翻”，抵御风险的能力弱

中小企业一般在初创时期规模小、实力弱，在市场竞争的狂风暴雨中，容易被大型企业所卷起的巨浪倾覆。由于中小企业的经营范围和市场的狭小、产品单一，一旦某一领域的市场需求下降，容易造成企业经营的大起大落，加大经营风险。同时，资金的管理不善会使企业资金的周转失灵，从而转化为财务风险和银行的信贷风险。因此说“船小易翻”。和大企业比较起来，中小企业更容易破产倒闭，其信用等级往往较低。

（三）融资环境不利，融资能力差

在我国，中小企业发展起步较晚、规模小，资金缺乏显得尤为突出。中小企业受到自身条件、国家政策的影响，其融资环境比较差，融资渠道也比较狭窄。从内源融资来看，我国中小企业内源融资的比例过小，只有企业融资金额的1/3左右。主要有

两方面原因：一是中小企业不注重企业的长远发展，将大部分利润进行了分配，没有留足积累资金。二是中小企业计提的固定资产折旧较低，不利于固定资产的更新。从间接融资来看，我国中小企业间接融资是严重不足的，间接融资的方式比较单一，以银行贷款为主。再加上银行贷款政策倾斜、手续繁杂，使得中小企业很难得到贷款。从中国人民银行2003年1月公布的当年金融统计资料来看，截至2002年12月底，全国共发放短期贷款74 247.9亿元，其中私营企业及个体贷款1 058.8亿元，仅占1.43%。从直接融资来看，我国中小企业股权、债权等直接融资困难重重，而民间融资利率较高、负面影响也较大。因此，相对于大型企业而言，中小企业融资渠道相对有限，融资能力较差，制约了中小企业的发展。

（四）财务状况差，财务管理总体水平较低

中小企业由于规模小、资金缺乏，直接导致其财务状况恶化，财务结构不健全，经营业绩低，获利能力低于大型企业。

中小企业人才匮乏、管理人员素质不高，缺乏严密的资金使用计划和内部控制制度，忽视理财和内部管理，财务管理总体水平较低。主要表现为：一是很少进行有效的成本管理，使得生产成本居高不下，降低了产品的盈利能力，最终不能为企业的发展提供资金。二是应收账款控制不严，造成资金回收困难。由于没有严格的赊销政策，就造成回收期过长、催收乏力，最终形成呆账，使本来就缺乏资金的中小企业雪上加霜。三是对现金管理不严，造成资金闲置或不足。有些中小企业认为，现金（包括银行存款）越多越好，造成现金闲置；而有些企业恰恰相反，资金使用没有计划，大量购置不动产，无法应付经营急需的资金，陷入财务困境。四是存货控制薄弱，造成资金呆滞、周转失灵。五是重钱不重物，资产损失浪费严重。不少中小企业的管理者，很重视对现金的管理，收支严格，保管妥善，出了差错及时查找。而对原材料、半成品、固定资产等的管理却不严格，保管不善，出了问题也无人查找，资产损失浪费严重。

（五）管理成本低，投资回收快

与大型企业相比，中小企业较小的组织规模对企业财务的有利影响主要表现在三个方面：一是因为企业规模小，决策更较为集中，故决策效率较高；二是因企业规模小，管理组织简单，内部控制环节少，降低了企业的管理成本；三是因为企业规模小，投资也小，对于一些建设周期短的项目，收回投资也较快。有的中小企业当年投资，当年就能投产，并能很快收回投资。

第二节　中小企业融资管理

一、中小企业融资的概念与特点

融资就是资金融通，主要是指资金的融入，也就是通常所说的资金筹集，具体是指企业从自身经营现状及资金运用情况出发，根据企业未来经营策略与发展需要，经过科学的预测和决策，通过一定的渠道，采用一定的方式，利用内部积累或向企业的投资者及债权人筹集资金，组织资金的供应，保证企业生产经营需要的一种经济行为。

中小企业在国民经济中的地位十分重要，对促进经济发展起到不可替代的作用。但其融资现状却不容乐观，尤其是在我国这种经济发展相对落后、市场经济发展相对迟缓的国家中，中小企业的融资难问题已经成为制约中小企业发展的瓶颈。由于中小企业自身的因素和外部环境的影响，使得其在融资方面形成了如下特征。

（一）融资难度大

1. 中小企业的直接融资渠道相对有限

对于大型企业而言，通过资本市场直接融资往往是筹集企业生产经营所需大批资金的重要方式。但是中小企业依靠传统资本市场直接筹资具有很大障碍。现行的上市政策决定了中小企业很难争取到发行股票上市的机会，在发行企业债券上，因发行额度小也难以获得批准。

2. 银行因信用风险较高而不愿向中小企业提供信用贷款

企业信用状况直接影响银行信贷资金的安全。一般说来，中小企业由于资产数量少、生产经营规模小、产品市场变化快，经营场所不固定、人员流动性大、技术水平落后、经营业绩不稳定、抵御风险能力差，亏损企业偏多，加上部分中小企业财务管理水平低下、信息缺乏客观和透明、信用等级较低、资信相对较差。银行从信贷安全角度考虑，不愿对小企业发放信用贷款。另外，对于从事高新技术风险经营的小企业，银行更不愿意向其放贷。因为银行收益不能与企业的高收益挂钩，却要承担其高风险。一旦企业经营失败，就造成银行的坏账损失。但若经营成功，银行却与高收益无缘。

3. 银行成本较高

中小企业对贷款的要求呈现出金额小、笔数多、时间紧的特点。银行信贷的经营环节（包括客户调查、资信评估、贷款发放、贷后监督）却不能因此而减少，由于固定成本基本不变而经营规模大大减小，相对而言，银行贷款的单位交易成本上升，因此大银行对中小企业失去热情，加之现行的国有商业银行贷款审批体制，基层行权限不足，授信额度小，审批程序繁琐，对应的风险激励机制也不健全，信贷人员对中小企业贷款自然缺乏积极性。在我国银行贷款总规模中，国有企业获得的贷款占85%以上，非国有企业得到的贷款占比不到15%（其中5%的是乡镇企业），个体、私营企业等中小企业基本上是无门贷款，只能运用高利息的社会资金。银行对大企业设置的贷款运作费为总贷款额的0.3%~0.5%，而中小企业贷款的各种管理费用却高达2.5%~2.8%，有的甚至更高。这导致商业银行的基层分支行机构对中小企业贷款产生思想障碍。

（二）融资成本高

中小企业融资成本高的原因主要有以下几个方面：

1. 银行贷款成本较高

中小企业的贷款额往往比较小，周期短，但是手续繁杂，增加了贷款成本。另外，由于银行向中小企业提供贷款时会承受较高的风险，为此理所当然地要求从中小企业那里获得补偿。

2. 通过信用担保增加了融资成本

中小企业获得银行信用贷款的难度较大。为了获得贷款，中小企业现实的做法是通过信用担保机构提供信用担保后，获得银行的信贷支持。在办理信用担保手续过程中，需要支付有关的手续费和担保费，从而增加了中小企业的融资成本。

3. 通过其他高成本方式融资

由于资金严重短缺，中小企业很多时候依靠典当业、民间亲朋好友借贷甚至有时不得不转向成本高昂的高利贷为企业筹集资金，付出较高的资金成本，侵蚀企业利润。

（三）融资风险高

融资风险主要是指中小企业不能按期支付债务本息的风险。与大型企业相比，中小企业具有较高的融资风险。其风险原因主要有三个方面：

（1）由于中小企业难于筹集足够多的长期资金，而更多地用短期资金来满足企业的资金需求，甚至包括部分长期资金需求。因而需要频繁偿债、频繁举借新债，从而增加了企业到期不能偿债的机会，使企业面临较高的融资风险。

（2）一旦发生资金周转失灵，中小企业缺乏应急能力。对于一个大企业而言，当遇到现金周转不畅，资金短缺时，比较容易获得应对措施。例如，从有关金融机构获得短期贷款，或让供应商给予更为宽限的付款期；等等。但是对于中小企业而言，越是资金周转不畅，短期融资的难度就越大。

（3）由于融资成本较高，从而使企业背上了沉重的包袱，同样使企业承受到期不能支付债务利息的风险。

二、中小企业融资的要点

（一）中小企业应根据其在整个生命周期中所处的发展阶段确定合理的资金需求量

中小企业的成长发展是一个连续的过程，如何判断其处于整个生命周期的什么阶段，对于决定其融资需求和选择相应的融资方式尤为重要。中小企业可以结合其主导产品生命周期、行业生命周期以及通过企业历史沿革过程中企业财务状况变化（如现金流量、利润、成本、销售收入等）来判断企业所处的生命周期阶段。

在中小企业发展过程中，无论是企业的整个发展过程，还是各个发展阶段，均应考虑到对所需资金要求的连续供给，并在资金流量、流速上有不同的需求，以满足成长、发展的资金需要。因而应考虑对需求资金总量的供给能否满足、资金能否及时到位、能否从某一投资方得到满足等问题。要解决这些问题，就必须对融资渠道和融资工具做出合理选择，在不同阶段采用几种合适的融资方式，以组合的融资方式来满足融资需求。

（二）中小企业在选择融资方式时必须考虑所选择的融资工具所带来的融资成本、融资期限以及对融资企业的干预与控制程度

不同的融资方式的融资成本和融资期限是不同的。企业融资的期限包括付息的时

间和还本的时间。决定企业融资期限的因素主要是投资以及生产经营活动的规划和还债率，不同使用方向的资金有不同的期限要求。一般来说，银行贷款合约的达成具有速度快、灵活性强等优点，但能否取得银行贷款取决于企业的资产状况和还贷能力。而股权融资所需花费的时间较长，且较容易受外界资本市场的干扰，因此加重了上市的不稳定性。风险投资也需要一定时间进行项目评估和取得内部审批。

另外，中小企业在发展过程中还存在融资规模不经济的问题，这就决定了其融资成本相对较高。因此，中小企业应认真、仔细地对这些因素给企业造成的利弊加以权衡，比较分析，以便采取利大于弊的融资策略。

（三）进行科学的投资决策，控制资金投放时间，满足企业生产经营和发展的需要

企业投资活动既决定了资金需要量的多少，又决定了投资效果和融资回报率大小。因此，对项目进行可行性预测分析、研究投资的经济效果、正确地进行投资决策是融资的基础环节。因为，融资是为了投资。只有确定了有利的投资方向、安排了明确的资金用途，才能选择合适的融资渠道和方式，以提高企业的资金使用效果。

（四）中小企业应加强融资过程中的风险防范

企业的融资风险主要取决于企业资金的性质、用途、期限和效益。因此，在融资过程中，必须研究企业资金需求情况、企业经营杠杆，并根据企业生产经营的特点、市场供求情况的好坏、资金使用效率的高低、利息变动程度等因素，在融资方式选择中关注融资风险并采取有力措施予以规避，合理确定自有资金与借入资金的比例，发挥财务杠杆的积极作用，提高资金的增值能力，降低中小企业的融资风险。

三、中小企业融资的渠道与方式

在市场经济中，企业融资渠道总的来说有两种：一是内源融资，二是外源融资。内源融资主要是指企业的自我积累机制，企业通过生产经营活动产生的盈余进行融资，主要包括留存盈余、折旧准备金、股东增资扩股等；外源融资指利用企业外部资金来进行融资，主要有直接融资、间接融资两种方式。

直接融资是指资金盈余者与短缺者相互之间直接进行协商或者在金融市场上由前者购买后者发行的有价证券，从而资金盈余者将资金的使用权让渡给资金短缺者的资金融通活动。股票、债券、租赁等都属于直接融资的范畴。

间接融资是指资金盈余者通过存款等形式，将资金首先提供给银行等金融机构，然后由这些金融机构再以贷款、贴现等形式将资金提供给资金短缺者使用的资金融通活动。间接融资主要指银行性融资，财政性融资也属于间接融资的范畴。间接融资是我国目前中小企业所采取的最普遍，也是最主要的融资方式。间接融资主要是指企业向商业银行和其他金融机构申请贷款。目前以银行为中介的间接融资是我国中小企业获得资金来源的重要渠道，对中小企业而言，这是最廉价的资金来源。

下面介绍中小企业可行的具体融资模式：

（一）债权融资模式

间接融资主要通过以下业务来完成。

1. 信用贷款

信用贷款是指银行按一定的利率和期限，根据借款企业的信用来确定贷款的形式，如固定资产贷款、流动资金贷款、外汇贷款、专资贷款等。由于中小企业存在先天信用不足的缺陷，相比大企业，获得信用贷款的能力十分有限。

2. 抵押贷款

抵押贷款是指申请贷款的企业以一定的抵押品作为物质保证向银行贷款的一种贷款形式。抵押物可以是不动产，也可以是货物提单、股票、有价证券等。

3. 担保贷款

担保贷款是指申请贷款企业以第三方作为担保人的贷款形式。这种贷款形式由贷款人和第三方约定，在借款企业不履行或不能履行归还贷款的义务时，由第三方担保人履行或承担连带责任。我国已有多家为中小企业提供信用担保的担保公司。

4. 贴现贷款

贴现贷款是指企业将未到期的票据交给银行，银行扣除贴现利息后，将票面余额支付给企业的一种金融业务。银行通过这种方式间接地向票据承兑企业发放贷款。

间接融资的优势主要是融资时间短、费用低、风险小、弹性大。其缺点是贷款利率较高、资金使用期限短、融资规模有限、没有融资的主动权，企业一旦无力偿还贷款，就有可能陷入财务危机，甚至导致破产。

5. 非银行金融机构

（1）商业金融公司。最常用的是应收账款融资和存货融资。另外，还可发放中长期贷款。

（2）储蓄货款协会。通常专门提供不动产抵押货款。

（3）证券经纪行。中小企业还可以以证券和债券作为抵押物，从证券经纪行取得贷款。证券的变现率比较高，因此贷款利率低于银行贷款利率，但由于面临证券价格变动的风险，经纪人常要求以贷款金额的30%作为储备金。

（4）保险公司。保险公司通过保险单贷款和抵押贷款的形式为许多中小企业提供所需资金。企业主在一定时期内（通常是2年）支付保险费用，使保单达到一定的累计金额，保险公司可给予企业一定数额（通常为保险单累计金额的95%）的无还款期限的贷款。企业主需按年缴纳利息，但可延期支付。贷款发放后，保险公司在保险单金额总数中扣除贷款金额。抵押贷款是以价值50万美元以上的不动产为抵押的长期贷款。保险公司给予不动产价值75%~80%以下的贷款，还款期可长达25~30年。

（二）直接融资

1. 债券融资

中小企业可以通过发行债券来获得资金。债券融资的优点是：资金成本较低，保证了企业的控制权，发挥了财务杠杆的作用，还可以调整资本结构。债券融资的缺点是：财务风险较大，发行债券的限制条件较多，融资的额度也有限。

我国中小企业发行债券融资比较困难。国家对发行债券的企业有严格的条件，大多数中小企业很难符合条件。而且中小企业的自身资信较差，增加了发行债券的难度。

2. 股票融资

公开发行股票是筹措所需资金的有效办法，股票融资没有固定的利息负担、到期日，不用偿还本金，不存在偿付的风险。但其中也存在费用昂贵、手续繁琐、分散企业的控制权等问题。在我国，中小企业已经涉足股票融资。有的通过股份制改造、发行股票直接上市融资，有的通过收购股权、控股上市公司，达到买“壳”或借“壳”上市融资的目的。但能争取到这些机会的只是极少数规模较大、技术或产品比较成熟的中小企业，一般中小企业很难进行股票融资。

3. 二板市场

主板市场较高的门槛限制了绝大部分中小企业的进入。2004 年 5 月上市的二板市场迎合了中小企业的融资需求，成为缓解中小企业融资困境的一条出路。二板市场是主板市场以外的市场，其主要功能是为运作良好、成长性强的新兴中小企业（主要是科技型中小企业）提供直接融资场所。近十几年，为了扶持中小企业的发展，世界上不少国家和地区纷纷探索设立二板市场，如美国、英国、日本、新加坡、中国香港等，以建立一种有利于支持科技型中小产业、有利于中小企业融资的金融体系。

与主板市场相比，二板市场具有如下特征：

（1）前瞻性市场。二板市场对企业历史业绩要求不严，过去的表现不是融资的决定性因素，关键是企业是否有发展前景和成长空间，是否有较好的战略计划与明确的主题概念，二板市场认同的是企业的独特概念与高成长性。

（2）宽松的上市条件。因为二板市场是前瞻性市场，主要面向科技型中小企业，因此其上市的规模与盈利条件都较低，大多对盈利不做较高要求，有的市场甚至允许经营亏损或者无形资产比重很高的企业上市。

（3）较低的上市费用。二板市场上市费用远低于主板市场，这也是二板市场对科技型中小企业更具有吸引力，使其成为中小企业融资市场的优势所在。

（4）较高的市场风险。二板市场是为中小企业服务的，与主板市场上市公司相比，具有资本规模小、发展不确定性强、缺乏业绩支撑等特点，技术风险、市场风险、经营风险均较大，投资失败率很高。由于上市公司的素质普遍低于主板市场，故二板市场的整体风险也明显大于主板市场。

（5）成功的做市商制度。所谓做市商，指的是承担股票买进和卖出义务的交易商。做市商制度有利于帮助在二板市场上市的公司提高知名度；保证上市证券的流通性，使二板市场具有较高的透明度。

但是，二板市场与广大中小企业的融资需求相比，这一市场的容量是极其有限的。从市场定位来看，其设立的初衷是为那些处于成长期、已实现产业化的中小企业融资，而不是针对所有中小企业。从筹资成本来看，二板市场的筹资成本要高于从银行借入的成本。因此，对于大多数中小企业，在二板市场上融资是可望而不可即的。

4. “场外市场”（OTC 市场）

“场外市场”也称第三层市场，是专为小企业设置的，以场外柜台交易为主的资本市场。在这一市场流通交易的股票，都是不能达到主板市场和二板市场上市要求的公司的股票。二板市场主要解决的是处于幼稚阶段中后期和产业化阶段初期的企业资本金的筹集需要。OTC 市场主要解决的是处于初创阶段中后期和幼稚阶段初期的企业资本金的筹集需要。

主板市场、二板市场、场外市场共同构成多层次的资本市场体系。我国中小企业通过主板市场、二板市场甚至场外市场融资都是比较困难的。因此，应该大力发展资本市场，疏通中小企业的融资渠道，增大中小企业的股权融资。

5. 民间融资

民间融资是指个人与个人之间、个人与企业之间的融资。由于金融机构对中小企业的“惜贷”，在一些经济发达地区，民间融资已成为私营企业融资的重要渠道。据1998 年温州市政府政策研究室对沿海九县（市）50 家私营企业的调查，其初始资金中民间借贷占 21%；号称“东方第一大纽扣市场”的永嘉县桥头镇，民间借贷规模在3 000万元以上，几乎每个经营者都曾从民间借过钱。民间融资的兴起，是我国中小企业融资体系不健全的结果。由于其风险大、融资成本高，对社会经济的负面影响大，因此，在引导其向正常方向发展的同时，还要制定政策法规进行引导和规范。

6. 风险投资公司

风险投资是一种由职业金融家向新创的、迅速发展的、有巨大竞争潜力的企业或产业投入权益资本的行为。从风险投资的实践来看，它主要选择未公开上市的有高增长潜力的中小型企业，尤其是创新性或高科技导向的企业，以可转换债券、优先股、认股权的方式参与企业的投资，同时参与企业的管理，使企业获得专业化的管理及充足的资本资源，促进企业快速成长和实现目标，在企业发展成熟后，风险资本通过资本市场转让企业的股权获得较高的回报。之所以称为风险资本，是因为其主要为新建的高风险、高盈利项目或企业融资。其主要用途是：为科研成果商业化应用而创办的新企业融资，为现有企业的扩张和改造融资，为购买企业尤其是为购买高增长创新型企业融资。

风险投资最主要的特点是权益性、高风险性、高收益性、长期性、专业性。风险投资的权益性是指风险投资是一种权益性资本，通过购买股权进行的一种长期投资，而不是借贷资金。风险投资的高风险性是与其投资对象相联系的，风险投资的对象是刚刚起步或还没有起步的科技型中小企业的技术创新活动，它看重的是投资对象潜在的技术能力和市场潜力，因此具有很大的不确实性即风险性。与高风险相联系的是高收益。风险投资作为一种经济机制，之所以能经受长时间考验，是因为其利润所带来的补偿甚至超额机制。一般来说，投资于种子期的公司，所要求的年投资回报率在40%左右；投资于成长中的公司，年回报率要求在 30%左右；投资于即将上市的公司，要求有 20%以上的回报率。风险投资的长期性是指从投资到通过蜕资取得收益的过程较长，一般需要 3~7 年，而且在此期间还需要不断地增资。风险投资的专业性是指风险资本家不仅向创业者提供资金，往往还参与或指导企业的经营，利用丰富的经验和过硬的技术在企业中发挥其积极作用。

风险投资一般要经历“融资—投资—管理—增值—退出”这样一个运作过程，即：①风险投资基金选择并确定投资对象；②在确定的投资对象中注入资本并取得股权；③风险投资基金在力所能及的方面对受资的科技型中小企业进行扶植和培育，促使其不断增值；④选择必要的时机退出该企业，以收回投资并实现收益。风险投资基金的退出方式主要有公开上市（IPO）、出售、通过场外市场（OTC 市场）退出、产权转让、破产清算等方式。发达国家的实践证明，风险投资是中小企业尤其是科技型中小企业发展的孵化器和催化剂，许多著名的大公司如 DEC 公司、微软公司等均是风险投资的成功代表。

在当前缓解中小企业融资困境时，应当重视外源融资的拓展，应当建立起以创业板市场为主导，覆盖风险投资市场、OTC 市场的多层次的中小企业直接融资体系。

四、中小企业的融资战略

企业融资战略就是根据企业内外环境的状况和趋势，对企业融资的目标、结构、渠道和方式等进行长期和系统的谋划，旨在为企业战略的实施和提高企业的长期竞争力提供可靠的资金保证，并不断提高企业融资效益。融资战略不是具体的资金筹措实施计划，是为适应未来环境和企业战略的要求，对企业融资的重要方面所持的一种长期的、系统的构想。融资战略的直接目的并不是使企业达到短期资金成本的最低化，而是确保企业长期资金来源的可靠性和灵活性，并以此为基础不断降低企业长期的资金成本。

与具体的融资方法选择决策不同，企业融资战略是对各种融资方法之间的共同性的原则性问题做出选择，是决定企业融资效益最重要的因素，也是企业具体融资方法选择和运用的依据。根据这些融资问题可以归纳出融资战略决策的具体内容。

（一）融资战略目标

融资战略目标是企业在一定战略时期内融资要达到的总要求。它指明企业融资奋斗和努力的方向，明确今后一个时期内融资的总任务融资战略的目标系统必须与企业战略及其他子战略的要求相协调，设立一个合理的综合目标体系，作为融资战略决策的基本依据和方向。例如，满足资金需要目标，包括维持正常生产经营活动的资金需要，保证企业发展的资金需要和应付临时资金短缺的需要；扩大和保持现有筹集渠道目标以实现资金来源的多样化；低资金成本目标；低融资风险目标；等等。

（二）资本结构战略

资本结构是指企业融资总额中各种来源的资金所占的比例。由于中小企业融资困难，往往忽视资本结构问题，要么因此负债比率过高而加大了破产成本，要么权益资本过高而增加了资本成本。根据资本结构理论，企业存在一个最优的资本结构使其资金成本最低，中小企业应尽可能确定一个合理的资本结构，并尽量根据该资本结构来融资。企业的资本结构一般由权益资本和债务资本组成。权益资本的资金成本高，但融资风险低；债务资本的资本成本相对低，但融资风险高。权益资本与债务资本比例不同，对企业所有者的权益会产生不同的影响。当债务资本的利息率小于投资收益率时，由于财务杠杆的作用，负债越多则权益资本的收益率越大，也就是说企业投资收益在支付利息后的剩余部分，可全部计作权益资本收益，举债对权益资本的收益起到了扩大的作用；反之，当债务资本的投资收益不足以支付利息时，则必须用权益资本的投资收益予以弥补，于是权益资本的收益率就会下降，甚至会因为负债过多而出现亏损。在确定权益资本与债务资本的最佳比例时，必须考虑以下几点：

（1）计算权益资本的收益率。

（2）考察企业自身的条件。如企业的举债能力、经营业务内容、不同时期的国民经济的运行状况、国家政策等因素，都会影响企业权益资本与债务资本的比例结构。

（3）要关注投资人的态度，如果是上市公司还可视公司证券发行价格变动情况来确定公司权益资本与债务资本的比例结构。因为企业负债过重必然加大投资人的投资风险。因此，投资人对企业的权益资本与债务资本的比例结构及其变动十分关心。在较为完善的资本市场上，投资人的态度又必然会在证券价格变动中反映出来。因此，企业财务人员必须密切关注资本市场信息，并据以调整权益资本与债务资本的比例，以使企业资本结构保持在最佳状态。

（三）融资渠道与方式的战略

融资渠道是指企业取得资金的来源，而融资方式是指企业取得资金的具体形式。融资渠道与融资方式之间往往存在着一定的对应关系，不能截然分开。以下主要从内部融资战略和外部融资战略两方面进行分析。

（1）内部融资是指中小企业从内部开辟资金来源，筹措所需资金。这一战略的主要资金来源包括：①留存盈余和利润留成，包括从利润中提取而形成的一般盈余公积金和公益金等；②从销售收入中回收的折旧、摊销等无须用现金支付的费用；③资金占用减少，周转速度加快所形成的资金节约。其中最后一条似乎不属于一般意义上的融资，因此在研究融资时往往也被忽略，但是，它们可以使企业以更少的资金做同样甚至是更多的事，从而成为企业长期资金的重要来源。由于中小企业外部融资渠道不多。例如，商业银行普遍歧视中小企业尤其是民营中小企业，而且债券市场不发达，上市融资的可能性微乎其微，因此内部融资在一定情况下成为中小企业筹集资金的唯一选择。

（2）外部融资战略是指中小企业从外部取得发展资金，包括银行贷款、债券、股票等。外部融资对中小企业来说，很困难。一是商业银行的贷款条件苛刻，对中小企业尤其如此；二是我国目前还没有真正的企业债券市场；三是在目前阶段我国中小企业上市融资机会微乎其微，而允许或说服他人入股也不是容易的事情。但随着我国加入世界贸易组织、资本市场逐渐发展，中小企业从外部融资的前景越来越乐观，现在中小企业应注意加强这方面的研究，以充分利用即将到来的融资机会。另外，中小企业应搞好和银行的关系，研究银行借贷的条款。重点是熟悉非银行金融机构，如信用社等，以扩大融资渠道，增加融资的可能性。

（四）融资规模战略

融资规模战略是指关于一定时期内企业融资总额的决策。融资规模的大小决定了可供分配和使用的资金的数量。融资越多，可用于生产经营的资金就越多，其生产规模就可以扩大，投资的数量也就可以增加，从而加快企业的发展速度。而融资不足则会导致资金短缺，使投资需要不能得到满足，造成生产萎缩、效益下降。但是，融资规模也不是越大越好。融资规模过大，资金不能得到充分合理的利用，必然就会产生资金闲置、浪费的状况，同时还可能使企业背上沉重的债务包袱，最终损害企业的生存与发展。由此可见，融资规模的战略决策，必须依据企业生产与发展对资金的需要量而定，不能盲目进行。

合理的融资规模决策，关键要依据中小企业战略或投资战略的要求，测定战略期间内对资金的总需要量和每一主要阶段的需要量。例如，在创业期，中小企业对资金的需求量是根据企业即将经营的产品、技术、服务的开发情况和经营规模决定的。而在市场拓展阶段的资金需求主要为前期市场调查、建立销售渠道、保持和继续拓展市场所需的资金。以此为根据，再适当考虑其他一些影响因素，就可以确定战略期间内融资的总规模及其时间模式。

确定企业的融资规模主要考虑以下几个方面：一是企业资金需要量及资金缺口；二是企业的投资规模和投资收益；三是筹集资金的难易程度及融资成本的高低；四是企业的经营能力及管理水平。

（五）融资成本战略

融资成本是指在中小企业的融资中分析和确定筹集资金的成本。融资成本是使用资金的代价，包括融资费用和使用费用。前者是指企业在资金筹集过程中发生的各种费用，如委托金融机构代理发行股票、债券而支付的注册费和代办费，向银行借款支付的手续费等；后者是指企业因使用资金而向其提供者支付的报酬，如股票融资向股东支付的股息、红利，发行债券和借款支付的利息，使用租入资产支付的租金等。由于融资费用与融资额几乎同时发生，因此应将融资费用视为融资额的抵减项。融资成本便成为资金使用代价。

一般情况下，融资成本指标以融资成本率表示，公式为：

融资成本=融资使用费用率/（融资总额-融资费用）

在各类借入资金中，专业银行贷款利息通常较低，但受国家信贷政策限制，企业从该渠道的可融资数量有限，有时难免不能按时到位。对于商业融资，如果企业在现金折扣期限内使用商业信用，则没有资金成本；如果放弃现金折扣，那么资金成本就会很高。对于租赁融资，出租人对承租人的要求较低，但出租方所要求的收益率通常会高于各类贷款的利率。可见，负债融资按融资成本由低到高的顺序一般为：商业信用（不放弃现金折扣）、借款融资、债券融资和租赁融资。通常自有资金的成本较高，一般高于借入资金的成本。

（六）融资时机战略

融资时机战略是指企业应在何时进行融资的战略决策。首先，融资是为了用资，融资的时机取决于中小企业环境变化所提供的投资机会出现的时间，何时进行融资取决于投资的时机。过早融资会造成资金的闲置，过迟融资则可能丧失有利的投资机会。其次，企业外部的融资环境也随着时间、地点、条件的不同而处于不断的变化之中。这些变化往往导致融资成本时高时低，融资难易程度时大时小等状况。因此，企业若能抓住环境变化提供的有利时机进行融资，必将能够比较容易地获得成本较低的资金。

因此，企业融资的时机，还取决于外部融资环境的变化。

第三节　中小企业投资管理

投资管理就是对企业的投资行为可行性及其对企业经营活动的影响等进行科学研究，帮助企业的经营者进行科学的投资决策。

一、加强中小企业投资管理的重要性

中小企业投资风险大，在投资中可能出现过度投资或投资不足的现象，因此，对中小企业的投资进行有效管理是很有必要的。加强中小企业投资管理的意义主要体现在以下几个方面：

（一）对推动我国国民经济发展有重要作用

中小企业是推动我国国民经济发展的重要力量，在经济社会协调发展方面发挥着重要作用。根据有关部门的统计，我国国内生产总值的 55.%、工业新增加值的 74.7%、销售额的 58.9%、税收的 46.2%和出口总额的 62.3%是由中小企业创造的；专利技术的 65%、技术创新的 75%以上和新产品的 80%都是由中小企业完成的。中小企业的发展对振兴地方经济、缓解区域经济的不平衡、加快生产力发展起了重要作用，确保国民经济持续稳定发展。

（二）能够解决大量的社会就业问题

企业的投资活动为企业的发展壮大提供条件，企业的壮大则需要更多的劳动力，从而为社会提供更多的就业岗位，促进社会的稳定。国内外的经验表明，发展中小企业是解决就业问题的主要途径。以后我国城镇要增加就业、解决城镇失业和下岗问题、解决农业冗员问题、转移农村剩余劳动力、提高农业生产效率和农村扶贫，都离不开中小企业的发展。

（三）能够促进中小企业的健康发展

投资活动是企业的制胜法宝。一个企业要生存发展，就要采取各种措施不断地进行投资，获取更多的利润。而企业的投资管理就是为了获得最大的投资收益而对投资活动进行决策、计划、组织、实施和控制的过程。企业在投资管理过程中能够对资源进行优化配置，采取措施控制投资活动向预期的方向发展，使投资活动最终达到预期的目标，成本效益最大化。

（四）能够促进中小企业管理规范化

投资管理活动对企业管理制度和管理水平方面有很高的要求。在整个投资活动的管理过程中，为了达到预期的目标，管理者要不断地改进管理策略，完善管理制度，根据投资活动的实际情况制定相应的管理方法，把现代管理方法应用到实践中，从而促进管理活动朝规范化进程发展。

二、中小企业投资管理存在的问题及原因

与大企业相比，中小企业在投资中经常会出现如下一些问题：

（一）追求短期目标，忽略对内投资

虽然中小企业的投资比较灵活，能够根据市场变化来调整自己的投资方向，但是其投资主要偏向于短期效益的项目，只注重眼前的利益，没有考虑到企业的长远发展，投资目标缺乏战略性意义。此外，中小企业的筹资渠道较少，资金比较缺乏，用于投资的资金大多是为了在短期内获得比较好的收益，而且期望在短期之内能将资金收回，减少风险，因此他们都忽略对企业内部的投资，优先考虑对外的短期投资，主要是对外的证券、债券、股票等投资，而实际上对外的短期投资对企业的长远发展并没有起到很大的作用，虽然能得到比较客观的投资收益，但同时也承担着更大的风险。中小企业发展的动力主要在于企业自身的发展，没有强大的内部动力的支持，企业就不能长远地发展。

（二）资金短缺

中小企业资金短缺主要是由筹资渠道少、资金运用不合理造成的。中小企业的本身资金实力比较薄弱，资金来源主要是企业所有者的资本金、亲戚朋友的借款和其他的一些资金，还有利润留存的部分资金，其中大部分是企业所有者的资本金，除了维持企业正常的经营活动所需要的资金以外，能用于投资的资金就相当少了。而中小企业对外筹集资金的主要来源是银行和其他的金融结构，但是中小企业吸引金融机构投资或借款比较困难。银行和其他的金融机构因为高风险而提高了贷款利率或者设置限制中小企业贷款的条件等，从而增加了中小企业融资的成本。当中小企业的经营状况出现问题急需资金周转时却无法筹集到所需要的资金，无法进行日常的经营活动，更谈不上投资了。

（三）投资结构不合理

中小企业的管理者由于缺乏相关的财务管理的知识和投资的经验，在进行投资时一般都是直接地选择有利可图的项目，并不重视投资的结构。中小企业的对内投资都非常注重有形资产的投资，特别是固定资产的投资，把大量的资金都投入到购置企业的固定资产上，从而忽略了对无形资产的投资。而且企业没有充分认识到无形资产的重要作用，在选择投资项目时都认为投资无形资产的投入比较大且见效较慢，不愿意把资金投入到无形资产开发上，专利权、商誉、商标权和人力资源开发往往很落后，致使企业在这个无形资产发挥主导作用的经济时代没有很强的实力参与激烈的竞争，失去了健康、稳健、快速发展的强大动力。

（四）投资项目缺乏必要的可行性分析

中小企业投资项目的提出并不是在总结和分析企业自身情况，发现存在的问题，充分分析经济环境和市场发展趋势，对投资环境科学分析的基础上把握投资机会的。投资决策者提出投资项目往往是根据自身的经验以及市场上的热门来决定的，有时候会出现

“一哄而上”的现象，投资的盲目性很大。此外，由于不能全面掌握市场情况，缺乏现代企业管理知识和财务管理知识，企业管理者对于企业收缩与扩张战略，确立新的投资方面等缺乏可行性研究，没有利用体现投资项目营运能力和获利能力的指标对投资项目的经济效益进行技术上的分析，在进行投资决策时不能充分论证项目的可行性。

（五）投资缺乏系统管理和科学的评价

中小企业的投资一般由企业的管理者管理，没有专门的机构或者是对投资项目比较熟悉的人员专门管理，容易致使投资项目的信息不能及时反馈，出现的问题也不能及时有效地解决。在投资项目运行之后，没有相应的投资监督机制，通常是资金投入后就放任自流，不再进行管理，往往造成资金流失、项目失败。投资项目无论是成功还是失败，中小企业也不对投资项目进行评估与科学的分析、总结。一般情况下，企业都是只在乎项目所带来的盈亏，而没有对项目本身有一个很透彻的认识，一个项目盈利了，它的利润增长点是什么，盈利的原因是什么，盈利的时期在什么时候，盈利能持续多长时间，或者亏损项目的不足之处是什么，是何原因导致项目亏损，都没有一个比较科学的评价。

三、中小企业投资管理战略

投资战略主要解决战略建立期间内，企业投资的目标、规模、方式及时机等重大问题，它是企业最根本的决策。企业战略的一个基本思想就是注重企业长期竞争优势的培植和巩固，因此，资本投资要关注的主要是如何提高企业未来的竞争能力。只有提高了企业的竞争能力，企业的盈利才有保障。没有资本投资的良好配合，企业战略将难以实现。中小企业在经常变化的不利环境中的生存和繁荣的能力，很大程度上依赖于它通过资本投资决策更新自身的能力。

上述分析表明，企业投资战略就是在企业战略的指导下，依据企业内外环境状况及其趋势对投资所进行的整体性和长期性谋划，是企业战略体系中一个不可缺少的重要组成部分，甚至有时企业战略就表现为投资战略。

根据不同的标准，企业的投资战略有不同的分类：按战略投资性质及发展方向，可分为扩张型投资战略、保守型投资战略和退却型投资战略；按投资战略的投向特征，可分为专业化投资战略和多元化投资战略；按投资领域的产业特征，可分为资金密集型投资战略、技术密集型投资战略和劳动力密集型投资战略。不同类型投资战略用于不同类型和阶段的企业。中小企业在选择投资战略时，必须考虑企业内外各种因素的制约，比如行业特征、市场机遇和风险、企业发展阶段、企业投资规模与结构、企业内部经营管理状况等。

例如，扩张战略是成长期的中小企业最常用、最热衷的战略选择，因为这是中小企业实现成长的最直接、最有效的方式。中小企业规模扩张的途径有市场渗透战略、市场开发战略和产品开发战略。退却型战略多用于经济不景气、资源紧张、企业内部存在着重大问题、产品滞销、财务状况恶化、政府对某种产品开始限制，以及企业规模不当，无法占领一个有利的经营领域等情况。其实施的对象可以是生产线、特定的产品或工艺。这种投资战略的特点是，从现经营领域抽出投资，减少产量，削减研究和销售人员，出售专利和业务以收回投资。

中小企业可从以下几个方面实施有效的投资战略：

（一）确立合理的投资目标和科学的投资方向

1. 确立合理的投资目标

中小企业在不同时期，投资的目标不同。但总体来讲，投资的战略目标主要有以下几种：①收益性目标。收益性目标是企业获利方面的目标，如利润或利润率、投资报酬率、权益报酬率等。这也是企业经营的终极目标。②成长性目标。尤其在中小企业创业或成长时期，成长性往往是最重要的目标。它包括销售额的增长、市场占有率的提高、规模的扩大、多角化经营等。收益性目标是根本，是基础，成长性目标在一定时间内是最重要的目标，但它必须有收益做保障，并最终为收益服务。

合理的投资目标能够使中小企业合理分配有限的资源并能指导投资计划和决策。因此，中小企业在设立投资目标时要遵循以下步骤：首先，要明确中小企业的使命，中小企业要不断地发展壮大，提供更多的就业岗位，为国家经济发展和社会稳定贡献力量，那么投资的目标就要反映企业的使命，就是要在市场竞争中不断成长壮大。其次，要评估企业可以获得的资源，企业投资的目标应该具有挑战性，但是要从现实出发，如果没有相应的资源，那么投资目标就失去实现的基础。最后，要考虑其他的相关因素和周围环境，使投资目标与企业的其他目标相协调。

2. 确立科学的投资方向

科学的投资方向是企业投资成功的重要因素。中小企业在选择投资方向时应考虑以下因素：①企业的性质；②企业的投资能力和技术水平；③国家法律和产业政策；④市场的需求结构。要做到确立科学的投资方向，就要把上述的影响因素综合考虑，认真分析中小企业所处的环境和自身的能力，做出正确的选择。一般来说，中小企业注重对内投资，这是正确的观念，为企业的长期发展奠定基础，但是也不能忽视对外投资，特别是对外长期投资。如果一个企业有很好的对外投资的机会，能够获取丰厚的回报，在内部投资条件不成熟而资金宽裕的情况下，可以将资金用于对外投资。

（二）拓宽筹资渠道，合理运用资金

1. 拓宽中小企业的筹资渠道

拓宽中小企业的筹资渠道必须采取多种措施，多管齐下：一是转换经营机制，改善自身筹资条件。中小企业应该通过改组改制，建立现代企业制度，优化产权结构，树立良好的企业信誉，搞好与银行之间的关系，树立良好的信用形象，这样才能从银行那里筹集到资金。二是强化信用观念，提供真实的财务信息。中小企业应该严格规范内部管理，自觉遵守财务制度，依照规范化的程序定期提供真实完整的财务信息，加强自身的信用建设，优化银行与企业合作的诚信基础，为自己赢得更广阔的融资空间。三是改变融资观念，提高筹资能力。中小企业应该改变单一依靠银行贷款获得资金的观念，积极进行直接融资，或者通过产权变更、实施管理层收购和吸收职工投资入股的方式来筹集资金。

2. 合理运用资金

要做到合理运用资金，则需遵循以下几点：①预测项目的投资额。企业应该根据投资项目的特点和其他相关的因素来预测投资项目的资金需求量，包括在投资之前为做好各项工作的花费、设备购置安装费、营运资金的垫支和不可预见的费用等，把它们逐项相加得出投资总额。②拟订投资资金使用计划。在分析投资项目的基础上，制订资金使用计划，对何时应该投入多少资金做科学的预测，并严格按照计划投入资金。如果预期的情况发生变化，则要重新根据项目的情况做适当的调整，使资金的使用有一个总体规划和具体实施的方案，避免出现资金随意投入而造成的浪费。

（三）调整中小企业投资结构

公司在进行投资时，不仅要注重项目技术的先进性、经济上的可行性，更要注重投资结构的合理性。因此，中小企业在进行投资结构决策时，应该正确处理以下几个关系：

1. 固定资产投资和流动资产投资的关系

在企业的再生产过程中，固定资产和流动资产是相互依存的，没有适当规模的流动资产投资，则企业的固定资产投资难以发挥作用；同样，没有固定资产投资形成的综合固定资产体系，企业也难以正常进行生产。一般来说，生产型企业的固定资产与流动资产的比例要比科技型企业的大。

2. 有形资产和无形资产的投资比例

在市场经济条件下，企业能否在竞争中发展壮大，关键在于企业无形资产的质量。因此，公司必须合理安排有形资产和无形资产的投资比例。对于科技型的中小企业来说，无形资产的投资比例应该占投资总额的大部分，而对于非科技型的中小企业来说，有形资产的投资要占企业投资额的一半以上，但是也应该加大对技术开发的投资力度，从根本上提高企业的竞争力。

3. 新建投资和更新改造投资的关系

企业在一定时期内的新建投资和更新改造投资的关系，并非可以随意确定，它取决于许多因素：①新建投资和更新改造投资比例关系的形成，受企业积累资金增长数量的制约；②新建投资和更新改造投资各以多大幅度增长，还受制于企业能支配的物质要素的数量和质量以及社会劳动力资源的状况；③新建投资和更新改造投资也受到企业竞争策略的影响。

（四）建立投资项目可行性分析体系

投资项目可行性分析是中小企业进行投资决策的基础，做好投资项目可行性分析可以保证投资决策的正确性。投资项目可行性分析包括对投资环境和投资项目的分析。

1. 投资环境分析

投资环境分析有利于企业及时了解环境变化，保证投资决策的及时性和正确性；对企业未来投资环境的变化情况有一个科学的预测，提高中小企业投资决策的预见性。投资环境的分析主要包括以下几个方面：一是准确把握国家的政治环境；二是准确把握国家宏观政策，把宏观必要性和微观可能性密切结合起来；三是科学预测市场前景。

2. 投资项目分析

投资的经济效益是投资项目是否可行的决定性因素，因此，投资项目分析主要是通过各种指标来计算投资的经济效益，为决策提供直接的依据。在研究中小企业投资项目可行性分析时，要考虑两个问题：中小企业的投资决策采用“现金流量观”还是“会计利润观”？中小企业的投资决策是采用贴现分析技术好还是非贴现分析技术好？从理论上讲，现金净流量比会计利润更加客观科学，而且运用贴现分析技术，几乎不得不用现金流量来测算。因此，现代财务管理发展和经济发展要求采用现金流量观和贴现分析技术进行决策。

四、中小企业的资本运营

我国的中小企业在改革开放过程中涌现出大量独资、合伙和股份合作制的资本组织方式。它们在创办之初资本投入不够充足，创立之后也因积累有限和吸收新的股权与债权融资的困难，其资本力量的增长是缓慢而困难的。尽管如此，众多中小企业仍不乏迅速成长和发展的强烈冲动。尤其在政府“放小”政策的支持下，国有中小企业得以通过各种资本运营方式更加灵活地选择组织方式、经营形式和领导机制，从而在市场经济中获得更大的生存和发展空间。针对自身的客观特点，中小企业的资本运营应主要在非上市企业的并购及金融方法的层面上进行。主要可考虑的方法有以下四种：

（一）零兼并策略

中小企业在进行并购的过程中，往往会受限于企业规模、资金等不利条件。为了达到并购的目的，可采用零兼并方法，即选择公司资产与债务相抵的目标公司进行兼并。这种方法的主要优点在于：不需动用本金就可以得到公司战略确认的资产。在锁定债务的前提下，用目标公司的可抵押权证获得流动资金，为本企业及目标公司的发展赢得宝贵的时间与机遇。

（二）托管经营

中小企业的托管经营是在不改变企业产权归属的前提下，由委托方（即企业产权所有者或其代表）将企业经营管理权以合同形式，在一定条件和期限内让渡给受托方（即具有经营管理能力并承担相应经营风险的法人和自然人）有偿经营，并由委托方承担资产保值增值责任。中小企业在对目标企业的行业、专业缺乏认识，或对目标企业所属行业缺乏信心时，可以采用托管方式。就性质而言，托管经营是以委托资产一定的增值幅度为指标的资产经营权和处置权的让渡行为；就目标而言，托管经营以鲜明的托管资产整体价值的长期实现和增值为直接目标，较好地形成了企业产权市场化运营的内部利益激励机制，从机制上避免了经营过程中对企业资产的侵蚀和浪费；就内容而言，托管经营是一种长期经济行为，对企业资产经营权和处置权的让渡，涵盖了企业产权的系统操作内容和过程；就标的而言，托管经营的对象是企业资产的经营权和处置权，乃至法人的财产权；托管经营的最终行为结果可能有多种形式，如由受托方实现兼并，或由受托方作为中介实现兼并，或在契约完成后由受托方将委托标的归还给委托方，或由受托方策划对委托标的进行改造，引入其他投资方，改造后委托方成为新企业的股东之一。

托管经营具有以下优点：

（1）托管经营只要求受托方担负少量的变革成本，有利于鼓励更多企业参与其他企业的重组活动。在企业并购中，并购方虽然可以获得资产处置权和收益分配权，但必须出资购买目标企业的全部或大部分资产，除承担其全部债权、债务外，还要承担并购后企业重组失败的全部风险。企业没有充分的资金准备则无法参与并购活动。而托管经营中的受托方仅仅是在一定时期内拥有资源使用权和管理权，无须为此支付大量的资金，只要受托方拥有较强的管理能力和某些特殊的经营资源（如品牌资源、技术资源），就可以通过经营目标企业创造出可观的经济效益。

（2）在收益分配方面，如果托管经营获得成功，目标企业所有者将是主要受益人，而托管方只收取一定的托管费或者享受部分利润分成。这与企业租赁相比，目标企业所有者可能会得到更多的收益，因为在租赁过程中所有者通常只能收取租金，而经营性收益主要归承租方所有。

（3）托管的方式不是单一的、无弹性的，而是可以根据委托方和受托方的具体条件灵活地做出安排。例如，委托方可以只向受托方转移经营权，也可以委托其代为处理闲置资产，还可以允诺受托方享受优先参与并购的权利等。托管经营的这种灵活性意味着托管范围可以涉及各种类型的企业。

企业托管在操作上，应该注意研究以下问题：

（1）明确委托方的权责。为了保证企业重组不受干扰，委托方有必要放弃原有的决策权，更不能无端干预企业的经营管理活动，应只保留对资产状况的知情权和收益权。

（2）选择合适的受托方。受托方承担着实施企业重组的重任，必须具备相应的资质。首先，受托方应该拥有一支高水平的管理人才队伍，有能力完成组织变革；其次，受托方应该具有在相同或相关领域中开展经营的经验和技能；最后，受托方还应掌握一些关键性的资源，这些资源能够与被托管企业的资源结合在一起，创造出更多的价值。这意味着在选择受托方时，应该根据被托管企业的行业特点，把同一行业或相关行业中的领先企业排在优先位置。

（3）授予受托方充分的权利。企业重组的任务要求受托方拥有对企业进行人事改组的权利，包括重新任命管理干部和淘汰部分冗余人员。考虑到被托企业和受托方的经营活动会发生密切联系，在设定托管条件时还应该允许甚至鼓励受托方把托管经营与其他经营方式如特许经营、专利授权等结合起来，同时有权从经营收入中提取合理的知识产权使用费。

（4）设定可行的经营目标和托管条件。在设定托管企业的经营目标时，应该充分估计企业重组所要付出的变革成本，不宜把目标定得过高。至于受托方对企业在托管前和托管中发生的债务承担何种责任，也应视具体情况而定。因此，双方在商谈托管条件时，必须仔细分析各种可能出现的情况，以免有所疏漏。

（三）租赁

租赁尤其是融资租赁，作为一种金融工具，也是资本运营的一种方法。通过生产企业、金融机构、设备生产企业的合理架构与合约，使产品生产企业能租赁到所需设备进行生产。该方法的优点是，避免市场的急剧变化对企业的冲击，减少企业的现金支出，使企业可以将有限资金投放到回报率更高、风险更小的领域。

（四）中小企业的策略联盟

1. 策略联盟的特征分析

策略联盟是指两个或两个以上的企业为了达到共同的战略目标、实现相似的策略方针而采取的相互合作、共担风险、共享利益的联合行动。战略联盟的形式多种多样，包括股权安排、合资企业、研究开发伙伴关系、许可证转让等。其中有的涉及股权参与，有的不涉及股权参与，有的彼此之间有较高程度的参与，有的彼此之间参与程度很低。在选择联盟方式时，常有一个从低度参与向高度参与的发展过程，这是因为两个公司参与联盟的深度首先取决于彼此的了解和信任程度。一般在开始时都只以较少的投入作为初步了解的手段，然后随着彼此了解的加深、信任关系的发展而逐渐增加投入。策略联盟的最大特点是强调合作，而不是合资。策略联盟的主要形式包括联合研究与技术开发、合作生产与材料供应、联合销售与联合分销等。中小企业通过建立策略联盟，可以在保持各自法律上的独立性的同时，既不失去小企业的灵活性，还可以避免企业间合资、合并难以消除的摩擦，更可在实质上获得与大企业相媲美的竞争优势。由于企业间产品的特点、行业的性质、竞争的程度、企业的目标、各自的优势等方面的差异和抵御风险、谋求收益的共同要求，策略联盟具有广阔的前景。

在企业利用外部力量促进自身发展的方式中，联盟是继企业并购浪潮后兴起的新的企业经营潮流。尽管并购与联盟都有助于企业借助外部资源弥补不足，促进自身发展，但是，与企业并购相比，联盟具有显著的特征：①联盟各方仍具有法人资格，并拥有相应的产权，履行相应的义务。并购双方在很大程度上不会同时具有法人资格。②联盟的组织形式相对较为松散。由于联盟企业各方不改变法人资格，联盟各方建立的组织仅仅是为了实现联盟的目的，这种组织形式具有“虚拟性”。合作中遇到问题，通过协商加以解决。③联盟对联盟各方的非联盟领域的影响比较隐蔽，冲击程度较轻。参与联盟的各方依然是独立的企业，只是根据双方协议对合作的目标领域进行配合，对对方的非合作领域无须无法施加影响。而并购的影响则是全方位的。

2. 策略联盟的类型

划分策略联盟类型的方法多种多样。一种方法是从母公司对联盟的资源投入和对联盟的产出的安排来划分。可以将联盟划分为四种类型：①业务联合型。如果母公司只投入有限的资源，这些资源具有临时性，彼此都没有股权参与，这些资源最后将完全返回母公司，那么，这种联盟就属于非股权项目合作。例如，两家建筑公司为得到某一工程项目而联合投标。②伙伴关系型。在这种联盟中，双方愿意投入较多的资源，但也不涉及或很少涉及股权参与。联盟创造的成果仍然全部返回母公司。最常见的这种联盟类型是两家公司因研究开发而结成的联盟。③股权合作型。在这种联盟中，双方均有股权参与。但双方仅投入较低限度的战略资源。对于联盟创造的资源，除了最终结果（红利、专利费等）以外，一般不返回母公司。为进入某一国家而在该国建立的战略联盟就属于这种类型。这种联盟也包括为更快地扩散技术而同其他公司进行的股权合作。④全面合资型。在这种联盟中，双方都投入大量的资源，并允许联盟创造的资源继续保留在联盟中（红利、专利费除外），双方股权参与较深。两个公司为创建一项全新的业务而进行股权式长期合作就属于这种类型。这种联盟的特征是建立的组织有或多或少的独立性。

另一种方法是按联盟对企业业务的影响方式划分，主要有垂直式和水平式两种方式。垂直式联盟，是一种类似垂直整合的联盟方式，单个企业分别从事本身专长的价值活动，而通过联盟的方式联结这些不同的价值活动，以构成较为完整的产业价值链的功能。通过垂直式联盟，可避免许多市场因素的不确定性，降低单个企业的营运风险，减少营运成本，并进而取得较强的竞争能力和有利的竞争地位。水平式联盟，则是整合类似的价值活动，具有扩大营运的规模，降低规定成本投资的比例，发挥规模经济的优点。在水平式联盟中，可以集中不同企业的资源，使之得到更高效率的运用，减少重复与浪费，最终提高联盟企业整体的竞争能力。

3. 策略联盟的目标分析

从广义上说，策略联盟使企业达到七个互相交叉的基本目标：减少风险、获得规模经济和生产合理化、获得互补性技术、减少竞争、克服政府的贸易限制或投资障碍、获得市场的经验或知识以及增强同价值链上的互补性伙伴的联系。概括起来主要有：

（1）规模经济。中小企业联盟的潜在利益是改善规模经济。中小企业可以针对彼此共同的需要，分别组成研究开发、人才培训、市场信息、技术信息、市场营销甚至公共关系等各种联盟，共同进行相关产业价值链上的某一项活动，即可降低单个企业的成本费用，更可争取时效，从而改善中小企业在规模上的不利地位，提升中小企业的竞争、谈判地位。例如，我国台湾第二代笔记本电脑即是联合 40 多家企业的力量将技术成功转移至民间。而联盟企业通过共同采购、共同营销网络，更可发挥作为一个整体共同对外的实力优势，取得原材料供应上的便利与稳定。

（2）在细分市场上的分工合作。实际上，中小企业在细分市场上的合理分工既是企业策略联盟的有效结果，又是各种策略联盟成功运作的前提条件。如果企业之间在细分市场上缺乏明确划分，难免会落入自相残杀的局面。只有在细分市场上合理分工后，联盟的合作效用才会显现。资源有限的中小企业难以成功自行承办研发、生产、营销等全部活动，策略联盟使其得以扬长避短，在分工合作中发挥自身优势。例如，在玩具业的垂直式联盟中，由专业设计公司负责设计，模具公司负责开模，塑料型公司负责生产，再由贸易公司负责行销。这种上下游产业分工显然可以大大提高中小企业的产业竞争力。

（3）大小企业规模互补、知识共享。中小企业与大型企业，尤其是跨国大公司之间由于规模不同、专长互补，因此是很好的策略联盟伙伴。常见的联盟方式是大企业授权当地厂商产销其产品或委托其负责行销。中小企业则可借着积累经验与实力，逐步成长壮大。同时，由于市场地位相近的企业很难共享知识，而大小企业发展阶段不同，大企业过去的许多经验正是中小企业目前面临的问题，因此中小企业向大企业学习是很自然的。而大企业为了使联盟伙伴更具生命力，也乐于传授经验。知识共享所创造的经济与社会效益是不可估量的。

（4）策略联盟的决策分析。公司为什么要进入策略联盟？一般来说，企业在考察是否要进入某个联盟时，首先考虑的是联盟对其战略可能做出的贡献。它要考虑合作企业的业务对它的战略的重要性，参与联盟的机会成本，机会成本包括其战略灵活性可能受到的限制，其管理能力不能再用在其他地方等。在策略联盟的案例中，并不是所有的企业都如愿以偿。事实上，以往建立的策略联盟的成功率只有50%左右。导致联盟失败可能有多方面的原因，如国家宏观经济政策的调整、行业发展动态、企业微观环境等。其中一个重要原因是许多企业对成功的联盟条件缺乏充分认识。一个成功的企业联盟需具备以下基本条件：

①联盟企业应能客观评价自身的优势、劣势。一个企业是否需要、是否有能力加入联盟，联盟会对企业产生什么影响？这一系列问题需要企业对自身资源和能力的优势和劣势进行客观分析。

②联盟企业具有共同的利益驱动。企业的主要目标是实现“股东财富最大化”，联盟同样要求合作各方具有共同的利益基础，才能对联盟企业形成有效的“拉力”。很明显，只有合理的利益驱动，才能维系联盟的延续。

③联盟各方具有实现合作需要的能力或资源。企业是产品开发、生产、营销能力和资金、技术、设备、人力等资源的有机组合体。这些资源和能力，一个企业不可能同时兼备，或者不可能在激烈的市场竞争中都具有优势。企业实施联盟战略的目的，无非是分担费用、资源互补、避免无谓竞争、降低风险等，希望通过联盟能够满足企业自身的需求，取得一定的资源优势。

④联盟各方以规范的形式确立联盟合作关系。由于联盟各方是完全独立的法人实体，任何一方都无法像单一企业法人那样进行各种资源的自由配置，因而需要通过一种规范来确定合作领域、合作方式及联盟的沟通与管理等。企业联盟需要借助法律以合同、协议等形式规定联盟各方的权利和义务。任何一方背离联盟的初衷，对方都将诉讼法律，使联盟关系得以维系。

第四节　中小企业的外部财务环境与内部财务治理

一、中小企业的外部财务环境

中小企业由于所有制和内部管理规模的限制，使得在贷款市场处于弱势地位，政府为了鼓励中小企业的发展，通常会设立一定的发展基金或者税收优惠等，中小企业的负责人或者财务主管必须对如下方面进行资料收集并分析。

（一）中小企业税收政策

政府对中小企业最直接的扶持政策就是给予中小企业税收上的优惠。西方各国对中小企业普遍采取低征税制。例如，法国政府对中小企业的税收优惠包括：对1983—1986年新建中小企业前三年免征后两年减半征收所得税；中小企业职工收入投资于企业，可部分免征个人所得税。在我国，针对营业规模较小的中小企业，所得税有相应优惠：对在西部地区相关行业的新建企业实行一定期限的减免税，鼓励其扩大原始资本积累和增加生产发展基金；对特殊性质的中小企业（如福利型企业）免税，鼓励其自食其力、自我发展；对高科技、高风险中小企业在增值税缴纳方面有一定优惠，鼓励科技人员等创办此类企业，推进我国新技术、新产品、新服务种类的开发。例如，自2000年6月24日至2010年年底以前，对增值税一般纳税人销售其自行开发生产的软件产品，按17%的法定税率征收增值税后，对其增值税实际税负超过3%的部分实行即征即退政策（包括将进口的软件进行转换等本地化改造后对外销售）。还有的税收政策鼓励企业雇用下岗职工。

（二）中小企业信贷政策

中小企业贷款困境的原因是多方面的，除了中小企业自身的原因外，从银行方面看，部分商业银行对中小企业贷款营销观念不强，在强化约束机制的同时缺乏激励机制，在机构设置、信用评级、贷款权限、内部管理等方面，不能完全适应中小企业对金融服务的需求。因此，各国政府还通过信贷政策来鼓励和支持中小企业的发展。1998年和1999年中国人民银行先后印发了《关于进一步改善中小企业金融服务的意见》以及《关于加强和改进对小企业金融服务的指导意见》，各商业银行进一步加强和改进了对中小企业的金融服务，2002年8月1日，中国人民银行又印发了《关于进一步加强对有市场、有效益、有信用中小企业信贷支持的指导意见》。要求各级商业银行要在坚持信贷原则的前提下，加大支持中小企业发展的力度；要充分认识发展中小企业对落实中央扩大内需、增加就业、保持社会稳定的重要意义，对产权明晰、管理规范、资产负债率低、有一定自有资本金、产品有订单、销售资金回笼好、无逃废债记录、不欠息、资信状况良好、有市场、有效益、有信用的中小企业，积极给予信贷支持，尽量满足这部分中小企业合理的流动资金需求。

首先，可以尝试在现有的商业银行设立中小企业事业部，专门负责中小企业融资。大、中、小企业配套贷款，资产多种组合，这对银行本身来说，也是化解银行系统性风险的最优选择。其次，银行应开展金融创新，通过抵押证券化、资产证券化等手段，建立间接融资风险分担体系。再次，应加速利率市场化改革，按风险收益对称原则赋予商业银行对不同风险等级的贷款收取不同水平利率的决策权限，提高商业银行对中小企业贷款的风险定价能力；最后，商业银行应加快建立内部责任和权利相对称的信贷管理激励机制，改变目前重约束、轻激励的贷款管理方式，通过有效的激励机制，增强信贷人员收集中小企业信息并提供贷款的积极性。此外，对于金融资源配置中市场机制失灵的问题，还需要政府通过创立政策性金融机构来校正，以实现社会资源配置的经济有效性和社会合理性的有机统一。

（三）中小企业信用担保体系

中小企业信用担保体系实际上是国家信用管理体系的分支，是专门针对中小企业的一种社会机制，具体作用于中小企业的市场规范，旨在建立一个适合中小企业信用交易发展的市场环境。建立中小企业信用担保体系，扶持中小企业发展已成为我国社会各界的共识。信用担保体系作为化解中小企业融资困境的一种重要中介机构，在国际上已经有比较悠久的历史和成熟的经验。而且，一国的经济发展水平越高，其社会信用环境也越好，中小企业信用担保制度建设也越成功。为了解决我国中小企业融资难特别是贷款难的问题，借鉴国外成功经验，国家经贸委于1999年6月发布了《关于建立中小企业信用担保体系试点的指导意见》，根据该意见，中小企业信用担保机构可采用企业、事业和社团法人的法律形式，在创办初期不以营利为目的，担保资金和业务经费以政府预算资助和资产划拨为主，同时可吸收社会募集资金。中小企业信用担保的对象为符合国家产业政策，有产品、有市场、有发展前景、有利于技术进步与创新的技术密集型和扩大城乡就业的劳动密集型中小企业。信用担保的种类主要包括中小企业短期银行贷款、中长期银行贷款、融资租赁以及其他经济合同的担保。目前试点期间的担保重点为中小企业短期银行贷款。为减轻中小企业财务费用负担，担保收费标准一般控制在同期银行贷款利率的50%以内。

中小企业信用担保机构的主要职能包括：对被担保者进行资信评估，开展担保业务，实施债务追偿。中小企业信用担保程序是：①由债权人提出担保申请，并附债权人签署的意见；②进行资信评估与担保审核；③在债权人与债务人签订主合同的同时，由担保机构与债权人签订保证合同，需要时，担保机构与债权人签订反担保合同；④按约定支付担保费；⑤主合同不能履约，由担保机构按约定代偿；⑥担保机构实施追偿。

在我国，目前担保机构的运作模式主要有三种：①信用担保机构。它是由地方和中央预算拨款设立的具有法人实体资格的独立担保机构，实行市场化公开运作，接受政府机构的监管，不以盈利为其主要目的。②互助担保机构。这是中小企业为缓解自身贷款难而自发组建的担保机构，它以自我出资、自我服务、独立法人、自担风险、不以盈利为主要目的为基本特征，中小企业如被接纳为会员，只要交纳一定入会费，就可申请得到数倍于入会费的担保贷款额度。③商业担保机构。它以企业、社会、个人为主出资组建，具有独立法人、商业化运作、以盈利为目的的基本特征。随着经济的发展，商业担保机构将发挥越来越重要的作用。除了这三种基本模式外，还可以有商业担保与信用担保相结合、互助担保与信用担保相结合等多种形式。

（四）公共工程与政府采购

大力推动国家基础设施建设，协助中小企业扩大内需市场，积极鼓励中小企业参与国家公共工程建设和政府采购方案，也是各国优化中小企业成长环境的成功经验。即使在崇尚公平竞争的美国，国家也充分利用政府订货政策在财政上给中小企业以支持。

尽管目前我国中小企业的产品质量不高是事实，但也不能全盘否定，还是有部分中小企业的自身素质以及产品质量都相当优秀。由此，我国政府也可在这方面做出努力，规定各项公共工程及政府采购的招标（除特殊情况外）不得排除中小企业的参与；项目信息应集中公开，以方便中小企业查阅；建立健全中小企业投标资格审批制度；制定中小企业联合承接公共工程、联合参与政府采购的制度；持续加强办理中小企业参与公共工程及政府采购所需资金的融通及担保等。

（五）中小企业发展基金

许多国家都由财政出资，设立中小企业发展基金。在财政支出中，专门设立一项风险有限补偿基金，用以弥补政策性担保机构的代偿损失。为协助中小企业发展，我国也有部分省、地（市）、县安排财政支出时，按一定比例提取中小企业发展基金，也可由国家财政和银行共同出资组建，还可以通过社会集资、发行债券、发行股票等形式扩充发展基金，在发展基金中设置中小企业专项贷款，运用发展基金配合金融机构对不能按通常条件融资或担保的中小企业给予帮助。例如，北京市财政局2001年颁布的《中关村科技园区信用担保机构风险有限补偿暂行办法》规定，当担保机构上年的代偿率不超过6%时，担保机构先用其预提的风险准备金进行自我补偿，不足部分由财政弥补。中小企业发展基金也可开展投资业务投资设立中小企业开发公司，提供中小企业咨询顾问服务，指导中小企业提高经营管理能力，或为新公司提供良好的创业环境，协助新技术或研发产业化，带动产业升级和经济发展。

（六）社会信用体系建设

要解决中小企业的信用问题，关键在于逐步建立一个宏观与微观、外部与内部相结合、配套的信用管理体系，通过增强借款人的信用意识，采取有效的贷款担保方式来提高信贷资金的安全保障程度。我国应建立信用管理法规政策体系和中小企业诚信服务体系，充分发挥这两个体系的职能作用，增大“失信”企业的法律成本和道德成本，达到综合整治社会信用环境，规范中小企业信用行为的目的。具体说来，可以由政府牵头建立企业和个人信用信息系统，该系统以社会信用征信体系为载体，从企业到个人，逐步建立健全社会信用体系，并做到与公安、税务、工商、海关、公共事业单位等部门联网，把每个企业和个人的经济活动，即银行贷款、纳税情况、信用状况、偿债能力、工商注册、合同履约率、企业改制转制过程中逃废债情况等均录入社会征信系统中。把分散的、孤立的信用资料汇集起来，形成企业、个人信用资料共享网络，保证信用信息来源稳定、准确和有效利用。该系统对全社会开放，实行有偿服务，政府部门、银行或企业、个人都可以付费查询，使无信用者无处藏身，提高失信者的融资门槛。

二、中小企业的财务治理与财务控制

更应该关注中小企业中的财务治理与财务控制的问题。因为只有建立规范的管理机制，才能节省更多的管理成本，提高企业运营效率，从而促进中小企业的持续发展。我国中小企业的财务治理与财务控制不受重视，存在着诸多问题，我们可从以下几个方面进行完善。

（一）中小企业财务治理

1. 明确财务治理目标

财务治理主要处理的是财务关系（伍中信，2004），因此财务治理的目标是协调利益相关者之间的权、责、利关系，合理配置剩余索取权和控制权（财权），以促使利益相关者利益最大化，为顺利实现企业目标提供基础。目前不少人认为中小企业财务治理的目标是利润最大化。然而这一目标一方面未能考虑企业资金的时间价值和风险价值，可能导致企业财务决策短期行为；另一方面未能考虑中小企业不同阶段的产权变化。在中小企业创业阶段，所有者与经营者大多是与业主为一身，财务治理的主体（业主）追求自身利益最大化成为必然。但随着企业的发展，必然要吸收外部资金，此时企业就成为一个多边契约关系的总和：股东、债权人、经理层和雇员等。因此，不能简单地将中小企业的财务治理目标定位为利润最大化，而应该将不同类型中小企业财务治理的目标与其产权结构相匹配，为中小企业的财务制度安排和具体的财务管理活动提供参考。

2. 完善内部财务治理结构

中小企业如果采用现代公司制，即使规模很小，也存在建立健全法人治理结构的问题。其宗旨就是构建现代公众公司的权力分配与行使关系。对于中小企业，公司权力的分配尤其是财务控制权制度的安排是法人治理结构的核心。从理论上说，中小公司董事会及成员的职责、任务和功能与大型公司没有多大区别，但大公司的董事会主要是通过对公司经营活动的报告的读取和资料的分析来决策与监督的，而中小企业的董事由于更加贴近企业，也更容易了解经营信息，通常董事会成员会更加积极、主动地影响企业的经营行为，期望为公司创造价值。因此。中小公司的治理机制建设重点在于董事会的建设。董事会作为中小公司的决策中心，必须在整体上具备指导企业总经理和高层管理人员的能力，并在日常决策中融入企业的战略目标。

3. 强化外部监督机制

与国有企业的纪检委和上市公司的监事会相比，中小型企业的外部监督机制较弱。在这种情况下，经营者往往采取“任人唯亲”的办法加以解决。但是其结果是企业的运行效率的降低，人员业务水平的低下。强化外部监督机制，只有寻找出中小企业治理主体缺乏治理动力的原因，建立健全中小企业的激励约束机制，充分调动治理主体的动力，才是解决问题的关键。

（二）中小企业财务控制

“财务控制”一词在企业管理理论与实践中经常用到，但还没有一个完整、准确的定义，一般只是用其表面的意义。在提到财务控制时，人们使用下面三个含义中的一个：一是内部控制中会计控制的同义语；二是从财务角度进行管理控制；三是对财务问题的控制。我们认为，财务控制的本质和意义是从财务角度进行管理控制。如果要为财务控制下一个定义，可以表述为：财务控制是指企业管理通过财务手段衡量和矫正企业经营管理活动，使之按计划进行，确保企业与财务有关的战略计划得以实现的过程。中小企业可根据其财务特征，从以下几个方面加强财务控制。

1. 营运资金的控制

使营运资金产生最佳效果，是企业财务管理所追求的基本目标。由于资金的使用周转牵涉企业内部的方方面面，企业经营者应转变观念，认识到管好、用好、控制好资金不仅是财务部门的职责，还是关系到企业的各个部门、各个生产经营环节的大事。为此，首先要使资金来源和资金运用得到有效配合，要合理地分配流动资金与固定资金，才能产生最佳经营效果。在资金运用上要维持一定的付现能力，应重视应收账款、存货的管理，以保证日常资金周转灵活。要充分预测资金收回和支付的时间，如应收账款什么时间可收回、什么时间应进货等，都要做到心中有数，否则就容易造成收支失衡、资金拮据。

2. 资本结构控制

中小企业受企业规模的限制，承受财务风险的能力比较低，因此，形成合理的资本结构，确定合理的负债比例尤为重要。负债过多，一旦情况发生变化，就会造成资金周转困难；负债过少，又会限制企业的长期发展。企业的长期发展需要外来资金和自有资金的相互配合，既要借债，又不能借得太多，以形成合理的资本结构。

3. 财务档案控制

很多中小企业疏于日常记录，很难提供完整的财务档案，这势必会给自我评估、融资、计划、预算等财务管理工作带来很多困难。现代化的企业管理，特别是有效的财务管理，必须要有完整的财务资料，以帮助管理者分析过去和预测未来。

4. 完善内部控制制度

建立组织内部控制机制，保证财务管理发挥有效作用，包括多方面的制度建设。①建立内部牵制机制，对具体业务进行分工时，不能由一个部门或一个人完成一项业务的全过程，而必须由其他部门或人员参与，并且与之衔接的部门能自动地对前面已完成工作进行正确性检查。这种制约包括上下级之间的互相制约、相关部门之间的相互制约。在内部牵制中，必须采取工作轮换制，这样才能更好地达到牵制的效果。工作轮换制是指根据不同岗位在管理系统中的重要程度，明确规定并严格控制每一员工在某一岗位的履职时间。对关键岗位应频繁轮换，次要的岗位可少一些。从轮换中暴露出存在的问题，揭示出制度的缺陷、管理的缺陷。②建立授权批准制度，应该对企业内部部门或职员处理经济业务的权限加以控制。单位内部某个职员在处理经济业务时，必须经过授权批准，否则就不能进行。③实行全面预算控制，企业编制的预算必须体现其经营管理目标，按照“谁花钱，谁编制”预算的原则来编制，并明确责权。预算在执行中应当允许经过授权批准对预算进行调整，以使预算更加切合实际，应当及时或定期反馈预算执行情况。④健全实物资产控制制度，一是应严格控制对实物资产的接触人员，如限制接近现金、存货等，以减少资产的损失；二是定期进行财产清查，做到账实相符。

思考与练习

1. 简述中小企业财务管理的特点。

2. 试述中小企业的融资方式。

3. 简述中小企业的投资战略。

4. 如果H公司是一家小型生物技术企业，它依靠风险投资成立，连续三年有盈余，但投资方急于退出投资，该公司又急需资金进一步扩大规模。如果你是该公司的财务主管，你认为应采取何种措施。

5. 在宏观经济形势大好、企业盈利能力较好时，中小企业应该借债还是吸引直接投资？

第九章　公司重组与破产清算的财务管理

并购固然是企业资本营运的基本方式，但资本营运的方式还包括公司分立与股权结构重组等。此外，破产清算财务也可以理解为企业特殊的资本营运活动。

通过本章学习，应该了解公司分立的基本动机与主要形式，掌握破产清算财务管理的基本原则、不同形式破产清算情况下财务管理的方式。

第一节　公司分立

分立是指在企业集团中，母公司通过各种方式收回其在子公司内的全部股本，并使子公司与母公司（或企业集团）相互独立。分立是企业集团消除其子公司，实现紧缩的手段之一。

一、分立的动机分析

分立作为资本营运的方式，出现于20世纪80年代的资本营运浪潮之中。很多研究人员认为，分立产生的第一个主要原因是对20世纪60年代混合购并浪潮的调整。在20世纪60年代的购并浪潮中，将许多分散的业务纳入同一个企业中，即混合购并。虽然混合购并在一定程度上分散了企业的经营风险，但同时也分散了企业内部有限的资源，削弱了企业整体的核心竞争能力。有些美国学者则认为，20世纪80年代初美国企业竞争力的下降在很大程度上要归咎于20世纪60年代的混合购并浪潮，因此打破混合购并就成为美国企业增强全球竞争能力的要求。

分立产生的第二个主要原因，是企业的经营适应其战略发展和环境变化的需要。在变化的经济环境中，许多企业在强调内部发展的同时，也利用并购方式在其他产品市场上寻找机会。作为购并的战略之一，就是在新产品市场领域内寻求一个立足点，并希望最初的进入能为进一步的成长和发展奠定基础。许多并购活动都涉及企业从前景渺茫的行业向前景更为广阔的行业进行转移。但是，并不是每家企业都具备足够的能力，对可能的机会进行有效利用，那么，分立就是纠正投资决策失误的手段。这样可以通过分立将子公司独立，从而挽救本企业的部分投资。

二、分立的形式

分立作为资本营运的方式，其基本的财务思想是：子公司单独经营所能实现的价值，要高于在一个公司集团内各个部门共同经营所产生的价值。

公司分立分为两种类型：一是标准式公司分立，二是衍生式公司分立。

（一）标准式公司分立

标准式的公司分立是指母公司将其在某子公司中所拥有的股份，按母公司股东在母公司中的持股比例分配给现有母公司的股东，从而在法律上和组织上将子公司的经营从母公司的经营中分离出去。这会形成一个与母公司有着相同股东和持股结构的新公司。在分立过程中，不存在股权和控制权向母公司与其股东之外第三者转移的情况，因为现有股东对母公司和分立出来的子公司同样保持着他们的权利。

需要说明的是，这里的子公司可以是原来就存在的子公司，也可以是为了分立考虑临时组建的子公司。这样，母公司可以根据业务重组的需要对欲分立出去的子公司进行最有效的利用。

（二）衍生式公司分立

除标准分立外，分立往往还有多种形式的变化，主要有换股分立和解散式分立两种衍生形式。

1. 换股分立

换股分立是指母公司把其在子公司中占有的股份分配给母公司的一些股东（而不是全部母公司股东），交换其在母公司中的股份。

换股分立不同于纯粹的分立，在换股中两个公司的所有权比例发生了变化，母公司的股东在换股以后甚至不能对子公司行使间接的控制权。换股不像纯粹的分立那样会经常发生，因为它需要一部分母公司的股东愿意放弃其在母公司中的利益，转向投资于子公司。实际上换股分立也可以看成一种股份回购，即母公司以下属子公司的股份向部分母公司股东回购其持有的母公司的股份。在纯粹的分立后，母公司的股本没有变化，而在换股分立后母公司的股本减少。

2. 解散式分立

解散式分立是指母公司将所拥有的全部子公司的控制权移交给它的股东，子公司都分立出来，因此，原母公司不复存在。

三、公司分立与分拆上市的比较

为了对公司分立有一个更加准确的认识，有必要将其与公司分拆上市进行比较。

公司分立和分拆上市是两种不同的公司资本运作手段。分拆上市在美国的专业术语为 Equity Carve—out。分拆上市有广义和狭义之分。广义的分拆包括已上市公司或者尚未上市的集团公司将部分业务独立出来单独上市；狭义的分拆指的是已上市公司将其部分业务或者是某个子公司独立出来，另行公开招股上市。在国外，Equity Carve—out 主要指母公司将其全资或部分控股的子公司的股权拿出一部分进行公开出售的行为。这些股权可由母公司以二次发行的方式发售，也可由子公司以首次公开发行（IPO）的方式售出，通常母公司会在这个子公司中继续保留控股地位。在美国，由于税收上的优惠考虑（美国税法规定公司分拆后母公司的持股比例在 80%以上的可以享受一些免税政策），子公司分拆的比例一般不到 20%，即母公司在子公司分拆后仍然保留 80%以上的股份。

可见，分拆上市从资产规模意义上并没有使公司变小，相反，它使母公司控制的资产规模扩大。但国外学术界一般均把分拆上市也看成公司紧缩的一种方式，其考虑问题的出发点不是看重组前后资产规模的增减，更多的是看母公司直接进行日常控制的业务是否减少。从这个意义上分析，分拆上市使得原来属于母公司日常经营的全资子公司变成多股东的股份公司，子公司分拆后有了自己独立的董事会和经理层，与母公司的联系仅表现在每年的分红、配股或会计报表的并表上。母公司直接经营的业务和资产在某些子公司分拆上市后得到了紧缩的效果。

随着全资子公司部分股权的公开出售，相应会有一些变化发生。在这个新生的公司实体（控股子公司）中资产的管理运作系统将会重新组建。子公司的市场价值开始体现。子公司要作为一个独立实体发布业绩公告，接受市场投资者、金融专家的分析和评价。关系到该公司价值的公开信息会有助于该公司的业绩改善。对公司管理层而言，把报酬与公开发行股票的表现相联系将会有助于提高管理者的积极性。另外，由于子公司部分股权已上市，母公司如想再出售其余股权，则会比较容易以合适的价格寻找到合适的买家。

从都是把子公司的股权从母公司中独立出来的角度来看，分拆上市与公司分立比较相似，但它们也有明显的区别：

（1）在公司分立中，子公司的股份是被当作一种股票福利被按比例分至母公司的股东手中，而分拆上市中在二级市场上发行子公司的股权所得归母公司所有。

（2）在公司分立中，一般母公司对被拆出公司不再有控制权，而在分拆上市中母公司仍然保持对分拆上市公司的控制权。

（3）公司分立没有使子公司获得新的资金，而分拆上市使子公司可以获得新的资金流入。

分立和分拆上市之间还是有比较密切的联系。从美国的历史看，许多公司选择了先分拆上市，再把所持有的股份分立的做法。这种做法比直接分立有一些好处：对于母公司的股东而言，公司要把其下属某子公司分立给他们，但他们往往对该子公司的价值不是很了解，有些股东不愿意接受分立。而先把该子公司的部分股权分拆上市，就可以使该子公司的价值在资本市场上被充分挖掘，有了自己独立交易的股票。在这种情况下，如果这个子公司的股票表现出色，母公司再把其剩余的股权分立给母公司的股东就很容易得到股东的支持。

四、公司分立的评价

（1）公司分立可以解放企业家的能力。与其他几种紧缩方式相比，分立对管理层的能力释放作用非常明显。从激励机制来分析，公司分立能够更好地把管理人员与股东的利益结合起来，因此可以降低代理成本。因为分立后，管理人员能够更好地集中于子公司相对较少的业务。此外，公司分立对管理人员的报酬也有影响，可以降低代理成本。就直接报酬而言，分立出来的公司管理人员可以通过签订协议，使其报酬的高低直接与该业务单位的股票价格相联系，而不是与母公司的股票价格相联系，从而对他们可以起到激励作用。母公司和子公司的管理人员也都相信，他们现在可以更直接地影响到公司的绩效。

（2）上市公司在宣布实施公司分立计划后，二级市场对此消息的反应一般较好，该公司的股价在消息宣布后会有一定幅度的上扬。这反映出投资者对“主业清晰”公司的偏好。许多投资者对专注于某一行业发展的公司比较看好，因为这些公司的业务结构比较单纯因而比较容易估算出其真实价值。从另一个角度看，这种偏好也反映出不少投资者对曾经非常红火的大规模混合兼并行为的反感。实质上，投资者越来越偏好于主业突出的公司也与股票二级市场效率低下有很大关系，信息传递的不充分性和不及时性使得投资者在评估拥有多种业务的上市公司的合理价值时遇到许多障碍。投资者希望重新认识被拆出资产的真实价值。

（3）公司分立与资产剥离等紧缩方式相比有一个明显的优点，即税收优惠。公司分立对公司和股东都是免税的，而资产剥离则可能带来巨大的税收负担。公司在资产剥离中得到的任何收益都要纳税，如果这笔钱再以股利的形式发给股东，还要继续纳税。

（4）公司分立还能让股东保留他在公司的股份。因此，公司在未来的任何发展都能使股东获利。

（5）在公司分立前先进行分拆上市也具有几个额外的优点。首先，出售子公司的股票可以获得现金；其次，出售子公司的股票能够形成一个交易市场，这对于规模较大的公司的分立活动具有重要意义。

（6）采用换股分立方法进行公司分立也能减轻股票价格的压力。股东在交换他们的股票时具有选择权，因此不太可能在交换后立即出售。在这种方法实施之前也可以先采用股份分拆上市的方法，它的优点是可以为子公司创造出一个交易价值，后者又能与公司价值进行比较，从而确定交换比率。从母公司的角度看，这种做法还可以提高每股收益，因为它与股份回购在这方面的作用类似，减少了母公司流通股票的数量。

（7）分立有时也是一种反收购的手段。当一个公司的下属子公司被收购方看中，收购方要收购整个企业时，母公司通过把该子公司分立出去就可以避免被整体收购的厄运。

公司分立的缺点：公司分立只不过是一种资产契约的转移，这或许是它最常受到的指责。除非管理方面的改进也同步实现，否则它不会明显增加股东的价值。这个基本事实在 AT&T 公司和 ITT 公司身上都有所体现。公司分立可能是公司变革的催化剂，但其本身并不能使经营业绩得到根本的改进。公司分立能使规模带来的成本节约随之消失。被放弃的子公司需要设置额外的管理职务，可能还会面对比以前更高的资本成本。类似地，母公司也可能要面对不必要的成本，如果不发生变动，同样的管理人员所管理的公司已经缩小。因此，为使公司分立的正面效果达到最大，必须对母公司的管理结构进行调整。

即使在美国，完成公司分立活动也要经过复杂的税收和法律程序，这是执行过程中的最大障碍。由于未取得免税待遇的后果极为严重，所以在未从美国国家税收总署得到预先批准的情况下，公司分立很难进行下去。国家税收总署的批准需要 6~9 个月，不仅包含着很高的法律和会计成本，还浪费了管理者的宝贵时间。其他有关的法律问题进一步增加了它的成本和复杂程度。

五、公司分立应注意的问题

（一）公司分立的法律规定

在美国，公司分立被大量运用的一个非常重要的原因是它可以使公司获得税收上的明显收益。在一般情况下，如果母公司把子公司卖给其他人，则会产生股权出售的损益，如果有投资收益就要被征收所得税等，即使是把自己的下属公司卖给自己的股东也不例外。在这种情况下，如果母公司想把子公司转移给自己的股东直接持有而又想不付出税收上的损失，公司分立就是很好的途径。从这点来看，分立要比直接剥离的效果好。

根据美国法律，一个公司要想在分立时享受税收优惠待遇，必须满足一些条件，例如：①分立前的母公司和子公司要已经存在至少 5 年；②分立前母公司在子公司中的股权比例不得低于 80%，母公司在子公司中的投票权也不得低于 80%。

美国有关机构在审批公司的分立申请时一般要考察以下几个方面：①分立后母公司股东持有新公司股权的时间必须足够长。②母公司必须能证明不是为了税收优惠的目的而进行公司分立。③母公司必须证明自己拥有以下之一的公司分立的商业目的：A. 给子公司关键员工实施员工持股计划提供所需股份；B. 为将来的营运、开销、收购等项目募集资金提供方便；C. 提高子公司的借款能力；D. 节省费用；E. 避免其他因在一个公司内开展多种业务所带来的问题。④母公司要把业务按类别进行重新划分。⑤公司组织和管理层相应进行重组。⑥新公司要和母公司签订一系列协议。⑦债权债务的重新划分。⑧避免消息的提前泄露。

2006 年的《中华人民共和国公司法》中也有公司分立的概念。《中华人民共和国公司法》第一百七十六条规定：公司分立，应当编制资产负债表及财产清单。公司应当自做出分立决议之日起十日内通知债权人，并于三十日内在报纸上公告。第一百七十七条至第一百七十八条规定：公司分立前的债务由分立后的公司承担连带责任。但是，公司在分立前与债权人就债务清偿达成的书面协议，另有约定的除外。公司需要减少注册资本时，必须编制资产负债表及财产清单。公司应当自做出减少注册资本决议之日起十日内通知债权人，并于三十日内在报纸上公告。债权人自接到通知书之日起三十日内，未接到通知书的自公告之日起四十五日内，有权要求公司清偿债务或者提供相应的担保。公司减资后的注册资本不得低于法定的最低限额。

此外，对外经济贸易合作部和国家工商行政管理局于 2001 年颁布的《关于外商投资企业合并与分立的规定》，比较详细地对公司分立的一些内容进行了规定。重要内容包括：第四条，本规定所称分立，是指一个公司依照公司法有关规定，通过公司最高权力机构决议分成两个以上的公司。公司分立可以采取存续分立和解散分立两种形式。存续分立，是指一个公司分离成两个以上公司，本公司继续存在并设立一个以上新的公司。解散分立，是指一个公司分解为两个以上公司，本公司解散并设立两个以上新的公司。第十三条，分立后公司的注册资本额，由分立前公司的最高权力机构，依照有关外商投资企业法律、法规和登记机关的有关规定确定，但分立后各公司的注册资本额之和应为分立前公司的注册资本额。第十四条，各方投资者在分立后的公司中的股权比例，由投资者在分立后的公司合同、章程中确定，但外国投资者的股权比例不得低于分立后公司注册资本的百分之二十五。第二十三条，拟分立的公司应向审批机关报送下列文件：（一）公司法定代表人签署的关于公司分立的申请书；（二）公司最高权力机构关于公司分立的决议；（三）因公司分立而拟存续、新设的公司（以下统称分立协议各方）签订的公司分立协议；（四）公司合同、章程；（五）公司的批准证书和营业执照复印件；（六）由中国法定验资机构为公司出具的验资报告；（七）公司的资产负债表及财产清单；（八）公司的债权人名单；（九）分立后的各公司合同、章程；（十）分立后的各公司最高权力机构成员名单；（十一）审批机关要求报送的其他文件。第二十六条，审批机关应自接到本规定第十八条或第二十一条规定报送的有关文件之日起四十五日内，以书面形式做出是否同意合并或分立的初步批复。

（二）政策支持

在企业集团的经营普遍受到宏观经济不景气的拖累时，上市母公司可采取技术创新或金融创新的方式，从资本运营中解决自身面临的经营问题，从而改变其在二级市场上的形象。

（三）求得债权人和股东的支持

在负债重组过程中，如果通过子公司进行债务重组，可使用“金蝉脱壳”的技巧。上市母公司可新设一子公司，在实际运作中，将负债转移到该子公司，并让该子公司破产，以此逃废债务。同时，股东财富的增加来源于公司的债权人的隐性损失。公司分立减少了债权的担保，使债权的风险上升，相应减少了债权的价值，而股东因此得到了潜在的好处。因此，在实际操作中，许多债务契约附有股利限制和资产处置的限制。因此，在分立实施时，必须求得债权人的支持。

母公司董事会在做出分立决定之前，还必须征询股东甚至少数股东的意见，并最终得到股东大会或临时股东大会的通过。

（四）关联交易

在纯粹的分立过程中，分立出去的子公司与原上市母公司或控股的集团公司之间的关联交易有可能在一定的程度上增加。母公司应该就分立后可能存在的关联交易做出判断，并按照减少关联交易的思路对分立后公司的业务做必要的调整。如何在这些公司之间签订一系列关联交易的协议，以此规范关联各方的交易行为，是分立能否规范化运作的关键。

（五）信息披露、内幕交易及市场扰乱问题

美国学者的实证分析表明，母公司在分立的宣布日可获得正的超常收益率，宣布影响的大小与分离出去的子公司相对于母公司的规模大小正向相关。而在中国的资本市场，由于存在着小公司规模效应，因此，分立对二级市场的价格波动会有较大的影响。由于分立是上市公司董事会最先讨论并做出决定，因此，在法律上对公司高层管理人员和相关参与的中介机构在公司分立时的信息泄露和内幕交易等问题必须做出严格的规定。

第二节　公司重组、破产、清算概述

一、重组

重组也称为公司改组，是指公司出于自身盈利的动机对公司现有的资源要素（包括人、财、物三个方面），在公平互利的基础上，通过一定方式进行再配置，实现要素在公司间的流动和组合的公司行为。

我国有关法规对重组或改组尚无明确的定义。美国颇有影响的《柯勒会计师词典》对此有三种解释：一是一家公司或集团公司财务结构发生重大变化，从而使股东和债权人的利益有所变更；二是管理人员的调整或变动；三是经营方针或生产方法或交易方法的重大变动。对照上述解释，公司收购兼并，国有企业改制为股份有限公司，原集体所有制的乡镇企业改制为经营者控股经营的民营企业，公司因经营管理不善导致更换大股东和管理层等，均属于重组行为。对处于财务困境的公司而言，公司重组与《中华人民共和国破产法》中的和解与重整的概念类似。本章讨论的公司重组仅指财务困难公司的重组，即财务危机下的公司重组（和解与重整）。

和解是债务人和债权人会议（或债权人委员会）就公司延期清偿债务的期限、公司进行整顿的计划等问题达成和解协议，经人民法院认可后，由人民法院公告中止破产程序。重整就是指被申请破产的公司和债权人在会议达成的和解协议生效以后，在被申请破产公司的上级主管部门的主持下，对该公司的产品结构、经营管理、组织机构等进行调整，使公司能够在整顿期限内，扭亏为盈，以清偿债权人的债务。

二、破产

广义的破产是指企业因经营管理不善等原因而造成不能清偿到期债务时，按照一定程序，采取一定方式，使其债务得以解脱的经济事件。以此定义为基础，在财务管理中，公司破产可分为：

（1）技术性破产。技术性破产又称技术性无力偿债，是指由于财务管理技术的失误，造成企业不能偿还到期债务的现象。此时企业主要表现为缺乏流动性，变现能力差，但盈利能力可能还比较好，财务基础也比较健全。无力偿债可能主要是公司财务政策上的某些偏差造成的，如债务利用过多、债务结构不合理等。此时若能采取有效的补救措施，会很快渡过难关；但如果处理不好，会造成法律上的破产。

（2）事实性的破产。事实性的破产又称破产性的无力偿债，是指企业因经营管理不善等原因而造成连年亏损、资不抵债的现象。这种性质的破产使公司的全部债务都难以偿还，如果不设法进行挽救，就只能转入清算。

（3）法律性的破产。法律上的破产是指债务人因不能偿还到期债务而被法院宣告破产。这种性质的破产强调对债务人的破产宣告是由法院依法律上的标准进行的，而对公司破产前的财务基础以及债务人实际能否清偿全部到期债务则不加考虑。

狭义的破产只是指法律性的破产，即债务人公司不能清偿到期债务，经破产申请人申请，由法院依法强制执行其全部财产，公平清偿所欠全体债权人债务的经济事件。本章中未做特殊说明的破产均指法律性的破产。显然，经济法将破产定义为一套在一定条件下有法院参与、强制性地规范债务人与债权人债务关系的法律制度。

我国现行的破产法法律体系是以自 2007 年 6 月 1 日起施行的《中华人民共和国企业破产法》（以下简称《企业破产法》）为主，辅以《中华人民共和国民事诉讼法》（以下简称《民事诉讼法》）中“企业法人破产还债程序”一章及相关法律条文、司法解释建立起来的执法规范。我国破产法律在破产界限、和解与整顿、破产清算等方面的规定与其他国家有明显差异。

（1）破产界限。破产界限是指法院裁定债务人破产的法律标准，也称为破产原因。世界上多数国家在破产立法中采用不能偿债、资不抵债的概念来确认破产，我国破产法以不能清偿到期债务为破产界限。例如，《企业破产法》第二条规定：“企业法人不能清偿到期债务，并且资产不足以清偿全部债务或者明显缺乏清偿能力的，依照本法规定清理债务。企业法人有前款规定情形，或者有明显丧失清偿能力可能的，可以依照本法规定进行重整。”第三条规定：“破产案件由债务人住所地人民法院管辖。”第四条规定：“破产案件审理程序，本法没有规定的，适用民事诉讼法的有关规定。企业因经营管理不善造成严重亏损，不能清偿到期债务的，依照本法规定宣告破产。”《民事诉讼法》规定的“企业法人因严重亏损，无力清偿到期债务”，即达到破产界限。具体来说，包括以下要点：

第一，企业破产的根本原因为经营管理不善造成严重亏损。如果企业没有发生严重亏损，抑或虽有严重亏损但非自身经营管理不善造成，如计划性亏损、政策性亏损等，即使不能清偿到期债务，也不得依法宣告破产。

第二，企业破产的直接原因和必要条件为不能清偿到期债务。对“不能清偿到期债务”的司法解释为：①债务的清偿期限已经届满；②债权人已要求清偿、无争议或已有确定名义即已经生效判决、裁决确认的债务；③债务人明显缺乏清偿能力，即不能以财产、信用等任何方式清偿债务。同时认定，债务人停止支付到期债务并呈连续状态，如无相反证据，可推定为“不能清偿到期债务”。

（2）重整与和解。《企业破产法》第七十条规定：“债务人或者债权人可以依照本法规定，直接向人民法院申请对债务人进行重整。债权人申请对债务人进行破产清算的，在人民法院受理破产申请后、宣告债务人破产前，债务人或者出资额占债务人注册资本十分之一以上的出资人，可以向人民法院申请重整。”

自人民法院裁定债务人重整之日起至重整程序终止，为重整期间。《企业破产法》第七十三条至第七十八条规定：在重整期间，经债务人申请，人民法院批准，债务人可以在管理人的监督下自行管理财产和营业事务。在重整期间，对债务人的特定财产享有的担保权暂停行使。但是，担保物有损坏或者价值明显减少的可能，足以危害担保权人权利的，担保权人可以向人民法院请求恢复行使担保权。在重整期间，债务人或者管理人为继续营业而借款的，可以为该借款设定担保。债务人合法占有的他人财产，该财产的权利人在重整期间要求取回的，应当符合事先约定的条件。在重整期间，债务人的出资人不得请求投资收益分配。在重整期间，债务人的董事、监事、高级管理人员不得向第三人转让其持有的债务人的股权。但是，经人民法院同意的除外。在重整期间，有下列情形之一的，经管理人或者利害关系人请求，人民法院应当裁定终止重整程序，并宣告债务人破产：（一）债务人的经营状况和财产状况继续恶化，缺乏挽救的可能性；（二）债务人有欺诈、恶意减少债务人财产或者其他显著不利于债权人的行为；（三）由于债务人的行为致使管理人无法执行职务。

和解是指破产程序开始后，债务人和债权人之间就债务人延期清偿债务、减少债务数额，进行整顿事项所达成的协议，以挽救企业，避免破产，终止破产程序的法律行为。《企业破产法》第九十五条规定："债务人可以依照本法规定，直接向人民法院申请和解；也可以在人民法院受理破产申请后、宣告债务人破产前，向人民法院申请和解。债务人申请和解，应当提出和解协议草案。"

我国新《企业破产法》规定：债权人会议通过和解协议的决议，由出席会议的有表决权的债权人过半数同意，并且其所代表的债权额占无财产担保债权总额的三分之二以上。债权人会议通过和解协议的，由人民法院裁定认可，进入和解程序，并予以公告。管理人应当向债务人移交财产和营业事务，并向人民法院提交执行职务的报告。和解协议草案经债权人会议表决未获得通过，或者已经由债权人会议通过的和解协议未获得人民法院认可的，人民法院应当裁定终止和解程序，并宣告债务人破产。和解债权人是指人民法院受理破产申请时对债务人享有无财产担保债权的人。和解债权人未依照本法规定申报债权的，在和解协议执行期间不得行使权利；在和解协议执行完毕后，可以按照和解协议规定的清偿条件行使权利。和解债权人对债务人的保证人和其他连带债务人所享有的权利，不受和解协议的影响。债务人应当按照和解协议规定的条件清偿债务。因债务人的欺诈或者其他违法行为而成立的和解协议，人民法院应当裁定无效，并宣告债务人破产。有前款规定情形的，和解债权人因执行和解协议所受的清偿，在其他债权人所受清偿同等比例的范围内，不予返还。债务人不能执行或者不执行和解协议的，人民法院经和解债权人请求，应当裁定终止和解协议的执行，并宣告债务人破产。人民法院裁定终止和解协议执行的，和解债权人在和解协议中做出的债权调整的承诺失去效力。和解债权人因执行和解协议所受的清偿仍然有效，和解债权未受清偿的部分作为破产债权。前款规定的债权人，只有在其他债权人同自己所受的清偿达到同一比例时，才能继续接受分配。人民法院受理破产申请后，债务人与全体债权人就债权债务的处理自行达成协议的，可以请求人民法院裁定认可，并终结破产程序。按照和解协议减免的债务，自和解协议执行完毕时起，债务人不再承担清偿责任。

三、清算

（1）清算是指在公司终止过程中，为保护债权人、所有者等利益相关者的合法权益，依法对公司财产、债务等进行清理、变卖，以终止其经营活动，并依法取消其法人资格的行为。

（2）清算按其原因可划分为破产清算和解散清算。根据我国《公司法》的规定，破产清算的主要原因是公司经营管理不善造成严重亏损，不能偿还到期债务而必须进行的清算。其情形有二：一是公司的负债总额大于其资产总额，事实上已经不能支付到期债务；二是虽然公司的资产总额大于其负债总额，但因缺少偿付到期债务的现金资产，未能偿还到期债务，被迫依法宣告破产。

根据我国《公司法》的规定，解散清算的主要原因有：

（1）公司章程规定的营业期限届满或公司章程规定的其他解散事由出现（如经营目的已达到而不需继续经营，或目的无法达到且公司无发展前途等）；

（2）公司的股东大会决定解散；

（3）公司合并或者分立需要解散；

（4）公司违反法律或者从事其他危害社会公众利益的活动而被依法撤销；

（5）发生严重亏损，或投资一方不履行合同、章程规定的义务，或因外部经营环境变化而无法继续经营。

第三节　公司重组的财务管理

和解和重整是人民法院依法裁定宣告企业破产之前的一种重要程序，又称为预防性破产程序。其实质是为了充分利用一切机会和可能，挽救尚有可能复苏的企业，它虽然不是任何企业破产都必须经过的程序，但对于挽救有可能免于破产的企业具有十分重要的作用。对于缺乏必要的生产经营条件、长期经营不善、亏损严重的企业，上级主管部门认为没有必要申请整顿的，可以不经过和解重整程序，而由人民法院按照法律规定的程序依法宣告破产。

和解和重整按是否通过法律程序分为自愿性和解与重整和正式和解与重整。

一、自愿性和解与重整的财务管理

如果债务人属于技术性破产，财务困难不是十分严重，而且能够恢复和偿还债务的前景比较乐观，债权人通常都愿意私下和解，而不通过法律程序来进行处理。

（一）自愿性和解与重整的程序

自愿性和解与重整虽然不像经过法律程序所规定的正式和解与重整那样正规，但也必须遵循必要的程序。一般要经过如下几个步骤：

（1）自愿和解的提出。当企业出现不能及时清偿到期债务时，可由企业（债务人）

或企业的债权人提出和解。

（2）召开债权人会议。自愿和解提出以后，要召开债权人会议，研究债务人的具体情况，讨论决定是否采用自愿和解的方式加以解决。如果认为和解可行，则成立相应的调查委员会，对债务人的情况进行调查，写出评价报告。如果认为自愿和解不适宜，则移交法院通过正式法律程序来加以解决。

（3）债权人与债务人会谈。在和解方案实施以前，债权人和债务人要进行一次会谈。由债权人会议推举四五位债权较多的债权人和一两位债权较少的债权人同债务人谈判，谈判的内容是确定调整企业财务基础的方案。

（4）签署和解协议。

（5）实施和解协议。

和解协议签订后，债务人要按和解协议规定的条件对企业进行整顿，继续经营，并于规定的时间清偿债权人的债权。

（二）自愿性和解与重整中需要处理的财务问题

在进行自愿性和解与重整的过程中，企业在财务方面需要处理好以下具体问题：

（1）通过与债权人的谈判，尽量延长债务的到期日。自愿和解通常都要进行债权的展期。债权人之所以愿意展期，是因为他们期望在以后能收回更多的债权。如果企业与债权人谈判顺利，债权人不仅会同意展期，有时还同意在展期期间，把求偿权的位置退于现在供应商之后。展期的时期越长，对债务人越有利。

（2）通过与债权人的谈判，争取最大数量的债权减免。在债权减免时，债权人仅收回部分债权金额，但要注销全部债权。债权人同意减免债权，是因为减免后可避免正式破产所带来的成本，如管理成本、法律费用、调查费用等。债权人既愿意进行债权减免，又不愿意减免太多，这就需要企业财务人员在谈判时努力争取减免更多的债权。

（3）必须按展期和债权减免的规定来清偿债务。经过展期和债权减免以后，企业的债务有所减少，时间有所推迟，但经过展期和债权减免后的债务必须按时偿还。

（三）自愿性和解与重整的优缺点

与进入正式法律程序而发生庞大的费用和冗长的诉讼时间的正式和解与重整相比，自愿性和解与重整可以为债务人和债权人双方都带来一定的好处。①这种做法避免了履行正式手续所需发生的大量费用，所需要的律师、会计师的人数也比履行正式手续要少得多，使重组费用降至最低点。②自愿性和解与重整可以减少重组所需的时间，使企业在较短的时间内重新进入正常经营的状态，避免了因冗长的正式程序使企业迟迟不能进行正常经营而造成的企业资产闲置和资金回收推迟等浪费现象。③自愿性和解与重整使谈判有更大的灵活性，有时更易达成协议。④一旦债务人从暂时的财务困境中恢复过来，债权人不仅能如数收取账款，而且还能给企业带来长远利益。

但是自愿性和解与重整也存在一些弊端，主要表现为：①当债权人人数很多或债务结构复杂时，可能难以达成一致；②没有法院的正式参与，协议的执行缺乏法律保障；③如果债务人缺乏较高的道德水准，常会导致债务人侵蚀资产，损害债权人的合法权益。

二、正式和解与重整的财务管理

如果不具备自愿和解和重整的基本条件，就必须采用正式的法律程序来解决。这主要包括正式的和解与重整，以及破产清算两种方式。这里首先介绍正式和解与重整的财务管理，破产清算的财务管理将在后面介绍。

（一）正式和解与重整的基本程序

破产案件中的和解是指债权人与债务人就到期债务的展期或债权减免达成协议，从而避免破产的一种程序。公司利用和解所提供的机会进行整顿，争取重新取得成功，这一过程被称为和解与重整。

正式和解与重整与自愿性和解与重整有某些类似之处，但要由法院来判定，涉及许多正式的法律程序。这种程序非常复杂，只有专门从事和解与重整工作的律师才能充分了解，但其基本程序，财务管理人员却必须了解。这一程序是：

（1）企业不能及时清偿债务时，由债权人向法院提出申请和解与重整。

（2）被申请破产企业或其上级主管部门向法院提出和解与重整的申请。企业由债权人申请破产的，在法院受理破产案件以后的 3 个月内，破产企业或其上级主管部门可以申请对该企业进行重整，整顿期限不超过两年。整顿申请提出后，企业应向债权人会议提出和解协议草案，草案上应说明企业清偿债务的限期、数额及具体的整顿措施。

（3）债权人会议通过和解协议草案。债务人提出和解后，债权人要召开会议，决定是否同意和解与重整。按《企业破产法》的规定，债权人会议的决议，必须由出席会议的有表决权的债权人的半数通过，其所代表的债权必须占无财产担保债权总额的 2/3 以上。由于和解协议草案中一般都要求债权人做适当的债权减免或延缓支付债务，因此，只有当债权人会议通过和解协议草案，和解才能成立。如果和解协议草案未被债权人会议通过，那么，法院就要宣布债务人破产，并予以清算。

（4）法院对和解协议认可做出裁定，中止破产程序。破产企业和债权人达成和解协议后，应将和解协议提交法院，由法院做最后判定。一般而言，如果在达成和解协议过程中没有其他违法行为，法院都会认可。和解协议经法院认可后，由法院发布公告，中止破产程序。

（5）对企业进行整顿。和解协议自公告之日起具有法律效力，企业便开始进入整顿时期，整顿期限不得超过两年。企业的整顿由上级主管部门负责主持，整顿情况应向企业职工代表大会报告，并听取意见，整顿情况还应定期向债权人会议报告。

在整顿期间，企业有下列情形之一者，经法院裁定，终结该企业的重整，宣告其破产：①不执行和解协议；②财务状况继续恶化，债权人会议申请中止重整；③严重损害债权人利益。

企业经过整顿以后，若能按和解协议及时清偿债务，法院应当终止该企业的破产程序并予以公布。但如果整顿期满，不能按和解协议清偿债务，法院应宣告该企业破产并依法进行清算。

（二）正式和解与重整的财务问题

正式和解与重整涉及的财务问题，基本上与自愿性的和解与重整一样，但还有如下几个特殊问题需要注意：

1. 和解协议草案的编制

和解协议草案是一个非常重要的法律文件，若编制得好，得到债权人会议同意，企业便可进行和解整顿；若编制不好，在债权人会议上得不到通过，企业便只好被依法宣告破产。和解协议草案一般应包括如下内容：

（1）草案中应对各项债务的偿还数额、日期和步骤做出具体说明。在编制和解草案时，企业财务人员要对债权人和本企业的情况进行具体分析，合理确定债权减免的数额。除债权减免外，草案中还应提出延缓支付债务的要求。一般而言，对到期债务应实行分期分批偿还。这种债权减免和展期，与自愿和解程序基本相似，这里不再详述。

（2）和解草案中应提出改善财务状况的具体方案。主要包括：如何增加企业资金来源；怎样减少企业资金占用；如何扩大市场，增加销售收入；采取哪些降低成本的措施；等等。

（3）和解草案上应载明上级主管部门具体的支持意见。在我国，企业和解与整顿一般由上级主管部门提出，上级主管部门的意见和整顿措施能更好地取得债权人的信任。

2. 整顿期间的财务管理

破产企业一般都存在管理混乱、资产破坏严重、销售收入减少、成本居高不下、产品质次价高等问题。为使整顿取得成效，在财务上必须做好以下工作：

（1）必须筹集一定数量的资金对厂房和设备进行修理或更新，以利于正常进行生产和大幅度降低成本。

（2）必须筹集一定数量的资金以购置生产经营所需要的流动资产。

（3）筹集一定数量的资金开发新产品和占领新市场，以便增加销售收入。

（4）筹集一定数量的资金偿还到期债务。

以上诸项工作都需要资金。可以这样说，整顿能否取得成功，关键的问题是企业能否筹集到整顿过程中所需要的资金。在整顿期间，企业的信誉较低，企业发行的各种证券的价格往往跌至最低点，银行也往往不给企业追加贷款，因此，在整顿期间，企业管理人员可以考虑采取以下措施：

（1）努力争取上级主管部门的资金。既然上级主管部门提出了和解申请，那么，就说明它愿意帮助企业渡过难关，因此，上级主管部门的资金可能成为整顿期间企业资金的主要来源。

（2）寻找信誉良好的企业作担保人，向银行获取担保贷款，调整资金结构。如果可能的话，最好把债权转化为股权。适当处理过时和毁损的流动资产，以减少资金占用。减少奖金发放，停止股息和红利的支付。

（三）正式和解与重整的优缺点

正式和解与重整是对达到破产界限的企业依法采取的各种拯救措施。经过和解重整以后，多数企业能够起死回生，重新经营，因而和解与重整具有重要意义。当然，和解与重整也有缺点。如果整顿无效，继续亏损，显然也会使债权人的利益受到更大程度的损害。

1. 正式和解与重整的优点

（1）和解与重整能尽量减少社会财富的浪费。达到破产界限的企业，往往都是管理不善，连年亏损，如果任其继续亏损下去，便会进一步吞噬社会财富。直接宣告破产也可能会造成财富的浪费。一般而言，企业经过整顿后，多数都能中止亏损，并逐步走向繁荣。

（2）对债务人企业而言，和解与重整的裁定往往给企业带来巨大的压力，这可激发企业以百倍的努力去争取成功，重组计划中所规定的债务减免和展期又为企业的整顿提供了较为宽松的外部环境，这些都有利于企业摆脱困境走向成功。

（3）和解与重整可以使债权人收回较多的债权。一旦企业重组成功，债权人就能收回较破产清算更多的债权。

（4）与自愿性和解与重整相比，正式和解与重整须经过一定的法律程序，有法院的参与，和解协议的实施更有法律保障，对债务人的行为也更有约束力。当债权人较多或债务结构复杂的时候，正式和解与重整显然是更好的选择。

2. 正式和解与重整的缺点

正式和解与重整需要较长的诉讼时间，会发生大量的手续费用。另外，如果整顿不成功，债务人企业继续亏损，这将使债权人的利益受到更大程度的损害。

第四节　破产清算财务管理

如果达到破产界限的企业不具备和解与整顿的基本条件，或者和解与整顿被否决，那么，法院则要依法宣告该企业破产，进行破产清算。

一、企业清算的程序

前已述及，企业清算可按其原因分为破产清算和解散清算。

（一）破产清算程序

1. 法院依法宣告企业破产

人民法院对于企业的破产申请进行审理，符合《破产法》规定情形的，即由人民法院依法裁定并宣告该企业破产。

2. 成立清算组

人民法院应当自宣告债务企业破产之日起 15 日内成立清算组，接管破产企业。清算组成员由人民法院从企业上级主管部门、政府财政部门等有关部门和专业人员中指定；有限责任公司的清算组由股东组成，股份有限公司的清算组由股东大会确定其人选。清算组负责破产财产的保管、清理、估价、处理和分配。清算组应对人民法院负责并报告工作，接受法院的监督。

根据《公司法》的规定，清算组在清算期间行使下列职权：

（1）清理公司财产，分别编制资产负债表和财产清单；

（2）通知或者公告债权人；

（3）处理与清算有关的公司未了结的业务；

（4）清缴所欠税款；

（5）清理债权、债务；

（6）处理公司清偿债务后的剩余财产；

（7）代表公司参与民事诉讼活动。

3. 通知债权人申报债权

清算组应当自成立之日起 10 日内通知债权人，并于 60 日内在报纸上至少公告 3 次。公告和通知中应当规定第一次债权人会议召开的日期。债权人应当自接到通知书之日起 30 日内，未接到通知书的自第一次公告之日起 90 日内，向清算组申报其债权。

4. 召开债权人会议

所有债权人均为债权人会议成员。债权人会议成员享有表决权，但是有财产担保的债权人未放弃优先受偿权利的除外。第一次债权人会议由人民法院召集，应当在债权申报期限届满后 15 日内召开。以后的债权人会议在人民法院或者会议主席认为必要时召开，也可以在清算组或占无财产担保债权总额的 1/4 以上的债权人要求时召开。债权人会议的职权是：

（1）审查有关债权的证明材料，确认债权有无财产担保及其数额；

（2）讨论通过和解协议草案；

（3）讨论通过破产财产的处理和分配方案。

债权人会议的决议，由出席会议的有表决权的债权人的过半数通过，并且其所代表的债权额，必须占无财产担保债权总额的半数以上，但是通过和解协议草案的决议，必须占无财产担保债权总额的 2/3 以上。债权人会议的决议对全体债权人均有约束力。

5. 确认破产财产

破产财产指企业被宣告破产后用来进行财产清算和清偿的全部财产。主要包括：①宣告破产时破产企业经营管理的全部财产；②破产企业在破产宣告后至破产程序终结前所取得的财产；③应当由破产企业行使的其他财产权利。已作为担保物的财产不属于破产财产；但担保物的价款超过其所担保的债务数额的，超过部分属于破产财产。

破产企业内属于他人的财产，应由该财产的权利人通过清算组取回。此外，清算组对于破产企业发生的被法院宣布无效的、损害债权人利益的行为，有权向人民法院申请将该企业非法处分的财产追回，并入破产财产。

6. 确认破产债权

破产债权是指宣告破产前就已成立的，对破产人发生的，依法申报确认，是对破产财产中能获得公平清偿的可强制性执行的财产请求权。主要包括：

（1）宣告破产前成立的无财产担保的债权和放弃优先受偿权利的有财产担保的债权；

（2）宣告破产时未到期的债权，视为已到期债权，但是应当减去至到期日的利息；

（3）宣告破产前成立的有关财产担保的债权，债权人享有就该担保物优先受偿的权利。如果该项债权数额超过担保物的价款的，未受清偿的部分作为破产债权，债权人参加破产程序的费用不得作为破产债权。

债权人申报其债权，应当说明债权的有关事项，并提供证明材料，清算组应当对债权进行登记。债权和破产债权是有区别的，债权是当事人依照合同规定或法律规定所享有的权利，而破产债权是指只能通过破产程序而受到清偿的债权；债权不受债务人财产的限制，必须如数履行，而破产债权受债务人破产财产的限制，有可能不如数履行或根本不能履行。债权是取得破产债权的前提和条件，破产债权是由于破产宣告前的原因所产生的财产请求权。

有财产担保的债权对于债权人来说是一种排他的保障权利，债权人有权在债务人不履行债务时对担保物进行处分，以实现自己的债权。它是有保障的债权，有优先受到补偿的权利，所以不屈于破产债权。

7. 拨付破产费用

破产费用指在破产程序中为维护破产债权人的共同利益而从破产财产中支付的费用，主要包括：

（1）破产财产的管理、变卖和分配所需要的费用，包括聘任工作人员的费用。破产财产的管理是指对破产程序进行清理。变卖是指对破产财产的估价并按一定的方式出卖。分配是指根据已确定的分配方案，对破产财产按法定顺序进行清偿。清算组对破产财产进行管理、变卖和分配过程中所支付的一切费用，均属破产必须支付的费用。

（2）破产案件的诉讼费用。它指法院审理破产案件所征收的各项费用，包括破产案件受理费和破产程序中必须实际支付的费用。

（3）为债权人的共同利益而在破产程序中支付的其他费用。即在破产程序中，为了保护债权人的共同利益，采取适当措施而支付的费用。

为了对处理各项破产问题创造必要的工作条件，保障破产费用的及时支付，破产费用应当从破产财产中优先拨付。在进行破产处理之前，清算组应先进行破产费用的预算，如果破产财产较少，不足以支付破产费用，便不能按法定程序进行破产处理，清算组应尽快将此情况通知债权人会议，并报人民法院裁定；经人民法院查证属实，即可宣告破产程序终结。

8. 破产财产清偿顺序

清算组提出破产财产分配方案，经债权人会议讨论通过，报请人民法院裁定后执行。破产财产在优先拨付破产费用后，按照下列顺序清偿：

（1）破产企业所欠职工工资和劳动保险费用；

（2）破产企业所欠税款；

（3）破产债权。

只有清偿完第一顺序后，才能清偿第二顺序，以此类推。破产财产不足清偿同一顺序的清偿要求的，按照比例分配。破产财产清偿到某一顺序而全部用完时，破产程序就此终结。规定这一清偿程序，目的是在保障职工的基本生活条件和国家税收的前提下，使破产债权人对破产财产获以平均受偿的权利，维护债权人的利益。

9. 破产清算的结束

破产财产分配完毕是破产程序终结的法定条件和标志。因此，破产财产分配完毕，清算组即应提交破产清算结束报告，并出具清算期内的各种报表连同各种财务账册；在中国注册会计师验证后，提请人民法院终结破产程序，经人民法院做出破产程序终结的裁定，破产程序即告终结。最后，再向工商行政管理部门和税务部门办理注销登记并宣布企业终止营业。至此，破产清算工作宣告结束。

（二）解散清算程序

1. 确定清算人或成立清算组

根据《公司法》的有关规定，公司应在公布解散的 15 日之内成立清算小组，有限责任公司的清算组由股东组成，股份有限公司的清算组则由股东大会确定其人选。逾期不成立清算组的，由法院根据债权人的指定成立清算组。当解散清算由强制原因导致时，由有关机关组织股东、有关机关人员及有关专业人员成立清算组。

2. 债权人进行债权登记

在清算组成立或者聘请受托人的一定期限内通知债权人进行债权申报，要求其应在规定的期限内对其债权的数额及其有无财产担保进行申请，并提供证明材料，以便清算组或受托人进行债权登记。

3. 清理公司财产，制订清算方案

清算组应对公司财产进行清理，编制资产负债表和财产清单。在这一过程中，如果发现公司资不抵债的，应向法院申请破产，并将清算工作移交人民法院。在对公司资产进行估价的基础上，制订清算方案。清算方案包括清算的程序和步骤、财产定价方法和估价结果、债权收回和财产变卖的具体方案、债务的清偿顺序、剩余财产的分配以及对公司遗留问题的处理，等等。清算方案应报经股东会或有关主管机关确认。

4. 执行清算方案

这包括：①确定清算财产的范围，对清算财产进行估价；②确定清算费用与清算损益；③在支付清算费用后按照法律规定的顺序清偿债务；④企业清偿债务后的剩余财产一般应按照合同、章程的有关条款处理，充分体现公平、对等的原则，照顾各方利益。

5. 办理清算的法律手续

企业清算结束后，应编制清算后的资产负债表和损益表，经企业董事会或职工代表大会批准后宣布清算结束。其后，清算组提出清算报告并将清算期间内的收支报表和各种财务账册，报公司股东大会或者有关主管机关确认，并向工商行政管理部门办理公司注销手续，向税务部门注销税务登记。

二、企业清算中的若干财务问题

（一）清算接管管理

清算接管是破产企业与清算组之间有关事项的移交，是破产清算的基础性工作，各移交事项办理得是否真实、完整、顺利，手续是否完备，责任是否分明，直接关系到清算工作的有效性和成败。在清算组进入破产企业办理交接手续并签订移交书后，根据移交书的内容逐项进行核对。

1. 资产接管

接管资产时，主要核对其账目是否相符，是否按会计制度的要求进行了核算。如：接管银行存款时，应根据银行存款日记账和银行对账单核对相符后的金额接管；存货与固定资产接管中应注意存货与固定资产的数量与计价、存货与固定资产的质量、存货与固定资产的归属等问题；对股票投资、债券投资等长期投资进行接管时，应特别注意投资成本的计价以及持有期间的会计核算问题。接管无形资产时应注意无形资产计价依据的真实性、合理性、合法性的审查，以及核对摊销、转让收入的记录等。

2. 权益接管

对负债接管时注意各有关明细科目的记录与债权人清册核对，以及对有关合同、债务凭证进行接管；对权益的接管相对而言比较简单，由于企业清算时一般已终止其经营活动，所有者权益也变成一种凝固化的权益，接管时按账面记录核实后记入清算账目中即可。

3. 其他接管

清算组也应注意对未结事项的接管并按对清算企业有利的原则进行处理。另外，对有关会计档案、人事档案、文件档案依据移交清册逐项核对后接管。

（二）清算财产的界定和变现

1. 清算财产的界定

清算财产包括企业在清算程序终结前拥有的全部财产以及应当由企业行使的其他财产权利。企业下列财产计入清算财产：宣告清算时企业经营管理的全部财产，包括：①各种流动资产、固定资产、对外投资以及无形资产；②企业宣告清算后至清算程序终结前所取得的财产，包括债权人放弃优先受偿权利、清算财产转让价值超过其账面净值的差额部分；③投资方认缴的出资额未实际投入而应补足的部分；④清算期间分回的投资收益和取得的其他收益等；⑤应当由破产企业行使的其他财产权利，如专利权、著作权等。

企业下列财产应区别情况处理：①担保财产。依法生效的担保或抵押标的不属于清算财产，担保物的价款超过其所担保的债务数额的，超过部分属于清算财产。②公益福利性设施。企业的职工住房、学校、托儿园（所）、医院等福利性设施，原则上不计入清算财产；但无须续办并能整体出让的，可计入清算财产。③职工集资款。属于借款性质的视为清算企业所欠职工工资处理，利息按中国人民银行同期存款利率计算；属于投资性质的视为清算财产，依法处理。④党、团、工会等组织占用清算企业的财产，属于清算资产。⑤他人财产。破产企业归他人所有的财产由该财产的权利人通过清算组行使取回权取回。

人民法院受理清算：案件前6个月至破产宣告之日的期间内，清算企业的下列行为无效，清算组有权向人民法院申请追回财产，并入清算财产：隐匿、私分或者无偿转让财产；非正常压价出售财产；对原来没有财产担保的债务提供担保；对未到期的债务提前清偿；放弃自己的债权。

2. 清算财产的变现

清算财产的变现是指破产企业清算财产由非货币形态向货币形态的转化，以便偿还债务、分配剩余财产。

如果企业合同或章程规定或投资各方协商决定，企业解散时需对现存财产物资、债权债务进行重新估价，并按重估价转移给某个投资方时，则清算组应按重估价值对企业财产作价。

清算财产的变现方式分为单项资产变现和综合资产“一揽子”变现。其原则是：提高财产的变现价值，保护财产的整体使用价值，能整体变现的不分散变现；增强财产变现的公正性和时效性，能拍卖的不零售。

（三）清算债务的界定和清偿

1. 清算债务的界定

清算债务是指经清算组确认的至企业宣告破产或解散时清算企业的各项债务。企业清算债务主要包括下列各项：①破产或解散宣告前设立的无财产担保债务；②宣告时未到期的债务，视为已到期的债务减去未到期利息后的债务；③债权人放弃优先受偿权利的有财产担保债务；④有财产担保债务其数额超过担保物价款未受偿部分的债务；⑤保证人代替企业偿还债务后，其代替偿还款为企业清算债务；⑥清算组解除企业未履行合同致使其他当事人受到损害的，其损害赔偿款为企业清算债务；⑦在破产案件受理前或解散宣告前，企业非法处置了他人财产，则该财产所有者要求的赔偿为企业清算债务。但下列费用不得作为企业清算债务：宣告日后的债务，债权人参加清算程序按规定应自行负担的费用，债权人逾期未申报的债权，超过诉讼时效的债务。

2. 债务的清偿

企业财产支付清算费用后，按照下列顺序清偿债务：①破产企业所欠职工工资、劳动保险等；②破产企业应缴未缴国家的税金；③尚未偿付的债务。清算财产不足以清偿同一顺序的清偿要求时，按照同一比例向债权人清偿。

（四）剩余财产的分配

企业清偿债务后剩余财产的分配，一般应按合同、章程的有关条款处理，充分体现公平、对等原则，均衡各方利益。清算后各项剩余财产的净值，不论实物或现金，均应按投资各方的出资比例或者合同、章程的规定分配。其中，有限责任公司除公司章程另有规定外，按投资各方出资比例分配；股份有限公司按照优先股股份面值对优先股股东优先分配，其后的剩余部分再按照普通股股东的股份比例进行分配。如果企业剩余财产尚不足全额偿还优先股股金，则按照各优先股股东所持比例分配。如果是国有企业，则其剩余财产应全部上缴财政。

[例 9-1] 某公司申请破产，破产前经审计后的资产负债表有关项目表（简表）见表 9-1。

表 9-1　某公司破产前经审计后的资产负债表有关项目表（简表）

2016 年 6 月 30 日　单位：万元

资产		负债及所有者权益	
流动资产	800	应付账款	500
固定资产——厂房	1 400	应付职工薪酬	100
固定资产——设备	900	应交税费	300
无形资产	300	银行借款	700
		抵押债券	800
		所有者权益	1 000
合计	3 400	合计	3 400

表 9-1 中的银行贷款属于信用贷款，抵押债券则是指以公司厂房为抵押的债券。

公司进入清算程序后，资产变卖收入如下：流动资产为 450 万元，厂房为 750 万元，设备为 700 万元，无形资产不能变现，合计变现 1 900 万元。清算期间发生清算费用 100 万元，则有：

扣除清算费用后清算财产结余 = 1 900 - 100 = 1 800（万元）

扣除应付职工薪酬、应交税费的财产结余 = 1 800 - 100 - 300 = 1 400（万元）

扣除支付抵押资产后的债务结余 = 1 400 - 750 = 650（万元）

一般债权的求偿总额 = 500 + 700 +（800 - 750）= 1 250（万元）

结余收入的分配比例 = 650 ÷ 1 250 × 100% = 52%

银行应分配的财产结余金额 = 700 × 52% = 364（万元）

第五节　清算财产的估价方法

一、现行市价估价法

该方法就是按照某项财产现行可售价格估价。那么可售价格如何确定呢？这就要从影响可售价格的诸因素人手，结合破产企业财产变现的特点进行分析。影响可售价格的因素主要有以下几种：

（一）财产净值

固定资产净值是指原值扣除折旧后的余额，流动资产净值是指账面价值扣除毁损后的余额。前者较易确定，后者则难于确定，但并非绝对不能确定。作为流动资产净值，可采用两种方法估价：一是先确定毁损价值，然后从账面价值中予以扣除，差额即为净值，这种方法被称为扣除法；二是无论其账面价值多少，毁损程度如何，只根据该项财产的实际质量（即使用价值的高低）确定其净值，这种方法被称为质量法。扣除法适合于财产结构较为简单且毁损程度易于确定的财产的估价；质量法则适合于财产结构较复杂、毁损程度难于确定的财产的估价。对这类财产难以在量上把握其毁坏程度，必须结合该财产整体使用价值，通过完好部分的技术鉴定确定其实用价值，即按现有质量确定价值。这方面的估价可请专业技术人员协助进行。如生产机电产品的企业其机器设备及产品可请机电公司估价，原材料可请有关器材公司估价，杂品可请信托贸易公司估价等。

（二）货币价值

影响财产可售价格的内在因素除财产净值（实际代表财产的价值量）外，另一个则是货币价值量。在市场上流通的是货币，货币所代表的价值量如果与市场上流通的商品价值量相等，在其他条件不变的情况下，商品的价格保持不变。若前者大于后者，那么货币所代表的价值量就与其发行的数额成反比例下降（货币贬值），价格则上升；反之，就会造成货币升值，引起价格的下跌。在财产估价时不能不考虑到这一点。

（三）商品供求

从理论上讲，净值决定价格而价格决定供求，反过来供求又影响价格，价格与供求相互影响、相互制约。在特殊条件下，供求对价格往往有决定性的作用，直接影响价格的涨落。尤其在破产企业中，因破产清算的时间甚为紧迫，某些财产变现时因供不应求可能提高其可售价格。供求关系是影响财产可售价格的外在因素，虽然它不是决定价格的根本所在，但无时无刻不在影响着价格的确定，对此不可视而不见，否则会增大财产估价的偏差，尤其对只是折价转让而不实际出售财产的估价，更应慎重。

现行价格估价法与正常企业固定资产重量价值的估价方法基本相似，两者都要考虑财产的新旧程度（即财产净值）、币值因素和供求情况（即当时购进或售出该项财产的预计支出收入）。但两者又有所区别：①前者意在出售该项财产，估价面广（所有财产）；后者则意在计算产品成本，估价面窄（只包括个别财产，如盘盈固定资产或固定资产的全面调价，但也仅限于固定资产而已）。②前者经变现后，财产转向企业之外；后者估价后，财产仍留在企业之内。③前者还可以考虑财产的需求价格弹性估价；后者则不必要，因为该项固定资产是否是奢侈品，是否有代用品，是否耐用，在社会上是否饱和等，均无关紧要。作为企业既存资产，无须花费任何支出，因而不存在价格选择问题。企业既不是购方又不是买方，之所以依现价估价，完全是一种虚拟的购买行为。前者考虑需求价格弹性（即需求变动对价格变动的反映程度）是因为站在卖方角度，根据需求情况确定财产售价的问题。

二、以质论价估价法

以质论价就是参照同类产品，依据财产的实际质量，实行分等论价，采用优质优价、低质低价、同质同价的估价方法。在这种估价方法下，一般可不参考该项财产的账面价值，但必须有专业技术人员和物价员参加。经过技术鉴定，确定该财产的质量等级，通过对其使用价值质量的估价，参照该等级质量的同类产品的价格确定其可售价格。这种估价方法特别适用于诸如待处理积压物资等实际可售价与账面价值差额较大的财产估价。

三、协商估价法

协商估价法就是破产企业（由清算人代理）与购买财产的企业，在国家政策指导下，充分考虑财产的质量以及市场供求情况，通过协商就破产企业财产所制定的价格。在这种方法下，购销双方往往讨价还价，最后以双方可以接受的价格定价。这种估价方法主要适用于三类工业品中的小商品，“三类轻纺工业品中的小商品和手工业品中的小商品……工商企业按照规定的品种和作价原则，协商定价”（国务院《物价管理条例》第十四条）。破产企业虽然不在正常企业之列，但考虑到物价管理的要求，亦应执行国家法令，照上述范围确定协商估价法的财产。因而本方法对零售商业企业和生产三类工业品中小商品的工业企业破产时的财产估价最为适用。

四、议购议销估价法

议购议销本来是商业部门经营购销业务的一种形式。议购议销价格就是按现行市价，依据薄利多销、平稳市场物价原则就议购议销商品所规定的价格。破产企业在财产估价方面实际上只销不购。本方法主要适用于商业企业。

五、招标估价法

招标原意是买方在购买大批物资、发包建设工程或合作经营某项业务前发表公告，由多家买主或承包者前来投标，最后由买主或发包者从中择优的一种经济行为。作为变卖财产的破产企业本属于卖方，之所以采用招标法估价，主要是利用招标的吸引力和竞争性这一特点，通过发布财产变卖公告，招揽更多买主，从中选择出价较高者，以提高财产变现价值。招标估价法一般包括以下几个步骤：

（1）聘请专业技术人员对所要招标估价财产进行技术性能、质量等技术鉴定，聘请经济师、注册会计师、物价员等确定招标估价的底标。

（2）列出招标出售财产目录，包括各项财产的名称、数量、品种、规格、质量等。

（3）联系招标出售财产广告。目录确定后，应立即向有关报纸、电台、电视台进行预约，提出发布日期。

（4）发布招标公告，包括招标时间、招标截止日期、公开开标的时间等。

（5）聘请公证人员。在各投标者投标后至确定投标价格之前，应请公证人员对招标过程进行公证（包括招标、投标、开标的有效性等），以取得投标者特别是债权人对所定招标价格的信赖。

（6）确定中标价格。在企业开标宣布中标价格前不应泄漏底标，一般来说，投标价格高于底标者可取之，反之不可取。

招标估价法除考虑现行市价（确定底标时参考）外，还包含有投标者相互竞争的因素。一般来说，估价较高是一种较合算的估价方法。这类估价方法特别适用于成套设备、大宗财产（如储备材料、产成品等）的估价，购买者成批购买可节省订货费、差旅费，出售者可以获得较单件出售更多的变现收入，特别是整体出售的设备。

六、调查分析估价法

调查分析法是对应收账款的一种估价方法。其步骤为：

（1）收集各债务人的有关资料，包括债务人财务报表、债务期限、未予偿还的原因等。

（2）确定债务的性质，包括担保债务和非担保债务，以及担保财产可变现价值的估价等。

（3）分析各债务人的资料。看该债务人是否有偿还能力，是否有必要派人前去催收。若债权与催收费用几乎相等，甚至不足催收费用，或者不可能收回时，则不应再催收。

一般来说，破产企业催收账款是比较困难的，债务人往往借故不还，因而破产企业应收账款中坏账损失的比例可能较正常企业大得多。为此，清算人必须逐个分析债务人，千方百计增大债权收回额，确定可全部收回、部分收回及不可能收回的数额。

此外，财产估价中应考虑的另一个因素是财产变现时间长短。一般来讲，变现时间越长，财产可售价格越高，因为有较充裕的时间从容不迫地尽量以高价出售；反之财产可售价格大多较低。

财产估价方法的选择，在国家政策允许的情况下，应以尽可能增大财产的变现价值为原则。

思考与练习

1. 什么是标准式公司分立？主要特点有哪些？
2. 什么是衍生式公司分立？主要包括哪些类型，各有何特点？
3. 公司分立与分拆上市存在哪些区别与联系？
4. 公司分立具有怎样的经济意义与战略意义，主要缺陷是什么？
5. 企业破产、重组和清算三者之间的关系是什么？
6. 比较企业自愿性和解与重整和正式和解与重整。
7. 比较解散清算与破产清算。
8. 清算过程中有哪些评价方法？应用时应该注意哪些问题？

参考文献

［1］郭复初，等. 公司高级财务［M］. 北京：清华大学出版社，2006.

［2］陆正飞，等. 当代财务管理主流［M］. 大连：东北财经大学出版社，2004.

［3］张鸣，等. 高级财务管理［M］. 上海：上海财经大学出版社，2006.

［4］王化成，等. 高级财务管理［M］. 北京：中国人民大学出版社，2003.

［5］汪平，等. 公司理财原理［M］. 上海：上海财经大学出版社，1997.

［6］汤谷良，等. 高级财务管理［M］. 北京：中信出版社，2006.

［7］胡元木，等. 高级财务管理［M］. 北京：经济科学出版社，2004.

［8］石友蓉，等. 企业集团财务管理［M］. 武汉：武汉理工大学出版社，2003.

［9］熊楚熊. 公司高级理财学［M］. 北京：清华大学出版社，2000.

［10］李丽霞，等. 我国中小企业融资体系的研究［M］. 北京：科学出版社，2001.

［11］王铁军. 中国中小企业融资 28 种模式［M］. 北京：中国金融出版社，2002.

［12］刘志远. 高级财务管理［M］. 上海：复旦大学出版社，2010.

［13］曾蔚. 高级财务管理［M］. 北京：清华大学出版社，2013.

［14］王化成. 20 世纪西方财务管理的五次浪潮［N］. 中国财务财经报，1997-11-08.

［15］郭复初. 中西方近代财务管理的发展与启迪［J］. 四川会计，1997（7）.

［16］Hirshleifer J. On the Theory of Optimal Investment Decision［J］. Journal of Political Economy，1958（8）：329-352.

［17］Fama E F，M Miller. The Theory of Finance［M］. Hinsdale：Dryden Press，1972.

［18］Brealey R，S Myers. Principles of Corporate Finance［M］. 2th. New York：McGraw-Hill，1984.

［19］Harry Markowitz. Portfolio Selection［J］. Journal of Finance，1952（3）.

［20］孙文刚，张淑贞. 新中国企业财务管理发展 60 年回眸［J］. 齐鲁珠坛，2009（6）.

［21］赵德武，马永强. 中国财务管理教育改革发展 30 年回顾与展望［J］. 财经科学，2008（11）.

［22］姚俊，蓝海林. 我国企业集团的演进及组建模式研究［J］. 经济经纬，2006（1）：82-85.

［23］杨汉明. 西方企业股利政策文献评述［J］. 中南财经政法大学学报，2007（2）.

［24］万伦来. 西方证券投资组合理论的发展趋势综述［J］. 安徽大学学报（哲学社会科学版），2005（1）.

[25] 王化成，等. 高级财务管理 [M]. 北京：中国人民大学出版社，2007.

[26] 企业改组、兼并与资产重组中的财务与会计问题研究课题组. 我国上市公司换股合并的会计方法选择：案例与现实思考 [J]. 会计研究，2001.

[27] 王巍. 中国并购报告 [M]. 北京：人民邮电出版社，2004.

[28] P. S. 萨德沙纳姆. 兼并与收购 [M]. 胡海峰，译. 北京：中信出版社，1998.

[29] 张秋生，王东. 企业兼并与收购 [M]. 北京：北京交通大学出版社，2001.

[30] 王东，张秋生. 企业兼并与收购案例 [M]. 北京：清华大学出版社，2004.

[31] 陈晓红，吴运迪. 创业与中小企业管理 [M]. 北京：清华大学出版社，2011.

[32] 高志辉. 基于生命周期理论的中小企业股利分配政策研究 [J]. 中国乡镇企业会计，2013 (1).

[33] 中国注册会计师协会. 财务成本管理 [M]. 北京：中国财政经济出版社，2014.